KNAUR.LEBEN

Über die Autorin:
Carol S. Pearson, geboren 1944 in den USA, ist Tiefenpsychologin und hat sich über 40 Jahre mit mythologischen Themen befasst. Die Übertragung von zwölf grundlegenden Archetypen in den Kontext moderner Lebenswirklichkeit ist das zentrale Vermächtnis ihrer langen und erfolgreichen Karriere. Sie arbeitet noch heute als Coach und Autorin und hält weltweit Vorträge.

Carol S. Pearson

Die 12 seelischen Archetypen

Aus dem amerikanischen Englisch
von Rita Höner

KNAUR.LEBEN

Die amerikanische Originalausgabe erschien 1991
unter dem Titel *Awakening the Heroes Within. Twelve Archetypes to Help Us Find Ourselves and Transform Our World* bei HarperElixir,
einem Imprint von HarperCollins, USA.
Dieser Titel erschien im Knaur Taschenbuch Verlag
bereits 1993 und 2017 unter den Titeln
Die Geburt des Helden in uns und
Die 12 Archetypen unserer Seele.

Besuchen Sie uns im Internet:
www.knaur-leben.de

Vollständige Taschenbuchausgabe 2019
Knaur Taschenbuch

Covergestaltung: ZERO Werbeagentur, München
Satz: Adobe InDesign im Verlag
Printed in Germany
ISBN 978-3-426-87869-9

5 7 8 6 4

Für David

Inhalt

Einführung

Manche Menschen haben geliebt, gelitten und ein intensives Gefühl für den Sinn des Lebens entwickelt. Und, was vielleicht am wichtigsten ist, sie wissen, wer sie sind. Andere haben materiellen Besitz: das »richtige« Haus, das richtige Auto, den richtigen Job ... Vielleicht haben sie sogar ein stabiles Familienleben und sind religiös. Aber innerlich fühlen sie sich leer. Auch wenn sie »das Richtige« tun, ist es ein Tun ohne Sinn.

Wieder andere lieben und leiden und spüren das Leben intensiv; aber sie bekommen ihr Leben nie wirklich auf die Reihe. Sie finden weder eine Arbeit noch persönliche Beziehungen, die sie befriedigen, und fühlen sich deshalb ständig eingeschränkt. Sie fühlen sich von der Welt abgeschnitten.

Am bedauerlichsten von allen sind die Menschen, die nie lernen, ihren Weg in der Welt zu machen oder ihrer Seele treu zu sein. Ihr Leben ist leer und bietet wenige positive Erfahrungen. Aber das muss nicht so sein; praktisch jeder von uns kann in seinem Leben und in dem der menschlichen Gemeinschaft Sinn und Zweck finden.

Die Geschichten über Helden* geben uns ein Modell, von dem wir lernen können, wie man leben kann. Bei der

* Die Helden bzw. Archetypen sind in diesem Klassiker noch in einseitig männlicher Form gefasst worden und wurden für die Neuauflage so beibehalten. Selbstverständlich sind auch alle Heldinnen gemeint und die Archetypen später ebenfalls in ihren weiblichen Pendants zu verstehen.

Suche des Helden geht es darum, zu sich selbst Ja zu sagen und dadurch lebendiger und in der Welt effektiver zu werden. Denn der Held zieht aus, um den Schatz des wahren Selbst zu finden, und kehrt nach Hause zurück, um mit seiner besonderen Gabe dazu beizutragen, dass das Königreich – und dadurch das eigene Leben – verwandelt wird. Die Reise ist voller Gefahren und Hindernisse, aber sie bietet viele Belohnungen: die Fähigkeit, erfolgreich in der Welt zu bestehen, das Wissen um die Geheimnisse der menschlichen Seele, die Chance, die eigene besondere Begabung zu finden und in der Welt auszudrücken und in liebevoller Gemeinschaft mit anderen Menschen zu leben.

> Der Held zieht aus, um den Schatz des wahren Selbst zu finden.

Dieses Buch ist für Menschen auf allen Stufen der Reise gedacht: Für die, die sich überlegen, ob sie sich auf die Reise machen sollen, kann es der »Aufruf zur Suche« sein, für die, die schon lange unterwegs sind, eine Ermutigung, und ein Werkzeug für die, die auf ihrer Reise weit gekommen sind und nach Möglichkeiten suchen, das Gelernte weiterzugeben. Jede Reise ist einzigartig, und jeder Suchende folgt einem neuen Pfad. Aber das ist sehr viel einfacher, wenn wir zumindest etwas von den Erfahrungen derer wissen, die vor uns aufgebrochen sind. Wenn wir die vielen verschiedenen heroischen Wege kennenlernen, begreifen wir, dass wir alle auf unsere einzigartige Art Helden sind.

Geschichten über Helden sind tiefgründig und zeitlos. Sie verbinden unsere Sehnsucht, unseren Schmerz und unsere Leidenschaft mit der unserer Vorgänger, sodass wir etwas über den Sinn des Menschseins und die Art unserer Verbindung zu den großen Kreisläufen der materiellen und spirituellen Welten lernen. Die Mythen, die unserem Leben Bedeutung geben können, sind alt und archetypisch und können unser Herz mit Entsetzen füllen, uns aber auch von einem unauthentischen Leben befreien und uns zu dem Menschen machen, der wir wirklich sind. Wenn wir die Auseinandersetzung mit dieser – um mit T. S. Eliot zu sprechen – »Urangst« meiden, bekommen wir keinen Bezug zur Intensität und zum Geheimnis des Lebens. Der Kontakt zu diesen ewigen Mustern vermittelt uns auch in den schmerzlichsten Augenblicken ein Gefühl von Sinn und Bedeutung, das dem Leben seine Würde zurückgibt.

Es gehört zu den Paradoxa des modernen Lebens, dass wir heute zwar auf nie gekannte Art leben und unsere Welt täglich neu erschaffen, unser Tun sich aber trotzdem inkohärent und leer anfühlt. Um diesen Zustand zu überwinden, müssen wir uns in der Geschichte und in der Ewigkeit verwurzeln.

> Wir haben etwas erlebt, seinen Sinn aber nicht erfasst. (T. S. Eliot)

Deshalb ist der Mythos vom Helden für die zeitgenössische Welt so wichtig. Es ist ein zeitloser Mythos, der uns mit allen Menschen dieser Welt verbindet. Er handelt davon, furchtlos das Bekannte zu verlassen, dem Unbekannten die Stirn zu bieten und darauf zu vertrauen, dass wir zu gegebener Zeit alles Notwendige haben werden, um unseren Drachen entgegenzutreten, unsere Schätze zu entdecken und bei unserer Rückkehr das Königreich zu verwandeln. Es geht auch darum, dass wir lernen, uns selbst treu zu sein und in verantwortlicher Gemeinschaft mit anderen zu leben.

Im klassischen Mythos spiegelt die Gesundheit des Königs oder der Königin den Zustand des Königreichs wider. Wenn der Herrscher verletzt war, wurde das Königreich öde und unfruchtbar. Um es wieder zum Blühen zu bringen, musste ein Held sich auf die Reise machen, einen heiligen Gegenstand finden und zurückkommen, um den Herrscher zu heilen oder zu ersetzen. Unsere Welt weist viele klassische Symptome des verwüsteten Königreichs auf: Hungersnöte, Umweltschäden, ökonomische Unsicherheit, Ungerechtigkeit, persönliche Verzweiflung und Entfremdung, Krieg und drohende atomare Vernichtung. Unsere »Königreiche« geben den Seelenzustand der ganzen Gemeinschaft wieder, nicht nur den der Regierenden. Helden werden heutzutage dringend gebraucht; denn wenn wir aufbrechen, unser wirkliches Schicksal finden und unseren ganz persönlichen Beitrag leisten, tragen wir wie die klassischen Helden dazu bei, das Leben, die Gesundheit und die Fruchtbarkeit des Königreichs wiederherzustellen. Die Welt ist wie ein riesiges Puzzle, und jeder von uns, der sich auf die Suche macht, kommt mit einem Stück zurück. Wenn wir unseren Teil beitragen, wird das Königreich mit unser aller Hilfe verwandelt.

Die Verwandlung des Königreichs hängt von uns allen ab. Wenn wir das verstanden haben, konkurrieren wir nicht mehr, sondern kümmern uns darum, uns und anderen Kraft zu geben. Wenn einige Menschen »verlieren« und ihren Beitrag nicht leisten, verlieren wir alle etwas. Wenn wir nicht den Mut haben, unsere Reise zu machen, schaffen wir eine Leere, in der unser Stück vom Puzzle uns und der Gemeinschaft schaden kann.

Die Reise

Helden finden nicht nur eine neue Wahrheit, sie haben auch die Courage, ihr entsprechend zu handeln. Deshalb brauchen Helden den Mut und die Fürsorglichkeit, die mit einer starken Ich-Entwicklung assoziiert werden, und die geistige Einsicht und Klarheit, die Folge der Seelenreise und des Erwerbs eines authentischen Selbst sind.

Die meisten Menschen wissen, dass Helden Drachen töten, die Dame in Not (oder andere Opfer) retten und Schätze finden und nach Hause bringen. Am Ende der Reise heiraten sie oft. Sie haben ein »Happy End« erreicht, bei dem die »neue erneuernde Wahrheit« sich in ihrem Leben zeigt – in der Gemeinschaft mit ihrer neuen Familie und mit anderen Menschen. Die neue Wahrheit, die sie zurückbringen, erneuert ihr Leben und das ihres Königreichs und beeinflusst dadurch jeden, mit dem sie in Berührung kommen.

Unsere Reise folgt diesem mystischen Muster, auch wenn das Happy End im Allgemeinen nicht lange anhält. Sobald wir von einer Reise zurückkommen und eine neue Phase unseres Lebens beginnen, werden wir sofort zu einer neuen Reise gedrängt; das Muster unseres Lebensweges ist nicht linear oder kreisförmig, sondern spiralförmig. Es gibt Marksteine, die auf eine neue Realität verweisen, aber eigentlich hören wir nie auf zu reisen. Und jedes Mal wenn wir unsere Reise beginnen, tun wir dies auf einer neuen Ebene und kommen mit einem neuen Schatz und neuen verwandelnden Fähigkeiten zurück.

Was die Reise verlangt

Wenn wir meinen, unsere Reise sei nicht wichtig, und weder unseren Drachen entgegentreten noch unsere Schätze finden, empfinden wir eine innere Leere, die uns alle schmerzt. In unserer gleichmachenden modernen Welt gibt es relativ wenige Fälle von Größenwahn im Vergleich mit dem grassierenden Wahn, nicht wichtig zu sein. Obwohl es stimmt, dass niemand von uns wichtiger ist als irgendjemand anders, hat jeder von uns einen bedeutenden Beitrag zu leisten – den er nicht leisten kann, wenn er sich nicht auf die Reise macht.

> Die Reise verlangt, dass wir die Illusion aufgeben, nicht wichtig zu sein.

Dieses Buch soll Ihnen helfen, Ihre Bedeutung und Ihren potenziellen Heroismus zu verstehen. Vor allem lädt es Sie ein, das geschwundene Gefühl für die Möglichkeiten des Lebens wiederaufzubauen und sich zu entscheiden, ein großes Leben zu leben. Viele von uns versuchen, ein großes Leben zu leben, indem sie materiellen Besitz, Leistungen oder Erfahrungen anhäufen, aber das funktioniert nie. Wir können nur dann ein großes Leben haben, wenn wir bereit sind, selbst groß zu werden, wenn wir die Illusion der Machtlosigkeit aufgeben und die Verantwortung für unser Leben übernehmen.

Das moderne Leben ist im Grunde menschenverachtend. Die Wirtschaft veranlasst uns, uns als menschliches Kapital zu betrachten. Die Werbung spricht unsere Ängste und Unsicherheiten an, damit wir Produkte kaufen, die wir nicht brauchen. Viele religiöse Institutionen lehren die Menschen, gut zu sein, helfen ihnen aber nicht bei der Selbsterkenntnis. Viele Psychologen sehen ihre Arbeit darin, den Leuten zu helfen, sich dem Vorhandenen anzupassen, anstatt sich auf die Reise zu machen und herauszufinden, was sein könnte. Viele pädagogische Institutionen trainieren Menschen, Zahnrädchen in der ökonomischen Maschinerie zu sein, anstatt sie zur Ganzheit zu erziehen.

Im Grunde werden wir als Produkte oder Handelsartikel betrachtet, die entweder dem Meistbietenden verkauft oder zwecks Wertsteigerung verbessert werden. Beide Ansichten respektieren Seele und Geist des Menschen nicht; sie sehen sie nur als Werkzeug, um Gewinn zu erzielen. Eine Folge dessen ist, dass die Menschen immer weniger Achtung vor sich selbst haben. Viele von uns versuchen, die Leere mit Speisen, Getränken, Drogen oder einer zwanghaften hektischen Aktivität zu füllen. Das viel beklagte Tempo des modernen Lebens ist nicht unvermeidlich – es deckt nur seine Leere zu. Wenn wir in Bewegung bleiben, haben wir die Illusion von Bedeutsamkeit.

Durch den ständigen Druck, vorgegebenen Maßstäben zu genügen, werden wir subtil und weniger subtil davon abgehalten, unseren Gral zu suchen und unsere Einzigartigkeit zu finden. Und wenn wir versuchen, die Ansprüche zu erfüllen, anstatt uns selbst zu finden, werden wir das, was wir zu geben haben, wahrscheinlich nie entdecken und mit anderen teilen. Anstatt herauszufinden, wer wir sind, sorgen wir uns darum, ob wir schön, intelligent, sympathisch, moralisch, gesund, fleißig oder erfolgreich genug sind.

Wir fragen andere, ob wir einer wie immer gearteten Version der Vollkommenheit entsprechen. Wie viele von uns sehnen sich nicht danach, das perfekte Gesicht, den perfekten Körper eines Filmstars zu haben, den Verstand eines Nobelpreisträgers, die Güte oder die geistige Klarheit eines großen Erleuchteten, den finanziellen Erfolg eines Milliardärs? Es überrascht nicht, dass viele von uns ihr Leben damit verbringen, sich abwechselnd anzustrengen und sich dann wieder Vorwürfe zu machen, weil sie meinen, den Ansprüchen nicht zu genügen.

Solange wir in diesem Prozess gefangen sind, werden wir uns nie selbst finden. Stattdessen werden wir zu gefälligen Konsumenten und bezahlen all die, die den Anspruch erheben, uns bei der Überwindung unserer Hässlichkeit, Sündhaftigkeit, Krankheit oder Armut helfen zu können. Und dadurch halten wir sie genauso fest wie uns selbst – wir streben nach etwas über uns, anstatt zu suchen, was wirklich in uns ist.

Zuerst ist unser »Aufruf zur Suche« vielleicht der Wunsch, irgendein Bild der Perfektion zu erreichen. Aber schließlich müssen wir jedes vorgefasste Ideal loslassen und uns auf unsere einzigartige Reise machen. Die Heldenreise ist nicht noch ein Projekt, das uns zu einem besseren Menschen machen soll. Vielmehr soll sie uns helfen, herauszufinden und zu achten, wer wir wirklich sind.

Wenn Sie wissen, dass Sie ein Held sind, können Sie nicht »unrecht« sein. Sie haben den richtigen Verstand, den richtigen Körper, die richtigen Instinkte. Es geht nicht darum, jemand anders zu werden, sondern herauszufinden, wer *Sie* sind. Es bedeutet, dass Sie sich Fragen stellen wie »Was möchte ich tun?«, »Was möchte mein Verstand lernen?«, »Wie möchte mein Körper sich bewegen?«, »Was liebt mein Herz?«. Sogar Probleme und Krankheiten können als »Aufruf der Götter« zu einer bislang geleugneten oder vermiedenen Phase der Reise verstanden werden. So könnten Sie sich fragen: »Was lehrt dieses Problem oder diese Krankheit mich, was für meine Reise förderlich ist?«[1]

Die Belohnungen der Selbsterkenntnis sind groß. Wenn wir uns selbst finden, scheint alles an seinen Platz zu kommen. Wir sehen unsere Schönheit, unsere Intelligenz und unsere Güte. Wir können sie produktiv nutzen, und deshalb sind wir erfolgreich. Wir sind weniger davon in Anspruch genommen, uns zu beweisen, deshalb können wir entspannen und lieben und geliebt werden. Wir haben alles, was wir brauchen, um unser ganzes Menschsein, unseren ganzen Heroismus zu aktivieren.

> Jeder, der sich auf die Reise macht, ist bereits ein Held.

Archetypen: Unsere inneren Lehrer

Auf unserer Reise helfen uns innere Lehrer, die die Phasen der Reise veranschaulichen. Das vorliegende Buch untersucht zwölf dieser inneren Lehrer: den Unschuldigen, den Verwaisten, den Krieger, den Geber, den Suchenden, den Zerstörer, den Liebenden, den Schöpfer, den Herrscher, den Magier, den Weisen und den Narren. Jeder lehrt uns etwas, jeder ist für eine Phase der Reise bezeichnend.

Die inneren Lehrer sind Archetypen, die uns seit Anbeginn der Zeiten begleitet haben. Wir sehen sie in den immer wieder auftretenden Bildern von Kunst, Literatur, Mythos und Religion; wir wissen, dass sie archetypisch sind, weil man sie überall auf der Welt und zu allen Zeiten findet.

Weil diese Lehrer archetypisch sind und als Energie im Unbewussten aller Menschen überall auf der Welt existieren, sind sie innerhalb und außerhalb der Seele des Einzelnen. Sie leben in uns, aber, was noch wichtiger ist, wir leben in ihnen. Wir können sie deshalb finden, indem wir nach innen (zu unseren Träumen, Fantasien und oft auch Taten) oder nach außen gehen (zu Mythen, Legenden, Kunst, Literatur und Religion und, wie die heidnischen Kulturen, zu den Konstellationen der Sterne am Himmel und den Vögeln und Tieren der Erde). Sie geben uns ein Bild für den Helden in und außerhalb von uns selbst.

Wie wir die Archetypen erleben, hängt von unserer Perspektive ab. Ich habe mindestens fünf verschiedene Möglichkeiten gefunden, zu erklären, was ein Archetyp ist:

1. Spirituell Suchende können Archetypen als Götter und Göttinnen auffassen, die im kollektiven Unbewussten verschlüsselt sind.
2. Akademiker und andere Rationalisten, die im Allgemeinen allem mystisch Klingenden misstrauen, können Archetypen als Paradigmen oder Metaphern betrachten, als das unsichtbare Muster im Kopf, das bestimmt, wie wir die Welt erleben.
3. Naturwissenschaftler können Archetypen mit einem Hologramm und ihre Identifizierung mit anderen wissenschaftlichen Prozessen vergleichen. Genauso wie die Archetypen (und daher die Helden) in und außerhalb von uns sind, ist ein ganzes Hologramm in jedem seiner Teile enthalten. Durch ihr Verständnis der Funktionsweise eines Hologramms hat die moderne Wissenschaft tatsächlich die Richtigkeit der alten spirituellen Parallele von Makrokosmos und Mikrokosmos nachgewiesen. Auch die Psychologie liest das, was mit dem Verstand eines einzelnen Menschen los ist, oft an den Schöpfungen der Spezies ab.
   Physiker erfahren etwas über die kleinsten subatomaren Partikel, indem sie die von ihnen hinterlassenen Spuren untersuchen; Psychologen und andere Akademiker erforschen die Archetypen, indem sie ihr Vorhandensein in Kunst, Literatur, Mythos und Traum untersuchen. C. G. Jung erkannte, dass die archetypischen Bilder, die immer wieder in den Träumen seiner Patienten vorkamen, auch in den Mythen, den Legen-

den und der Kunst alter Völker sowie in der zeitgenössischen Literatur, Religion und Kunst zu finden waren. Wir wissen, dass sie archetypisch sind, weil sie zu verschiedenen Zeiten und an verschiedenen Orten dieselben oder vergleichbaren Spuren hinterlassen haben.

4. Menschen, für die der Glaube an einen einzigen Gott wichtig ist (und die sich wegen des Polytheismus Sorgen machen, der bei jeder Betrachtung von Göttern und Göttinnen ins Spiel kommt), können die spirituelle Wahrheit des Monotheismus anhand der pluralistischen psychologischen Wahrheit der Archetypen erkennen. Der Gott, den wir meinen, wenn wir von dem einen Gott sprechen, geht über das Vorstellungs- und Benennungsvermögen des Menschen hinaus. Die Archetypen lassen sich mit verschiedenen Facetten dieses Gottes vergleichen, die der Fähigkeit der Psyche, sich eine numinose Realität vorzustellen, zugänglich sind. Einige Menschen hängen jedoch so an einer monotheistischen Sichtweise, dass sie ihre Auffassung von Gott auf ein einziges archetypisches Bild reduziert haben. Sie stellen sich Gott zum Beispiel als alten Mann mit langem weißem Bart vor. Solche Menschen haben sich unabsichtlich einem Gefühl des numinosen Mysteriums verschlossen, das tiefer ist, als es ein einziges Bild vermitteln kann.
   Auch im frühen christlichen Monotheismus stellte man sich eine Dreifaltigkeit vor, um die Wahrheit Gottes adäquat auszudrücken; viele moderne Theologen stellen neben das traditionelle patriarchalische Pantheon von Vater, Sohn und Heiligem Geist Bilder der weiblichen Seite Gottes. Der Buddhismus postuliert einen Gott, der in die 40, 400 und 4000 Facetten dieser einzigen Gottheit teilbar ist; all diese Aspekte haben einen eigenen Namen und eine eigene Geschichte. So

tragen die Archetypen dazu bei, dass wir uns mit dem Ewigen verbinden; sie machen die großen Geheimnisse zugänglicher, indem sie uns viele Bilder geben, über die der Verstand nachsinnen kann.

5. Leute schließlich, die an Wachstum und Entwicklung des Menschen interessiert sind, können die Archetypen als Führer auf ihrer Reise begreifen. Jeder Archetyp, der in unser Leben tritt, bringt eine Aufgabe, eine Lektion und ein Geschenk mit. Zusammen lehren sie uns, wie wir leben können. Und das Beste ist, dass alle Archetypen in jedem von uns sind. Dies bedeutet, dass wir alle das Potenzial zur Ganzheit in uns tragen.

Die Lehrer und die Reise des Helden

Obwohl wir in jeder Phase der Reise Helden sind, wird unsere Definition und Erfahrung des Heldentums davon beeinflusst, welcher Führer in unserem Leben und in unserer Gesellschaft am aktivsten ist. Wenn wir zum Beispiel in unserer Kultur an einen Helden denken, denken wir im Allgemeinen an einen Krieger, der Drachen tötet und Damen in Not rettet. Weil der Archetyp des Kriegers im Denken unserer Kultur mit Männlichkeit assoziiert wird, stellen wir uns den Helden als Mann vor – und oft (in der westlichen Kultur) als weißen Mann. Frauen sowie Männer, die nicht weiß sind, haben die Nebenrollen inne: Helfer, Bösewichte, zu rettende Opfer, Diener und so weiter.

Der Archetyp des Kriegers ist – für alle Menschen unabhängig von Alter oder Geschlecht – ein wichtiger Aspekt des Heldentums, aber er ist nicht der einzige und auch nicht der wesentlichste. Alle zwölf Archetypen sind für die Reise des Helden und den Individuationsprozess wichtig.

Unsere Weltsicht wird davon bestimmt, welcher Archetyp in unserem Denken und Handeln dominiert. Wenn der Krieger dominiert, sehen wir Herausforderungen, die wir bestehen müssen. Wenn der Geber dominiert, sehen wir Menschen, die unsere Fürsorge brauchen. Wenn der Weise dominiert, sehen wir Täuschung und Komplexität und streben danach, die Wahrheit zu finden. Wenn der Narr dominiert, sehen wir Möglichkeiten, wie wir es uns gut gehen lassen können.

Jeder der zwölf Archetypen ist gleichzeitig Führer auf der Reise und eine ihrer Phasen – er bietet eine Lektion, die wir lernen können, und ein Geschenk bzw. einen Schatz, die unser Leben bereichern. Die Übersicht »Die zwölf Archetypen« in der Einführung stellt die Themen jeden Archetyps auf einen Blick dar.

Sobald wir bereit sind, von allen zwölf Archetypen zu lernen, können wir sie im Verlauf eines einzigen Tages oder auch nur einer einzigen Stunde erleben. Nehmen wir einmal an, etwas geht schief – Sie werden krank, oder Ihr Arbeitsplatz oder Ihre Partnerbeziehung ist gefährdet. In den ersten paar Minuten wollen Sie das Problem nicht wahrhaben (Schatten-Unschuldiger), aber dann kehrt Ihr Optimismus zurück (Unschuldiger), und Sie machen sich daran, die Situation zu analysieren. Als Nächstes fühlen Sie Ohnmacht und Schmerz, aber dann bitten Sie andere um Hilfe (Verwaister). Sie mobilisieren Ihre Ressourcen und entwickeln einen Plan, um mit dem Problem fertigzuwerden (Krieger). Bei seiner Durchführung achten Sie auch darauf, welche emotionale Unterstützung Sie und andere brauchen (Geber).

Sie sammeln Informationen (Suchender), lassen Illusionen und falsche Hoffnungen los (Zerstörer) und gehen neue Verpflichtungen ein, etwas zu ändern (Liebender), um eine Lösung zu präsentieren (Schöpfer). Das heißt, Sie sehen die Krise als Möglichkeit, zu wachsen und mehr zu werden, als Sie waren, und handeln entsprechend. Sobald Sie die Krise bewältigt haben, überlegen Sie auch, wie Sie zu ihr beigetragen haben könnten (Herrscher); wenn ja, tun Sie etwas, um diesen Teil von sich zu heilen (Magier), damit Sie sich nicht wieder in dieselbe Schwierigkeit bringen. Oder Sie heilen den Teil von sich, den eine Situation schmerzt, an deren Entstehung Sie keinen Anteil hatten. So sehen Sie, was aus der Situation zu lernen ist (Weiser). Dann können Sie das Leben wieder genießen (Narr) und seinem Fortgang vertrauen (Unschuldiger).

Wenn ein oder mehrere Archetypen in Ihrem Leben nicht aktiv sind, werden Stufen übersprungen. Wenn wir zum Beispiel keinen Krieger haben, entwickeln wir keinen Plan, um mit dem Problem fertigzuwerden. Wenn wir keinen Weisen haben, übersehen wir die Lektion, die die Situation uns lehren könnte. Oder wir drücken die Schattenformen des Archetyps aus: Anstatt einen Plan zu machen, geben wir anderen die Schuld. Und anstatt die Lektion zu lernen, verurteilen wir uns und andere.

Die Reise durch die zwölf Phasen ist ein archetypischer Vorgang, der uns hilft, wertvolle Fertigkeiten für den Alltag zu entwickeln.

Phasen der Reise

Die Reise des Helden hat drei große Abschnitte: Vorbereitung, Reise und Rückkehr.[2] In der *Vorbereitungsphase* sind wir aufgefordert, unsere Kompetenz, unseren Mut, unsere Menschlichkeit und unsere Treue zu hohen Idealen zu beweisen. Auf der *Reise* selbst verlassen wir die Sicherheit unserer Familie oder unserer Gemeinschaft und machen uns auf eine Suche, in deren Verlauf wir Tod, Leid und Liebe begegnen. Aber am wichtigsten ist, dass unser Selbst verwandelt wird. Der Mythos symbolisiert diese Verwandlung oft durch das Finden eines Schatzes oder eines heiligen Gegenstandes. Bei der *Rückkehr* von der Suche werden wir zu Herrschern unseres Königreichs, das verwandelt wird, weil wir uns geändert haben.

Aber wir müssen auch ständig wiedergeboren und erneuert werden, sonst werden wir zu bösen Tyrannen, die zum Schaden des Königreichs dogmatisch an ihren alten Wahrheiten hängen. Jedes Mal wenn wir uns nicht mehr integer und ganz oder den Herausforderungen des Lebens gewachsen fühlen, müssen wir uns erneut auf die Suche machen.

Vorbereitung

Die ersten vier Archetypen helfen uns bei der Vorbereitung auf die Reise. Wir beginnen in der Unschuld, und vom Unschuldigen lernen wir Optimismus und Vertrauen. Nach dem »Fall«, das heißt der Vertreibung aus dem Paradies, werden wir zu Verwaisten, die vom Leben und vor allem von Menschen, denen sie vertrauten, enttäuscht, verlassen und betrogen wurden. Der Verwaiste lehrt uns, selbst für uns zu sorgen und uns diesbezüglich nicht auf andere zu verlassen; zunächst aber fühlt er sich so macht- und hilflos, dass er sich am besten mit anderen zusammentut, um zu überleben und sich gegenseitig zu helfen.

Wenn der Krieger in unser Leben tritt, lernen wir, uns Ziele zu setzen und Strategien zu entwerfen, um sie zu erreichen; diese Strategien verlangen fast immer, dass wir Disziplin und Mut entwickeln. Wenn der Geber aktiv wird, lernen wir, für andere und schließlich auch für uns selbst zu sorgen.

> Die ersten vier Archetypen helfen uns bei der Vorbereitung auf die Reise.

Diese vier Eigenschaften – Optimismus, die Fähigkeit, sich zum Zweck der gegenseitigen Unterstützung mit anderen zusammenzutun, der Mut, für sich und andere zu kämpfen, Mitgefühl und Fürsorge in Bezug auf sich und andere – stellen die elementaren Fähigkeiten dar, um in der Gesellschaft zu leben. Aber obwohl wir das, was für ein moralisches und erfolgreiches Dasein in der Welt notwendig ist, gelernt haben, fühlen wir uns fast immer unzufrieden, wenn das alles ist.

Die Reise

Wir beginnen, uns nach jenem unfassbaren Etwas zu sehnen, das größer ist als wir selbst und uns zufriedenstellt, und werden zu Suchenden. Wenn wir den Aufruf beantworten und uns auf die Reise machen, stellen wir fest, dass wir Entbehrung und Leid erleben, denn der Zerstörer nimmt viel von dem weg, was uns wesentlich erschien. Die Einweihung durch das Leiden wird jedoch durch die Einweihung in den Eros, die Liebe, ergänzt, wenn wir uns in Menschen, Projekte, Orte oder eine Arbeit verlieben. Diese Liebe ist so stark, dass sie nach Bindung drängt – und wir sind nicht mehr frei (Liebender). Der Schatz, der aus dieser Begegnung mit Tod und Liebe erwächst, ist die Geburt des wahren Selbst. Der Archetyp des Schöpfers hilft uns, dieses Selbst in der Welt auszudrücken, und bereitet uns darauf vor, ins Königreich zurückzukehren. Die vier Fähigkeiten des Suchens, Loslassens, Liebens und Erschaffens lehren uns den elementaren Prozess, unser altes Selbst aufzugeben und das neue zu erschaffen. Dieser Vorgang bereitet uns darauf vor, ins Königreich zurückzukehren und unser Leben zu verändern.

Die Rückkehr

Bei unserer Rückkehr stellen wir fest, dass wir die Herrscher unseres Reichs sind. Anfangs mag uns der Zustand dieses Reichs enttäuschen. Aber wenn wir unserer neuen Weisheit entsprechend handeln und unserer neuen Identität treu sind, beginnt das verödete Land zu blühen. Wenn der Magier in unserem Leben aktiv wird, lernen wir, uns und andere zu heilen und zu verwandeln, sodass das Königreich ständig erneuert wird.

Auf der Reise geht es im Grunde um Verwandlung.

Solange wir unsere Subjektivität nicht konfrontieren, sind wir nicht völlig erfüllt und glücklich; deshalb hilft der Weise uns zu erkennen, was Wahrheit wirklich ist. Wenn wir lernen, unsere Subjektivität zu akzeptieren und die Einengung durch Illusionen und unbedeutende Wünsche loszulassen, können wir einen Zustand der Nichtfixiertheit erreichen, in dem wir frei sind. Wir sind dann bereit, uns für den Narren zu öffnen, und lernen, froh im Augenblick zu leben, ohne uns um morgen zu sorgen.

Diese letzten Errungenschaften – die Übernahme der völligen Verantwortung für das eigene Leben, die Verwandlung und Heilung von uns und anderen, Nicht-

Die zwölf Archetypen

Archetyp	*Ziel*	*Angst*	*Drache / Problem*
Unschuldiger	In Sicherheit bleiben	Verlassenwerden	Leugnen oder Hilfe suchen
Verwaister	Wieder in Sicherheit kommen	Ausbeutung	Lässt sich zum Opfer machen
Krieger	Gewinnen	Schwäche	Vernichtet / konfrontiert es
Geber	Anderen helfen	Egoismus	Sich um es oder um die von ihm Geschädigten kümmern
Suchender	Nach einem besseren Leben suchen	Konformität	Flieht vor ihm
Zerstörer	Metamorphose	Vernichtung	Dem Drachen gestatten, es zu vernichten
Liebender	Seligkeit	Liebesverlust	Liebt es
Schöpfer	Identität	Nicht authentisch zu sein	Als Teil des Selbst aktivieren
Herrscher	Ordnung	Chaos	Seine konstruktive Verwendung herausfinden
Magier	Verwandlung	Schwarzmagie	Es verwandeln
Weiser	Wahrheit	Täuschung	Es transzendieren
Narr	Freude	Unlebendigkeit	Ihm Streiche spielen

Antwort auf die Aufgabe	*Geschenk/Tugend*
Treue, Unterscheidungsvermögen	Vertrauen, Optimismus
Schmerz ganz verarbeiten und spüren	Wechselseitige Abhängigkeit, Realismus
Nur für das kämpfen, was wirklich wichtig ist	Mut, Disziplin
Geben, ohne sich oder andere zu verstümmeln	Mitgefühl, Freigebigkeit
Seinem wahren Selbst treu sein	Autonomie, Strebsamkeit
Loslassen	Demut
Seiner Seligkeit folgen	Leidenschaft, Bindungsfähigkeit
Sich selbst erschaffen, sich selbst akzeptieren	Individualität, Berufung
Die volle Verantwortung für das eigene Leben übernehmen	Verantwortlichkeit, Kontrolle
Sich auf den Kosmos ausrichten	Persönliche Macht
Erleuchtung erreichen	Weisheit, Nichtanhaften
Dem Lebensprozess vertrauen	Freude, Freiheit

fixiertheit und die Verpflichtung zur Wahrheit, die Fähigkeit zu Freude und Spontaneität – sind die Belohnung für unsere Reise.

Das spiralförmige Muster der Reise

Die Vorstellung, dass der Held die Phasen Vorbereitung, Reise und Rückkehr durchläuft und nacheinander von zwölf Archetypen unterstützt wird, ist als Lehrmodell nützlich, aber in den meisten Fällen geschieht Wachstum nicht so festgelegt und linear. Unsere Führer kommen zu uns, wenn sie – und auf einer bestimmten Ebene wir – es wollen.

Die Reise verläuft eher wie eine Spirale: Die letzte, durch den Archetyp des Narren verkörperte Phase verbindet sich wieder mit dem ersten Archetyp, dem Unschuldigen, aber auf einer höheren Ebene. Jetzt weiß der Unschuldige mehr vom Leben. Auf dieser spiralförmigen Reise begegnen wir jedem Archetyp viele Male und erwerben dabei neue Gaben, die höhere Entwicklungsebenen bezeichnen. Jede Begegnung hinterlässt einen Abdruck in der Seele, der allmählich ein Netz bzw. Gewebe bildet. Wenn wir die Realität erleben – und das geeignete Gewebe oder Netz haben, um sie zu halten –, können wir diese Erfahrung verinnerlichen und verstehen. Die Archetypen, die wir noch nicht erlebt haben, sind wie Löcher im Netz; Erfahrungen, die wir kaum oder nicht verstehen, fallen einfach durch es hindurch.[3]

Wie dieses Buch zu benutzen ist

Dieses Buch besteht aus fünf Teilen. Teil I stellt die heroische Suche als Reise des Bewusstseins vor. Er untersucht, wie die Archetypen dazu beitragen, die Psyche zu formen und im Gleichgewicht zu halten, indem sie unser Ich ausbilden, uns mit unserer Seele verbinden, ein Gefühl für unser wahres Selbst entwickeln, um es in der Welt auszudrücken. Die ersten fünf Kapitel geben einen Einblick in die Grundlagen des Individuationsprozesses und die Erweiterung des Bewusstseins, durch deren Verständnis wir unser Potenzial voll erkennen können.

Die Teile II, III und IV beschäftigen sich eingehend mit den zwölf Archetypen. Teil II beschreibt die Archetypen, die uns bei der Vorbereitung zur Reise helfen: den Unschuldigen, den Verwaisten, den Krieger und den Geber. Teil III beschreibt die Archetypen, die uns auf der Reise selbst helfen: den Suchenden, den Zerstörer, den Liebenden und den Schöpfer. Teil IV konzentriert sich auf die Archetypen, die eine erfolgreiche und verwandelnde Rückkehr ins Königreich erlauben: den Herrscher, den Magier, den Weisen und den Narren.

Jedes Kapitel erörtert, wie ein Archetyp sich in unserem privaten und gesellschaftlichen Leben äußert: die Fähigkeiten, die er uns lehrt, seine negative bzw. Schattenform und sein Geschenk bzw. seine Lektion. Da jeder Archetyp relativ primitive und eher fortgeschrittene Formen aufweist, werden in jedem Kapitel auch die verschiedenen Entwicklungsphasen der Archetypen dargestellt.

Teil V zeigt, wie die Reise von unserem Alter, unserem Geschlecht, unserer Kultur und unserer Einzigartigkeit beeinflusst wird; wie ein Prisma zerlegen diese Faktoren den Mythos »Held« in tausend Muster und Formen und lassen für individuelle Abweichung und Kreativität genügend Platz.

Verwendungsmöglichkeiten dieses Buches

Ich habe dieses Buch für ein allgemeines Publikum geschrieben. Es kann aber auch an Schulen und Universitäten benutzt werden, ebenso bei Programmen zur Vorbeugung und Heilung von Drogen- und Alkoholabhängigkeit, bei der psychologischen und spirituellen Beratung sowie bei der Ehe- und Familientherapie, bei Programmen im Bereich der beruflichen Weiterbildung, in Selbsthilfegruppen – und von all denen, die den Helden in sich und anderen wecken wollen. Meine Theorien können benutzt werden als:

1. transpersonale Entwicklungspsychologie,
2. Beschreibung der zwölf Schlüsselphasen der menschlichen Entwicklung, denen eine Lektion, eine Aufgabe und ein Geschenk zugeordnet ist,
3. Möglichkeit, die Unterschiede zwischen den Menschen mithilfe des dominanten Archetyps, des Geschlechts, des Alters, des psychologischen Typs und des kulturellen Hintergrunds zu verstehen und zu schätzen,
4. nichtpathologisches Diagnose- und Interventionsmodell für Erzieher und Therapeuten, um die aktuelle

Herausforderung in der Entwicklung eines Menschen zu bestimmen,
5. Hilfe bei der Erziehung von Menschen zu Erfolg, sozialem und selbstbewusstem Verhalten in einer demokratischen Gesellschaft,
6. Untersuchung archetypischer und zeitloser spiritueller Wahrheiten, die sich in Religion, Mythos, Literatur und in der Psychologie finden (die Theorien sind daher ein eher psychologischer als theologischer Leitfaden zur spirituellen Entwicklung),
7. Hilfsmittel bei der Selbsterkenntnis und beim persönlichen Wachstum.

Der Leser kann mithilfe der Theorien auch erkennen, wo er zum Nachteil seines Lebens vielleicht von Schattenformen der Archetypen besessen ist und wie er die heroischen »Lehrer« in sich analysieren kann. Vor allem kann er anhand der Theorien die Phasen seiner Reise erkennen und so Gewinn aus der Lektion jeden Archetyps ziehen.

Die Schattenformen der Lehrer erkennen

Für manche Menschen ist der gesamte Bereich des Seelenlebens ein unentdecktes Land. Sie haben Angst, eine Seelenreise zu unternehmen, weil sie das Unbekannte fürchten; dies veranlasst sie dazu, Archetypen zu unterdrücken, die sich in ihrem Leben äußern möchten. Die Folge ist, dass sie sie zunächst in ihrer negativen Form erleben und ihre Anstrengungen verstärken, diese Archetypen zu unterdrücken, denn sie wollen ja nicht Monstern Tür und Tor öffnen.

Wenn Sie sich hier angesprochen fühlen, sollten Sie das Buch einfach so lesen, ohne es auf Ihre Seele anwenden zu wollen. Das Lesen formt Ihr Ich und wird in angemessener Zeit zur harmonischen Integration der positiveren Seiten eines Archetyps führen. Und Sie erkennen die Archetypen, die sich bereits in Ihrem Leben äußern, und sehen, wie sie Sie bereichert haben. Wahrscheinlich profitieren Sie immer noch von ihnen. Wenn Sie dann bereit sind, neue Lektionen zu lernen, wird dies nicht schwierig sein.

Helden treten Drachen entgegen, und diese Drachen haben viele Gesichter. Für Menschen, die wenige oder keine Archetypen aus dem kollektiven Unbewussten in ihr Leben integriert haben, scheint die innere und die äußere Welt von Drachen bevölkert und also ein sehr angsteinflößender Ort zu sein.

Die zwölf Köpfe des Drachen sind die Schattenseiten der Archetypen (siehe die Übersicht weiter unten); sie können so tödlich sein wie die sieben Todsünden, wenn wir den Schatz nicht finden, den sie vor uns verstecken. Wenn wir uns schrecklich fühlen, äußern wir einen Archetyp oft in seiner negativen Form. Um uns wieder gut zu fühlen, müssen wir herausfinden, welcher Schatten-Archetyp uns im Griff hat, und uns dann weigern, von ihm besessen zu sein. Im Allgemeinen gelingt uns das nur, wenn wir den Archetyp respektieren; da wir ihn irgendwie ausdrücken müssen, entscheiden wir uns am besten für seine positive Form.

Solange Sie einen Archetyp in Ihrem Leben nicht als Führer zulassen, wird er sich Ihnen als Drache entgegenstellen.

Unschuldiger
Zeigt sich an einer Fähigkeit zur Leugnung, der Weigerung, zu erkennen, was wirklich los ist. Vielleicht verletzen Sie sich und andere, geben es aber nicht zu. Oder Sie werden verletzt, aber auch dieses Wissen unterdrücken Sie. Oder Sie glauben, was andere sagen, auch wenn Ihr inneres Wissen Ihnen etwas anderes sagt.

Verwaister
Das Opfer, das andere für seine Inkompetenz, seine Verantwortungslosigkeit oder auch sein Raubtierverhalten verantwortlich macht und vom Leben eine Sonderbehandlung und Sonderrechte erwartet, weil es so schikaniert wurde bzw. so schwach ist. Wenn diese Schattenseite des Verwaisten unser Leben beherrscht, greifen wir auch Menschen an, die uns zu helfen versuchen, und schaden dadurch ihnen und uns. Oder wir brechen zusammen und werden dysfunktional (zum Beispiel: »Du kannst von mir nichts erwarten. Ich bin so krank/verletzt/inkompetent.«).

Krieger
Der Bösewicht, der Krieger-Fähigkeiten zum persönlichen Nutzen einsetzt, ohne an Moral, Ethik oder das Wohl der Gemeinschaft zu denken. Der Schatten-Krieger ist auch *jedes Mal* in unserem Leben aktiv, wenn wir uns gezwungen fühlen, unsere Prinzipien aufzugeben, um konkurrenzfähig zu bleiben, zu gewinnen oder unseren Willen durchzusetzen. (Der Schatten-Krieger ist in der heutigen Geschäftswelt reichlich vertreten.) Er zeigt sich auch an der Neigung, ständig kampfbereit zu sein, das heißt, praktisch alle Ereignisse als Beleidigung, Drohung oder Herausforderung zu betrachten, gegen die man sich wehren muss.

Geber

Der leidende Märtyrer, der andere beeinflusst, indem er ihnen Schuldgefühle vermittelt. »Sieh dir an, welche Opfer ich für dich gebracht habe!« Der Schatten-Geber zeigt sich an jedem manipulierenden, »verschlingenden« Verhalten, bei dem Fürsorglichkeit benutzt wird, um andere zu dirigieren oder einzulullen. (Er findet sich auch bei »Kodependenz«, dem zwanghaften Bedürfnis, sich um andere zu kümmern oder sie zu retten.)

Suchender

Der Perfektionist, der immer ein unmöglich zu erreichendes Ziel anstrebt oder die »richtige« Lösung finden will. Wir sehen ihn bei Menschen, deren Hauptaktivität darin besteht, besser zu werden: Sie gehen ins Fitnessstudio oder besuchen Kurse und Seminare, um in irgendeinem Bereich besser zu werden, haben aber immer das Gefühl, für die Bindung an irgendetwas oder irgendjemanden noch nicht bereit zu sein. (Dies ist die pathologische Kehrseite der Selbstverwirklichungswelle.)

Zerstörer

Beinhaltet alle selbstzerstörerischen Verhaltensweisen (Süchte, Zwänge oder Aktivitäten, die echte Vertrautheit mit anderen Menschen, beruflichen Erfolg oder das Selbstwertgefühl unterminieren) sowie alle Verhaltensweisen (seelische oder körperliche Misshandlung, Mord, Raub), die eine destruktive Auswirkung auf andere haben.

Liebender

Hierher gehören die Sirenen (die andere von ihrer Suche weglocken), die Verführer (die Liebe zur Eroberung benutzen), die Sex- oder Beziehungssüchtigen (die nach Liebe süchtig sind) und jeder, der nicht Nein sagen kann, wenn die Leidenschaft ihn überkommt, oder am Boden zerstört ist, wenn ein Partner geht.

Schöpfer
Erschafft zwanghaft, stellt sich so viele Möglichkeiten vor, dass er nicht zum Handeln kommt. (Wenn sie sich der Leere ihres Lebens gegenübersehen, füllen viele Menschen ihr Leben mit unwichtigen Projekten, Herausforderungen oder Aktivitäten.) Eine Variante dieses Verhaltens ist die Arbeitssucht, bei der uns immer noch etwas einfällt, was wir unbedingt erledigen müssen.

Herrscher
Der böse Tyrann, der auf seiner Methode besteht und kreative Elemente des Königreichs (bzw. der Psyche) verbannt, um die Kontrolle zu behalten. Dies sind die Könige und Königinnen, die selbstgerechten Wutausbrüchen freien Lauf lassen und schreien: »Dieser Kopf muss ab!« Oft handeln Menschen so, wenn sie eine Autoritätsposition innehaben (zum Beispiel Eltern sind), aber noch nicht wissen, wie sie mit der damit verbundenen Verantwortung umgehen sollen. Auch Menschen, die von einem starken Bedürfnis nach Kontrolle motiviert werden, gehören in diese Kategorie.

Magier
Der böse Zauberer, der bessere in schlechtere Alternativen verwandelt. Jedes Mal wenn wir unser Selbstwertgefühl schwächen, indem wir uns oder andere herabsetzen, sind wir Schatten-Magier; er ist auch der Teil von uns, der uns und andere durch negative Gedanken und Taten krank machen kann.

Weiser

Der gefühllose Richter – kalt, rational, herzlos, dogmatisch, oft wichtigtuerisch –, der uns und andere beurteilt und sagt, dass wir (oder sie) nicht gut genug sind oder es nicht richtig machen.

Narr

Der Vielfraß, Faulpelz oder Wüstling, der ganz von den Gelüsten und Bedürfnissen des Körpers beherrscht wird und kein Gefühl für Würde oder Selbstbeherrschung hat.

Wir alle können ständig eine ganze Meute von Drachen in uns haben, die uns sagen, dass wir nicht gut genug sind (Schatten-Weiser), nicht ohne Liebe leben können (Schatten-Liebender), uns unsere Probleme nur einbilden und alles in Ordnung ist (Schatten-Unschuldiger) und so weiter. Und wenn wir in der äußeren Welt Menschen oder Dinge antreffen, die diese inneren Stimmen auslösen, werden wir sie für Drachen halten.

Wenn wir erst mit dem Reisen angefangen haben, versuchen wir vielleicht, diese Drachen zu töten; wir meinen, sie wären außerhalb von uns selbst. Aber im weiteren Verlauf der Reise begreifen wir, dass sie auch in uns sind. Wenn wir lernen, die positive Seite eines Archetyps zu integrieren, werden die inneren (und manchmal auch die äußeren) Drachen zu Verbündeten. Menschen etwa, die uns beurteilen, können unseren inneren Schatten-Weisen auslösen, aber wir können lernen, mit unserem positiven Weisen zu reagieren, und erklären, dass wir unseren, nicht ihren Maßstäben entsprechend leben. Am Ende der Reise gibt es keine Drachen mehr. Wir fühlen uns authentisch und frei.

Wir können nicht nur von den negativen (Schatten-) Formen eines Archetyps besessen sein, sondern auch von seiner positiven Form. Stellen Sie sich vor, Sie sind ein hoch entwickelter Geber: Sie geben wirklich gern. Sie haben keine verborgenen Motive, und es macht Ihnen Freude, anderen zu helfen. Trotzdem können Sie von dem Archetyp besessen sein – dann nämlich, wenn Sie *immer* geben und nie kämpfen, Ihr eigenes Glück suchen oder es sich einfach gut gehen lassen. Solange wir kein Gefühl für unser echtes Selbst haben, sind wir meist von den Archetypen besessen. Idealerweise besteht unser Ziel nicht nur darin, die positive Form eines Archetyps auszudrücken; wir wollen überhaupt nicht von ihm besessen sein. Wir müssen ein authentisches Gefühl für uns selbst entwickeln, damit wir viele verschiedene Archetypen ausdrücken können, ohne von ihnen besessen zu sein. Wenn wir uns von der Besessenheit durch ihre Schattenformen lösen, können wir freier leben.

> Während wir selbst für das Vorhandensein von Schatten-Archetypen in unserem Leben oft blind sind, sehen andere sie klar.

Süchte, Zwänge und die Besessenheit vom Schatten

Anne Wilson Schaef meint in ihrem Buch *Im Zeitalter der Sucht*,[4] dass wir nach Verhaltensweisen und Gedankenmustern genauso süchtig werden können wie nach Substanzen. Wenn wir von einem Archetyp besessen sind, hat dies oft süchtige oder zwanghafte Tendenzen in irgendeiner Form zur Folge. Nach welchem Verhalten ein Mensch süchtig ist, hängt vom dominierenden Archetyp ab, aber alle schränken unser Leben ein. Die folgende Übersicht listet Verhaltensweisen und Einstellungen auf, nach denen wir süchtig werden können, wenn wir von dem entsprechenden Archetyp besessen sind. Je weniger Archetypen in ihrer positiven Form in unserem Leben aktiv sind, desto mehr neigen wir zur Sucht.

Menschen, die nach Substanzen süchtig sind, sollten unbedingt beim Zwölf-Schritte-Programm der Anonymen Alkoholiker oder anderen Programmen Hilfe suchen. Die Erkenntnis, dass die Krankheit etwas mit den Archetypen zu tun hat, ist bei der Vermeidung von Süchten und der zweiten Phase der Genesung sehr nützlich; das Wissen, dass hinter der negativen Sucht ein positiver Wunsch steht, wirkt sehr befreiend. Wenn wir die archetypische Ursache unserer Schwierigkeiten erkennen, verlassen wir das Pathologische und machen uns auf die Reise, denn es gibt immer einen »Gott« (oder einen Archetyp), der ruft. Wenn wir wissen, welcher »Gott« ruft, können wir sein Geschenk entgegennehmen.

Die Helden in uns wecken

Wir können uns von der Besessenheit durch den Schatten befreien, wenn wir unser heroisches Potenzial wecken. Jeder von uns hat in sich einen Helden, aber wir sind uns dessen nicht immer bewusst. Der Held im Inneren ist meist am Schlafen. Wir haben die Aufgabe, ihn zu wecken. Die natürlichste Methode, morgens aufzuwachen, besteht darin, die Sonne ins Zimmer scheinen zu lassen. Die natürliche Methode, unser inneres Potenzial zu aktivieren, besteht darin, das Licht des Bewusstseins auf es scheinen zu lassen. Wenn wir erkennen, dass wir in uns einen Helden haben, wird dieser Held auf ganz natürliche Weise wach.

Archetypen und Süchte

Archetyp	*Suchterzeugende Eigenschaft*	*Sucht*
Unschuldiger	Leugnung	Konsum / Zucker / Fröhlichkeit
Verwaister	Zynismus	Ohnmacht / sich Sorgen machen
Krieger	Stoizismus	Leistung / Erfolg
Geber	Retten	Fürsorglichkeit / »Kodependenz«
Suchender	Egoismus	Unabhängigkeit / Perfektion
Zerstörer	Selbstzerstörung	Selbstmord / selbstzerstörerische Verhaltensweisen
Liebender	Probleme mit Intimität	Beziehungen / Sex
Schöpfer	Zwanghaftigkeit	Arbeit / Kreativität
Herrscher	Starkes Kontrollbedürfnis	Kontrolle / »Kodependenz«
Magier	Unehrlichkeit (Image)	Macht / halluzinogene Drogen / Marihuana
Weiser	Urteilen	Recht haben / Tranquilizer
Narr	Berauschtheit	Erregung / Kokain / Alkohol

Mit den Archetypen ist es genauso. Wenn wir das Licht des Bewusstseins auf sie scheinen lassen und erkennen, dass sie in uns sind, werden sie wach und bereichern unser Leben. Wenn sie bereits aktiv sind, aber ihre Schattenform dominiert, kann das Bewusstsein die unangenehme Seite des Archetyps in den königlichen, blühenden Prinzen verwandeln, der er sein könnte.

Aufgrund des rasanten Lebensstils der heutigen Zeit werden einige von uns nicht wach, wenn die Sonne zum Fenster hereinscheint. Wir sind zu erschöpft oder haben den Kontakt zu natürlichen Prozessen verloren und brauchen einen Wecker. Auch unsere Psyche hat »Wecker« – die sogenannten »Symptome« –, die uns wach machen und uns sagen, dass etwas nicht stimmt. Wenn wir auf diese Symptome achten, lassen wir unser Schlafwandlerdasein hinter uns.

Früher wurden die Archetypen, die wie gesagt auch als heidnische Götter und Göttinnen aufgefasst werden können, durch Rituale, Gebete und Meditationen angerufen und indem man Tempel für sie baute. Auch heute noch schaffen wir Orte, an denen die Archetypen sich zu Hause fühlen. Auf Konkurrenz beruhende Aktivitäten und Organisationen – sportliche Ereignisse, politische Debatten oder die Armee – sind in Sportstadien und Regierungspalästen zu Hause, den »Tempeln« des Kriegers. Kirchen, die vor allem die Tugenden des Mitfühlens und Gebens lehren, sind die Tempel des Gebers. Universitäten sind die Tempel des Weisen. Der Besuch in den modernen Tempeln der Archetypen trägt dazu bei, mit ihnen in Kontakt zu kommen.

Sie können den Archetyp mit Worten bitten, in Ihr Leben zu treten. Oder Sie führen seine Riten und Rituale aus. Um etwa den Krieger anzurufen, können Sie sich auf Konfrontationen, Wettbewerbe oder Kämpfe einlassen. Um den Geber zu wecken, können Sie anderen geben, ohne etwas zurückzuerwarten. Lernen Sie, arbeiten Sie an der Verbesserung Ihrer Denkfähigkeit, und machen Sie sich Ihre subjektiven Vorurteile bewusst, um den Weisen zu aktivieren. Zuerst haben Sie vielleicht das Gefühl, mechanisch etwas zu tun, was eigentlich gar nicht zu Ihnen passt. Aber eines Tages dankt Ihnen Ihr innerer Krieger, Geber oder Weiser Ihr Tun mit seiner Gegenwart, und was sich erzwungen und schrecklich anfühlte, wird zu einer organischen Äußerung Ihrer selbst.

Wichtig ist, die einzigartige Form anzuerkennen, die ein Archetyp in Ihrem Leben annimmt. Nicht alle Krieger zum Beispiel sind gleich. Einige sind primitiv und grausam und werden vom Drang nach Eroberung getrieben. Andere sind ehrgeizige Spieler. Wieder andere kämpfen für das Wohl der Menschheit – und so weiter. Wir lassen das Licht des Bewusstseins auch deshalb auf die Archetypen scheinen, damit wir ihre spezielle Form in *unserem* Leben sehen.

Obwohl das Wecken aller zwölf Archetypen ein ganzheitliches und reiches Leben fördert, ist die Annahme, sie wären alle gleichermaßen aktiv, nicht realistisch. Wie man bei den alten Völkern oft alle Götter und Göttinnen verehrte, aber zu ein oder zwei eine besondere Beziehung unterhielt, wecken wir vielleicht alle zwölf Archetypen, entwickeln aber ein Gefühl für die Einzigartigkeit unserer Reise durch die besondere Mischung der zwei oder drei, die in unserem Leben dominieren.

Manche Leser werden die angebotenen Übungen machen wollen, andere nicht. Aber auch wenn Sie nur über einen Archetypen lesen, wecken Sie ihn, denn dadurch tritt er in Ihr Bewusstsein. Vielleicht achten Sie zunächst einfach auf die Archetypen, die in Ihrem Leben jetzt aktiv sind, und machen sich bereit, ihre Geschenke entgegenzunehmen. Wenn Sie dies bewusst so tun, dass das organische Auftauchen eines anderen Archetyps unterstützt und nicht behindert wird, kann die Wirkung Ihr Leben bereichern.

Tipps zum Lesen dieses Buches

Vielleicht wollen Sie das Buch von Anfang bis Ende durchlesen; dies ist, wie bei den meisten Büchern, wünschenswert. Beim Schreiben der verschiedenen Teile dieses Buches hatte ich jedoch verschiedene Leser im Sinn. Teil I zum Beispiel ist vor allem für Leser interessant, die sich mit der Funktionsweise der menschlichen Psyche beschäftigen; er erörtert, wie die Heldenreise deren Entwicklung fördert. Die Teile II, III und IV stellen die einzelnen Archetypen und ihr Erscheinen während der drei großen Phasen der Reise ausführlich dar. Leser, die *Der Held in uns*[5] kennen, werden Teil II möglicherweise als Wiederholung empfinden und überspringen (oder überfliegen) ihn vielleicht nur.

Den Test machen
Bevor Sie beginnen, sollten Sie den im Anhang befindlichen Test machen, um die in Ihrem Leben aktiven Archetypen herauszufinden. Füllen Sie auch das Kreisdiagramm am Ende der »Tipps« aus. So wird Ihre Lektüre konkreter. Tragen Sie Ihre Ergebnisse an den entsprechenden Stellen ein. Einige Leser werden ihre Energie vielleicht auf die Teile des Buches konzentrieren wollen, die für ihr gegenwärtiges Leben am relevantesten sind.

Leser, die vom Wunsch nach Selbsterkenntnis und Wachstum motiviert werden, möchten sicher auch die im ganzen Buch verstreuten Übungen machen, um ihre Erkenntnisse direkt auf ihr Leben anzuwenden. Sie können sich, allein oder in Gruppen, wochen- oder monatelang mit dem Buch beschäftigen und so Ihre Bewusstheit und Ihre Effektivität in der Welt enorm steigern. Einige Teile werden für Ihr Leben gerade jetzt wichtig sein; andere vielleicht erst in ein paar Wochen, Monaten oder Jahren. Arbeiten Sie mit dem Buch in Ihrem Rhythmus und auf Ihre Art.

Tragen Sie Ihre Testergebnisse ein

Gehen Sie zum Anhang, machen Sie den Test, und befolgen Sie die Anweisungen zur Auswertung. Tragen Sie dann Ihre Ergebnisse hier ein:

_____ Unschuldiger	_____ Liebender
_____ Verwaister	_____ Schöpfer
_____ Krieger	_____ Herrscher
_____ Geber	_____ Magier
_____ Suchender	_____ Weiser
_____ Zerstörer	_____ Narr

Ethik

Die hier vorgestellten Theorien und Modelle sollten nie benutzt werden, um sich oder andere zu manipulieren, zu etikettieren, zu beurteilen oder zu demütigen. Alle Teile dieses Modells sollten nur verwendet werden, um sich und andere zu achten, denn das Bild der Suche enthält implizit das Bewusstsein, dass wir alle wichtig sind. Wissen beinhaltet Verantwortung. Die sich aus diesem Modell ergebende Verantwortung besteht in der Verpflichtung, sich zu seiner eigenen Kraft zu bekennen und Handlungen zu unterlassen, die einen selbst oder andere kleiner machen. Benutzen Sie stattdessen Ihre Kraft und Ihre Weisheit, um in sich und anderen das Beste zu sehen und einen verwandelnden Einfluss auf Ihre Umgebung auszuüben.

Kreisdiagramm

Tragen Sie bei jedem Segment ein, wie sehr Sie sich mit dem entsprechenden Archetyp identifizieren.

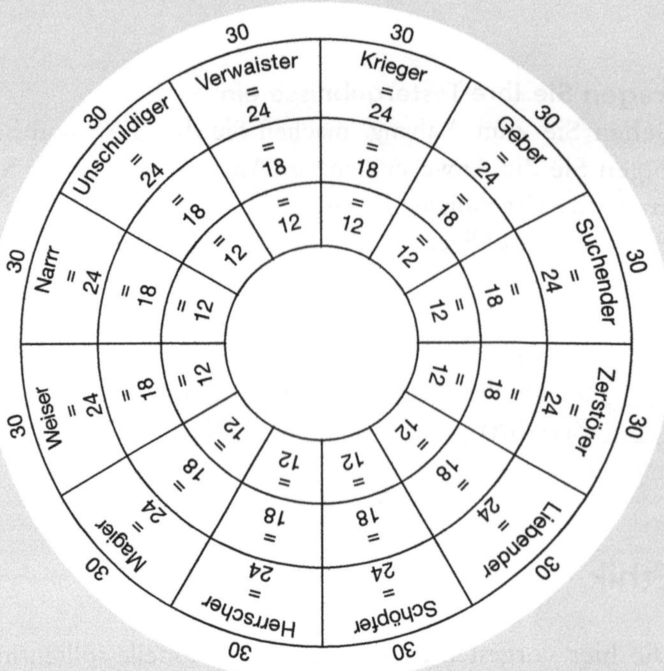

Teil I

Der Tanz von Ich, Seele und Selbst

1
Die Phasen der Reise

Die Botschaften unserer Kultur in Bezug auf die Rolle von Ich, Seele und Selbst sind verwirrend und widersprüchlich. Die Managementliteratur konzentriert sich meist auf ein gesundes Ich und schließt Selbst und Seele aus. Die politische Theorie konzentriert sich ebenfalls auf Ich-Belange, wie den gleichen Zugang zu Arbeitsplätzen, Bezahlung, Erziehung und Status. Auch die Psychologie unterstreicht häufig eine gesunde Ich-Entwicklung, und viele Psychologen beschäftigen sich mit nichts anderem.

Die transpersonale Psychologie sowie einige Richtungen der zeitgenössischen östlichen oder westlichen Religion entwickeln Selbst und Seele oft zulasten des Ich. Häufig wird bewusst und explizit versucht, das Ich loszuwerden, um ganz dem Willen Gottes folgen zu können.

Nur die Psychologie der Archetypen respektiert alle drei, obwohl manchmal auch bei ihr praktische Ich-Belange nicht angemessen betont werden.

In der heutigen Welt ist es dringend notwendig, Ich, Seele und Selbst zu achten und zu erkennen, wie das Ich umerzogen (nicht eliminiert) werden kann, um höhere Funktionen zu entwickeln. Erst die Verbindung von Ich und Seele bringt das Selbst hervor. Mein Studium der modernen Psychologie, Theologie, Politik, Unternehmensführung und Selbsthilfeliteratur hat mich mehr und mehr überzeugt, dass jeder von uns glücklich, erfolgreich, »selbstverwirklicht« und spirituell sein kann. Es ist auch möglich, sein Glück in die Hand zu nehmen und trotzdem ein verantwortungsbewusster Bürger, Elternteil und Freund zu sein. Das Geheimnis besteht darin, auf die Reise zu gehen und sich selbst zu finden.

Die in diesem Buch beschriebenen zwölf heroischen Archetypen tragen zur Entwicklung unserer Psyche bei. Die drei Phasen der Heldenreise – Vorbereitung, Reise und Rückkehr – entsprechen genau den Phasen der psychischen Entwicklung des Menschen: Erst entwickeln wir das Ich, dann begegnen wir der Seele, und schließlich bringen wir unser einzigartiges Selbst hervor. Die Reise des Ich lehrt uns, in der Welt sicher und erfolgreich zu sein; die Reise der Seele und die Begegnung mit den tiefgründigen Geheimnissen des Lebens hilft uns, der zu werden, der wir wirklich sind; die Reise des Selbst zeigt uns, wie wir unsere Authentizität, unsere Macht und unsere Freiheit finden und äußern können.

Die drei Phasen der Heldenreise – Vorbereitung, Reise und Rückkehr – entsprechen genau den Phasen der psychischen Entwicklung des Menschen.

Das *Ich* ist so etwas wie ein »Gefäß« für das Leben. Es schafft eine Grenze zwischen uns und allem anderen und ist gleichzeitig unser Bindeglied zur Welt. Durch das Ich lernen wir auch, uns in die vorhandene Welt einzufügen und sie zu ändern, damit unsere Bedürfnisse besser erfüllt werden.

Die *Seele*, die Jungianer mit dem Unbewussten oder der Psyche gleichsetzen, verbindet uns mit dem Überpersönlichen. Die Seele enthält auch das gesamte Potenzial der Spezies Mensch. Dieses Potenzial ist in jedem von uns vorhanden – wie ein Same, der keimt und sprießt, wenn die äußeren Bedingungen günstig sind (wenn, bildlich gesprochen, genug Sonne und Wasser sowie fruchtbarer Boden vorhanden sind). Für Menschen, die an ein Leben nach dem Tod glauben, ist die Seele der Teil von uns, der weiterlebt, wenn der Körper stirbt. Aber man braucht nicht an ein Leben nach dem Tod zu glauben, um mit der Seele in Kontakt zu kommen oder die Vorstellungen dieses Buches anzuwenden.

Das *Selbst* bedeutet, dass wir ein Gefühl echter Identität erreicht haben. Wir wissen, wer wir sind, die disparaten Teile unserer Psyche kommen zusammen, und wir erleben Ganzheit und Integrität. Unsere Aufgabe besteht dann darin, angemessene Möglichkeiten zu finden, uns in der Welt auszudrücken und den Beitrag zu leisten, den nur wir leisten können, damit Freude in unser Leben kommt und das unfruchtbare Land zu blühen beginnt.

Die ersten vier Archetypen – der Unschuldige, der Verwaiste, der Krieger und der Geber – helfen uns bei der Vorbereitung auf die Reise. Von ihnen lernen wir, in der vorhandenen Welt zu überleben, Ich-Stärke zu entwickeln und darüber hinaus produktive Bürger und gute, moralische Menschen zu sein.

Die zweiten vier Archetypen – der Suchende, der Zerstörer, der Liebende und der Schöpfer – helfen uns auf der Reise selbst, auf der wir unserer Seele begegnen und der werden, der wir wirklich sind. Die letzten vier Archetypen – der Herrscher, der Magier, der Weise und der Narr – unterstützen unsere Rückkehr ins Königreich: Wir lernen, unser wahres Selbst auszudrücken und unser Leben zu verwandeln. Diese Archetypen führen uns über den Heroismus hinaus zu Freiheit und Freude.

Vorbereitung

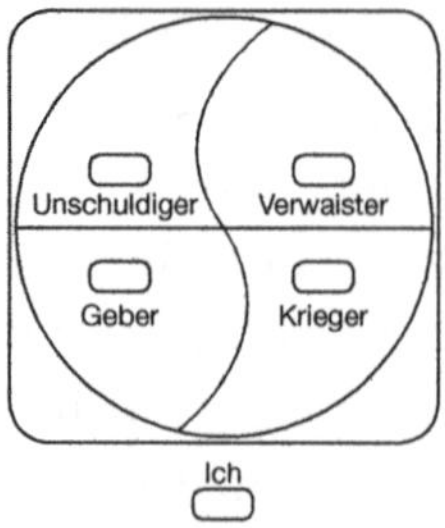

Reise

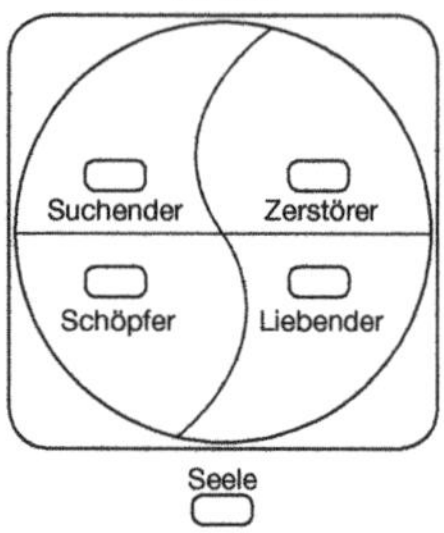

Rückkehr

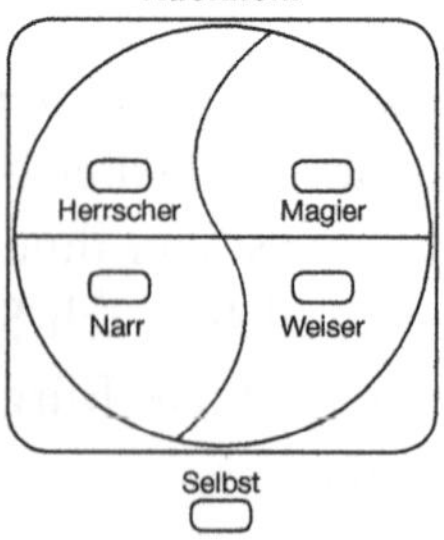

Die Mandalas von Ich, Seele und Selbst

Die folgenden Abbildungen ordnen je vier Archetypen einem Mandala zu. C. G. Jung zufolge hängen die Zahl vier und die Form des Mandalas mit Ganzheit und der Entdeckung des Selbst zusammen.

1. Schreiben Sie Ihre Punktzahl für jeden Archetyp in das entsprechende Kästchen.
2. Zählen Sie Ihre Punkte für den Unschuldigen, den Verwaisten, den Krieger und den Geber zusammen; dann haben Sie Ihr Gesamtergebnis für das Ich. Schreiben Sie diese Zahl in das Kästchen mit der Überschrift »Ich«.
3. Zählen Sie Ihre Punkte für den Suchenden, den Zerstörer, den Schöpfer und den Liebenden zusammen; dann haben Sie Ihr Gesamtergebnis für die Seele. Schreiben Sie diese Zahl in das Kästchen mit der Überschrift »Seele«.
4. Zählen Sie Ihre Punkte für den Herrscher, den Magier, den Weisen und den Narren zusammen; dann haben Sie Ihr Gesamtergebnis für das Selbst. Schreiben Sie diese Zahl in das Kästchen mit der Überschrift »Selbst«.
5. Stellen Sie fest, welcher der drei Bereiche die höchste Punktzahl hat. Wenn es das Ich ist, kann dies bedeuten, dass Sie zurzeit dabei sind, sich in der Welt zu beweisen oder sich auf die Reise (oder ihre nächste Phase) vorzubereiten. Wenn es die Seele ist, sind Sie jetzt vielleicht in einer Übergangszeit – Sie sind dabei, tiefer zu gehen und mehr Sie selbst zu werden. Wenn Sie beim Selbst die meisten Punkte haben, kann dies eine Zeit sein, in der Sie sich in der Welt ausdrücken, sich Ihrer Macht bewusst sind und Ganzheit erleben.

2
Das Ich: Das innere Kind schützen

Der Held wird oft als Archetyp des Ich betrachtet, aber das ist nur eine Teilwahrheit. Die Heldenreise, die Individuation, umfasst Ich, Seele und Selbst. Die Ausbildung eines gesunden Ich ist jedoch die *Vorbedingung* dafür, die Reise zu einem erfolgreichen Abschluss zu bringen.

Das Ich ist der Sitz des Bewusstseins; es beinhaltet die Erkenntnis, dass es ein von der Mutter und der übrigen Welt getrenntes »Ich« gibt, das die Welt beeinflussen kann. Das reife Erwachsenen-Ich entwickelt seine Fähigkeiten, um *all* unsere Bedürfnisse zu erfüllen, nicht nur das nach Sicherheit. Das entwickelte Ich trägt dazu bei, dass nicht nur unser Bedürfnis nach Überleben, Zufriedenheit, Sicherheit, Liebe und Zugehörigkeit erfüllt wird, sondern auch das nach Selbstachtung, Selbstverwirklichung und Transzendenz. Es bringt auch unsere individuellen Bedürfnisse mit den Bedürfnissen anderer ins Gleichgewicht und trägt so zum Überleben und zur Entwicklung des Individuums, der Familie, der Gemeinschaft, der Nation und der gesamten Spezies bei.

Zu Beginn des Lebens ist das Ich noch nicht entwickelt. Wir kommen klein, zerbrechlich und hilflos in diese Welt. Wir haben wenig oder keine Kontrolle über unsere Umgebung, nur die Fähigkeit, vor Schmerz zu schreien oder Liebe und Fürsorglichkeit anzuregen, indem wir süß, verletzlich und unschuldig aussehen. Wir sind der Fürsorge von Eltern oder anderen Erwachsenen überlassen, die, auch wenn sie sich noch so sehr bemühen, nicht immer richtig erraten, was wir brauchen. Wenn wir fähig werden, unsere Bewegungen, Laute und Handlungen zu beherrschen, lernen wir, dass unser Tun beeinflusst, was mit uns geschieht. Mit diesem Bewusstsein ist das Ich geboren.

> Das Ich ist der Sitz des Bewusstseins; es beinhaltet die Erkenntnis, dass es ein von der Mutter und der übrigen Umgebung getrenntes »Ich« gibt, das die Welt beeinflussen kann.

Egal, wie alt, weise oder reif wir werden, jeder von uns hat in sich ein verletzliches kleines Kind, das immer noch die – großen oder kleinen – Narben unserer Entwicklungsjahre trägt. Die erste Aufgabe des Ich besteht darin, dieses innere Kind zu schützen. Irgendwann in der Kindheit beginnt das Ich, die Schutzfunktion der Eltern Schritt für Schritt zu übernehmen – eine Aufgabe, die mit der Reife zum Abschluss kommt.

Die nächste Aufgabe des Ich und seine elementare Funktion besteht in der Verbindung zur äußeren Welt. Das Ich sichert zunächst unser Überleben und konzentriert sich dann darauf, in der Welt erfolgreich zu sein. In gesunden Umgebungen können Kinder sich auf Eltern und andere Erwachsene dahin gehend verlassen, dass sie für ihre Sicherheit sorgen. Dann können sie die Welt erforschen und lernen, effektiv mit ihr zu interagieren. In dysfunktionalen Familien jedoch kann die Ich-Entwicklung eines Kindes dadurch gehemmt werden, dass es die Verantwortung für sein Überleben und seine Sicherheitsbedürfnisse zu früh übernehmen muss. Andererseits sind Härten und Schwierigkeiten für die Entwicklung von Ich-Stärke sehr wichtig. Aber ob die äußeren Umstände unseres Lebens schwierig sind oder nicht, die Vorbereitungsphase scheint oft sehr schwer – und sei es auch nur deshalb, weil wir noch nicht die Fähigkeiten besitzen, die das Leben leichter machen können.

Weil die Aufgabe der vergangenen Jahrhunderte in der Entwicklung des Ich bestand, geht es auch in den meisten Heldengeschichten eben darum. Der Held auf dem weißen Pferd, der Ritter, der den Drachen tötet und die Dame in Not rettet, und die Dame in Not, die sich gegen die Attacken des ungewollten Verführers wehrt, sind Versionen dieser klassischen Geschichte.

Ob der Held ein Ritter, Cowboy, Forscher, Heiliger oder politischer Aktivist ist – die Geschichte ist im Grunde dieselbe. Der Held und das Königreich werden von einer feindlichen Macht bedroht. Das zu rettende Opfer kann in einem selbst (das innere Kind oder die innere Dame in Not, die eigene Reinheit oder Freiheit) oder in der Welt draußen sein, aber die Lösung besteht immer darin, den Mut und das Können zu haben, die Tore zu verteidigen. Der Held schützt und verteidigt die Grenzen des Reichs, damit das Leben in ihm wachsen und gedeihen kann.

Helden sind oft auch Eroberer, das heißt Männer oder Frauen, die sich für das einsetzen, was sie wollen – neues Land, Ruhm, Reichtum, Liebe, Freiheit –, und es bekommen. Aber die Fähigkeit, das Erstrebte zu bekommen und unsere Grenzen zu schützen, macht uns allein noch nicht zu Helden. Auch große Bösewichte haben diese Eigenschaften. Was uns zu Helden macht, ist ein Edelmut, der sich als Interesse und Mitgefühl für andere zeigt. Er veranlasst Helden dazu, Opfer zu retten.

In der modernen Welt agieren wir dieses Schema täglich aus. Nur wenige von uns erschlagen ganz wörtlich Drachen oder Bösewichte. Unsere Schwerter sind selten echte Waffen, öfter Geld, Status, Image, Macht, Einfluss und hoch entwickelte Kommunikationsfertigkeiten. Aber das Muster bleibt dasselbe.

Die Vorbereitung auf die Reise verlangt von jedem von uns, dass er so weit sozialisiert ist, dass er in der gegebenen Gesellschaft effektiv sein kann und dass er sich dann von der kollektiven Weltsicht entfernt, um eigenständige Werte, Meinungen und Wünsche zu vertreten. Diese Fähigkeit zu Autonomie und Unabhängigkeit darf jedoch – auch wenn wir für unser eigenes Wohl sorgen sollen – nicht nur für egoistische Ziele eingesetzt werden, sondern für das Wohl des Ganzen.

Archetypische Einflüsse auf die Ich-Entwicklung

Die mit der Ich-Entwicklung zusammenhängenden Archetypen – der Unschuldige, der Verwaiste, der Krieger und der Geber – lehren uns, die Verantwortung für unser Leben zu übernehmen, auch wenn wir noch nicht wissen, wie. Sie bringen uns die Bausteine des Charakters nahe: das Vertrauen, das notwendig ist, um elementare Lebensfähigkeiten zu erlernen, das Gefühl für die wechselseitige Abhängigkeit der Menschen und die Fähigkeit, unseren Teil beizutragen, den Mut, für uns und andere zu kämpfen, und die Identifikation mit dem Gemeinwohl, aufgrund dessen wir anderen geben und für sie Opfer bringen.

Die genannten Archetypen wirken auch dabei mit, die Grundbausteine unseres Ich-Bewusstseins zu formen. Der Unschuldige hilft uns, die Persona zu entwickeln, jene Maske, die wir tragen, wenn wir unsere Rolle in der Gesellschaft spielen. Der Verwaiste beherrscht die Teile unserer Psyche, die wir verdrängen, verleugnen oder verstecken, um eine für uns und andere akzeptable Persona auszubilden. Der Krieger begründet das Ich an sich: Er schützt die Grenzen und sorgt für die Erfüllung unserer

Bedürfnisse. Im Interesse des Über-Ich bzw. des idealen Ich[6] unterdrückt oder bestraft er auch Tendenzen, die dieses als unethisch, selbstzerstörerisch oder destruktiv für andere betrachtet. Der Geber regiert die Öffnung des Herzens, sodass unser Gutsein durch echtes Mitgefühl für uns und andere motiviert wird. Zusammen formen diese Archetypen ein Gefäß – das Ich –, durch das die Seele hindurchfließen kann.

Der Unschuldige

Der Unschuldige hilft, die Persona auszubilden – die Maske, die wir in der Welt tragen, unsere Persönlichkeit, unsere Rolle in der Gesellschaft. Dieses äußerliche Bild ist weder tief noch komplex, gibt uns und anderen aber ein Gefühl dafür, wer wir sind und was von uns erwartet werden kann.

Der Druck zur Ausbildung einer Persona beginnt früh im Leben mit der Frage: »Was willst du werden, wenn du groß bist?« Heranwachsende suchen ihre Identität hauptsächlich in der jeweils aktuellen Musik und Mode und in erfreulichen Aktivitäten. Als Erwachsene identifizieren wir uns durch unsere Arbeit und vielleicht auch durch unseren Lebensstil. Wie jeder Unschuldige weiß, brauchen wir eine Persona, um uns in die Gesellschaft einzufügen.

Früh im Leben schaut der Unschuldige in uns sich nach verfügbaren Möglichkeiten um und entscheidet sich dann für eine Persona. Er möchte geliebt und beteiligt werden. Er möchte von der Gesellschaft akzeptiert werden, »dazugehören«, er möchte, dass andere ihn lieben und stolz auf ihn sind. Wie ein Kind ist er nicht besonders kritisch gegenüber der Gruppe, der er sich anschließen will. Im besten Fall wählt er eine Persona, die positiv ist und sich in die Gesellschaft einfügt. Im schlimmsten Fall wählt er eine kriminelle Persona, um sich an eine Umgebung anzupassen, die Ehrlichkeit als Zeichen von Naivität betrachtet. Wie immer die Wahl ausfällt, die Persona hilft uns, in der Gesellschaft oder in der Familie einen Platz zu finden – und im Idealfall bewundert und gemocht zu werden. Wenn wir ihn nicht finden, können wir uns nicht in der Welt engagieren.

> Der Unschuldige in uns möchte geliebt und beteiligt werden.

Der Verwaiste

Sobald der Unschuldige die Persona gewählt hat, beurteilt der Verwaiste in uns, der ein Überlebenskünstler und Zyniker ist, die Situation und überlegt, welche unserer Eigenschaften aufgegeben oder versteckt werden müssen, damit das neue Image erfüllt wird. Ein Kind zum Beispiel, das einen konservativen Lebensstil wählt, wird seine Extravaganz aufgeben müssen; ein Kind, das eine kriminelle Persona wählt, muss seine Anteilnahme an anderen unterdrücken. Das dritte Kind in der Familie denkt vielleicht: »Meine große Schwester ist die Gescheite und mein Bruder der Begabte; ich werde der Sympathische sein« – und unterdrückt so Intelligenz und Talent, um lustig oder charmant zu wirken.

> Der Verwaiste möchte uns davor schützen, verlassen, verletzt oder betrogen zu werden.

Der Verwaiste ist auch der Teil von uns, der lernt, Situationen zu erkennen und daher zu vermeiden, die uns verletzen könnten – den potenziellen Kidnapper und den Schläger der Straße oder auch den Verwandten, der unsere Gefühle missbraucht. Der Verwaiste möchte uns davor schützen, verlassen, verletzt oder betrogen zu werden.

Um dies zu erreichen, greift er auf ein Wissen zurück, das die Persona sich nicht eingestehen kann, und wird so zu einem geheimen und wertvollen, aber versteckten Helfer.

Wir alle haben eine Sammlung verwaister oder verbannter »Selbste« in uns, die im persönlichen oder kollektiven Unbewussten leben. Viele von ihnen können durch eine Psychoanalyse oder andere Therapien wieder bewusst gemacht werden und so die Psyche sehr bereichern. Andere mögen unbewusst bleiben. Und manche haben einen Grenzbereich inne. Wir wissen von ihnen, aber weil wir sie (vielleicht zu Recht) ablehnen, gestatten wir ihnen keine Handlungsfreiheit. Oder wir lassen andere aufgrund der Werte unserer Gesellschaft selten einen Blick auf sie werfen.

Der Krieger

Das Es ist der Teil der Psyche, der durch undifferenzierte Instinkte gekennzeichnet ist. Es ist der Sitz unserer elementarsten Leidenschaften und Bedürfnisse, der Ursprung unserer Wünsche. Das Ich spaltet sich vom Es, um es zu kontrollieren. In Wirklichkeit sind ihre Ziele jedoch gar nicht so verschieden. Das Ich möchte, dass seine Bedürfnisse erfüllt werden, achtet aber auch darauf, wie sie erfüllt werden. Es vermittelt zwischen dem Es und der äußeren Welt und setzt rationale Beschränkungen, um die Wünsche des Es zu lenken und nutzbar zu machen. Der Krieger unterstützt es bei dieser Aufgabe.

> Der Krieger schwingt das Schwert, um alles wegzuschneiden, was das Überleben des Körpers, das keimende Ich, unsere Integrität und schließlich unser wahres Selbst zu bedrohen scheint.

Wenn der Krieger völlig im Sinne des Eigeninteresses handelt, trägt er dazu bei, dass wir Ich-Stärke entwickeln; wenn er uns drängt, moralisch zu handeln oder anderen zu helfen, trägt er zur Entwicklung des Über-Ich bei. Auf den unteren Ebenen wird das Über-Ich durch die Werte der Eltern und der Gemeinschaft bestimmt. Ihre Meinungen schaffen ein Ich-Ideal. Dieses Ideal kann für uns bedrückend sein, denn wir neigen dazu, Elemente unseres Wesens, die nicht zu ihm passen, zu verdrängen oder zu leugnen. Wenn wir diese Einstellungen verinnerlichen, kann das Über-Ich uns bestrafen, wenn wir ihnen zuwiderhandeln. Wenn wir zum Beispiel in einer Beziehung sind, die das Über-Ich nicht billigt, können wir krank werden oder unbewusst die Beziehung sabotieren, um die Abweichung vom Ich-Ideal zu bestrafen. Auf einer höheren Entwicklungsebene zeigt das Über-Ich unsere eigenen Werte, nicht nur die von Eltern oder Gesellschaft, und ist im Grunde dem Gewissen sehr ähnlich.

Der Geber

Der Geber hängt mit den freundlicheren Aspekten des Über-Ich zusammen und hilft uns, ein Gefühl für Ethik und Fürsorglichkeit für andere zu entwickeln. Er interessiert sich für das Wohl anderer genauso wie für das eigene. Er repräsentiert eine Form des Ich, die nicht nur das Überleben des Einzelnen, sondern das der Familie, des Stamms, der Gemeinschaft oder der Spezies sicherstellen möchte. Das Über-Ich drängt uns, unser eigenes Wohl für andere zu opfern, damit die Gruppe überleben kann. Wenn wir reifen und wachsen und weniger dualistisch werden, lernen wir, unser Wohl mit dem anderer ins Gleichgewicht zu bringen, sodass der Konflikt zwischen Ich und Über-Ich kleiner wird.

Der Geber kümmert sich nicht nur um die eigenen Kinder und Mitarbeiter, sondern um das Wohl der Menschheit. Er empfindet Mitleid mit der Erde und Sorge wegen des Schadens, den die Menschen ihr zufügen, und ist bereit, Opfer zu bringen, um Wunden zu heilen. Es schmerzt ihn, wenn er erfährt, dass Menschen hungern oder obdachlos sind, und er drängt uns, etwas daran zu verändern. Die Fähigkeit des Gebers, das kleinere für das größere Wohl aufzugeben und andere zu trösten und zu erziehen, ist für die Ausbildung einer Psyche, in der Ich und Seele Platz haben, entscheidend.

> Der Geber ist aufgefordert, viele Wünsche, Begierden und Prioritäten aufzugeben, nicht nur, damit es anderen besser geht, sondern auch, um die eigene Seele zu finden.

Bereitschaft zur Reise

Der Unschuldige und der Verwaiste bereiten uns auf die Reise vor, indem sie uns lehren, Helfer von Versuchern zu unterscheiden. Der Krieger trainiert uns für den Kampf und entwickelt Mut, und der Geber lehrt Menschlichkeit und Mitgefühl. Bei der Herausbildung dieser Eigenschaften geraten wir oft auf den »Weg der Prüfungen«. Gewöhnlich begreifen wir nicht, dass er die Rolle einer heroischen Einweihung spielt: Wir haben nur das Gefühl, dass das Leben sehr hart ist!

Wenn wir den »Aufruf zur Suche« hören und unsere Reise als Suchende beginnen, werden wir im Allgemeinen geprüft, um zu sehen, ob wir genügend vorbereitet sind. Ob wir die Lektionen des Unschuldigen und des Verwaisten gelernt haben, zeigt sich etwa daran, ob wir Versucher von wirklichen Führern unterscheiden können und wissen, vor wem wir fliehen und wem wir folgen sollen. Fast immer müssen wir unseren Mut beweisen, indem wir einem Drachen die Stirn bieten (einer Sache, einem Menschen oder einer Situation, vor der wir große Angst haben). Und fast immer geraten wir auch in eine Lage, in der wir unser Mitgefühl zeigen können. In vielen Märchen zum Beispiel begegnet der Held einem alten Bettler und teilt sein letztes Stück Brot mit ihm. Der Bettler gibt dem Helden dann irgendein magisches Instrument, mit dessen Hilfe die Reise ein gutes Ende nimmt. Ins normale Leben übersetzt, bedeutet dies, dass man einen Wettbewerbsvorteil aufgibt oder dem aufrichtigen Wunsch folgt, jemandem zu helfen, auch wenn dazu ein großes Opfer notwendig ist, oder dass man einfach Menschen, die einem begegnen, alltägliche Gefälligkeiten erweist.

Im Allgemeinen geht unsere Reise nicht weiter, bis wir durch die Bewältigung dieser Prüfungen gezeigt haben, dass wir die Vorbereitungsphase erfolgreich abgeschlossen haben. Wenn wir alle Prüfungen bestanden haben, sind wir bereit zur Verwandlung – wir sagen uns von dem los, was wir waren, und betreten eine neue Ebene der Erfahrung.

Das Ich: Ein Gefäß für die Seele

Das Ich wurde oft als Feind der Seele bezeichnet, aber in Wirklichkeit hilft es uns, unsere Grenzen zu setzen und zu behalten – unser Gefühl dafür, wo wir aufhören und andere anfangen. Diese Kraft öffnet uns für eine spirituelle Sichtweise. Ein richtig entwickeltes Ich wächst zunächst, um dann leer und zu einem Gefäß für die Seele zu werden, ohne dass der geistige, seelische oder körperliche Zusammenbruch droht. Ohne ein gut entwickeltes Gefäß kann es keine echte seelische oder spirituelle Entwicklung geben, denn sie wäre gefährdet. Die Konfrontation mit dem Unbewussten bzw. dem Überpersönlichen kann ein unzureichend entwickeltes Ich zerbrechen und eine Psychose auslösen.

Warum ist dann so viel Negatives über das Ich gesagt worden? Warum wird es oft mit Egoismus gleichgesetzt? Warum haben so viele weise Männer und Frauen behauptet, wir müssten das Ich aufgeben, um unser wahres Selbst zu finden oder erleuchtet zu werden?

Weil wir das Wesen des Ich missverstanden haben. Zunächst sind die meisten Ich, denen wir begegnen, nicht sehr entwickelt. Der Individuationsprozess, die mit ihm einhergehende Erforschung von zuvor verdrängtem Material und das Gefühl der Verbundenheit mit anderen bedroht sie. Das primitive Ich hat in erster Linie Angst, dass die auftauchenden Eigenschaften uns in der äußeren Welt in Schwierigkeiten bringen werden, und in zweiter Linie, dass sie uns »verschlingen« könnten. Das primitive Ich ist auch egoistisch. Es möchte für alle Leistungen des Selbst gelobt werden und umgekehrt die Existenz von allem leugnen, was größer ist als es selbst. Außerdem kann das Ich die Psyche in eine andere Richtung lenken. Weil seine Aufgabe darin besteht, die Psyche zu verteidigen und zu schützen, kennt es ihre verletzlichen Stellen. Es weiß, welchen Knopf es drücken muss, wenn es eine Sache beenden will.

Die Angst des unterentwickelten Ich vor Veränderung lässt sich am leichtesten bewältigen, wenn man es aus der Distanz beobachtet. Am effektivsten aber ist, sich daran zu erinnern, dass das Ich unser Verbündeter ist und dazu gebracht werden muss, für und nicht gegen das neue Bedürfnis zu arbeiten. Vielleicht muss das Ich auch daran arbeiten, eine klarere Struktur und ein deutlicheres Selbstgefühl zu entwickeln, damit es stark genug wird, wirkliche Nähe, spirituelle Erkenntnisse und größere Authentizität und Ganzheit zulassen zu können. Die Aufgabe besteht im Allgemeinen darin, unsere Grenzen zu stärken, indem uns klarer wird, wo wir aufhören und andere anfangen oder wo unser bewusster Verstand die Kontrolle verloren und unser Unbewusstes unser Leben gesteuert hat.

Das Ich wurde auch missverstanden, weil ein reifes Ich für viele unserer gesellschaftlichen Institutionen eine Bedrohung darstellt. Die meisten Menschen geraten von der nicht infrage gestellten Abhängigkeit von den Eltern oder anderen Erwachsenen geradewegs in die Abhängigkeit von Schulen und Universitäten, dem Gesundheitssystem, den Medien, der Regierung, den religiösen Organisationen oder charismatischen Führern. Viele Zeiten und Orte in der Geschichte haben die Entwicklung eines Ich als Gefäß für die Seele nicht geschätzt oder betont. Meist übernahmen Institutionen die Funktion des Gefäßes. Religiöse Institutionen waren das Gefäß für Seele und Geist, Schulen, Universitäten, religiöse oder politische Körperschaften das für »Wahrheit« und so weiter.

Die Vorstellung, dass der Einzelne die Verantwortung für seine Entscheidungen übernimmt, ist neu in der Geschichte; sie ist Teil der Verbreitung der Demokratie im Bereich der Politik, des Aufkommens des Individualismus in der Philosophie und der relativ neuen Betonung, die die Psychologie auf die Entwicklung der Individualität legt. Genauso wie die Reifung verlangt, dass wir die Abhängigkeit von den Eltern aufgeben, um erwachsen und selbstständig zu werden, müssen wir fähig werden, unabhängig von den großen gesellschaftlichen Institutionen zu urteilen.

Dies bedeutet natürlich nicht, dass wir die legale Autorität missachten, Gesetze brechen, Bücher verbrennen, uns unmoralisch verhalten oder Missbrauch mit unserer Gesundheit treiben. Reife erfordert die Fähigkeit, Unabhängigkeit mit anhaltender Fürsorge für die Eltern ins Gleichgewicht zu bringen – und so die gegenseitige Abhängigkeit der Menschen voneinander anzuerkennen; sie verlangt auch Fürsorglichkeit und Interesse gegenüber den gesellschaftlichen Institutionen, die unsere Sicherheit gewährleisten, uns ausbilden und informieren oder uns helfen, ein rechtschaffenes Leben zu führen. Was sie nicht von uns verlangt, ist gedankenlose Willfährigkeit.

Auch wenn diese Institutionen für die Entwicklung der Fähigkeit wichtig waren, auf den Aufruf zum Heldentum zu reagieren, verlangt ein heroisches Leben, dass wir die Abhängigkeit hinter uns lassen. Für manche von uns kann dies bedeuten, solche Institutionen zu verlassen. Für die meisten bedeutet es einfach, die Beziehung zu ihnen zu verändern – von der kindlichen Abhängigkeit zur erwachsenen Verantwortlichkeit und Interdependenz zu gelangen.

Das nächste Kapitel führt in die Welt der Seele ein und lädt Sie ein, ihre Geheimnisse kennenzulernen. Aber bevor Sie sich auf diese Reise machen, ist es weise, sich an die Bedeutung des Ich zu erinnern. Die deutlichste kulturelle Krise unserer Zeit besteht darin, dass von Menschen, die ihr Ich nicht genügend entwickelt haben, erwartet oder sogar verlangt wird, autonom und unabhängig zu sein. Die Folge ist, dass sie ineffektiv herumagieren, charismatischen Führern in die Hände fallen oder einer Sucht erliegen.

Heute werden große Anforderungen an den Einzelnen gestellt.[7] Bei Ihrer Reise kann Ihnen dieses Buch helfen, aber auch eine Gruppe. Bevor Sie sich auf die Heldenreise begeben, muss Ihr rationales Ich Ja sagen. Die Seele braucht dieses Buch nicht; sie kennt den Weg. Aber sie ist darauf angewiesen, dass das Ich mitmacht, denn es ist das praktische, realistische Ich, das darauf achtet, dass die Reise der Seele unser Leben nicht zerstört.

3
Die Seele:
In die Mysterien eindringen

Die Seele ist der Teil der Psyche, der uns mit dem Ewigen verbindet und unserem Leben ein Gefühl von Sinn und Wert gibt. In der Jung'schen Psychologie wird »Seele« oft als Synonym für »Psyche« oder auch für das kollektive Unbewusste benutzt, aus dem der Archetyp auftaucht. Im religiösen Denken ist die Seele der Teil eines Menschen, der unsterblich ist und spirituell wachsen kann. Im allgemeinen Sprachgebrauch wird Seele mit der Fähigkeit zu tiefen Gefühlen (wie in dem Begriff »aus tiefster Seele«) oder, wie in »seelenlos«, mit dem Gefühl (bzw. dem Verlust dieses Gefühls) für Bedeutung, Wert und Zweck assoziiert.[8] Man braucht nicht in einem konventionell religiösen Sinn an Gott oder ein Leben nach dem Tod zu glauben, um die Seele zu entwickeln. Die Seele beginnt uns zu interessieren, wenn wir das Bedürfnis verspüren, den Sinn des Lebens, speziell unseres Lebens, kennenzulernen, wenn wir die Sehnsucht nach einer Verbindung mit dem Kosmos spüren oder uns mit unserer Sterblichkeit befassen.

Manchmal ermöglicht die Seele ein Gefühl von Einheit oder spiritueller Verbundenheit oder, öfter, ein Gefühl der

Vertrautheit mit einem anderen Menschen. Wenn das Ich die Grenzen gesetzt hat, erlaubt uns dies paradoxerweise, Verbundenheit zu wagen, denn wir fürchten nicht mehr, »verschluckt« zu werden und uns zu verlieren.

> Das Ich ist gut darin, ein Gefühl für unsere Grenzen auszubilden, aber wir brauchen die Seele, um Sinn zu erleben.

In der modernen Welt fehlen uns oft respektable Kategorien, um über die Seele nachzudenken. Wir erfahren die Seele hauptsächlich negativ, als das Gefühl, dass in unserem Leben etwas fehlt. Weil unsere Gesellschaft die Seele leugnet, erleben wir sie hauptsächlich durch persönliche Einbrüche – Einbrüche unserer Gesundheit und unserer Moral und durch Krisen allgemein. Viele Menschen zum Beispiel erleben die Seele nur durch Selbstzerstörung: Süchte, Begierden, zwanghafte Verhaltensweisen. Aber eben während der großen Lebenskrisen sehnt der Mensch sich plötzlich nach Sinn und kosmischer Verbindung.

Die Seele zeigt sich bei den Übergängen des Lebens von der Kindheit zur Pubertät, von der Adoleszenz zum Erwachsenendasein, zum Elternsein, zu den mittleren Jahren, zu Alter und schließlich Tod. In diesen Augenblicken stehen wir an einer Grenze, einer Schwelle – wir haben die eine Identität abgelegt und die andere noch nicht erreicht. In diesen Momenten sehnen wir uns am vorhersagbarsten und sichersten nach Kontakt mit einem transzendenten Element.

Viele Kulturen haben Rituale und heilige Mythen entwickelt, um diese Übergänge, diese Bewegung von einer Realität in eine andere, zu erleichtern. Das Fehlen solcher Rituale und die mangelnde Achtung vor dem Spirituellen macht diese Übergänge in der modernen, diesseitig orientierten Gesellschaft so schwierig und einsam. Obwohl Leid und Einsamkeit in gewissem Umfang in allen Kulturen unvermeidbar sind, kann der Schmerz vermindert werden, wenn wir einen Rahmen haben, mit dessen Hilfe wir verstehen können, was mit uns geschieht.

Einweihung

Manche Kulturen haben besondere Initiationserfahrungen in die heiligen Mysterien der Seele geschaffen, die zum übrigen Leben keine Beziehung hatten. Die großen Mysterienkulte im hellenistischen Griechenland, in Syrien, Anatolien, Ägypten und Persien zum Beispiel waren heilige Einweihungen, durch die die Menschen sich von der gewöhnlichen Realität lösen und alte spirituelle Wahrheiten sehen und hören sollten.

Die Einweihung soll uns helfen, Sinn und Wichtigkeit der Erfahrungen zu erkennen, die sie symbolisiert. Auch Uneingeweihte erfahren die Seele, erkennen aber ihre Macht und ihren Sinn nicht. Die Einweihung macht solche Erfahrungen bewusst, nicht in der Sprache des Ich, sondern in der Sprache der Seele – durch Mythen, Symbole, Lieder, Kunst, Literatur und Ritual.

Die Reise des Helden ist eine Einweihung in die Realitäten der Seele. Die Reise verlangt von uns, dass wir die Kontrolle über unser Leben übernehmen und dann wieder aufgeben, dass wir unser Entsetzen vor Tod, Schmerz und Verlust loslassen und das Leben in seiner Ganzheit erfahren. Dazu müssen wir die beschränkte Sicht des Ich ausweiten. Wir müssen Meinungen, Sicherheit, Vorhersagbarkeit und auch unsere Sorge um körperliche Sicherheit, Effektivität und Rechtschaffenheit loslassen. Wenn wir dies tun, geben wir den Dualismus von gut / schlecht, ich / du, wir / sie, Licht / Dunkelheit, richtig / falsch auf und kommen in eine Welt der Paradoxa.

Die Moral der Reise ist anspruchsvoll und absolut, aber sie ist anders als die des Ich. Unser normales Ich-Bewusstsein möchte unsterblich, vor Leid sicher, erfolgreich, glücklich und von Liebe umgeben sein. Vor allem möchte es, dass die Welt sinnvoll ist.

Die Reise verlangt von uns, dass wir all diese Wünsche loslassen und die Wahrheit der Seele sehen: Das Leben ist seinem Wesen nach Geheimnis. Die Wahrheit der Seele ist vom rationalen Standpunkt des Ich aus nicht sinnvoll. Es ist gut, gesund, reich und weise zu sein, aber lebendig und *authentisch* macht uns erst die Reise zu den zentralen Mysterien des Lebens, bei der wir Entfremdung, Tod, Auflösung, Sexualität, Leidenschaft und Ekstase kennenlernen und die Schönheit von *allem* sehen.

> Bei der Vorbereitung zur Reise geht es darum, stark, moralisch und gesund zu werden, aber auf der Reise selbst geht es darum, die großen Mysterien des Lebens – Tod, Leidenschaft, Geburt, Erschaffung – als Mysterien zu erleben.

Ohne Seele fühlen wir uns wie Roboter. Wir machen die richtigen Bewegungen, aber es ist eine Bewegung ohne Sinn. Vielleicht durchlaufen wir sogar viele Einweihungserfahrungen, aber der Kontakt zu unserer Seele ist so gestört, dass wir weder beeinflusst noch verwandelt werden. Aber wir bekommen viele Chancen. Es ist nie zu spät. Wir dringen viele Male und auf immer tieferen Verständnisebenen in die Geheimnisse ein. Es gibt keine Bestrafung dafür, dass wir uns nicht mit unserer Seele verbinden, außer dem allgegenwärtigen Gefühl der Sinnlosigkeit des Lebens, das Bestrafung genug ist.

Werden, wer wir wirklich sind

Die Einweihung beginnt in der Kindheit, wenn wir unsere ersten Erfahrungen mit Verwirrung, Leid, starker Liebe, Sehnsucht und Frustration machen. Ein besonders Kindern zugängliches Bild für diese Einweihungserfahrung ist das Lebendigwerden eines Gegenstands oder eines Spielzeugs. Den meisten Kindern und auch den meisten Erwachsenen sagen Geschichten etwas, in denen Gegenstände lebendig werden; denn solange wir nicht unserer Seele begegnen, mögen wir gut und sogar erfolgreich sein, haben aber nicht das Gefühl, richtig da zu sein, denn wir sind wirklich nicht wir selbst.

Pinocchio ist ein bekanntes Beispiel aus der Kinderliteratur, das diesen Vorgang der »Selbstwerdung« thematisiert. Gepetto sehnt sich nach einem Sohn und schnitzt aus einem Stück Holz die Puppe Pinocchio. Dann erscheint die schöne Fee mit den himmelblauen Haaren und verleiht der Puppe die Fähigkeit, sich selbstständig zu bewegen. Gepetto und die Fee (Symbole für das Ich bzw. den Geist) können zusammen eine gut funktionierende Puppe erschaffen, aber nur Pinocchio selbst kann sich das Recht verdienen, ein wirklicher Mensch zu werden.

Zuerst ist er eine »gute« kleine Puppe und tut alles, was von ihm erwartet wird. Die erste Demonstration seiner Unabhängigkeit gibt er, als er Gepetto, der Fee und seinem Gewissen ungehorsam ist und sie betrügt. Er bricht mit anderen faulen Burschen heimlich ins Spielzeugland auf. Wie die meisten von uns wird er bei dem Versuch, sein Glück in die Hand zu nehmen, von trivialen Vergnügungen abgelenkt (wie Süßigkeiten essen und Besitz zerstören).

Pinocchio steigt in die Niederungen der instinktiven Suche nach Vergnügen hinab, entkommt aber rechtzeitig, als er erkennt, dass er und seine Freunde sich in Esel verwandeln. Diese verwirrende Erfahrung schockiert ihn so, dass er beginnt, die Welt anders zu sehen.

Pinocchios Einweihung in die Mysterien hat vier Teile. Erst sieht er die Fee und erfährt, dass er die Möglichkeit hat, ein »richtiger Junge« zu werden. Das ist sein »Aufruf zur Suche«. Zweitens erlebt er seine Schatteneigenschaften und die Zerstörung, die sie verursachen. Drittens wird ihm im Körper des Wals bewusst, wie sehr er Gepetto liebt und wie sehr er geliebt wird. Bei seiner Rückkehr schließlich verwandelt die Fee ihn in einen wirklichen Jungen, denn er hat es verdient: Er hat das Leben erlebt; er hat gelitten; er hat gelernt, mit weiseren Augen zu sehen und minderwertige Vergnügungen vom wahrem Glück zu unterscheiden; er hat die Fähigkeit zu echter Liebe erworben. Und er hat gelernt, die Verantwortung für seine Taten zu übernehmen, ohne sich durch Scham oder Bedauern schwächen zu lassen. Er ist, kurz gesagt, zu einem echten Menschen geworden.

Wenn wir ausschließlich auf der Ebene des Ich leben, sind wir, bildlich gesprochen, wie ein Roboter, ein Spielzeug oder ein anderes lebloses Ding. Wir sehnen uns nach einer echteren Erfahrung. Der Aufruf zur Suche nach dem Geist bildet nur den ersten Schritt beim Auffinden dieser Authentizität. Die Einweihung erschüttert unsere Weltanschauung und verlangt von uns, dass wir uns mit unserer tieferen Weisheit verbinden, damit wir verstehen, was mit uns geschieht. Diese Einweihung kann verschiedenes vorwegnehmen: die Erfahrung von Leid, Entbehrung und Verlust, die der Archetyp des Zerstörers bringt, die Fähigkeit zu echter und leidenschaftlicher Liebe und Verbundenheit, die mit dem Archetyp des Liebenden einhergeht (Eros), und die Verbindung mit der Seele, die das neue Selbst (den Schöpfer) hervorbringt.

In die Mysterien eindringen

Beim Eindringen in die Mysterien – durch eine Psychoanalyse oder Mystik oder indem Sie Tod und Liebe in Ihrem Leben unmittelbar erleben – geht es darum, das Leben im Körper und auf dieser Erde zu akzeptieren und zu lieben. Das völlige Präsentsein im Körper negiert die Möglichkeit der Unsterblichkeit der Seele nicht, denn der Körper ist ein Ausdruck der Seele und daher ein Teil von ihr. Unsere Seele braucht den Körper, damit wir am Kreislauf des kosmischen Entstehens und Vergehens teilnehmen und so mehr wir selbst werden können. Wenn wir alles in unserem Leben und in unserem Bewusstsein loslassen, was sterben muss, und uns für das öffnen, was entstehen muss, fühlen wir die Ehrfurcht und Verwunderung, zu der unsere bereitwillige Mitwirkung an diesen kosmischen Zyklen führen kann.

Aber für unser Ich ist es schwierig, seelisches Leid zu verstehen. Der Unschuldige möchte unangenehme Wahrheiten leugnen und einfach vertrauen. Der Verwaiste betrachtet Tod und Leid als weiteren Hinweis darauf, dass das Leben nicht gerecht ist. Der Geber und der Krieger versuchen, die Welt vor Leid zu schützen – der Krieger, indem er die Ursache dieses Leids sucht und beseitigt, der Geber, indem er alles Leid auf sich nimmt, um andere zu retten.

Auch unser Geist möchte einfach über solche Erfahrungen hinweggehen und nach jenem Glückszustand suchen, der über sie hinausführt. Mystiker und Weise überall auf der Welt haben immer wieder bezeugt, dass dies möglich ist, aber nicht sofort. Der einzige Weg aus dem Paradoxon heraus führt durch es hindurch.

Desorientiertheit als Initiationserfahrung

Grundlage aller Einweihungserfahrungen ist eine Veränderung der Sichtweise. Wir müssen lernen, so zu sehen, zu hören und zu denken, dass uns neue Erfahrungsebenen zugänglich werden. Dem Suchenden stehen verschiedene Einweihungspraktiken zur Verfügung, die die Wahrnehmung verändern. Aber die meisten von uns entscheiden sich nicht bewusst für eine Einweihung. Sie geschieht einfach und ist oft ein ziemlicher Schock.

Manchmal ist es ein körperlicher Schock. Paulus wird auf dem Weg nach Damaskus plötzlich blind. Der Schamane in Jean M. Auels *Ayla und der Clan des Bären*[9] wird als Junge von einem Blitz getroffen. Aber es kann auch ein seelischer Schock sein. Im Buch Genesis schläft Jakob auf der Flucht vor dem Zorn seines Bruders ein und träumt von einer Leiter zum Himmel. Er hat große Angst, als er erkennt, dass er an einer Stelle ist, an der das Göttliche die Erde berührt. Eigentlich sind wir alle ständig an einem heiligen Ort, aber im Allgemeinen muss ein Schock uns aus unserer normalen Sichtweise herausholen, damit wir dies spüren oder wissen.

Leid, Verlust oder Schmerz können Sie plötzlich in die Desorientiertheit stürzen. Oder Sie haben eine Erfahrung, die Sie mit Ihrer normalen Weltsicht nicht erklären können, etwa eine Vorahnung, eine außerkörperliche Erfahrung oder den lebhaften Traum von einer spirituellen Wesenheit.

Auch eine Krankheit, eine Behinderung oder ein Treuebruch kann Ihr Weltbild durcheinanderbringen. Manche Menschen werden durch einen Drogenrausch (nicht empfehlenswert) und manche durch seelische Krankheiten eingeweiht. Andere bringt ein Übermaß an Stress und die Unfähigkeit, mit ihrem Leben zurechtzukommen, in Verwirrung. Wieder andere werden desorientiert, wenn jemand anders ihr Gefühl für das, was real ist, untergräbt.

Der hektische Rhythmus des modernen Lebens ist vielleicht eine Strategie, die wir als Gesellschaft zur Herstellung von Desorientiertheit benutzen. Aber solche Strategien können ins Auge gehen. Desorientiertheit allein ist noch keine Einweihung. Diese geschieht nur, wenn wir so fassungslos sind, dass wir beginnen, nach einem tieferen Sinn zu suchen. Die Herausforderung für den Eingeweihten besteht nicht darin, vorzugeben, dass er sein Leben in diesem Augenblick unter Kontrolle hat, sondern bei diesem Gefühl der Verwirrtheit und Machtlosigkeit zu verweilen und sich dem tiefen inneren Wissen zu öffnen, das ihm sagt, was er sehen muss, aber noch nicht gesehen hat.

In solchen Augenblicken ist der rationale Verstand verlockt, das Problem zu lösen. Es ist in Ordnung, zu analysieren und Dinge rational zu durchdenken; aber diese Fähigkeit ist Teil der Ich-Entwicklung. Auch wenn wir noch so viel rationalisieren – die hart erkämpften Strategien des Ich reichen einfach nicht aus, um auf der Ebene der Seele das Leben zu verstehen.

Wenn eine Einweihungserfahrung Sie verwirrt hat, können Sie Ihren Geist beruhigen, indem Sie sich sagen: »Das sieht wie eine Einweihungserfahrung aus. Ich weiß, dass ich das Problem nicht lösen kann. Ich kann mich auch nicht noch mehr anstrengen und die Situation unter Kontrolle bekommen. Ich kann mein Ich benutzen, um verantwortlich in der Welt zu handeln, während dies geschieht: mich um meine Kinder kümmern, rechtzeitig zur Arbeit gehen, nett zu meinen Freunden sein. Aber durch all diese Erfahrungen wird meine Seele geweckt. Ich kann nur warten, bis das, was ich lernen soll, zu mir kommt.«

> Die meisten von uns entscheiden sich nicht bewusst für eine Einweihung. Sie geschieht einfach und ist oft ein ziemlicher Schock.

Und es kommt immer. Manchmal ist es eine neue Einsicht, die von innen aufsprudelt und sich durch Träume oder ein Aha-Erlebnis äußert. Oder eine Freundin, ein Buch, ein Brief, ein Redner sagt »zufällig« das, was wir hören müssen. Oder ein Ding oder ein Symbol »sagt« uns etwas. Wir sehen es an und wissen plötzlich einfach, was wir wissen müssen.

Die Sprache der Seele ist rechtshirnig, bildlich, beschreibend und paradox, ganz anders als die linkshirnige, logische, folgerichtige, dualistische Sprache des Ich. Die Einsichten der Seele sind im Allgemeinen nicht das Ergebnis harter Arbeit, sondern der Sehnsucht nach der Antwort. Das Anerkennen von Verwirrtheit, Ohnmacht und Frustration trägt dazu bei, uns für diese Augenblicke plötzlicher Klarheit zu öffnen. Wir haben keine Kontrolle über das, was mit uns in solchen Zeiten geschieht; aber wenn wir Glück haben, gelangen wir über die Verwirrung hinaus und zu einer tieferen Ebene der Weisheit, die jedem von uns immer zur Verfügung steht.

Die alten Mysterienreligionen und die Alchemie

In der modernen Welt werden wir im Allgemeinen nicht ermutigt, über unsere Einweihungserfahrungen zu sprechen. Und obwohl eine Jung'sche Analyse eine moderne Form der Einweihung ist, geraten die meisten Leute, die heute zu einem Psychologen gehen, an einen Ich-Psychologen und lernen nur, sich besser an die Welt um sie herum anzupassen. Archaische Praktiken zu vielen verschiedenen

Zeiten und Orten haben die Einweihung und ihre Funktion mehr beachtet. Ich möchte zwei dieser Praktiken beschreiben: die alten Mysterienreligionen und die »Wissenschaft« der Alchemie.

Alte Mysterienreligionen als Quelle psychischer Wahrheit

Die Mysterien waren der esoterische Aspekt von Fruchtbarkeitsreligionen, die die Sexualität, Geburt und den Tod feierten. Alle Mysterienreligionen gehen von einer Parallele zwischen dem Kreislauf der Natur, dem spirituellen und dem seelischen Leben aus. Man nahm an, dass das Leben des Einzelnen und der Familie, die Vorgänge in der Natur und die Realität des Göttlichen sich spiegelten, und alle zusammen wurden als Teil eines fortdauernden, wunderschönen Geschehens betrachtet. Einige Kulturen feierten den Kreislauf der Sonne (Frühjahr, Sommer, Herbst und Winter), andere den des Mondes (zu- und abnehmender Mond, Neumond). Der Kreislauf der Natur entsprach heiligen Ereignissen: Geburt, Paarung und Tod. Anfangs war das wichtigste spirituelle Prinzip eine Göttin, später ein Gott. Dieses göttliche Wesen gebar einen Sohn (der in den frühen Erzählungen zum Gefährten seiner Mutter wurde) oder eine Tochter (wie im Mythos von Demeter und Kore), die von ihrer Mutter bzw. ihrem Vater sehr geschätzt wurden. Aber dieses Kind musste geopfert werden: Kore wird zu Hades geführt und muss für immer die Hälfte des Jahres bei ihm leben; Dionysos wird bei einer orgiastischen Festlichkeit von seinen Gefährten in Stücke gerissen; Christus wird gekreuzigt.

In diesen Geschichten folgt auf Tod und Opferung das Bild von Wiedergeburt und Auferstehung. Der alte Gott stirbt und wird im neuen Jahr wiedergeboren. Christus steht von den Toten auf; der zerstückelte Osiris wird wieder zusammengesetzt; Kore kehrt auf die Erde zurück; und Winter verwandelt sich in Frühling. Diese Muster von Tod und Wiedergeburt entsprechen nicht nur den Veränderungen der Jahreszeiten, sie spiegeln auch das seelische Muster der Erneuerung wider, wenn wir uns von dem lossagen, was wir waren, und das hervorbringen, was wir sein könnten.

Spätere patriarchalische religiöse Erzählungen, etwa im Christentum, behielten das von Geheimnis umwitterte Muster von Tod und Auferstehung bei, verloren aber die gleichermaßen wichtige Konzentration auf das Wunder der Sexualität. Die frühen Fruchtbarkeitsreligionen feierten nicht nur Tod und Wiedergeburt, sondern das große Wunder, dass eine Geburt das Ergebnis der sexuellen Vereinigung ist. Die heiligsten Gegenstände der frühen Mysterienreligionen priesen daher ziemlich explizit die erotische Energie von Mann und Frau. Etwas von dieser Symbolik ist in die christliche Liturgie übernommen worden. Wie Esther Harding bemerkt hat, ist das »Eintauchen einer entzündeten Kerze ins Taufbecken« eine Version der alten erotischen Symbolik.[10] Aber die Verehrung des Wunders der sexuellen Vereinigung, die die Grundlage dieser Symbolik bildet, ist verloren gegangen.

Heutzutage mag es manchen Menschen als ketzerisch erscheinen, den Geschlechtsverkehr als wichtiges spirituelles Geheimnis zu betrachten – besonders seit die Jungfrauengeburt zum Dogma wurde. Für die alten Völker jedoch war die Feier der Leidenschaft, des Eros, genauso wichtig wie die Feier der Geburt. In manchen Traditionen, wie bei den Hindugöttern Shiva und Shakti, entsteht die Schöpfung durch die offen erotische Paarung der Götter. Wie Harding auch gezeigt hat, hatte die Vorstellung eines Gottes, der von einer »Jungfrau« geboren wird, ursprünglich keine puritanischen Beweggründe. Das lateinische

Wort für Jungfrau, *virgo,* meint eigentlich eine Frau, die »in sich eins ist«, die selbstständig ist. Sie konnte sexuell aktiv sein und Kinder haben, aber nicht die Frau oder der Besitz von jemand anderem sein. Im Allgemeinen bedeutete dies, dass sie die Göttin in sich kannte und sich selbst respektierte.

> Im modernen Leben erleben wir die Einweihung durch die Liebe zunächst als sexuelle Leidenschaft und später durch jede leidenschaftliche Verbindung (mit unserer Arbeit, Gott, einer Sache oder einer Idee), durch die göttliche erlösende Liebe oder eine tiefe Verbindung zur Seele, bei der die Liebe die verstreuten Teile der Psyche zusammenbringt und eint.

Die von den alten Mysterienreligionen und Naturvölkern überall auf der Welt verehrte Einweihung in die Geheimnisse von Tod, Leidenschaft und Geburt spiegelt die Archetypen der Seele wider: den Suchenden, den Zerstörer, den Liebenden und den Schöpfer.

Alchemie als verschlüsselte psychische Wahrheit

Die meisten Menschen halten die Alchemisten für gescheiterte Chemiker, aber deren Versuche, im Labor Blei in Gold zu verwandeln, waren nicht der Hauptzweck ihrer Arbeit – zumindest nicht für die, die die Tradition wirklich kannten. Vielmehr verschlüsseln die alchemistischen Vorgänge genauso wie die Mythen von der Reise wichtige Phasen des Wachstums und der Entwicklung der Seele.

Wie viele mystische Einweihungstraditionen wurde die Alchemie vor allem mündlich vom Meister an den Schüler weitergegeben. Von den Meistern der alchemistischen Tradition verfasste Schriftstücke waren absichtlich dunkel, damit nur der in diese Sprache Eingeweihte ihre Bedeutung erfassen konnte. So sollte vermieden werden, dass Menschen ohne solide Ich-Struktur oder Moral auf diese Techniken stoßen und sich oder anderen schaden konnten.[11]

Die materielle Verwandlung von Blei in Gold war für echte Alchemisten immer zweitrangig gegenüber dem höheren spirituellen Ziel, ein Bewusstsein aus Blei in ein Bewusstsein aus Gold zu verwandeln. Das heißt, sie dehnten das Ich-Bewusstsein aus, um die Seele zu erfahren, und brachten dabei das Selbst hervor. Die Verwandlung von Blei in Gold auf der materiellen Ebene galt als äußeres Zeichen der wichtigeren inneren, spirituellen Leistung. Die verschiedenen chemischen Verfahren, die Gold (Geist) von geringeren Elementen (Materie) trennen, entsprechen den Phasen der spirituellen Reise des Helden – von der auf Übereinkunft beruhenden, vom Ich bestimmten Realität in den spirituellen Bereich und dann zurück, um die physische Realität zu verwandeln und den Geist auf Erden zu manifestieren. Die letzte Phase der alchemistischen Verfahren – die durch Königtum, Gold und die Sonne symbolisiert wurde – bedeutet die Fähigkeit, eine spirituelle Wahrheit erfolgreich auf der materiellen Ebene zu zeigen.

Archetypische Einflüsse auf die Entwicklung der Seele in der modernen Welt

Die auf der Reise zur Authentizität aktivsten vier Archetypen – der Suchende, der Zerstörer, der Liebende und der Schöpfer – haben durch die alten Mysterienkulte und die Alchemie zur Menschheit gesprochen; heute tun sie es durch die Psychoanalyse und andere Verfahren, die uns mit unseren Tiefen verbinden. Zusammen helfen sie uns, Sinn und Authentizität in unserem Leben zu erfahren.

Jeder Archetyp entspricht einem anderen Element bzw. Aspekt der Seele. Der Suchende repräsentiert den Geist, der Zerstörer Thanatos den Todeswunsch, der Liebende Eros die Lebenskraft, der Schöpfer die (durch unsere Einzigartigkeit gelenkte) Vorstellungskraft. Der Geist strebt nach oben. Er möchte die physische Existenz transzendieren und ruft uns zur Suche auf, damit wir unserer Seele begegnen können. Thanatos geht nach unten und nach innen, was die mythische Reise in die Unterwelt und die Verpuppung der Raupe vor ihrer Verwandlung zum Schmetterling beispielhaft zeigen. Eros veranlasst die Seele dazu, nach außen zu gehen und uns mit anderen zu verbinden. Die Vorstellungskraft ist der Teil der Seele, der den Sinn sieht, sich Geschichten, Bilder und Möglichkeiten ausdenkt; er dehnt sich nach allen Seiten aus.

Der Suchende

Der Suchende sucht Erleuchtung und Verwandlung, wird aber zunächst stark von den Denkprozessen des Ich beherrscht. Er meint, bei der Erleuchtung ginge es darum, »besser«, »vollkommener«, »perfekter« zu werden. Aber bei der Suche geht es darum, unser Menschsein zu transzendieren. Dies ist der Aufruf des Geistes nach oben, die ständige Aufforderung zur Selbstverbesserung. Die Einweihung verlangt von uns, dass wir diese Bewegung nach oben aufgeben, um in die Tiefen und die Wahrheit der Seele hinabzusteigen.

Die Reise des Suchenden erfordert den Mut, sich von der Abhängigkeit loszusagen und ins Unbekannte zu springen. Wir haben immer Angst, nichts zu verstehen oder zu wissen. Wer seine innere Realität nicht kennt, hat Angst vor dem Alleinsein und der Auseinandersetzung mit den inneren Dämonen. Wer die äußere Welt und ihre Funktionsweise nicht kennt, hat Angst, nach außen zu gehen. Beide haben Angst, nicht zu wissen, wie sie mit dem, was geschehen könnte, umgehen sollen.

Wie Jung sagte, sind einige von uns introvertiert und mehr in der Innenwelt zu Hause; ihnen macht es Spaß, sie zu erkunden. Andere sind mehr in der äußeren Welt zu Hause und lieben es, sie zu erforschen. Wir neigen dazu, in der Welt am risikofreudigsten zu sein, die wir zu verstehen glauben. Der Suchende in jedem von uns fordert uns auf, das zu erforschen, was wir am meisten fürchten, damit wir durch die Begegnung mit dem Unbekannten verwandelt werden.

> Die Reise des Suchenden erfordert den Mut, sich von der Abhängigkeit loszusagen und ins Unbekannte zu springen.

Der Zerstörer

Auf unserer inneren Reise erleben wir den Zerstörer möglicherweise zunächst in seiner Schattenform, als das potenzielle Selbst, das wir verdrängt haben. Weil es unterdrückt, eingesperrt, gehasst und geschmäht wurde, konnte es nicht wachsen und sich entwickeln; deshalb drückt es sich entstellt und schädlich aus.

Jung erklärt, der Schatten biete eine Öffnung zum Unbewussten. Wenn wir die Verantwortung für unseren Schatten übernehmen, erhalten wir Zugang zu den Reichtümern der Unterwelt. Deshalb heißt es von ihr oft, sie sei voll von kostbaren Schätzen, die von Ungeheuern bewacht werden. Alle Helden wissen, dass sie den Schatz nicht gewinnen können, wenn sie nicht bereit sind, dem Drachen entgegenzutreten. Wenn wir dies das erste Mal tun, kommen wir als Krieger und meinen, der Drache wäre außerhalb von uns selbst. Wir töten ihn und gewinnen den Schatz und natürlich Ich-Stärke. Wenn wir ihm das nächste Mal begegnen, erkennen wir, dass der Drache wir selbst sind, und gewinnen Zugang zu den Schätzen der Seele.

Auch wenn es uns erschreckt, wenn der Schatten in der Psyche auftaucht, ist er eigentlich eine gutartige Form des Zerstörers; wenn er integriert und dadurch verwandelt wurde, gibt er uns immer ein großes Geschenk. Aber der Zerstörer kommt auch als Thanatos, der Todeswunsch. Als solcher zerstört er unser Selbstbild, ist aber auch der Teil der Psyche, der Alter, Krankheit und Tod bewirkt. Er steht mit der positiven und mit der negativen Seite des Todes im Bunde.

> Alle Helden wissen, dass sie den Schatz nicht gewinnen können, wenn sie nicht bereit sind, dem Drachen entgegenzutreten.

Der Liebende

Der Archetyp des Liebenden findet sich in der erotischen Energie der Lebenskraft, die durch die Hochzeit des Gottes und der Göttin in uns symbolisiert wird. Oft wurde zwischen der Hochzeit, der seelischen Einheit und dem Wesen des Kosmos eine Verbindung hergestellt.[12] June Singer erläutert, dass die anfängliche Trennung, die sich als Himmel / Erde, männlich / weiblich, Licht / Finsternis ausdrückt, wieder aufgehoben werden muss. Die Zusammenführung der Gegensätze wird symbolisch durch die heilige Hochzeit dargestellt, die das Selbst hervorbringt.[13] Daher geht es bei der wahren Androgynität nicht nur darum, die männliche und die weibliche Rolle irgendwie zusammenzubringen, sondern um eine Reintegration der Psyche, die über die Dualität hinausführt.

Jung lehrte, dass die Welt der Seele uns durch das gegengeschlechtliche Element in der Psyche eröffnet wird; für Männer ist dies die Anima, für Frauen der Animus. Wir können diese psychischen Figuren auf vielerlei Weise erkennen: Oft fallen sie uns in unseren Träumen auf; wenn wir künstlerisch tätig sind, zeigen sie sich in unserer Kunst; und wir werden von Männern bzw. Frauen angezogen, die die Eigenschaften unseres inneren Animus bzw. unserer inneren Anima verkörpern.

Oft erfahren wir etwas über das, was in uns vor sich geht, wenn wir unsere äußere Welt betrachten. Wir lernen, die Frau in uns zu lieben, wenn wir Frauen außerhalb von uns selbst lieben und respektieren, als Einzelne und als Gruppe. Wir lernen, den Mann in uns zu lieben, wenn wir Männer außerhalb von uns selbst lieben und respektieren, als Einzelne und als Gruppe.

Obwohl die heilige Hochzeit von Gott und Göttin in den großen westlichen Religionen kein Symbol mehr ist, ist sie ein Faktum des Seelenlebens. Die heilige Hochzeit wird als Verbindung gegensätzlicher seelischer Eigenschaften dargestellt: männlich und weiblich, Körper und Geist, Seele und Ich, Bewusstes und Unbewusstes. Die Vereinigung dieser Polaritäten – die zustande kommt, wenn wir eine erlösende, mitfühlende Liebe (Agape) nicht nur für andere, sondern auch für uns selbst empfinden können – führt zu einer tiefergehenden, einheitlicheren Erfahrung des Selbst, zu mehr Ganzheit, Wirksamkeit und Kraft.

Der Schöpfer

Der Archetyp des Schöpfers weckt den tief in uns vorhandenen Samen unserer wahren Identität. Mit seiner Hilfe bringen wir unser neues Leben hervor. Er ist Teil dessen, was wir unsere »Fantasie« nennen, und lenkt unsere Konzentration auf unsere Vorstellungskraft. Ohne sie können wir kein Leben erschaffen; aber ohne ein Gefühl für unser wahres Selbst hat sie kein Ziel. Sie erschafft dann viele Projekte und Ideen, aber sie sind disparat und letztendlich unbefriedigend.

Jean Houston nennt diesen Samen die »Entelechie«; sie spricht nicht von ihrem kosmischen Aspekt, sondern vom verschlüsselten Lebensauftrag jedes Menschen. Die Verbindung zur Entelechie war immer ein Kennzeichen bedeutender Männer und Frauen – von Künstlern, Musikern, Wissenschaftlern, Philosophen oder spirituellen Lehrern. Sie besitzen ein Gefühl für ihre Einzigartigkeit und ihre Mission.

> Die Entelechie einer Eichel ist, zu einer Eiche zu werden, die Entelechie eines Babys, ein Erwachsener zu werden, und Ihre, der zu sein, den nur Gott kennt. Bei der heiligen Psychologie wird die Entelechie des Selbst angezapft, die Ebene, die mit dem Göttlichen am direktesten verbunden ist. (Jean Houston)

Mit der Verbindung zur Seele stellen wir die Verbindung zur Entelechie her, zu unserem ganz individuellen Schicksal; wir leben das aus, was uns zukommt, und leisten den Beitrag, den nur wir leisten können. Durch die Entelechie zapfen wir unser Vorstellungspotenzial an und schaffen ein Leben, das unserem wahren Selbst entspricht.

Vielleicht erleben Sie die vier Seelenarchetypen bewusst bei einer Psychoanalyse (etwa weil sie in Ihren Träumen auftauchen), durch eine spirituelle Suche oder einfach durch die täglichen Erfahrungen Ihres Lebens – Sie sehnen sich nach mehr, erleben einen großen Verlust oder Leid, verlieben sich leidenschaftlich oder erleben eine unbewusste Authentizität, bei der Ihr Tun sich plötzlich organisch und leicht aus Ihrem Wesen ergibt. All diese Erfahrungen bewirken, dass wir zumindest im Augenblick ihres Geschehens in die Mysterien der Seele eindringen. Fast alle von uns haben solche Erfahrungen gemacht. Wenn wir zulassen, dass sie uns verändern, erleben wir Einweihung.

Bei einer Psychoanalyse oder anderen Methoden des inneren Reisens bezeichnen diese Archetypen verschiedene Phasen des Individuationsprozesses – des Prozesses, durch den wir unsere Innenwelt erkunden, unsere Sehnsüchte klären, Schattenelemente der Psyche integrieren, männliche und weibliche Aspekte ins Gleichgewicht bringen und mehr und mehr erfahren, wer wir sind. Wenn wir diesen Prozess bewusst erleben, bringen wir das Selbst hervor. Seine Geburt bezeichnet die Rückkehr von der Reise, die in der Verwandlung des KönigrSeeleichs gipfelt; aber zu dieser Verwandlung kommt es nur, wenn wir das Selbst nicht nur hervorbringen, sondern auch real und greifbar in der Welt ausdrücken. Darum geht es im nächsten Kapitel.

4
Das Selbst: Sich in der Welt ausdrücken

Das Selbst ist Ausdruck der Ganzheit und Schlusspunkt des Individuationsprozesses. Die Reise ist beendet, der Schatz gewonnen und das Königreich – das eigene Leben – mithilfe des neuen ordnenden Prinzips verwandelt worden.

Das Selbst ist seinem Wesen nach paradox; es ist das Einzigartige an uns und gleichzeitig das, was unser Ich mit dem Überpersönlichen verbindet. Es eröffnet uns eine ganz neue Lebensweise, die uns von der Einstellung »Leben ist Kampf« zur Fülle führt. Deshalb entspricht dieser Phase das Bild des Königtums. Wir werden Könige und Königinnen unseres Königreichs, und je wahrhaftiger wir unserem inneren Selbst gegenüber sind, desto mehr bislang unfruchtbare Bereiche unseres Lebens beginnen zu gedeihen.

Herrscher halten oft an alten Vorstellungen von der Umwelt und sich selbst fest. Aber die Reise des Helden verläuft spiralförmig, nicht linear. Wir müssen weiterreisen, damit wir und unser Königreich immer neu bleiben. Der Herrscher, der zu lange an der alten Wahrheit oder Identität festhält, wird zum bösen Tyrannen, der das Leben im Königreich und in der Psyche erstickt. Wir müssen den alten Herrscher opfern und den neuen Helden – der gerade von der Reise zurückgekehrt ist – an seiner Stelle regieren lassen, damit unser Reich wieder blüht und gedeiht.[14]

> Wir alle haben ein Königreich: das Leben, das wir in der Welt manifestieren.

Die Geschichte vom Gral

In vielen alten Kulturen bestand die Tradition, den Herrscher (oder jemanden, der seine Funktion innehatte) zu opfern, um die Gesundheit des Königreichs wiederherzustellen. Diese Praktiken drückten die seelische Notwendigkeit der Erneuerung und Veränderung in der Realität aus. Der Kreislauf von Tod und Wiedergeburt, der Führungsfunktionen inhärent ist, zeigt sich auch in dem traditionellen Ruf: »Der König ist tot. Es lebe der König!«

Die Legenden vom Fischerkönig waren Teil der Geschichten vom Gral, die im 12. Jahrhundert populär waren. Psychologisch geht es in ihnen auch um die Notwendigkeit ständiger Erneuerung. In diesen Erzählungen ist der Herrscher irgendwie verletzt und leidet. Es wird angenommen, dass seine Wunde Ursache für den schlechten Zustand des Königreichs ist. Der König muss geheilt werden, damit das Königreich wieder gedeiht.

Der König lebt im Gralsschloss. Er kann nur durch die Taten eines jungen Ritters gesunden, der dem Gral oder anderen heiligen Gegenständen die richtigen Fragen stellt. In der Geschichte von Parzival zum Beispiel stellt dieser die magischen Fragen zunächst nicht, was zur Folge hat, dass er jahrelang ziellos umherwandert, während der Fischerkönig weiter leidet und das Königreich öde und unfruchtbar bleibt. Schließlich findet Parzival seinen Weg zurück zum Schloss, stellt die richtigen Fragen, der König wird geheilt, und das Königreich blüht und gedeiht von Neuem.

Wir sind oft im Leben in der Lage des Fischerkönigs. Etwas ist nicht in Ordnung. Wir haben das Gefühl, verwundet, aus der Bahn geworfen zu sein, und unser Königreich spiegelt unseren inneren Zustand. Häufig bemerken wir unsere Verwundung zunächst nicht; wir sind einfach nicht glücklich im Leben. Antworten, die früher gültig waren, genügen uns nicht mehr.

Die Geschichte von Parzival und dem Fischerkönig gehört zum Camelot-Sagenkreis – den Geschichten von König Artus, der Tafelrunde und der Suche nach dem Heiligen Gral. Die idyllischen Bilder von Camelot in seinen goldenen Jahren sind ein gutes Symbol der Selbstverwirklichung. Die Bilder vom leidenden Fischerkönig veranschaulichen, was geschieht, wenn das Selbst verletzt wird und leidet.[15] Die Gralslegende und insbesondere die Parzival-Geschichte hat Jungianer sehr fasziniert, weil in ihr viele psychologische Wahrheiten verschlüsselt sind, die uns lehren, den verwundeten Herrscher im Inneren zu heilen und unser »Camelot« zum Blühen zu bringen.

> Wir haben alle wichtigen Charaktere der Gralsgeschichte in uns. Der Teil von uns, der unvollständig, zerrissen und verletzt ist – der die Herrlichkeit der Seele kennt, sie aber nicht mit dem Alltag verbinden kann –, ist der Fischerkönig. Der junge Ritter ist der Suchende in jedem von uns, der sich nach dem Gral sehnt. Der Gral ermöglicht Erneuerung, Vergebung und Verwandlung. Auch er ist in uns.

Der Gral und der leidende König

Die Ritter der Tafelrunde suchen den Heiligen Gral, von dem es heißt, er habe beim letzten Abendmahl als Kelch gedient und bei der Kreuzigung Christi etwas von seinem Blut aufgefangen. Der Gral spricht daher die verwandelnde Kraft des Blutes (»Dies ist mein Blut, das ich für euch vergossen habe«) und des Leidens an.

Oft werden gegensätzliche Bilder in der Psyche – dem erfolgreichen Artus steht der leidende Fischerkönig gegenüber – durch ein drittes Bild aufgelöst, das die Dualität zur Einheit führt. Einer der im Gralsmythos implizit vorhandenen Könige ist Christus, und zwar nicht nur Christus als der auferstandene Herr, sondern der gekreuzigte Christus, der die Dornenkrone trägt und als »König der Juden« verspottet wird. Alle wichtigen heiligen Erzählungen haben nicht nur eine historische und theologische, sondern auch eine psychologische, metaphorische Bedeutung.

Auch die Christus-Geschichte stellt den Kreislauf von Geburt, Tod und Wiedergeburt des Selbst symbolisch dar.

Deshalb gestaltet sie *psychologische* Einsichten, auch wenn man im historischen oder religiösen Sinn nicht an sie »glaubt«. Ihre Wahrheit thematisiert den wichtigen Prozess, durch Leid Wiedergeburt, Ganzheit und Erlösung zu erleben.

Die Erfahrung der »Kreuzigung« ist für den Archetyp des Herrschers – Christus ist ein König, auch wenn er ruft: »Mein Gott, mein Gott, warum hast du mich verlassen«[16] – und die Geburt des Selbst essenziell. Oft fühlt man sich tatsächlich »gekreuzigt«, wenn man seine Seele in der Welt zeigt, bis man »aufersteht« und »wiedergeboren wird«, das heißt die Konflikte zwischen den materiellen und spirituellen Realitäten löst. Die Wiedergeburt und die Prophezeiungen von einem zweiten Kommen Christi symbolisieren einen Bewusstseinszustand, bei dem die Seele sich auf der materiellen Ebene voll ausgedrückt hat, sodass zwischen den beiden Ebenen kein Widerspruch mehr besteht.

> Psychologisch spiegelt [die Geschichte vom Fischerkönig] die Tatsache, dass das außen konkretisierte Selbst, nachdem es zu einem Inhalt des kollektiven Bewusstseins geworden ist, immer wieder alt wird und deshalb verwandelt, verjüngt oder durch eine andere Form ersetzt werden muss. Dies muss geschehen, damit das ständig sich erneuernde Seelenleben aus der Tiefe aufströmen kann und seine unfassbaren, ewig neuen und unerwarteten Aspekte bewahrt werden können.
> (Emma Jung und Marie-Louise von Franz)

Das Selbst äußert sich positiv als Ganzheit, aber oft erleben wir es als einen so starken inneren Konflikt, dass wir so lange, wie es sich entwickelt und nach Zeiten des Übergangs noch nicht ganz da ist, wirklich leiden. Wenn wir uns diesen inneren Schmerz, diesen Konflikt zwischen Seele und Ich, männlichen und weiblichen Anteilen, innerem Auftrag und äußeren Verantwortlichkeiten bewusst machen, bringt er das Selbst hervor. Anders gesagt: Wenn wir uns erlauben, den Schmerz unserer inneren Konflikte zu spüren, führt dieser Prozess sie im Allgemeinen zu einer neuen Einheit.

Wenn wir den Konflikt akzeptieren und uns für das öffnen, was der moderne christliche Theologe Parker Palmer »das größte Paradoxon von allen« nennt, dass wir nämlich »sterben müssen, um zu leben«[17], entsteht Frieden. Im Allgemeinen ist dies erst der Fall, wenn wir das ganze Ausmaß des inneren Leidens gespürt haben, an dem wir alle tragen.

Die psychologische Bedeutung des Kreuzes

Auch in der Alchemie erfolgt die Verwandlung erst nach der schmerzlichen Erfahrung des inneren Paradoxons. Die Ähnlichkeit von christlicher und alchemistischer Symbolik legt nahe, dass die durch sie ausgedrückte Wahrheit sehr tiefgründig, wirkungsvoll und archetypisch ist. In der Alchemie wird die Auflösung des Paradoxons, das Parker Palmer mit dem »Kreuz« vergleicht, durch die heilige innere Hochzeit von Männlichem und Weiblichem, Bewusstem und Unbewusstem, Geist und Seele symbolisiert. Auch diese innere Hochzeit ist eine Erfahrung von Tod und Wiedergeburt und geht mit tiefem Leiden einher. Sie wird, wie Titus Burckhardt erklärt, durch ein »umgekehrtes T« bzw. ein »Kreuz« symbolisiert. Die vertikale Achse dieses »T« bzw. »Kreuzes« stellt die Verbindung von Bewusstem (oben) und Unbewusstem (unten) dar. Die horizontale Achse repräsentiert die männliche und die weibliche Energie. Bewusstes (Ich) und Unbewusstes (Seele) sind Geist, der als Katalysator wirkt und »wie ein Zauberwort die Grundelemente verwandelt«.

Männliches und Weibliches werden »durch zwei Schlangen dargestellt, die sich an der vertikalen Achse des Kreuzes bis zur Höhe des horizontalen Armes hochwinden, wo sie sich treffen und umschlingen, bis sie schließlich zu einer einzigen Schlange werden, die aufrecht am Kreuz befestigt ist.«[18]

> Die Struktur [des Kreuzes] weist auf die Gegensätze des Lebens hin – links und rechts, oben und unten. Sie symbolisiert, wie wir zwischen diesem Menschen und jenem, zwischen unseren sich widersprechenden Verpflichtungen auf der »horizontalen« Ebene des Lebens hin und her gerissen werden. Und das Kreuz legt stummes Zeugnis davon ab, wie wir »vertikal« zwischen den Anforderungen des Göttlichen und den Ängsten des Fleisches schwanken. Den Weg des Kreuzes gehen bedeutet, von Widersprüchen, Gegensätzen, Spannungen und Konflikten zerrissen zu werden.
> (Parker Palmer)

In der Sprache des Gralsmythos heißt dies, dass wir den Gral zunächst aktiv, bewusst, »männlich«, yangartig suchen. Irgendwo auf der Reise wird diese bewusste, aktive Erfahrung zur Einweihung; sie macht uns rezeptiv, seelenvoll, »weiblich«, yinartig, einem Kelch ähnlich. Dies führt uns zum Geist, der den Dualismus des Ich überwindet. Die Heilung eint unser Bewusstsein und bringt – wenn das Ich der Seele dient – das Selbst hervor, das die Widersprüche versöhnt und uns die Verantwortung, Herrscher unseres Lebens zu sein, mit Freude akzeptieren lässt, aber dazu müssen wir das von den inneren Widersprüchen verursachte Leid akzeptieren und es den alchemistischen Ofen anheizen lassen, der Ich und Seele, männlich und weiblich, verwandelt und vereint.

Der auferstandene Christus ist Christus der Herr.[19] Die Alchemie symbolisiert das auferstandene Selbst durch einen androgynen Monarchen. Wir erleben das voll verwirklichte Selbst als innere Tiefe, Frieden und Ganzheit. Die meisten von uns kennen diesen Zustand nur in den flüchtigen Momenten, in denen wir das Gefühl haben, ganz und wir selbst zu sein. Auch wenn diese Augenblicke kurz sind, besitzen sie etwas Zauberisches, das uns sagt, wie das Leben sein kann und vielleicht sein wird.

Die Verantwortung, bewusst zu sein

Als Parzival das Gralsschloss zum ersten Mal besucht, erhält er ein Schwert. Er sieht dann die Gralsprozession, bei der ein von einem Schildknappen getragener, bluttropfender Speer mitgeführt wird, ein von Licht strahlender Kelch, den eine Dame trägt, und eine Schale, die von einer Jungfrau getragen wird. Parzival könnte den König heilen, wenn er fragen würde, was die Prozession und die Gegenstände bedeuten – aber er tut es nicht.

Der Aufenthalt im Schloss und die in ihm vorgefundenen Gegenstände und Figuren entsprechen den Archetypen der Seeleneinweihung. Das geschenkte Schwert steht für den Aufruf zur Suche (der Suchende); der bluttropfende Speer symbolisiert den Tod (der Zerstörer); der Kelch stellt Eros dar, den weiblichen Aspekt der Spiritualität (der Liebende); und die Schale repräsentiert den Archetyp des Schöpfers, denn wenn wir unser wahres Selbst hervorbringen, fühlen wir uns nicht nur gestärkt, unser Tun nährt auf natürliche Weise auch andere.

Parzival und der verwundete König verkörpern verschiedene Teile der Psyche. Wie wir alle hat Parzival die großen Seelenerfahrungen, aber er fragt nicht nach ihrer Bedeutung und kann deshalb den König nicht heilen. Es ist also nicht genug, nur zu suchen – Einweihung, Tod, Eros und Geburt zu erleben. Wir müssen uns diese Erfahrung bewusst machen. Nur dann wissen wir und andere, was sie bedeuten.[20]

Die meisten von uns haben einen Aufruf zur Suche erlebt – große Lieben, Leidenschaften und Verluste, innere und äußere Leiden und Konflikte, Gelegenheiten, unser Leben im Guten wie im Bösen zu erschaffen. Aber wenn wir den Sinn nicht erkennen, verändern diese Wunder uns nicht. Um verwandelt zu werden, müssen wir aufwachen und das Wunder erleben. Wir müssen über diese Ereignisse nachdenken, darum bitten, dass uns ihre Bedeutung enthüllt wird, und erkennen, dass wir mit dem Überpersönlichen in Berührung gekommen sind.

Parzival versäumt die Frage nach der Bedeutung zunächst genauso wie Lancelot, der andere große Gralsritter; beide sind von der Prozession so überwältigt, dass sie schläfrig werden. Wie alle Menschen, die nur auf der Ebene des Ich bewusst sind, waren sie nicht wach. Selbst als große Ritter verhielten sie sich wie Schlafwandler.

Das positive Bild des geheilten Monarchen trifft auf das Selbst erst dann voll zu, wenn wir bereit sind, die Last des bewussten Erlebens zu akzeptieren – wenn wir Einweihungserfahrungen nicht nur haben, sondern ihre Weisheit ins Bewusstsein integrieren. Ein »königliches« Leben beinhaltet die Verantwortung, zu wissen, was wir wissen – und nach dem zu fragen, was wir wissen könnten.

> Jedes Selbst ist verwundet, solange Ich und Selbst voneinander getrennt sind.

Die Reise geht zu Ende, wenn Gespaltenheit für uns nicht mehr existiert, wenn unser bewusster Verstand und unser Ich wissen, was wir erlebt haben, und entsprechend handeln. Der kranke König ist niemand anders als unser verwundetes Selbst, denn jedes Selbst ist verwundet, solange Ich und Selbst voneinander getrennt sind.

Eros und Wissen: Über das Wissen der linken Gehirnhälfte hinausgehen

Die Wunde des leidenden Monarchen ist immer in den Genitalien lokalisiert.[21] Dies hat viele Bedeutungsebenen. Die erste ist die gesellschaftliche Abwertung des Eros, die uns spirituell alle zu Krüppeln macht. Die Heilung der – im wörtlichen und im übertragenen Sinn mit den Genitalien assoziierten – Wunde des Eros heilt die Seele, denn dieser Aspekt von ihr wurde durch die Gesellschaft systematisch abgewertet.

Eros wird mit Seele und auch mit dem Weiblichen assoziiert. Marion Zimmer-Bradley erzählt in ihrem Bestsellerroman *Die Nebel von Avalon* die Camelot-Geschichte aus der Sicht der Fee Morgane, einer Priesterin der alten Göttinnen-Religion; die Religion wird vernichtet, als das patriarchalische Christentum in der Tafelrunde zu dominieren beginnt. Die Leugnung der Göttin ist Teil der neuen Ordnung; sie ist auch schuld an ihrer Verwundung. Ohne die Göttin, ohne das Prinzip des Eros, des Weiblichen als heiliger Kraft, wird Leidenschaft destruktiv (die ehebrecherische Liebe zwischen Guinevere und Lancelot spaltet das Königreich).

Aber darüber hinaus kann es keine wahre Gesundheit oder Ganzheit geben, solange Eros, die Göttin, und Frauen allgemein nicht wieder ihren rechtmäßigen Ehrenplatz einnehmen.[22]

Der Gral selbst ist ein Symbol für die richtige Beziehung zwischen Männlichem und Weiblichem; deshalb mussten die Ritter nach ihm suchen. Das Königreich wurde männlich und achtete die heilige Energie des Eros nicht mehr, als das Christentum die früheren Fruchtbarkeitsreligionen ablöste. Der Kelch symbolisiert »weibliche« Energien, die mit »männlichem« Geist gefüllt werden. Der Gral stellt daher die sexuelle Vereinigung von Männlichem und Weiblichem eher auf psychologischer als auf materieller Ebene dar.

Die Genitalien werden auch mit Zeugungskraft und Fruchtbarkeit assoziiert. Das verödete Land deutet auf mangelnde Fruchtbarkeit auf jeder Ebene hin: des Schoßes, des Bodens und der Vorstellungskraft.

In dieser alten Tradition galten Herrscher als mit ihrem Reich verheiratet. Jedes große Problem im Land – und ganz sicher ein ödes, unfruchtbares Königreich – war ein Hinweis auf das Scheitern dieser Ehe. Wie die heilige Hochzeit in der Alchemie oder die Hochzeit Christi mit der Kirche bedeutet die Ehe des Herrschers mit dem Land die Vereinigung gegensätzlicher Prinzipien: männlich und weiblich, Ich und Seele, innere Realität und äußere Manifestation. Das Scheitern dieser Ehe zeigt sich an mangelnder Fruchtbarkeit und fehlendem Wohlstand im äußeren oder inneren Leben.

Der Gral ist ein Symbol für die richtige Beziehung von Männlichem und Weiblichem.

Die Heilung der Wunde an den Fortpflanzungsorganen beginnt damit, dass wir unsere verschiedenen Teile verbinden, sodass Geist, Verstand, Gefühle und Sexualität zusammenarbeiten. Vorher hatten wir uns gespalten, um das Ich auszubilden, das die Sexualität der Kontrolle des Bewusstseins unterstellte. So sollte ein Gefühl der Disziplin und Selbstbeherrschung, der Verantwortung sich selbst und anderen gegenüber entwickelt werden.

Diese wichtige Lektion lässt bei uns allen eine Wunde zurück, die geheilt werden muss, bevor unser Bewusstsein ganz und vollständig sein kann. Denn Eros bzw. Liebe herrschen über unsere Beziehungsfähigkeit und verbinden auch die einzelnen Teile der Psyche: Ich und Seele, Bewusstes und Unbewusstes, männliche und weibliche Elemente.

Die Heilung dieser Wunde beseitigt die Trennung von Geist und Fleisch, Verstand und Körper. So kommt es zu einer Beziehungsfähigkeit, die auf dem Wissen beruht, dass wir Neues (einschließlich eines neuen Selbst) nur erschaffen können, wenn wir das Alte loslassen.

Die Einheit, die sich aus dem Eros ergibt und Konflikte und Spannungen im Inneren heilt, eröffnet den Zugang zu einem nicht nur intellektuellen Bewusstsein. Das Bewusstsein ist die Vorbedingung dafür, dass man sich zur Macht über das eigene Leben bekennt, besteht aber nicht nur aus verstandesmäßigem, linkshirnigem Wissen. Der biblische Gebrauch des Verbs »erkennen« zur Beschreibung des sexuellen Verkehrs bietet hier einen Schlüssel zum Verständnis. Wir müssen auf eine Weise bewusst werden, die Verstand, Körper, Herz und Seele eint. Wir müssen unser Leid und unsere Verwandlung mit derselben Körper-Geist-Verbundenheit erleben, die Kennzeichen der innigsten und schönsten sexuellen Intimität ist. Dieses Wissen, dieses Sichöffnen für das Leben, ermöglicht die alchemistische Verwandlung des Bewusstseins. Es macht den gekreuzigten Herrn zum auferstandenen König; das in der Phiole aufgelöste alchemistische Paar wird zum androgynen Monarchen; und du und ich erleben unser Leid ganz, machen es uns bewusst und werden zu Herrschern unseres Lebens.

Die heiligen Fragen stellen

In den Sagen vom Fischerkönig wird der König geheilt, wenn der Gralssuchende nach der Bedeutung des Grals und anderer heiliger Gegenstände fragt (das Unbewusste bewusst macht). In vielen Versionen der Parzival-Geschichte konzentrieren diese Fragen sich auf die Beziehung der Menschheit zum Gral und des Grals zu Gott. Die traditionelle Frage: »Wem dient der Gral?«, und manchmal auch: »Wer dient dem Gral?«, erinnert uns daran, dass der Gral uns dient, wir dem Gral dienen und der Gral im Dienste Gottes steht. Dies ist eine Warnung. Der Herrscher muss immer Gott dienen (und nicht sein Ich befriedigen), dann schützt die (durch den Gral symbolisierte) Gnade Gottes das Reich und den Herrscher. Psychologisch gesehen dient der Gral der Seele.

Moderne Suchende müssen dieselben heiligen Fragen stellen. Dann öffnen wir uns für unsere Seele und eine intensivere Ebene des Lebens. Jeder heilige Gegenstand verlangt eine Frage von uns. Das geschenkte Schwert ruft uns auf, zu fragen, was wir mit ihm und unserem Leben machen sollen. Der verwundete Herrscher in uns ruft uns auf, mitfühlend zu fragen: »Was fehlt dir?«, und so unsere Bereitschaft zur Heilung zu zeigen. Der bluttropfende Speer fordert uns zu der Frage auf, was wir opfern müssen. Die Schale, die jedem die Nahrung gibt, nach der er am meisten verlangt, evoziert die Frage, was wir wirklich brauchen. Der Gral ruft uns auf, uns für Erleuchtung und Ganzheit zu öffnen und zu fragen, was unsere Seele von uns verlangt. Wenn wir die Frage stellen, die jeder dieser Gegenstände andeutet – wenn wir also ihre archetypische Bedeutung in unserem Leben herausfinden –, wird der innere König bzw. die innere Königin geheilt, und das öde, unfruchtbare Land wird verwandelt.

Bewusst zu sein bedeutet, aufzuwachen und eine neue Art Verantwortung dafür zu übernehmen, dass man sich selbst treu und ein konstruktives Mitglied der menschlichen Gemeinschaft ist. Dies ist die Bedeutung wahren Königtums – voll wach und bewusst in seinem Körper zu sein, seine Gefühle zu fühlen, sich in der Welt auszudrücken und bereit zu sein, die volle Verantwortung für sein Leben zu übernehmen.

Das Selbst leben bedeutet nicht nur, aufrichtig zu sein. Es bedeutet auch, alle Fähigkeiten anzuzapfen, auch die, die schaden können. Und keine Integration gegensätzlicher Eigenschaften hält ewig. Egal, wie geeint unser Bewusstsein ist, früher oder später fällt es auseinander, und die Reise beginnt von Neuem.

Sich in der Welt ausdrücken

Wenn wir unser Leben unserem höchsten Seelenziel verpflichten, können wir nie mehr zu dem Leben zurückgehen, das wir kennen. Das ist ein Verlust und zugleich ein Gewinn. Emma Jung und Marie-Louise von Franz halten das Ende der Tafelrunde auch für eine Folge des Versagens Parzivals, die Gralsweisheit zurück in den Alltag zu bringen. Parzival war verliebt in die Seele und lehnte die Rückkehr ab. Parzival hätte, so Emma Jung und Marie-Louise von Franz, nicht im Gralsschloss bleiben sollen; er hätte, um das Bild fortzuführen, den Gral zur Tafelrunde bringen sollen, damit der Geist die Welt erfüllen konnte, anstatt von ihr getrennt zu bleiben.[23]

Für uns heute geht es nicht nur darum, ein einheitliches Selbst zu schaffen, sondern es auch im Alltag auszudrücken.

> [Ursprung der Religion ist] nicht ein Sinn für das Mysterium des Lebens oder ein Gefühl von Ehrfurcht, Verwunderung oder Angst, sondern eher die Frage, was wir mit dem Sinn für das Mysterium des Lebens und Ehrfurcht, Verwunderung oder Angst anfangen sollen.
> (Abraham Joshua Heschel)

Der Pilger, die wandernde Seele in jedem von uns, muss durch Ehrfurcht und Mysterium dazu angeregt werden, ein erweitertes, tiefer gehendes Bewusstsein zu entwickeln, aber der Herrscher wird durch die Aufgaben des Alltags auf den Boden zurückgeholt. Die jüdische Tradition etwa legt Wert auf eine Spiritualität, die sich an »täglichen Handlungen«, dem Einhalten der Überlieferungen und Gesetze zeigt. Der Zen-Schüler hilft Menschen, vom Kämpfen zum Sein und vom kindlichen Werden zu einem bewussten erwachsenen Leben zu gehen. Der Zen-Meister Shunryu Suzuki erzählt, wie die Konzentration auf die Aufgabe dazu beiträgt, buddhaähnlich zu werden: Wenn du dich verbeugst, verbeuge dich nur; wenn du sitzt, sitz nur; wenn du isst, iss nur. Wenn du dies tust, ist die universelle Natur da … Egal, in welcher Situation du bist, du kannst den Buddha nicht vernachlässigen, denn du bist der Buddha.[24]

Obwohl Christentum, Judentum und Zen-Buddhismus ganz verschiedene Traditionen und Praktiken haben, rufen alle drei uns zu der herausfordernden Aufgabe auf, vom Numinosen zur Arbeit des Alltags zu gehen, das Ungewöhnliche in das Gewöhnliche zu integrieren. Letztendlich ist nicht die einzelne überpersönliche Erfahrung wichtig, sondern die Art, in der sie unseren Alltag durchdringt. Ebendarum geht es bei der Rückkehr.

Selbst und inneres Gleichgewicht

Wir sind nicht auf immer dazu verdammt, vorübergehend die Einheit zu erleben und dann wieder zu leiden. Deshalb sind am klassischen Hof bestimmte wichtige Figuren vertreten. Wenn das Selbst nur der Herrscher wäre, wäre der Kreislauf von Leiden und Erlösung möglicherweise endlos. Einige Herrscher haben Möglichkeiten entwickelt, im Gleichgewicht und neu zu bleiben und weder Tyrannen noch leidende Fischerkönige zu werden. Sie hatten einen Magier, einen Weisen und einen Narren an ihrem Hof. Sie sorgen dafür, dass das Königreich im Gleichgewicht bleibt. Jeder repräsentiert die Ganzheit auf mannigfaltige Weise. Jeder hatte seine Verbindung zum Überpersönlichen. Jeder ist androgyn. Und trotzdem ergänzen sie alle einander und schaffen ein Ganzes, das größer ist als die Summe seiner Teile.

Jeder große Herrscher braucht einen Magier (denken Sie an König Artus und Merlin), der in die Kristallkugel schaut und die Zukunft vorhersagt, der Kranke heilt, einende Rituale schafft und die Verbindung zu den spirituellen Dimensionen des Lebens aufrechterhält. Magier sehen Schwierigkeiten voraus und warnen Herrscher, wenn sie sich von ihrer Seele entfernen oder sonst wie Gefahren drohen. Sie heilen die Wunden des Herrschers, die die Probleme im Königreich verursacht haben. Sie sorgen für ein positives Energiefeld im Schloss, das positive Menschen und Ereignisse anzieht.

Große Herrscher tun auch gut daran, als objektiven

Berater einen Weisen heranzuziehen. Herrscher werden oft von Schmeichlern getäuscht, oder ihre eigenen Gefühle und Interessen verfälschen ihr Urteil. Der Rat eines Weisen, der sich nur mit der Wahrheit und nicht mit der jeweiligen Politik oder den Machtverhältnissen am Hof identifiziert, verhindert, dass Herrscher ihren Illusionen und Eitelkeiten zum Opfer fallen.

Schließlich braucht jeder Herrscher einen Hofnarren (siehe Shakespeare), der ihn unterhält, Freude ins Schloss bringt und ihm Dinge sagt, für die jemand anders gehängt würde. Narren hören und wissen oft Dinge, die man vor Menschen, die man ernster nähme, verbergen würde. Am wichtigsten aber ist, dass sie sich über den Herrscher lustig machen und Selbstgefälligkeit, Wichtigtuerei oder Arroganz verspotten können.

Das Bild des Hofes ist hier wichtig. Es gibt nämlich auch Weise in Elfenbeintürmen, die keine Herrscher beraten; es gibt Schamanen oder Zauberer, die allein arbeiten und ihre Hilfe dem Stamm, der Gemeinschaft oder dem Hof nicht zur Verfügung stellen; und es gibt umherziehende Narren, die nicht zum Gemeinschaftsleben beitragen. Der Herrscher, der Magier, der Weise und der Narr helfen sich gegenseitig und setzen ihre jeweiligen Talente zur Schaffung eines gesunden, gedeihenden und frohen Königreichs ein.

In psychologischer Hinsicht repräsentiert jeder der vier Archetypen einen Aspekt des integrierten Selbst. Wenn die vier im Gleichgewicht sind, ist die Seele im Frieden, und der Kreislauf von Leid und Heilung wird unterbrochen.

Der Herrscher

Der Herrscher wird mit der Schaffung seelischer Ganzheit und Ordnung assoziiert. Er möchte ein einziges, einheitliches Selbst schaffen, das sich ganz äußert. Seine Hauptfunktion besteht darin, das Königreich zu ordnen, woraus Frieden, Einheit und Harmonie folgen: Die verstreuten Teile kommen zusammen.

Der Herrscher ist der »Vorsitzende des Aufsichtsrats«, der die Ordnung der Psyche sieht. Er ist auch das erwachsene Ich, das die Psyche nicht mehr vor der Seele zu schützen braucht. Wenn der Herrscher sehr entwickelt ist, sorgt er dafür, dass all unsere inneren Stimmen und alle in unserem Leben aktiven Archetypen die Chance bekommen, zu sprechen und gehört zu werden.

Wenn unser Herrscher nicht gut entwickelt ist, setzt er die Ordnung durch, indem er einige Teile unterdrückt und so zwischen den akzeptierten und den ausgeschlossenen Teilen der Psyche eine Spaltung herbeiführt. Im Extremfall kann dies zu einem »inneren Bürgerkrieg«, Leid und auch psychischer Krankheit führen. Die meisten von uns haben Herrscher, die sich irgendwo dazwischen befinden. Sie verbannen oder unterdrücken viele potenzielle Teile von sich selbst, versuchen aber, viele andere harmonisch und geordnet auszudrücken. In einer gesunden Psyche werden viele unterschiedliche Stimmen gehört.

> Der Herrscher möchte ein einziges, einheitliches Selbst schaffen, das sich voll ausdrückt.

Der Herrscher kann der wohlwollende Monarch sein, der gut regiert, weil er in der Welt für die Seele bzw. den Geist eintritt. Er ist direkt mit der Seele verbunden und hört nicht nur auf das Ich, sondern auch auf seine Seele, um die verschiedenen Aspekte der Psyche zu beurteilen.

Der Magier

Der Magier ist das Element, das das Selbst immer wieder heilen und verwandeln kann, wenn die Ordnung zu starr wird. Er initiiert die Erneuerung der Psyche und ist der Teil von ihr, der den Schatten integrieren und in nützliche Energie verwandeln kann.

Der Magier ist ein Alchemist, der niedere Gefühle und Gedanken in feinere verwandelt, der uns neue Verhaltensmuster beibringt und primitive Verhaltensweisen zu passenderen macht. Er kann Krankheiten heilen (und verursachen). Wenn das Ich der Seele dient, macht dieser Archetyp den Prozess der Erschaffung und Verwandlung unseres Lebens zu einem *bewussten* Vorgang.

Obwohl alle mit dem Selbst zusammenhängenden Archetypen den Kontakt zum Numinosen herstellen, verbindet der Magier mit der Macht des Göttlichen, zu retten, zu erlösen und zu vergeben. Er baut diese Fähigkeiten auch in uns auf, wenn wir lernen, uns und anderen zu vergeben und so negative Situationen in Möglichkeiten für mehr Wachstum und Verbundenheit zu verwandeln.

> Der Magier ist der Teil der Psyche, der den Schatten integrieren und in nützliche Energie verwandeln kann.

Der Weise

Der Weise ist der Teil der Psyche, der in der Meditation als das objektive Selbst erlebt wird. Er beobachtet unsere Gedanken und Gefühle, geht aber über beide hinaus. Er hilft uns zu konfrontieren, was in unserem Leben echt ist, über unser kleines Selbst hinauszugehen und mit kosmischen Wahrheiten eins zu werden. Wenn wir die Wahrheit nicht mehr bekämpfen, sind wir frei. In der Jung'schen

Typologie ist er der weise alte Mann oder die weise alte Frau unserer Träume, die zuverlässigen Rat geben.

Der Weise ist der Teil von uns, der beobachtet, wenn wir meditieren oder unseren Alltag leben. Er beobachtet unsere Gedanken und Gefühle und lässt sie fließen, ohne an ihnen zu hängen.[25]

> Der Weise ist der weise alte Mann oder die weise alte Frau unserer Träume, die uns zuverlässigen Rat geben.

Bei einer Therapie sorgt der Weise dafür, dass wir unsere pathologischen Muster erkennen und sehen, wie wir unsere Wahrnehmungen auf die Welt projizieren. Der Weise beobachtet diese Muster und ist in der Lage, eine größere Wahrheit zu erleben, die über sie hinausgeht. Ob wir die Realität relativ angemessen oder aber verzerrt reflektieren, entspricht dem Unterschied zwischen einem ruhigen und einem vom Wind aufgewühlten Teich.[26]

Der Narr

Der Narr ist das Element der Psyche, das die Mannigfaltigkeit des Bewusstseins repräsentiert. Wie der Hofnarr, der sich über den König oder die Königin lustig macht, unterminiert der innere Narr (der Trickster bzw. Schelm) ständig unser Gefühl für ein einheitliches Selbst. Er ist schuld an Freud'schen Fehlleistungen und anderen Hinweisen darauf, dass das, was das Bewusstsein will, nicht alles ist. Der Narr lehrt uns, dass wir immer mehrere »Selbste« in der Welt ausdrücken, nicht nur ein einziges. Er wird deshalb oft zunächst als beunruhigendes Schatten-Selbst gesehen, als Vorläufer des entstehenden neuen Selbst. Obwohl er nicht das Es ist, ist er der Archetyp, der dazu beiträgt, das Es zu erziehen, zu verwandeln und in andere Aspekte des Bewusstseins zu integrieren – er ist also eine Quelle psychischer Energie.

Ein verwirklichtes und ständig sich erneuerndes Selbst braucht alle vier Archetypen. Wenn nur der Herrscher regiert, wird immer irgendetwas unterdrückt. Die königliche Ordnung stabilisiert, begrenzt aber auch. Ein hoch entwickelter Herrscher wird zum Beispiel alle zwölf Archetypen ausdrücken wollen, weil dies unseren Erfolg und unsere Effektivität steigert. Praktisch jedoch wird der Herrscher nicht wollen, dass sich ein Archetyp äußert, der nicht zur Gesundheit des Königreichs beiträgt oder sich der bestehenden Ordnung nicht anpasst. Der Archetyp, der nicht passt, wird dann verbannt oder eingekerkert. Der Magier sorgt dafür, dass jeder Archetyp seine positive Seite äußert, sodass er nützlich wird. Der Weise lässt uns die Wahrheit, die spezielle Gabe eines jeden sehen, damit wir rationale Entscheidungen treffen können.

Der Narr möchte, dass *alle* Archetypen ausgedrückt werden, einfach aus Freude an ihnen. Ihm ist es egal, ob dies zur individuellen Entwicklung, zum inneren Frieden oder zur Produktivität beiträgt. Ihm ist nur wichtig, all seine vielen »Selbste« auszudrücken, weil sich das gut anfühlt. Er möchte nicht die Welt verändern, sondern einfach äußern, wer er ist.

> Der Narr lehrt uns, dass wir immer mehrere »Selbste« in der Welt ausdrücken, nicht nur ein einziges.

Zusammen helfen die vier großen Gestalten am Hof uns, ausgeglichen und verantwortungsbewusst, gesund und integer, aufrichtig und weise, mehrdimensional und froh zu sein. Sie sind der Lohn am Ende der Reise. Wenn wir – nachdem wir Leid und Verlust erfahren und entdeckt haben, dass wir sie überleben – unsere »Selbste« in der Welt ausdrücken, werden wir nicht mehr von der Angst beherrscht. Wir sind freier, Risiken einzugehen. Weil wir unsere Identität und unsere Berufung entdeckt haben, tragen wir etwas Authentisches zur Welt bei. Weil wir unsere Kreativität angezapft haben, finden wir Möglichkeiten, für unsere Bemühungen belohnt zu werden. Weil wir gelernt haben zu lieben, werden wir auch von anderen Liebe erhalten.

Als das Ich dominierte, lebten wir in einer Welt der Knappheit, aber jetzt haben wir das Gefühl des Überflusses. Wir verstehen, dass es oft darum geht, die vielen Geschenke des Lebens zu erkennen und anzunehmen. Weil wir auf unseren Reisen Wunder erlebt haben, glauben wir nicht mehr, dass wir alles selbst machen müssen; aber wenn etwas wirklich unsere Aufgabe ist, kann nichts und niemand sie uns nehmen. Wenn es nicht unsere Aufgabe ist, kann nichts und niemand sie uns aufzwingen.

Je stabiler wir darin werden, unser einzigartiges Selbst auszudrücken, desto weniger müssen wir um jeden Preis glücklich sein. Wir brauchen nicht eine Menge Arbeit, nur die, die uns zukommt. Wir brauchen nicht viele Lieben, nur die, die wirklich befriedigen. Wir brauchen nicht Unmengen von Besitztümern, sondern schätzen die, die wir haben, denn sie spiegeln etwas von uns. Vielleicht brauchen wir auch nicht mehr so viel Geld, denn wir geben es für Dinge und Aktivitäten aus, die uns wirklich Freude machen.

Langsam, aber sicher entdecken wir, dass wir nicht die Erfolgsleiter zu erklimmen brauchen, um glücklich zu sein; wir brauchen nur ganz wir selbst zu sein. Wenn wir es sind, haben wir alles. Der Kreislauf des Leidens hört auf, zum Teil, weil wir es erwarten und daher nicht mehr fürchten, zum Teil aufgrund der zunehmenden Erkenntnis, dass wir nicht immer ein einheitliches Selbst zu sein brauchen, um das Gefühl der Ganzheit zu haben. Der Narr reagiert auf die Pluralität im Inneren nicht durch Leiden, sondern indem er die gegensätzlichen Teile der Psyche miteinander tanzen lässt. Ob die Musik der Seele misstönend oder harmonisch, der Tanz schön oder schrecklich ist, interessiert ihn nicht. Ihm ist nur der Tanz wichtig.

5 Nach dem Heldentum: Der Tanz

Der letzte in diesem Buch beschriebene Archetyp ist der Narr; er ist den Archetypen der Rückkehr zugeordnet, weil er den Ausdruck unserer »Selbste« in der Welt bestimmt. Aber eigentlich passt er in keine Klassifizierung hinein. Wir finden ihn am Anfang und am Ende unserer Reise, aber auf ihr erspähen wir ihn nur ganz am Rand – im Allgemeinen lassen wir nicht viel von ihm in unserem Bewusstsein zu. Mit dem Herrscher haben wir Bewusstheit und unser wahres Selbst erreicht; der Narr hilft uns, über uns selbst, das Heldentum, die Individuation, das Bewusstsein hinaus in die Ekstase zu gehen.

Auf seinen untersten Ebenen entspricht der Narr oder Schelm einem sehr primitiven Teil der Psyche. Er ist mit unseren instinktiven Trieben und Bedürfnissen verbunden, mit Wünschen, die wir uns und anderen nicht eingestehen wollen. Er hängt, um die Freud'sche Terminologie zu benutzen, eng mit dem Es und den elementaren Trieben und Instinkten der Spezies zusammen. Auch in als relativ primitiv betrachteten Kulturen befanden Trickster-Figuren, die diese frühe Seinsweise veranschaulichen, sich außerhalb der gesellschaftlich akzeptierten Persona-Alternativen, obwohl doch anerkannt wurde, dass sie zur Lebensfreude beitragen.

Wir erfahren etwas über die Entwicklung des Trickster-Anteils in uns, wenn wir uns Mythen und Legenden ansehen. Jung sah den Trickster »in pikaresken Erzählungen, im Karneval und in ausgelassenen Feierlichkeiten, in heiligen und magischen Riten, in den religiösen Ängsten und der religiösen Begeisterung des Menschen« und in der »Mythologie aller Zeiten«. Er meint, der Trickster in diesen Mythen sei »eine sehr alte archetypische psychische Struktur, die in ihren deutlichsten Manifestationen eine getreue Kopie eines absolut undifferenzierten menschlichen Bewusstseins ist, das einer Psyche entspricht, die die animalische Ebene gerade erst verlassen hat«.[27]

> Wir haben keine Theologie, wir tanzen.
> (Japanische Mönche zu Joseph Campbell)

Trickster-Mythen und Ich-Entwicklung

Trickster-Gestalten kamen in Mythen und Ritualen vor, damit Menschen diese Schattenform ihres Bewusstseins erkennen und über sie lachen konnten; sie wussten, dass sie zu ihnen gehörte, auch wenn im Verlauf der Kulturgeschichte viel von ihr geopfert werden musste. Aber Jung bemerkt auch, dass der Trickster bzw. Schelm nicht nur eine anachronistische Form des menschlichen Bewusstseins ist; er ist im Leben des Einzelnen und der Gesellschaft immer noch nützlich. Zunächst stellt er den völlig undifferenzierten Instinkt dar. Die Menschheit musste über diese Existenzweise hinausgehen und Bewusstsein entwickeln. Wir können das Instinktive aber nie ganz aufgeben, denn dann würden wir unsere Energie, unseren Schwung verlieren.

Der Trickster ist in vielen amerikanischen Indianermythen ein Geschöpf mit starken Begierden, das wie ein Kind noch nicht gelernt hat, Teile von sich selbst von der Umgebung zu unterscheiden. Paul Radin erzählt eine Geschichte aus dem Sioux-Winnebago-Trickster-Zyklus: Der Held möchte ein Nickerchen machen, während er ein paar Gänse röstet, und beauftragt seinen After, auf das Essen aufzupassen. Es wird jedoch gestohlen, und als er aufwacht, ärgert er sich über seinen After so, dass er ihn zur Strafe verbrennt. Aber dann riecht etwas gut, was natürlich sein eigenes Fleisch ist, und nachdem er ein bisschen von dem heruntertropfenden Fett probiert hat, stellt er fest, dass es sehr gut schmeckt. Also isst er schließlich seine eigenen Eingeweide.[28]

Obwohl wir über den Trickster lachen und uns ihm überlegen fühlen mögen, sind wir alle sehr wohl fähig, unsere Begierden so außer Kontrolle geraten zu lassen, dass sie selbstzerstörerisch werden. Wenn Sie je einen Kater hatten, bei Ihrer Diät gemogelt haben oder so leidenschaftlich liebten, dass Sie Maßnahmen zur Geburtenkontrolle außer Acht ließen, wissen Sie, wie leicht es ist, die Folgen impulsiven Handelns zu vergessen.

Kleine Kinder lernen natürlich allmählich, ihren Körper von ihrer Umgebung und ihre Gefühle von denen ihrer Eltern zu unterscheiden; wenn sie älter werden, stellen sie auch die Verbindung zwischen bestimmten Handlungen und ihren Folgen her. Obwohl Erwachsene die Teile ihres Körpers ohne Weiteres von Gegenständen oder Wesen in der äußeren Welt unterscheiden können, fällt die Klarheit zwischen ihren eigenen Gedanken, Werten, Gefühlen und Meinungen und denen, die von Eltern, Freunden oder Medien geäußert werden, schon schwerer. Entweder tun wir dann etwas, was jemand anders möchte, weil wir unsere Wünsche nicht von seinen unterscheiden können; oder wir nehmen einfach an, dass andere unsere Ansicht teilen, ohne zu überprüfen, ob dies tatsächlich stimmt.

Unser Trickster-Anteil wird jedes Mal aktiviert, wenn wir herausfinden müssen, was »Ich« und was »Nicht-Ich« ist. Trickster-Geschichten lehren uns, Teile von uns zu verbinden, damit wir ein harmonisches Ganzes werden. Die Sexualität des Tricksters zum Beispiel ist anfangs zügellos, nur auf Lust ausgerichtet und von Liebe oder Verantwortungsgefühl völlig getrennt. Der Penis des Winnebago-Tricksters ist zunächst so groß, dass er ihn auf dem Rücken tragen muss. Er hat mit dem Rest von ihm so wenig zu tun, dass er ihn wegschickt, um mit der Häuptlingstochter im weiter oben gelegenen Dorf zu schlafen. Sie können sich vorstellen, dass dies im Dorf einen riesigen Tumult verursacht. Die Sexualität des Tricksters ist von seiner übrigen Identität völlig getrennt, ähnlich wie die von Heranwachsenden.

Schließlich wird der Penis des Winnebago-Tricksters von einem Eichhörnchen angefressen, was ihm seine gegenwärtige menschliche (reduzierte) Größe gibt. Er kann dann mit dem Körper verbunden werden. Das Auffressen des primitiven, riesigen, unverbundenen Penis bis auf eine kleinere, »handlichere« Größe hat eine ähnliche Bedeutung wie die Beschneidung von Männern und Frauen anlässlich von Pubertätsritualen: die Verwundung und Bändigung der ungezügelten, unverbundenen Lust des Tricksters zum Nutzen der Kultur.

Die Genitalien des Winnebago-Tricksters werden nicht nur kleiner und schwächer, sondern auch mit seinem Körper verbunden; dadurch können ihre Bedürfnisse von anderen Elementen seines Wesens kontrolliert werden. Trotzdem ist er für eine »sinnvolle Beziehung« noch nicht vorbereitet; er muss erst erleben, wie es ist, dem anderen Geschlecht anzugehören. Die Sexualität des Tricksters ist anfangs auf vielerlei Weise widernatürlich und undifferenziert. Er (oder sie) gehört zu beiden Geschlechtern. Deshalb mögen Heranwachsende Frisuren und Kleidungsstücke, die beiden Geschlechtern passen, und deshalb werden sie auch erotisch von beiden Geschlechtern angezogen – wenn sie von der Abneigung der Gesellschaft gegen gleichgeschlechtlichen Verkehr nicht zu sehr angesteckt sind.

Der Winnebago-Trickster prellt einen Häuptling, indem er zur Frau wird, ihn heiratet und ihm mehrere Kinder zur Welt bringt, bis er entdeckt wird und flieht. Die wirkungsvollsten Trickster-Figuren sind androgyn und äußern dies unter Umständen durch Transvestismus. Sie wissen, wie es ist, ein Mann oder auch eine Frau zu sein, und haben daher eine Art Ganzheit, durch die sie keinen sie ergänzenden Partner des anderen Geschlechts brauchen. Die Welt als solche erregt sie und bringt ihr Blut in Wallung.

> Der Trickster in jedem von uns braucht Zeit, um umherzuwandern und die Welt zu erforschen, um auf unser Verlangen nach Wahrnehmungen und Erfahrungen zu reagieren und herauszufinden, wer wir sind, was wir mögen und was wir nicht mögen, was wir fühlen und was wir nicht fühlen, was wir denken und was wir nicht denken.

Menschen, die ihrer Trickster-Seite Charisma und Macht zugestehen, halten ihre psychische Energie nicht aus Angst zurück; sie können mit beiden Geschlechtern gut kommunizieren und gute Beziehungen mit Männern und Frauen haben, weil sie ihre männliche und ihre weibliche Seite aktiviert haben. Und sie unterdrücken ihre sexuellen

Gefühle nicht, auch wenn diese von der Gesellschaft möglicherweise als unpassend betrachtet werden (obwohl der weise Trickster lernt, nicht auf diese sogenannten »unpassenden Gefühle« hin zu reagieren). Sie vergeuden auch wenig Energie damit, ihre Wünsche aufzugeben, um anderen zu gefallen. Sie wissen, was ihnen gefällt und was sie zufriedenstellt, und haben keine Angst, exzentrisch oder ungewöhnlich zu sein.

Der Narr bzw. Schelm wird von der konventionellen Gesellschaft nie wirklich eingeschränkt, denn er lernt die Regeln dieser Gesellschaft und wie er das Spiel erfolgreich spielen kann. Diese Fähigkeit beinhaltet, dass er eine geeignete gesellschaftliche Rolle (oder Rollen) spielt, ohne sich jedoch mit ihr zu identifizieren. Narren, die herausgefunden haben, was sie mögen, denken und fühlen, können, ohne in eine Identitätskrise zu geraten, die Rolle wechseln, wenn die Situationen oder die Umstände sich ändern. Sie wissen, dass sie nicht ihre Rolle *sind*. Gegen Ende des Winnebago-Zyklus zum Beispiel nimmt der Trickster wieder eine Identität als Mann an, heiratet und hat Kinder, denkt aber nicht einen Augenblick lang, dass diese Rolle ihn einschränkt.

Der Trickster in jedem von uns braucht Zeit, um umherzuwandern und die Welt zu erforschen, um auf unser Verlangen nach Wahrnehmungen und Erfahrungen zu reagieren und herauszufinden, wer wir sind, was wir mögen und was wir nicht mögen, was wir fühlen und was wir nicht fühlen, was wir denken und was wir nicht denken. Wenn wir dies nicht tun, haben wir nie ein echtes Gefühl der Identität.[29] Aus diesem Grund sind so viele der interessantesten Menschen aus der gewohnten Ordnung ausgebrochen, haben ein paar große Dummheiten begangen und oft daraus gelernt.

Trickster werden auch zu Meistern, indem sie experimentieren: Sie nehmen Maschinen auseinander, um zu sehen, wie sie funktionieren; sie versuchen, neue Dinge zu erfinden; sie gründen ein Unternehmen; sie probieren eine Kunstform aus; sie lernen, wie die Politik einer Institution funktioniert; oder sie finden heraus, was andere Leute auf die Palme bringt. Wenn der Trickster seine Neugierde auf diese Weise ausdrückt, lernt er, welche Art Arbeit er gerne tut, und eignet sich zumindest Anfängerfertigkeiten an.

Die Energie des Tricksters kann und sollte eingebunden und kanalisiert, aber nie völlig unterdrückt werden. Ferien, häufige Pausen für Spielerisches und leibliche Genüsse, die dem Körper guttun, sowie ein guter Humor tragen dazu bei, gesund, glücklich und ausgeglichen zu bleiben.

> Die Energie des Tricksters sollte eingebunden und kanalisiert, aber nie völlig unterdrückt werden.

Der reife Trickster in jedem von uns ist ein Epikureer mit einem feinen und individualistischen Geschmack, der gesellschaftlich akzeptable Ventile für die vielen Facetten seiner Persönlichkeit findet. Die sehr kreativen Trickster können sich einen Lebensstil schaffen, der zu ihnen passt und den vollen Ausdruck all der Dinge erlaubt, die sie gerne tun, auch wenn viele diese Dinge für ungewöhnlich halten. Obwohl dieser Lebensstil sie an den Rand der Gesellschaft verfrachten kann (denken Sie an viele Künstler und Musiker), sind sie trotzdem eine positive Kraft in ihr.

Wenn wir alt sind, lehrt der Trickster uns, das Bedürfnis nach Macht, Zielen und Leistung aufzugeben, um jeden Tag so zu leben, wie er kommt. Wir können dieses Gefühl jedes Mal haben, wenn das Bewusstsein der Sterblichkeit uns dazu bringt, jeden Augenblick des Lebens um seiner selbst willen zu schätzen.

Narr und Held

Die »Narren-Elemente« der Psyche sind von ihren heroischen Elementen getrennt. Aus diesem Grund hat der tugendhafte und gute Held, der als argloser Unschuldiger voller Integrität, Glauben und Mut beginnt, oft einen Trickster-Helfer; er steuert die ausgleichende Bauernschläue bei, die der Held zum Überleben braucht, mit seinem Selbstbild aber nicht übereinstimmt.

Alle »verrückten« Elemente des Helden müssen gerade so weit abgespalten werden, dass sie nicht mehr unter seiner Kontrolle sind, aber auch nicht unterdrückt werden. Sie übernehmen die Rolle des loyalen und zuverlässigen Helfers. Durch den Dialog zwischen dem »heroischeren« Ich und dem Trickster-Helfer kann eine Strategie zur Rettung des Opfers (des Verwaisten) gefunden werden, die den Umständen angemessen (Trickster) und moralisch ist (Unschuldiger). Oft findet der Trickster-Helfer (oder der Trickster-Held, wenn beide in einer Person vereint sind) eine geschickte Möglichkeit, Hindernisse zu umgehen.

Der Unschuldige, der Verwaiste, der Krieger und der Geber unterstützen das Ich dabei, sich mit der Ordnung zu identifizieren. Es möchte eine geordnete Welt; Chaos – in der Gesellschaft oder in der Psyche – entsetzt es. Der Narr aber ist mit Chaos und Unordnung und also mit dem Prinzip der Entropie im Universum im Bunde. Manchmal spaltet der Narr sich ab, weil das Ich seine Pläne nicht billigt oder erlaubt.

Der Narr, das Es und der Tanz

Erst wenn wir zu unserem inneren Narren-Helfer schon lange eine Beziehung haben, können wir auch in gefährlichen Zeiten »dem Lebensprozess vertrauen«. Bei einem gut entwickelten Vertrauen können wir das Leben genießen, genauso wie Kinder Achterbahnfahren mögen. Sie halten sich einfach fest und schreien – aber nicht vor Entsetzen, sondern aus Spaß und Freude.

Genauso wie der Unschuldige, der Verwaiste, der Krieger und der Geber zur Entwicklung des Ich beitragen, aber nicht das Ich sind, trägt der Narr zur Verwandlung des Es bei, ohne selbst das Es zu sein. Durch ihn lösen wir uns zunächst von unseren primären Instinkten und entwickeln Bewusstsein. Der Narr stellt aber auch eine Verbindung zum Instinktiven und zu unserer Seele her, die oft außerhalb des Bewusstseins verläuft.

Wenn das Bewusstsein ausgeglichen ist, wird der wandernde Narr zum Hofnarren, der eine fest umrissene und akzeptierte Rolle in der Psyche spielt. Vor dieser alchemistischen Transformation unterdrückt das Ich eher die Instinkte – wenn es das nicht getan hätte, gäbe es keine Zivilisation! Aber die meisten von uns tun des Guten zu viel; wir verlieren unsere Kraft, unser Charisma und unsere Macht, weil wir von unseren natürlichen Instinkten abgeschnitten sind.

Menschen, die ihre Reise gemacht und ein ausgeglichenes Selbst entwickelt haben, können ihren Instinkten vertrauen. Wenn sie ihrem tiefsten, innersten Selbst entsprechend leben, können sie ihren Weg gehen, ohne Angst haben zu müssen, sich oder anderen zu schaden. Sie wissen, wie sie dem Lebensprozess vertrauen können, und wenn sie dies tun, kann das Leben zu einem Tanz werden – zu einem Ausdruck reiner Freude.

Jenseits der Individuation: Radikale Pluralität der Psyche

In *Re-Visioning Psychology* weist James Hillman darauf hin, dass der Polytheismus für die Psychologie ein besseres Modell ist als der Monotheismus, denn die Vorstellung eines einzigen Gottes regt uns zu der Fantasie an, wir könnten ein einziges Selbst werden. Hillman gibt die Sicht des weisen Narren wieder, wenn er dafür eintritt, die in jedem Menschen vorhandene Vielfalt möglicher Seins- und Verhaltensweisen zu akzeptieren.

Hillman ruft die Psychologie auf, »durch Überzeugungen und Annahmen hindurchzublicken« und »die Vorstellung von Personen aufzulösen und sie als Metaphern zu sehen« ... Dann kann man sich die Persönlichkeit auf neue Weise vorstellen: »als eine unpersönliche Person, als Metapher, die multiple Personifizierungen darstellt; sie sind den Bildern im Herzen nachgeahmt, die mein Schicksal sind. Diese Seele, die mich projiziert, hat archetypische Tiefen, die fremd, unmenschlich und unpersönlich sind. Meine sogenannte Persönlichkeit ist eine Persona, durch die die Seele spricht.«

In einer polytheistischen Tradition spricht Hillman von den »personifizierten Archetypen als Göttern«, die »sich als spirituelle Leitfigur (Spiritus rector) mit je eigener ethischer Einstellung, instinktiver Reaktion, Denk- und Sprechweise sowie Gefühlsanspruch vorstellen. Dadurch, dass sie meine Komplexe steuern, beherrschen diese Personen mein Leben.«[30]

Außer in kurzen, transzendenten Augenblicken der Einheit lebt jeder von uns mit innerer – oft nicht einmal integrierter – Pluralität. Wir können dies, weil wir im Allgemeinen das Wissen von den nicht zu unserem Selbstbild passenden Teilen verdrängen. Oder wir machen uns an Selbstverbesserungsprojekte, damit sie passend werden.

Aber es gehört zum Menschsein, dass wir im Leben immer Pluralität erleben: Verschiedene Teile von uns wollen verschiedene Dinge. Der Narr lehrt uns, dies nicht mehr zu leugnen, sondern zu genießen.

Sich in der Welt ausdrücken

Hal Stone schlägt in *Embracing Our Selves* eine Übung vor, die Menschen helfen soll, den Reichtum ihrer inneren Pluralität bewusst zu erleben.[31] Er bringt sie zu der Erkenntnis, dass ihre Psyche aus vielen potenziellen »Selbsten« besteht, von denen einige unterdrückt, verleugnet oder versteckt werden. Stone verwendet Techniken aus der Gestalttherapie; er fordert die Klienten auf, so zu sprechen und sich so zu bewegen, wie diese anderen »Selbste« es tun würden; dadurch können sie ins Bewusstsein treten und mit der Welt eine fruchtbare Beziehung eingehen. Wenn die Klienten die verschiedenen Identitäten ausprobieren, ändern sie tatsächlich ihre Körpersprache und ihre Sprechweise und scheinen ein anderes Alter und eine andere Volkszugehörigkeit anzunehmen. Oft hat jedes Selbst einen Namen. Dies ist etwas anderes als eine multiple Persönlichkeit, denn es ist ein bewusster Prozess. Es ist der weise Narr, der die Illusion eines einheitlichen Selbst hinter sich gelassen hat und die Vielfalt seiner Ganzheit in der Welt ausdrücken kann.

Der Narr in jedem von uns durchschaut und verspottet unseren Eigendünkel, er bringt uns zurück auf die Erde. Er nimmt uns den Glauben, dass wir unser Schicksal in der Hand haben – und führt uns so von einer heroischen Haltung zum Leben selbst. Er drückt die innere Pluralität aus und genießt die Schönheit und Freuden jedes Augenblicks, jedes Menschen.

Herrscher und Magier arbeiten hart daran, die Erde zu

erlösen und zu heilen. Weise streben danach, die Wahrheit zu erreichen. Nur der Narr vertraut einfach dem Augenblick und genießt das Leben in seiner Fülle, ohne zu urteilen; er schätzt nicht nur die Freuden des Lebens, sondern auch seinen Kummer. Er besitzt dann die Offenheit und Kreativität des Unschuldigen ohne dessen Neigung zur Leugnung oder sein Bedürfnis nach Schutz. Der Narr sieht so klar, dass er sogar den Herrscher beraten kann.

> Wenn wir groß sein wollen, müssen wir unsere gegensätzlichen Gedanken, Gefühle und Bedürfnisse – unsere innere Pluralität – bereitwillig annehmen. Dann sind wir keine dummen, sondern weise Narren. Dies bringt kaum Ordnung ins Leben, aber Reichtum und Erfahrung.

Der Narr erkennt die menschliche Fehlbarkeit und akzeptiert sie, um Gelächter, nicht Verurteilung, Verzweiflung oder sozialen Aktivismus anzuregen. Wenn der Narr in unserem Leben ist, wissen wir, was Freude ist, weil wir von den »Man-sollte«-Vorschriften der Gesellschaft frei sind und wirklich leben können. Wenn wir das Ich und das Bedürfnis, wichtig zu sein, loslassen, öffnen wir uns für die Freude.

Dieser Zustand ist nicht das Ende der Reise, denn sie geht das ganze Leben lang weiter. Aber er verändert ihre *Qualität:* Sobald wir uns vom Heldentum zum Tanz bewegt haben, leiden wir weniger. Der Narr ist also der Archetyp, der uns mit unseren Instinkten verbindet und uns hilft, mehr Freude zu erleben. Denn der Narr weiß, dass »wir das Göttliche auf die einzige Weise sehen, die uns möglich ist, durch das Menschliche« – dass wir nicht mehr kämpfen müssen, sondern einfach froh sein sollten, hier auf dieser Erde zu sein – so, wie sie ist, und so, wie wir sind.

Teil II

Vorbereitung auf die Reise

6
Der Unschuldige

Der Unschuldige ist der Teil von uns, der dem Leben, sich selbst und anderen vertraut. Er glaubt und hofft, auch wenn die Dinge bei oberflächlicher Betrachtung unmöglich erscheinen. Er verkörpert auch den Teil von uns, der so viel Vertrauen in andere hat, dass er von ihnen etwas lernen kann; er ist daher für die Aneignung grundlegender Lebens- und Arbeitsfertigkeiten sehr wichtig.

Wir alle beginnen in der Unschuld, im Schoß der Mutter, wo für alles gesorgt ist. Wenn wir Glück haben, lieben und umsorgen unsere Eltern uns und werden von Verwandten, Freunden und sozialen Institutionen unterstützt; sie glauben an uns und unser Potenzial, fördern unsere Bemühungen, unsere Fähigkeiten und unsere Individualität zu entwickeln, und sorgen für unsere Sicherheit, bis wir alt genug sind, uns um uns selbst zu kümmern.

Der Unschuldige
Ziel:
Sicherheit
Angst:
Verlassenwerden
Antwort auf den Drachen / das Problem:
Leugnen oder Hilfe suchen
Aufgabe:
Treue, Unterscheidungsvermögen
Geschenk:
Vertrauen, Optimismus, Loyalität

Kinder, die geliebt und umsorgt wurden, vertrauen darauf, dass die Welt ein sicherer Ort ist und andere ihnen die physische, intellektuelle und emotionale Unterstützung geben, die sie zum Wachsen und Reifen brauchen. Weil sie anderen und sich selbst vertrauen, können sie die zum Leben notwendigen Fähigkeiten lernen – eine elementare Einordnung in die Gesellschaft, allgemeine und berufliche Kenntnisse. Sie wissen, dass sie das Gelernte später an andere weitergeben werden, auch wenn sie das im Augenblick kaum glauben können.

Mein Testergebnis für den Archetyp des Unschuldigen: _____ Punkte (siehe Übersicht Anleitung zur Auswertung im Anhang)
(hoch = 30 / niedrig = 0)
Es ist mein _____ höchstes Ergebnis.
(höchstes = 1. / niedrigstes = 12.)

Wir alle beginnen in der Unschuld; wir glauben, was Autoritäten uns lehren, und achten nicht darauf, ob sie wirklich unser Wohl im Sinn haben. Der Unschuldige in uns vertraut sogar dann, wenn es nicht gerechtfertigt ist. Er glaubt es, wenn die Eltern ihm sagen, er sei hässlich, frech oder faul. Er bekommt in der Schule schlechte Noten und schließt daraus, dass er dumm ist. Er verinnerlicht Rassismus, Sexismus, die Abneigung gegen Homosexualität oder die Vorurteile gegen bestimmte gesellschaftliche Schichten; er meint, es wäre nicht in Ordnung, etwas zu sein, was andere verurteilen.

Obwohl eine sichere, glückliche Kindheit zu einer optimistischen, vertrauensvollen Weltsicht beiträgt, bedeutet ihr Fehlen nicht unbedingt, dass Sie die Geschenke des Unschuldigen nicht erhalten können. Manche Menschen hatten eine schreckliche Kindheit und werden zu produktiven und glücklichen Erwachsenen, während andere ihr ganzes Leben hindurch dysfunktional bleiben.

Das verlorene und wiedergewonnene Paradies

Viele Traditionen kennen den Mythos des Falls aus der Unschuld. Im Christentum ist es der Mythos von der Vertreibung aus dem Paradies in eine Welt voller Schmerz, Leid und Mühe. Aber das ist nicht das Ende der Geschichte, denn im Mythos heißt es auch, dass ein Erlöser kommen und die Menschheit retten wird – zumindest die, die trotz ihrer Schwierigkeiten daran glauben, dass Gott sie wieder in den Himmel zurückbringt.

In manchen östlichen Traditionen ist das verlorene Paradies eine Art der Wahrnehmung, eine Sicht, durch die wir uns von der Illusion befreien können. Wenn wir zum Beispiel in aller Unschuld einem Meister oder Guru folgen und meditieren, wird unser Vertrauen mit dem Nirwana belohnt, und wir erfahren die Einheit mit der Schönheit des Kosmos.

In *Der Fall in die Zeit: Mythologie, Sexualität und der*

Ursprung der Kultur macht William Irwin Thompson deutlich, dass viele Kulturen die »Vertreibung« für einen immer noch andauernden Vorgang halten. In der vedischen Kosmologie und bei den Dogon in Westafrika zum Beispiel ist »das Universum ein Ei, das aufbricht und seine Entfaltung in der Zeit beginnt ... Der Fall in die Zeit ist weniger ein Ereignis als die Voraussetzung für die Raum-Zeit, aus der alle Ereignisse kommen.« Er fand statt, bevor die Zeit begann, und setzt sich in jedem Augenblick des menschlichen Lebens fort. Das Chaos des Falls und das ursprüngliche kosmische Ei der Ganzheit existieren gleichzeitig.

Auch die Hopi und die Maya glauben an eine sich entwickelnde Welt. Ihre Götter »arbeiten an der Erschaffung der Menschheit, aber ihre Bemühungen scheitern immer wieder«. Sie müssen es »noch einmal versuchen«. Das immer wieder verlorene und wiedergewonnene Paradies zeigt unser beharrliches Bemühen, das Ideal in der Realität zu erreichen, das unvermeidliche Scheitern und die erneute Anstrengung; sie bringt meist eine Verbesserung, wenn nicht wirklich das Paradies in unser Leben.[32]

Die Griechen hatten eine wunderschöne Sage von einem ursprünglichen Zustand der Ganzheit: Männer und Frauen waren ein Wesen. Aber dieses Wesen war so vollständig und ganz, dass es die Götter bedrohte; sie spalteten es daher in Mann und Frau. Deshalb fühlen Männer und Frauen sich ohne den anderen immer unvollständig. Die Psychologin June Singer interpretiert in ihrem interessanten Buch *Nur Frau – Nur Mann? Wir sind auf beides angelegt*[33] diese Geschichte als Version des verlorenen und wiedergewonnenen Paradieses. Einst waren wir ganz und androgyn, aber jetzt sind wir nur Teile. Wir kehren zur Ganzheit zurück, wenn wir Männliches und Weibliches (Animus und Anima in der Jung'schen Terminologie) in uns entwickeln und ins Gleichgewicht bringen.

Praktisch jede Kultur kennt auch den Mythos von einem Goldenen Zeitalter, das als reale historische Periode betrachtet wird. In ihrem Buch *Von der Herrschaft zur Partnerschaft – Weibliches und männliches Prinzip in der Geschichte* meint Riane Eisler – auf der Grundlage anthropologischer Daten –, dass der Mythos der Vertreibung aus dem Paradies eine Version der realen Geschichte ist: »Der Garten Eden ist eine allegorische Beschreibung des Neolithikums, als Männer und Frauen zum ersten Mal den Boden bestellten und so den ersten ›Garten‹ anlegten.«

Riane Eisler behauptet, dass Kulturen, in denen Göttinnen verehrt wurden und in denen es Kriege, Klassen, Sexismus oder Rassismus nicht gab, einmal weltweit existierten. Diese Kulturen funktionierten nach einem partnerschaftlichen Modell, was bedeutet, dass es zwischen den Menschen und in der Psyche keine Hierarchie zu geben brauchte. In dieser Welt arbeiteten Ich, Seele und Geist harmonisch zusammen. Die Autorin meint weiterhin, dass wir dieses frühe Paradies wiederhaben können, wenn wir darauf vertrauen, dass ein friedliches, auf Gleichheit beruhendes Leben möglich ist.[34]

Die Reise des Unschuldigen

In allen Versionen des Mythos beginnt die Reise des Unschuldigen in einer Art Utopia, einer sicheren, ungefährlichen, friedlichen, liebevollen Umgebung. Plötzlich werden wir aus dieser Umgebung herausgerissen und kommen in eine Welt, in der wir beurteilt werden, in der ungerechte Unterscheidungen getroffen werden, in der Konflikte und Gewalt grassieren und Illusionen zerbrechen.

Der Unschuldige in jedem von uns weiß jedoch, dass der sichere Garten irgendwann und von irgendwem wiedererschaffen werden kann, auch wenn wir uns persönlich nicht daran erinnern können, dass es ihn einmal gab. Egal, ob der Unschuldige in uns aktiv oder am Schlafen ist, er hat eine Urerinnerung daran, dass das Leben besser sein kann, als es jetzt ist. Als wir die Unschuld zum ersten Mal erlebten, war sie einfach da. Die Rückkehr zur Unschuld ist etwas anderes. Jetzt wählen wir eine Alternative aus einem Universum, das viele andere bietet. Deshalb steht der Unschuldige am Beginn und am Ende der Reise; sie wird im Grunde unternommen, um die Welt wiederzufinden oder wiederzuerschaffen, von der wir auf einer gewissen Ebene alle wissen, dass sie möglich ist. Aber am Ende sind wir weise Unschuldige; wir kennen die ganze Bandbreite der Lebenserfahrungen und entscheiden uns dafür, eine friedliche, gleichberechtigte Welt zu erschaffen, in der alle Geschöpfe geachtet werden.

Der Held beginnt oft als Unschuldiger, wird aber bald zum Waisen, zum Ausgestoßenen, zum Sklaven oder zum Fremden in einem fremden Land. In der klassischen Version ist der Held ein Waisenkind und ein Fremder; er wird fast immer von Menschen großgezogen, die nicht seine biologischen Eltern sind. Die Suche wird durch den Wunsch angeregt, die richtigen Eltern zu finden.

Ob es nun darum geht, unsere »wahre Familie« zu finden, zu unserem Heimatplaneten zurückzukehren oder unsere wahre Spezies zu finden, das Schema ist dasselbe. All unsere Probleme haben ihre Ursache darin, dass etwas am falschen Ort ist – wie ein Puzzlestück, das jemand in eine schlecht passende Lücke im falschen Puzzle gezwängt hat. Wir kehren ins Paradies zurück, wenn wir die Familie, den Planeten oder die Spezies finden, in der wir wirklich zu Hause sind.

Viele Liebesgeschichten folgen einem ähnlichen Muster. Wir verlieben uns und erleben eine kurze Weile das Paradies. Dann geschieht etwas, durch das wir erkennen, dass unser Partner nicht vollkommen, sondern einfach menschlich (und sogar gewöhnlich) ist. Genauso wenig wie Eltern dem Archetyp der perfekten Großen Mutter oder des perfekten Großen Vaters entsprechen können, kommt kein Mann und keine Frau an das Bild des perfekten Liebsten oder Seelengefährten heran. Egal, ob die Beziehung in der Realität zerbricht oder nicht – die meisten Beziehungen »fallen« früher oder später aus diesem anfänglichen Gefühl der Verzauberung heraus, auch wenn sie noch so romantisch und idyllisch begonnen haben.

Ob der Mythos der verlorenen und wiedergewonnenen Unschuld eine Variante des verlorenen und wiedergewonnenen Paradieses, des wiedergefundenen wahren Zuhauses oder der Liebesgeschichte ist, das Schema ist zutiefst hoffnungsvoll; es weckt in uns das unschuldige, reine Kind, das so glaubt, wie nur ein Kind glauben kann.

Als Christus sagte: »Wer nicht das Reich Gottes annimmt wie ein Kind, der wird nicht hineinkommen«, meinte er sicher das kindliche Vertrauen. Es lässt uns an unseren Träumen, Hoffnungen und Visionen auch dann festhalten, wenn die Dinge ausgesprochen schlimm aussehen, und sorgt so für ihre Verwirklichung.

> Nur im Zustand des Unschuldigen geschehen Wunder.

Idealerweise beginnen wir jede neue Aufgabe mit einem gewissen Maß an Unschuld – mit Offenheit, Optimismus, freudiger Erregung. Weil wir nicht wissen, was kommt, müssen wir vertrauen. Auf jeder neuen Spirale der Reise sind wir weiser und weniger naiv.

Nur im Zustand des Unschuldigen geschehen Wunder. Alle anderen Archetypen sind zu sehr damit beschäftigt, das Ergebnis zu beeinflussen. Ein Buch wie *A Course in Miracles* oder die vielen Nachfolgetitel (zum Beispiel *Lieben heißt die Angst verlieren* und *Spiele spielen, die verwandeln*)[35] lehrt Menschen, dass alles Leiden Illusion ist, dass die einzige Realität Güte ist, damit die Menschen dem Universum so viel Vertrauen und Glauben entgegenbringen, dass Wunder möglich werden. Viele Religionen stellen Gott als himmlischen, liebenden Vater (oder als eine ebensolche Mutter) dar, weil dieses Bild uns das Vertrauen einflößt, dass wir im Universum in Sicherheit sind.

Ungehorsam und Vertrauen

Oft wird der archetypische Unschuldige als jemand gesehen, der an der Vertreibung schuld ist und dafür Wiedergutmachung oder Sühne leisten muss. In der Geschichte von Adam und Eva zum Beispiel führt Evas Ungehorsam – sie isst trotz Gottes Verbot den Apfel der Erkenntnis von Gut und Böse – zur Vertreibung aus dem Paradies und zum Fluch des Leidens.

Dieser Fall wird paradoxerweise als »glücklicher« Fall betrachtet, obwohl es ganz klar ein Fall aus der Ganzheit in die Dualität ist (das Wissen um Gut und Böse). Im Judentum kommt die Erlösung durch einen Bund zwischen dem jüdischen Volk und Gott zustande; dieser Bund ergibt sich nicht so sehr aus der Liebe der Menschheit zu Gott als vielmehr aus der Liebe Gottes zur Menschheit. Der Bund verlangt von den Menschen, Gottes Gesetze zu halten. Im Christentum sendet Gott seinen Sohn, um die Sünden der Menschen zu sühnen. Die Sühne führt über Trennung und Dualismus hinaus und stellt die Einheit wieder her. Im Judentum und im Christentum wird die Einheit mit Gott wiederhergestellt und das Paradies wiedergewonnen, entweder auf Erden (durch die Schaffung einer Gesellschaft, die auf den Gesetzen Gottes beruht) oder im Leben nach dem Tod.

Ein moderner Disney-Film, *In einem Land vor unserer Zeit,* erzählt die Geschichte eines kleinen Dinosauriers, der mit seiner Mutter und seinen Großeltern auf Reisen geht. Eine Dürre hat ihr Paradies zerstört, aber die Mutter kennt ein entfernt gelegenes, üppiges grünes Tal, und wenn sie nur weit und lange genug reisen, werden sie es finden. Unterwegs stirbt die Mutter. Gebrochenen Herzens reist der kleine Dinosaurier allein weiter; dabei schließen sich ihm Zeitgenossen aller Formen und Größen an. Er hat allen Grund, die Hoffnung aufzugeben, vertraut aber weiter darauf, dass die Worte seiner Mutter richtig waren. Schließlich findet er das grüne Tal, das genau so ist, wie sie es beschrieben hat.

All diese Geschichten und viele andere erinnern uns daran, dass Vertrauen ungefährlich ist. Unser Vertrauen wird belohnt. Wenn der Archetyp des Unschuldigen in unserem Leben dominiert, scheint es uns möglich, das Paradies zu finden oder wiederzuerschaffen; oft geht die geforderte Sühne über unsere Kräfte. Dann müssen wir einfach vertrauen. Dies öffnet die Tür für Wunder.

Reinheit und Treue

Oft gelobt der klassische Held einem König oder einer Königin, einer Sache, einem Gott oder einer Göttin oder einer großen Liebe Treue. Das Einhalten dieses Versprechens ist ein zentraler Aspekt des Heldentums. Jeder von uns hat sich oder anderen in seiner Jugend solche Zusagen gemacht, und für den Unschuldigen in uns bleiben sie heilig.

Viele Geschichten der mittelalterlichen Literatur feiern Frauen, die bereit waren zu sterben, um ihre Jungfräulichkeit zu bewahren. Die Jungfrau ist ein Symbol für jenen

Unschuldigen in jedem von uns, der ganz unbefleckt und rein ist, egal, was wir getan haben oder was uns angetan wird. Das lateinische Wort für »Jungfrau«, *virgo,* meint eigentlich eine Frau, die »in sich selbst eins« und ganz ist, die nicht der Besitz eines Mannes ist. Jungfräulichkeit kann daher als innerer Zustand der Ganzheit interpretiert werden und muss nicht unbedingt körperliche Keuschheit bedeuten.

> Jeder von uns hat sich oder anderen in seiner Jugend Zusagen gemacht, und für den Unschuldigen in uns bleiben sie heilig.

Obwohl im Verlauf der Geschichte hauptsächlich Frauen unter der doppelten Moral der körperlichen Keuschheit gelitten haben, wurde auch männlichen Helden wie Parzival auferlegt, vor der Hochzeit unberührt und nachher treu zu sein. In psychologischer Hinsicht bedeutet dies, dass sie die ursprüngliche Ganzheit des Unschuldigen behalten und den arglos eingegangenen Kindheitsgelübden treu bleiben sollten, bis sie bereit waren, neue, reife Gelübde abzulegen. Wenn Sie sich für die große Liebe Ihres Lebens aufsparen, bedeutet dies, dass Sie sich Ihre – romantischen, beruflichen, politischen – Träume bewahren und sich nicht mit den Vergnügungen des Augenblicks zufriedengeben.

Die Schattenseite der Unschuld

Oft möchte der Unschuldige sein Vertrauen und seinen Optimismus behalten und verweigert die Vertreibung aus dem Paradies. Dadurch kann er jedoch die Schattenform des Unschuldigen auf den Plan rufen. Die pathologische

Verweigerung des Falls und das Festhalten an der Unschuld können unter anderem mit Essstörungen in Zusammenhang gebracht werden. Marion Woodman meint, dass man in einer Gesellschaft, die den Körper herabsetzt und Frauen als unterlegen betrachtet, dadurch an der Unschuld festhalten kann, dass man den »Fall« in die Pubertät, das heißt einen weiblichen (und also sexuellen) Körper, verweigert.[36]

Der Unschuldige, der zur Leugnung neigt, möchte einfach nicht wahrhaben, dass die Mutter, der Vater, die Lehrerin oder der Partner nicht vertrauenswürdig ist. Deshalb gerät er immer wieder in Situationen, in denen er schlecht behandelt wird.

Dies gilt für Kinder, die zu Hause geschlagen werden, für Männer und Frauen in Beziehungen, in denen sie körperlich oder seelisch missbraucht werden, sowie für zahlreiche Menschen, die im beruflichen Bereich in irgendeiner Weise schikaniert werden. Aber auch viele von uns, die nie in Beziehungen oder Situationen bleiben würden, in denen körperlich oder emotional Gewalt ausgeübt wird, merken im Lauf der Zeit, wo auch sie schlecht behandelt werden.

Der Unschuldige in uns kann ebenso sein eigenes Tun leugnen und die Verantwortung für seinen Anteil an den Problemen ablehnen. Da Unschuldige zumindest anfangs alles absolut und dualistisch sehen, können sie ihre Unvollkommenheit nicht zugeben, ohne sich schrecklich zu fühlen; deshalb bleiben sie entweder bei der Leugnung ihrer Unzulänglichkeit, oder sie werden von Schuld und Scham beherrscht.

> Der Unschuldige in uns gerät immer wieder in Situationen, in denen er schlecht behandelt wird.

Wenn gesunde Unschuldige sich oder andere verletzen, vergeben sie sich, mäßigen ihr Verhalten und sehen in die Zukunft. Wenn andere sie oder ihre Prinzipien verletzen, verzeihen sie ihnen bereitwillig und vertrauen darauf, dass sie sich das nächste Mal anders verhalten werden.

Wenn Unschuldige jedoch vor anderen Angst haben, vermeiden sie es, diese Angst zu konfrontieren, und machen sich selbst Vorwürfe. Kleine Kinder zum Beispiel haben das Gefühl, schuldig zu sein, wenn sie von ihren Eltern drangsaliert oder geschlagen werden; für sie ist es einfacher, ihre eigene Unzulänglichkeit zu akzeptieren, als den erschreckenden, irrationalen Eltern entgegenzutreten, die ihnen Schaden zufügen. Wenn verletzte Unschuldige Angst haben, sich ihrer eigenen Unzulänglichkeit zu stellen (was wahrscheinlich im Erwachsenenleben der Fall sein wird), projizieren sie diese auf andere und machen ihnen Vorwürfe.

Diese Strategien entheben uns der Verantwortung zu handeln. Wenn wir abstreiten, dass wir schlecht behandelt werden, brauchen wir nicht für uns einzutreten. Wenn wir unsere Fehler auf andere projizieren, brauchen wir uns nicht zu ändern. Wenn wir die diskriminierenden, feindlichen oder sonst wie schädlichen Einstellungen anderer Menschen verinnerlichen, können wir weiter gegen uns Krieg führen, ohne herauszufinden, wie wir aus der Situation herauskommen können, und ohne unsere Ohnmacht voll zu erleben.

Der Unschuldige meint, es wäre wichtig, durch die Persona, die soziale Rolle, festgelegt zu sein und keine Geheimnisse vor der Welt zu haben – denn unter dieser Oberfläche lauern die Drachen. Im Unbewussten neigen alle Archetypen dazu, sich – in Träumen und im Wachen – in ihrer Schattenform auszudrücken; wir sind von ihnen besessen, wenn wir nicht das Licht des Bewusstseins auf sie scheinen lassen. Der Unschuldige wird also nur von psychischen Schrecken umgeben sein: Der Schatten-Verwaiste will ihn verlocken, im buchstäblichen und im übertragenen Sinn die Straße zu überqueren und die Regeln zu missachten. Der Schatten-Krieger bekämpft und kritisiert ihn gnadenlos. Der Schatten-Geber verlangt Opfer und klagt den Unschuldigen des Egoismus an, wenn er seine persönlichen Wünsche oder sein persönliches Wohlergehen berücksichtigt.

Die mit der Entwicklung der Seele verbundenen Archetypen erscheinen als so bedrohlich, dass der Unschuldige sie fast ausschließlich auf andere projiziert: Der Suchende erscheint ihm als Ketzer, der Zerstörer als der Feind, der Liebende als unmoralischer Verführer und der Schöpfer gefährlicher Hybris schuldig. Der Unschuldige hat dann eine dumpfe Leere im Sonnengeflecht, zwanghafte, selbstzerstörerische Verhaltensweisen und Sexualbedürfnisse und den unbewussten Drang, Dramen zu veranstalten und Schwierigkeiten zu schaffen.

Wachstum und Entwicklung des Unschuldigen

Unschuldige, die oft das Gefühl haben, etwas Besonderes zu sein, können aufgrund der Arglosigkeit ihrer Überzeugungen charismatisch wirken. Sie nehmen auch an, dass das Universum und andere Menschen für sie sorgen werden, weil sie so einzigartig und gut sind.

Menschen, die in diesem Zustand der Unschuld bleiben, geben vielleicht vor, unabhängig zu sein, aber in Wirklichkeit erwarten sie, dass Institutionen, Arbeitgeber, Freunde und Partner sich um sie kümmern. Sie tragen selten ihren Teil an der Verantwortung, obwohl sie »sehr gut« sind und unter Umständen hart arbeiten. Andere lieben sie oft und umsorgen sie instinktiv, als wären sie kleine Kinder. Auf diese Weise läuft ihr Leben oft glatt – falls sie nicht ihren Arbeitsplatz oder ihren Partner verlieren oder Freunde und Kollegen aufhören, sich um sie zu kümmern, und verlangen, dass sie erwachsen werden.

Allerdings funktioniert ihr Erwachsenenleben nie gut, denn sie werden nie wirklich erwachsen. Solange sie nicht die Vertreibung aus dem Paradies erleben – was bedeutet, dass sie zumindest bis zu einem bestimmten Grad das Gefühl eines bevorzugten Status im Universum aufgeben –, werden sie im Bereich der Arbeit und in ihren persönlichen Beziehungen nie etwas Authentisches, Dauerhaftes zustande bringen. Unschuldige möchten Beziehungen, welche die ursprüngliche symbiotische Beziehung mit der Mutter wiederholen. Sie gehen davon aus, dass andere wollen, was sie wollen, denn sie betrachten den anderen oft nicht als eigenständigen, von ihnen getrennten Menschen.

Wenn der Unschuldige merkt, dass jemand anders nicht will, was er will, und seine Wünsche durchkreuzt werden, schwankt er gewöhnlich zwischen kindlicher Wut und dem Versuch, so charmant zu sein, dass er das, was er will, das nächste Mal bekommt. Mit anderen Worten: Der Unschuldige ist so verletzlich und abhängig wie ein kleines Kind, das eine Möglichkeit findet, seine Eltern zu manipulieren, damit seine Bedürfnisse erfüllt werden.

Unser innerer Unschuldiger ist oft erstaunt, wenn sich herausstellt, dass das Leben grausamer ist, als er erwartet hat. Aber er ist auch sehr regenerationsfähig und der Teil in jedem von uns, der das Vertrauen hochhält, wenn die Welt am schwärzesten aussieht, und sich seine Träume bewahrt, auch wenn deren Verwirklichung äußerst unrealistisch erscheint.

Ob der Unschuldige wirklich erwachsen wird, hängt oft davon ab, inwieweit er weiterhofft, auch wenn oberflächlich betrachtet alles verloren scheint. Auch wenn ich mich jetzt in der Wüste verirrt habe, wird Gott mich ins Heilige Land führen. Der Unschuldige muss die paradoxe Wahrheit lernen, dass er auf der höchsten spirituellen Ebene gefahrlos vertrauen kann, dass er aber trotzdem seine Brieftasche besser nicht unbeaufsichtigt lässt.

Ebenen des Unschuldigen

Schatten
Leugnung, Verdrängung, Vorwürfe, Konformität, irrationaler Optimismus und Eingehen von Risiken.

Aufruf
Sichere, ungefährliche Umgebung; der Wunsch, beschützt zu werden, bedingungslose Liebe und Anerkennung zu erleben.

Ebene 1
Bedingungsloses Akzeptieren von Umgebung und Autoritäten; Überzeugung, dass die Welt, die erlebt wird, alles ist; Abhängigkeit.

Ebene 2
Erfahrung des »Falls« – Ernüchterung, Enttäuschung –, aber Vertrauen und Optimismus werden beibehalten.

Ebene 3
Rückkehr ins Paradies, jetzt als weiser Unschuldiger; Vertrauen und Optimismus ohne Leugnung, Naivität oder Abhängigkeit.

Anfangs betrachtet der Unschuldige das Leben als Entweder-oder-Angelegenheit: Entweder es ist gefährlich oder nicht. Entweder Autoritäten wissen, von was sie reden, oder nicht. Menschen sind entweder vollkommen oder nutzlos. Schlimmer: Er selbst muss perfekt sein, oder er ist wertlos. Daher schwanken Unschuldige oft zwischen Idealismus und Perfektionismus auf der einen und Enttäuschung und Zynismus auf der anderen Seite.

Jahre später, auf einer höheren Entwicklungsstufe, wissen Unschuldige, dass manche Dinge ungefährlich sind und andere nicht. Autoritäten wissen, von was sie reden – manchmal. Sogar die besten und die schlechtesten Menschen haben gute und böse Charakterzüge. Im besten Fall akzeptieren Unschuldige schließlich ihre menschliche Mischung von guten und bösen Motiven, von Kraft und Verletzlichkeit, und fühlen sich sicher – zum Teil, weil sie dem Universum vertrauen, zum Teil, weil sie den Gesetzen der Welt entsprechend weiser geworden sind.

Zunächst verknüpft der Unschuldige Sicherheit mit bestimmten Voraussetzungen: »Ich bin in Sicherheit, solange ich nicht versuche, die Straße zu überqueren.« – »Ich bin in Sicherheit, solange ich tue, was andere sagen.« Die Welt, in der er sich gefahrlos bewegen kann, ist klein und begrenzt und die Welt draußen voll von unbemerkten, unbekannten Gefahren. Je mehr dieser Gefahren wir erleben, desto größer wird unsere Welt. Aber dies setzt voraus, dass wir Schmerz, Ablehnung oder Enttäuschung begegnen. Wir werden nicht nur einmal im Leben aus dem Paradies vertrieben. Viele Male werden wir enttäuscht, verlassen und hintergangen. Wenn wir Glück haben, führt jede Erfahrung uns nicht nur auf einer neuen Ebene zur Unschuld (ins Paradies, in den Garten Eden, ins Gelobte Land) zurück, sondern erlaubt uns auch, einen größeren Teil unserer Welt mit einer Arglosigkeit zu sehen, die nicht auf Leugnung, sondern auf Weisheit beruht.

Wenn wir aufgrund unserer Erfahrungen das Vertrauen verlieren und wiedergewinnen, werden immer größere Teile der Realität für uns sicher und ungefährlich. Wir werden älter und stellen fest, dass wir viele Straßen gefahrlos überqueren können. Wir überleben das Ende einer Liebesgeschichte und entdecken, dass wir keine Angst mehr davor zu haben brauchen, Bindungen einzugehen oder andere Menschen zu lieben, sobald wir Charaktere einschätzen können. Wir vertreten unsere Wahrheit in einer Umgebung, die wir für feindlich hielten, und werden nicht entlassen oder getötet. So entdecken wir, dass es ungefährlich ist, aufrichtig zu sein, vor allem da wir jetzt Umgebungen erkennen, in denen wir einfach nicht verstanden werden.

Am Schluss lernt der Unschuldige, das Paradoxe zu verstehen und die Realität metaphorisch und nicht wörtlich aufzufassen. Denn zumindest anfangs wird sein Denken dadurch begrenzt, dass er vieles wörtlich versteht. Was Lehrer, spirituelle Führer oder Mythen und Legenden sagen, wird wörtlich genommen. In vielen Mythen überall auf der Welt heißt es zum Beispiel, dass die Götter uns unsere Verfehlungen vergeben, wenn wir einen Unschuldigen opfern. In vielen alten Kulturen wurde daher der vollkommenste Jüngling oder die vollkommenste Jungfrau geopfert, um die Götter zu besänftigen. Auf einer höheren Erkenntnisebene wird verstanden, dass die Forderung, einen Unschuldigen zu opfern, symbolisch gemeint ist. Wenn wir das Gefühl der Einheit mit Gott, unserer Umgebung oder unserer Seele verloren haben, müssen wir unsere Unschuld opfern, Illusion oder Leugnung hinter uns lassen und auf die Reise gehen, um eine neue Ebene der Wahrheit zu finden, die uns wieder zur Ganzheit führt.

Die Reise verlangt etwas sehr Paradoxes. Einerseits dürfen wir unsere Träume und Ideale nie loslassen, und auf diese Weise bleibt jeder Held immer ein Unschuldiger. Gleichzeitig müssen wir jedoch bereit sein, unsere Illusionen täglich freudigen Herzens aufzugeben, damit wir wachsen und lernen können. Es macht nichts, dass wir zunächst nicht wissen, was Wahrheit und was Täuschung ist. Die Reise hilft uns, unter anderem dies zu entdecken. Wir bringen das geforderte Opfer unserer Unschuld nur, um sie eines Tages auf einer höheren Ebene wiederzugewinnen.

Übungen

Denken Sie ein wenig darüber nach, wann, wo, wie und wie stark der Unschuldige sich in Ihrem Leben äußert.

1. Wie sehr oder wie wenig drückt der Unschuldige sich in Ihrem Leben aus? Hat er sich in der Vergangenheit oder in der Gegenwart mehr ausgedrückt? Meinen Sie, er würde sich mehr in der Zukunft zeigen? Äußert er sich mehr bei der Arbeit, zu Hause, in der Gesellschaft von Freunden, in Träumen oder Fantasien?
2. Welche Freunde, Verwandten, Mitarbeiter und sonstigen Menschen scheinen vom Archetyp des Unschuldigen beeinflusst zu sein?
3. Möchten Sie, dass der Unschuldige sich in Ihrem Leben irgendwie anders äußert?
4. Jeder Archetyp drückt sich auf vielerlei Weise aus. Lassen Sie sich daher ein wenig Zeit, um den Unschuldigen, der sich in Ihrem Leben ausdrückt oder ausdrücken könnte, zu beschreiben oder sonst wie darzustellen. Sie können ihn zeichnen, eine Collage machen oder ein Bild von sich in einer bestimmten Kleidung oder Pose wählen. Wie würde er aussehen? Was würde er tun? In welcher Umgebung würde er sich am meisten zu Hause fühlen?

Tagträume

Erlauben Sie sich, in Ihrem Tagtraum eine perfekte Kindheit zu erleben, in der Sie alles haben, was Sie brauchen: Liebe, materiellen Besitz, Sicherheit, Anregung, Förderung Ihres Wachstums auf jede erdenkliche Weise. Lassen Sie sich ein wenig Zeit, um Ihre Gefühle zu verarbeiten. Seien Sie sich bewusst, dass Sie sich in Ihrer Fantasie jederzeit eine perfekte Kindheit schaffen können, egal, wie Ihre tatsächliche Kindheit ausgesehen hat.

Erlauben Sie sich, Rettungsfantasien nachzugehen, entweder solchen nach dem Motto »Eines Tages wird mein Prinz (meine Prinzessin) kommen« oder Träumen vom perfekten Therapeuten, dem großen Boss oder dem Politiker, der alles wieder in Ordnung bringt. Stellen Sie sich vor, wie vertrauensvoll Sie auf Rettung warten, wie gut und verdienstvoll Sie sind. Erlauben Sie sich, gerettet zu werden, und erleben Sie, wie dieser fürsorgliche, gütige und mächtige Mensch sich um Sie kümmert. Stellen Sie sich dann vor, dass Sie wie dieser Mensch werden. Wie fühlt sich das für Sie an?

7
Der Verwaiste

Der Verwaiste erlebt denselben »Fall« wie der Unschuldige, zieht aber eine andere Schlussfolgerung aus ihm. Der Unschuldige benutzt die Erfahrung, um sich mehr anzustrengen, mehr Vertrauen zu haben, perfekter und liebenswerter zu werden, sich als würdiger zu erweisen. Der Verwaiste betrachtet ihn als Beweis für die grundlegende Wahrheit, dass wir alle auf uns selbst gestellt sind.

Ganz wörtlich genommen, sind Verwaiste Kinder, die den Schutz und die Fürsorge der Eltern in einem Alter entbehren mussten, in dem sie noch zu jung und unerfahren waren, um für sich selbst zu sorgen. Vielleicht sind die Eltern gestorben und haben das Kind allein zurückgelassen, oder sie sind noch da, vernachlässigen aber das Kind oder behandeln es schlecht. Viele Verwaiste leben in scheinbar intakten Familien, aber die Kinder werden nicht geliebt, umsorgt oder angeleitet und fühlen sich seelisch oder körperlich gefährdet.

Der Verwaiste

Ziel:

Wieder in Sicherheit sein

Angst:

Ausgebeutet, schlecht behandelt zu werden

Antwort auf den Drachen / das Problem:

Ohnmacht; Wunsch, gerettet zu werden; zynische Willfährigkeit

Aufgabe:

Schmerz und Enttäuschung voll verarbeiten und offen für Hilfe von anderen sein

Geschenk:

Erkennen der wechselseitigen Abhängigkeit, Einfühlungsvermögen, Realismus

Mein Testergebnis für den Archetyp des Verwaisten: _____ Punkte (siehe Übersicht Anleitung zur Auswertung im Anhang)
(hoch = 30 / niedrig = 0)
Es ist mein _____ höchstes Ergebnis.
(höchstes = 1. / niedrigstes = 12.)

Der Archetyp des Verwaisten wird durch alle Erfahrungen aktiviert, bei denen das Kind in uns sich verlassen, betrogen, schlecht behandelt, vernachlässigt oder enttäuscht fühlt. Auslöser für solche Erlebnisse können Lehrer sein, die uns ungerecht behandelten, Kameraden, die sich über uns lustig machten, Freunde, die hinter unserem Rücken über uns redeten, Partner, die sagten, sie würden uns nie verlassen, es aber taten, und Arbeitgeber, die meinten, wir wären unprofessionell. Oder wir erfahren etwas über die Welt: dass die Fernsehwerbung lügt, dass manche Politiker unaufrichtig sind, dass es Ärzte gibt, die mittellose Kranke nicht behandeln, dass der Geschäftsmann die Umwelt verschmutzt, um Geld zu verdienen, und dass auch in unserer demokratischen Gesellschaft manche Leute »gleicher« sind als andere.

Solange wir den Verwaisten in uns nicht anerkennen, wird er von uns und von der Welt im Stich gelassen. Leider leben wir in einer Gesellschaft, die Verletzlichkeit nicht akzeptiert. Es wird von uns erwartet, dass wir ständig guter Dinge sind, was bedeutet, dass die meisten von uns ihr verletzliches, alleingelassenes, verwundetes inneres Kind verstecken; sie haben Angst, dass andere, die ihr verwundetes inneres Kind ebenfalls verstecken, sie verurteilen – was einer gewissen Ironie nicht entbehrt. Die Folge ist, dass das Kind nicht nur verwundet, sondern auch sehr einsam ist.

Wie man zum Verwaisten wird

Das Leben ist voll von Erfahrungen, die uns das Gefühl vermitteln, Waisenkinder zu sein, und manche Menschen haben mehr als ihren gerechten Anteil an solchen Erlebnissen. Je mehr von ihnen wir haben, desto wahrscheinlicher ist es, dass der Archetyp des Verwaisten stärker ist als der des Unschuldigen. Genauso, wie wir Arglosigkeit durch positive Erfahrungen lernen, bei denen wir nicht in Gefahr geraten, wird der Verwaiste in uns durch schmerzliche Erlebnisse aktiviert, besonders durch solche in der Kindheit. Dass so viele Menschen heute in Selbsthilfegruppen, etwa für die erwachsenen Kinder von Alkoholikern, ihre Geschichte aufarbeiten, zeigt, dass viele von uns schon sehr früh zu Verwaisten gemacht wurden. Aber da der Unschuldige in uns wünscht und erwartet, dass unsere Eltern das positive, ideale Leitbild des fürsorglichen, liebevollen Gebers verkörpern, sind wir eigentlich alle Verwaiste, denn unsere Eltern waren einfach menschlich und fehlbar. Genauso, wie wir alle verwundet sind, sind wir auch alle von verwundeten Eltern großgezogen worden, die sich auf verschiedenen Stufen ihrer eigenen Reise befanden. Wir können von Glück sagen, wenn unsere Eltern ihre Verwundung erkannt und eine Möglichkeit gefunden haben, den Heilungsprozess in Gang zu setzen.

Einige von uns kommen aus recht guten Familien, andere aus ziemlich schrecklichen, und der Rest kommt von irgendwo dazwischen. Irgendwie ist das Kind in uns immer zum Verwaisten gemacht worden. Es gehört einfach zum Erwachsenwerden. Wir gehen zur Schule, suchen die Wahrheit und entdecken, dass sogar die Experten unterschiedlicher Meinung sind. Wir gehen in der Erwartung von Gerechtigkeit ans Gericht und entdecken, dass die Justiz nicht immer gerecht ist. Wir werden aufgrund unseres Aussehens, unserer Redeweise oder unserer Herkunft falsch beurteilt. Kurzum, wir entdecken, dass das Leben nicht immer fair ist, Autoritäten nicht immer recht haben und es keine unfehlbaren Absoluta gibt.

> Genauso, wie wir alle verwundet sind, sind wir auch alle von verwundeten Eltern großgezogen worden, die sich auf verschiedenen Stufen ihrer eigenen Reise befanden.

Der Verwaiste ist daher der enttäuschte Idealist, der ernüchterte Unschuldige. Während der Unschuldige glaubt, dass Reinheit und Mut belohnt werden, weiß der Verwaiste, dass dies nicht immer der Fall ist und im Gegenteil oft die Bösen gedeihen.

Vom Verwaisten über das Exil zur Revolte

Wenn der Verwaiste in unserem Leben dominiert, erscheint die Welt als ziemlich hoffnungsloser Ort. Wir sind von wie immer gearteten Vaterfiguren, die uns retten könnten, verlassen worden und in einer Umgebung gelandet, die nur von zwei Arten von Menschen bewohnt wird: den Schwachen, die Opfer sind, und den Starken, welche die Schwachen entweder ignorieren oder schikanieren. Der Verwaiste gleicht dem Säugling, der in seiner Wiege schreit und weiß, dass niemand kommen wird. Irgendwann hört das Kind auf zu weinen, aber der seelische Schmerz, die innere Einsamkeit bleiben. Manchmal fühlen Verwaiste sich wie Verbannte.

Als die Unschuldigen, Adam und Eva, infolge ihres Ungehorsams aus dem Paradies vertrieben wurden, versprach Gott ihnen Erlösung, wenn sie trotz der ihnen auferlegten Mühen weiter glauben würden. Andere, ähnlicher Sünden schuldige Figuren werden eindeutiger als Verwaiste dargestellt: Kain, Ismael, Lilith, Luzifer. Sie werden für immer aus dem Garten Eden, ihrer Heimat oder auch dem Himmel ausgeschlossen.

Solche Verwaiste bleiben Verbannte; sie durchstreifen die Welt, ohne je ein Zuhause zu finden, wie Kain oder der legendäre wandernde Jude. Es kann auch sein, dass die Hoffnungslosigkeit ihrer Situation sie zu Rebellen macht und sie sich, wie Luzifer, gegen die Mächte wenden, die sie verstoßen haben.

Im 20. Jahrhundert, in dem die Phrase »Gott ist tot« allgemein verbreitet ist, repräsentiert der Archetyp des Verwaisten die herrschende philosophische Meinung. Existenzialisten wie Albert Camus im *Mythos von Sisyphos* meinen, dass die Absurdität des modernen Lebens ein Ergebnis des Todes Gottes und damit des dem Leben inhärenten Sinns ist. Da kein Sinn im Leben gesehen wird und hoffnungsvolle, optimistische Gefühle fehlen, fragt Camus: »Warum leben? Warum sich nicht einfach umbringen?«

In *Der Mensch in der Revolte* findet Camus eine Art Sinn in der Absurdität, und zwar durch die Solidarität mit allen unterdrückten, gequälten Verwaisten dieser Welt. »Wenn nicht alle gerettet werden, was nutzt dann die Rettung eines Einzigen?« Der Rebell lässt die Verheißung des Paradieses und seiner Besonderheit und damit die Illusion der Unsterblichkeit hinter sich, »um zu lernen, zu leben und zu sterben, um ein Mensch zu sein und nicht ein Gott«.[37] Dies ist die Lösung, die Camus für das Problem des Selbstmords und der Sinnlosigkeit des Lebens vorschlägt. Wenn wir den kindlichen Wunsch nach dem Paradies, das Verlangen nach Unsterblichkeit und den Glauben an einen für uns alle sorgenden, gleichsam elternähnlichen Gott aufgeben, beginnen wir, erwachsen zu werden. Wir erkennen, dass wir alle sterblich und verwundet und auf gegenseitige Hilfe angewiesen sind.

Die Rettung des Verwaisten kann nicht von oben kommen – von Gott, der Kirche, dem Staat, der Geschichte –, sondern durch gemeinschaftliches Handeln. Von einem bestimmten Zeitpunkt an geben Verwaiste enttäuschende Autoritäten auf und übernehmen die Kontrolle über ihr Leben, und dann werden sie zu Rebellen. Als solche arbeiten sie für die Gerechtigkeit und solidarisieren sich mit allen anderen unterdrückten, verwundeten oder leidenden Menschen – nicht um irgendeiner universellen Wahrheit willen, sondern als Reaktion auf ein inneres Gebot. Der Rebell erkennt keine absoluten, objektiven Wahrheiten mehr an, nur noch relative, subjektive. Es gibt keinen Sinn im Leben, nur den, den wir durch unsere Fürsorge füreinander schaffen.

Das Geschenk, das der Archetyp des Verwaisten bereithält, ist das Freisein von Abhängigkeit, ein Selbstvertrauen, das auf dem Bewusstsein unserer wechselseitigen Abhängigkeit beruht. Wir verlassen uns nicht mehr auf äußere Autoritätsfiguren, sondern lernen, uns und anderen zu helfen. Das Bild, das Camus vom Rebellen zeichnet, verbindet Elemente des Verwaisten mit Krieger-Charakteristika und spiegelt eine männliche Entwicklung wider. Frauen entwickeln sich wahrscheinlich eher zum Geber hin. Die feministische Schriftstellerin Madonna Kolbenschlag spricht von einem Band voneinander abhängiger Geberinnen, die Teil der göttlichen, spirituellen Präsenz Gaias sind und füreinander sorgen. Sie sagt, dass wir »lernen müssen, mit dem Verwaisten in uns Freundschaft zu schließen, wenn wir Ganzheit und politisches Gleichgewicht wiedererlangen wollen«.[38]

Wie Albert Camus und Madonna Kolbenschlag zeigen, lernt der entwickelte Verwaiste, dass es keine mächtigere und verantwortlichere Macht gibt als ihn selbst. Nichts und niemand in der Außenwelt wird sie für uns festlegen. Ob wir verantwortungsbewusste Alternativen in existenziellen oder spirituellen, männlichen oder weiblichen

Modellen suchen, wir müssen die Verantwortung für unser Leben übernehmen und unsere Abhängigkeit von allen anderen erkennen, die genauso verwaist sind wie wir.

> Das Geschenk, das der Archetyp des Verwaisten bereithält, ist ein Selbstvertrauen, das auf dem Bewusstsein unserer wechselseitigen Abhängigkeit beruht.

Der Rettung widerstehen

Weil die Aufgabe für Verwaiste darin besteht, sich mit anderen zusammenzuschließen und im besten Fall mit ihnen gemeinsam gegen die Autorität zu rebellieren, aber füreinander zu sorgen, lassen sie sich nur schwer retten. Obwohl sie anscheinend gerettet werden wollen und das auch selbst meinen, lassen sie sich nur selten helfen. Es kann sein, dass sie verbal nach Hilfe verlangen und sich dann in Ja-aber-Ausflüchten ergehen. Oft zählen sie die Unzulänglichkeiten aller Institutionen und Menschen auf, die ihrer Meinung nach helfen könnten.

Der Unschuldige verlangt nach einer starken Elternfigur oder einer mächtigen Institution, die ihn rettet und ihm Sicherheit gibt. Für den Verwaisten, der im Allgemeinen gerade die Unschuldigen-Phase hinter sich hat, ist das Vertrauen gegenüber Menschen oder Institutionen gleichbedeutend mit der Aufforderung, erneut grausam betrogen zu werden. Entwicklungspsychologisch betrachtet, ist die Verwaisten-Phase die Zeit, in der Kinder sich nicht mehr auf ihre Eltern, sondern auf Geschwister oder Freunde verlassen. In gesunden Familien werden sie ihre Eltern nicht übermäßig kritisieren, aber doch deren

Neigung zu Dogmatismus, Starrheit, Schwerfälligkeit oder Unfähigkeit erkennen und in ihrem Gedächtnis speichern.

In der Politik ist die Verwaisten-Phase die Zeit, in der wir die Fähigkeit entwickeln, uns mit Unterdrückten zu identifizieren und in gemeinsamen Aktionen Lösungen zu suchen. Es ist auch die Zeit, in der wir Menschen gegenüber, die eine Macht- oder Autoritätsfunktion innehaben, sehr misstrauisch sind. In spiritueller Hinsicht ist es die Zeit des Agnostizismus, die Abwendung vom Vertrauen auf Gott und die Hinwendung zu einem praktischen Interesse daran, was Menschen tun können, um einander zu helfen. In der Pädagogik ist es die Zeit, in der wir beginnen, Autoritäten infrage zu stellen und die Vorstellungen anderer zu kritisieren.

Im Leben des Einzelnen ist es auch die Zeit, in der wir Außenseiter sind. Wenn der Verwaiste in uns stark ausgeprägt ist, sehen wir die Probleme von Gesellschaft und Institutionen und wie sie uns und anderen schaden. Wir sind kritisch gegenüber Menschen und Organisationen, fühlen uns aber zunächst machtlos, etwas an ihnen zu ändern. Wir fühlen uns einfach fremd. Wenn wir schließlich versuchen, Veränderungen herbeizuführen, tun wir dies gemeinschaftlich, mit Menschen, die wir als Einzelne für ähnlich machtlos halten, deren potenzielle Stärke als Kollektiv wir aber sehen.

Am Schluss lernt der Verwaiste, dass es Kraft gibt, wenn man seine Verlassenheit und seine Begrenzungen konfrontiert und den durch sie verursachten Schmerz voll erlebt. Wenn wir dies tun, können wir gemeinsam daran arbeiten, eine bessere Welt zu schaffen – eine Aufgabe, mit der, wie der Verwaiste meint, nur er allein beschäftigt ist.

Der Verwaiste ruft uns auf aufzuwachen, unsere Illusionen aufzugeben und schmerzliche Realitäten zu konfrontieren.

Wenn man sich selbst zum Verwaisten macht

Der von anderen verratene Verwaiste geht – vor allem auf den wenig entwickelten Ebenen – oft über eine gesunde Skepsis gegenüber dem Leben hinaus und verrät seine eigenen Hoffnungen und Träume, weil sie ihm so einfältig erscheinen, dass sie nach Enttäuschung geradezu verlangen. Dies bedeutet, dass er sich oft mit einer Arbeit zufriedengibt, die ihm keinen Spaß macht, mit Partnern und Freunden zusammen ist, die ihn nicht gut behandeln, und auf jede sonstige Weise seine Träume auf eine sehr begrenzte Facette des Möglichen beschränkt.

Hier sollten wir uns daran erinnern, dass der Verwaiste die Reaktion auf die unrealistische Grandiosität des Unschuldigen darstellt, der fest daran glaubt, dass mit genügend Vertrauen, Fantasie und harter Arbeit alles möglich ist – vielleicht auch nur mit Vertrauen. Wenn der Unschuldige in unserem Leben dominiert, werden wir oft von einem unrealistischen Optimismus geleitet. Wenn der Verwaiste dominiert, neigen wir dazu, übermäßig pessimistisch zu sein, und versuchen gar nicht erst, das zu bekommen, was wir wollen. Oder wir versuchen es, sind aber so überzeugt, dass wir keinen Erfolg haben werden, dass wir unsere Chancen selbst unterminieren, damit das »Lebensskript« wieder stimmt. Der Verwaiste kann zum Beispiel etwas tun, das eine Ablehnung provoziert, nur um das Gefühl zu haben, selbst sein Schicksal zu bestimmen. Da Enttäuschung, Ablehnung und Verlassenwerden als unvermeidlich betrachtet werden, fühlen wir uns einfach ein bisschen besser, wenn wir als Erste gehen.

Während der Unschuldige überzeugt ist, dass der andere sich ändert, wenn er nur hart genug arbeitet, und deshalb auch in den negativsten Umständen ausharrt, sagt der Verwaiste: »Genug.« Im besten Fall verlässt er seine Umgebung und verbindet sich mit Außenseitern und Rebellen; im schlimmsten Fall macht er dicht und bleibt in seiner bisherigen Umgebung, aber ohne Hoffnung.

Für den Verwaisten in uns sind die Wiesen immer nur relativ grün. Er verlangt nicht das Paradies oder die Freiheit, nur einen etwas größeren, komfortableren Käfig. Er glaubt nicht, dass er eine Arbeit finden kann, die ihm wirklich Spaß macht, aber er sucht nach einer weniger entwürdigenden, entfremdenden oder einschränkenden Tätigkeit. Er glaubt nicht, dass er ein wirklich glückliches Liebesleben haben kann, aber zumindest versucht er, einen Partner zu finden, der ihn nicht aktiv schikaniert. Er erwartet kein wirkliches Glück, deshalb begnügt er sich damit, Dinge zu kaufen.

Da der Verwaiste in uns den Glauben an Autoritäten verloren hat, möchte er sich mit Gleichgesinnten zusammentun – und ist oft nur zu bereit, sich selbst aufzugeben, um zur Gruppe zu gehören. Verwaiste können daher genauso konformistisch wie Unschuldige sein; aber während Unschuldige sich im Allgemeinen den Normen von Gesellschaft und Institutionen anpassen, tun Verwaiste dies eher zynisch, oder sie verweigern die traditionellen Normen, passen sich aber sklavisch Außenseiternormen an. Wir sehen dies zum Beispiel am konformen Verhalten in Teenager-Cliquen oder den radikalsten – rechten und linken – politischen Gruppen. Auch in vielen Selbsthilfegruppen, in denen Menschen mit gleichartiger Verletzung sich zusammenfinden, können Gruppennormen verhindern, dass man gesund genug wird, um die Abhängigkeit von der Gruppe hinter sich zu lassen.

Wenn der Verwaiste in unserem Leben dominiert, verraten wir oft unsere eigenen Werte. In seinem klassischen Artikel »Betrayal« (Verrat) spricht James Hillman in Bezug auf das Zerbrechen von Freundschaften, Liebesaffären und Ehen von diesen Erfahrungen, »wenn plötzlich das Abstoßendste und Schmutzigste auftaucht und man feststellt, dass man genauso verständnislos und gemein handelt, wie man dem anderen vorwirft, und das eigene Tun mit einem fremden Wertsystem rechtfertigt. Man ist wirklich verraten, einem Feind im Inneren ausgeliefert.«

Es dient dem Selbstschutz, wenn der Verwaiste in uns eine falsche Persona entwickelt und sein tiefstes Wesen verrät. Hillman folgert, dass Selbstbetrug bedeutet, »die wesentliche Anforderung an das Ich aufzugeben: sein Leid anzunehmen und zu tragen und zu sein, was man ist, egal, wie sehr es schmerzt«.[39]

Je falscher und unauthentischer unser Leben in dem Bestreben wird, vor Verwundungen sicher zu sein, desto verwaister, verletzter und enttäuschter werden wir ironischerweise. Wir haben uns im Grunde selbst geschadet.

Wenn das Verwaistsein zu weit geht

Wenn wir uns selbst schaden, ist das Verwaistsein zu weit gegangen. Oft zeigen Menschen nur wenige äußere Anzeichen dafür, dass sie sich selbst zu Verwaisten gemacht haben; da sie ein falsches Selbst ausleben, sind sie oft konventionell und fallen nicht auf. Oft erscheinen sie schablonenhaft und flach oder auch leicht neurotisch; ihr Zustand ist jedoch so verbreitet, dass er nicht als beunruhigend oder pathologisch betrachtet wird. Sie geben sich mit einem Pseudoleben und mit Pseudolieben zufrieden und ersetzen echte Zufriedenheit durch Konsum oder sinnlosen Ehrgeiz. Ihnen fehlt jedes Gefühl dafür, wer sie wirklich sind. Oft spüren sie eine Leere im Solarplexus.

Sie leben in einer Mentalität der Knappheit und sind sehr empfänglich für Werbung, die sie davon überzeugt, dass sie nur dann respektiert oder geliebt werden, wenn sie das richtige Mundwasser benutzen oder das richtige Auto fahren. Sie haben Partnerschaften, eine Arbeit und ein Zuhause nicht wegen der diesen Dingen innewohnenden Befriedigung, sondern um das richtige Image zu haben. Im Grunde sind sie wie Kinder, die sich verzweifelt bemühen, zu gefallen und Liebe zu bekommen, indem sie sich allem anpassen, was in der Gesellschaft gerade belohnt wird. Sie spielen die passende Rolle als Partner, Arbeitskollege oder Freundin. Sie können sogar die Rolle spielen, ein Individuum zu sein.

Solche Menschen schauen selten nach innen, denn sie haben Angst, dort nichts oder höchstens Monster (das heißt den Schatten) vorzufinden; deshalb suchen sie oft erst dann Hilfe, wenn ihre Situation sich verschlechtert. Im schlimmsten Fall werden sie so zynisch, dass sie gar nicht mehr versuchen, zu gefallen, Freunde zu gewinnen oder Menschen zu beeinflussen; sie möchten nur noch irgendwie Vergnügen finden: durch den Kauf von Dingen, teuren Lebensmitteln und schönen Kleidern, durch »Gewinnen« und die Illusion von Kontrolle, durch Alkohol oder Drogen, durch Aufregung und Gefahr.

Verwaiste, die so viel inneren Schmerz erleben, dass das Leben nur Freude macht, wenn sie sich mit Alkohol, Drogen, Aufregung oder Adrenalin betäubt haben, werden wahrscheinlich eher Hilfe suchen. In solchen Fällen wird das Seelenleben oft von unterdrückenden, schädigenden Figuren aus der Kindheit beherrscht; so kann etwa die

Stimme eines kritischen Vaters oder einer lieblosen Mutter, die sagen, man sei wertlos und niemand werde einen je lieben, ständig im Bewusstsein präsent sein, auch wenn man mit dem oder der Betreffenden schon lange nichts mehr zu tun hat oder er / sie sogar gestorben ist.

Obwohl der Unschuldige im Inneren nach einem sicheren Platz schreit, sind Verwaiste zumindest anfangs oft nicht in der Lage, diese Sicherheit zu nutzen, auch wenn sie da ist, denn ihre innere Stimme schlägt und schilt sie, wohin sie auch gehen. Egal, wie sicher die äußere Umgebung ist, die innere Umgebung ist so unsicher, dass das Wachstum weiter unterdrückt wird.

Das Selbstwertgefühl mancher Verwaister ist so verletzt, dass sie Schwierigkeiten haben, bei irgendetwas Fortschritte zu machen – in der Schule, beim Sport, bei der Arbeit, in der Therapie oder auf einem spirituellen Weg. Jeder kleine Fehler wird als Zeichen ihrer völligen Unzulänglichkeit betrachtet, und sie brechen zusammen, machen sich Vorwürfe oder projizieren die Schuld auf andere. Sie wissen nicht, dass sie einen Fehler machen und einfach weiterleben können. Je weiter das Syndrom fortschreitet, desto weiter bleiben sie hinter ihrer Bezugsgruppe zurück, und desto geringer wird daher ihr Selbstbewusstsein. Verwaiste dieser Art machen sich selbst noch mehr zu Verwaisten, indem sie die Schule, eine Therapie, Freundschaften oder Partnerschaften aufgeben, weil sie meinen, unzulänglich zu sein.

Ein solcher Mensch kann schließlich eine Nische als Opfer finden – er entschuldigt ungeschickte Interaktionen und Leistungen mit einem frühen Trauma oder sozialer Ungerechtigkeit und benutzt Inkompetenz und Schwäche als Mittel, um Aufmerksamkeit und Fürsorge zu bekommen. Für uns alle besteht, wenn wir in der Verwaisten-Phase sind, die große Gefahr, dass unser Schmerz und unser Opferdasein zu interessant und eine zu gute Entschuldigung werden. Und wenn wir merken, dass wir die Schuldgefühle anderer benutzen können, um zu bekommen, was wir wollen, werden wir nie die höchste Ebene des Verwaisten erreichen, die ein wirklich entscheidender Schritt in der menschlichen Entwicklung ist: die Bereitschaft zur Abhängigkeit von anderen, von denen wir wissen, dass sie genauso verletzt sind wie wir.

Manche Verwaiste besitzen hoch entwickelte Fertigkeiten, aber ein inneres Gefühl der Wertlosigkeit und / oder Verzweiflung in Bezug auf die Möglichkeiten des Lebens hält sie in begrenzenden Umständen fest. Je schlimmer die Situation wird, desto machtloser fühlen sie sich, und desto gelähmter werden sie. Mit dem Mut der Verzweiflung verlassen sie eine Situation oft erst dann, wenn ihnen klar wird, dass die sie töten könnte. Ob es sich um eine geschlagene Frau, einen Bürger in einem unerträglich tyrannischen Regime, einen Süchtigen oder einfach nur jemanden handelt, der in einem Leben festsitzt, das zu klein für ihn ist, die Dynamik ist die gleiche. Oft sind die Betreffenden von den Menschen, Gewohnheiten oder Systemen, die sie festhalten, wie hypnotisiert und müssen auf einer ganz materiellen Ebene gerettet werden.

Wer in diese Kategorie fällt, braucht Liebe und Unterstützung, um aus seiner Lähmung herauszukommen. Oft kommt die Hilfe zunächst von einem einzelnen Menschen, sollte im Idealfall jedoch so bald wie möglich auch die Unterstützung durch Menschen mit gleichartigen Problemen einschließen. Verwaiste, denen nicht geholfen wird, können einen Zynismus entwickeln, der dann als Entschuldigung für kriminelles, unethisches oder gefühlloses Verhalten benutzt wird; der Verwaiste rechtfertigt es, indem er es seiner frühen Kindheit, der Gesellschaft oder den allgemeinen Sitten der Zeit zur Last legt (»Jeder tut es«). Verwaiste, die in einer Welt von Opfern und Tätern leben, können auch beschließen, auf die andere Seite zu wechseln; sie glauben, als Täter mehr Macht und Kontrolle zu haben.

Ebenen des Verwaisten

Schatten

Zynismus, Abgestumpftheit, Masochismus oder Sadismus; benutzt die Opferrolle, um die Umgebung zu manipulieren.

Aufruf

Verlassenheit, wird verraten, verrät sich selbst, Ernüchterung, Benachteiligung, schlechte Behandlung.

Ebene 1

Erkennt seine Misere an und fühlt Schmerz, Verlassenheit, schlechte Behandlung und Ohnmacht, vertraut Autoritäten (Menschen und Institutionen) nicht mehr.

Ebene 2

Akzeptiert, dass er Hilfe braucht; ist bereit, gerettet zu werden und die Unterstützung anderer anzunehmen.

Ebene 3

Ersetzt die Abhängigkeit von Autoritäten durch die Abhängigkeit von Menschen, die sich in einer ähnlichen Situation befinden, die einander helfen und sich gegen die Autorität zusammenschließen; entwickelt realistische Erwartungen.

Kriminelle, unethische und unmenschliche Verhaltensweisen sowie eine Sucht weisen darauf hin, dass der Betreffende Schwierigkeiten hat, sich mit dem Täter identifiziert und lieber sich und/oder andere schlecht behandelt, als den Schmerz des inneren Verwaisten anzuerkennen. Menschen dieser Art benötigen Hilfe, im Idealfall die von erfahrenen Fachleuten und zusätzlich die einer Gruppe, deren Mitglieder ebenfalls ihre Verzweiflung und ihren seelischen Schmerz verarbeiten möchten. Sie brauchen auch klare Grenzen, »harte Liebe« und das Vorbild von ihnen ähnlichen Menschen, die ihr Leben geändert und eine heilsamere, befriedigendere Lebensweise gefunden haben; es kann aber sein, dass sie noch nicht bereit sind, Hilfe anzunehmen, zumindest am Anfang – ihre Verzweiflung und ihr Zynismus sind so groß, dass sie ihr Vertrauen auf Hilfe selbst sabotieren. Manchmal muss man warten, bis die Dinge so schlimm werden (bei den Anonymen Alkoholikern nennt man dies »ganz unten ankommen«), dass sie sehen *müssen:* Eine Änderung ist notwendig. Wir dürfen uns nicht von diesen zutiefst verletzten Menschen abwenden und sie als »anders« betrachten. Wenn wir dies tun, weist dies fast immer darauf hin, dass wir den vielleicht im Verhältnis kleineren, aber doch real vorhandenen Teil in uns ablehnen, der genauso zynisch und selbstzerstörerisch ist und sich und andere verrät.

Die heilende Wunde

Die Erfahrung des Verwaistseins führt zwar im Übermaß zu Dysfunktionalität, ist aber doch ein entscheidender Teil von Wachstum und Entwicklung. Auch Menschen, die auf sehr schmerzhafte Weise zu Verwaisten gemacht wurden, stellen fest, dass das Wiedergewinnen von Gesundheit und Vertrauen ein so großes Geschenk ist, dass der auslösende Schmerz sich gelohnt hat. Das Verwundetsein gehört zum Menschsein, es motiviert all unsere Reisen. Würden wir nicht verletzt, blieben wir in der Unschuld und würden nie reifen, wachsen oder lernen.

Wir sehnen uns nach vollkommenen Eltern – der archetypischen perfekten Mutter, dem archetypischen perfekten Vater – und bekommen mit Fehlern behaftete, einfach menschliche Eltern aus Fleisch und Blut. Wir wollen Unsterblichkeit und bekommen Sterblichkeit. Wir möchten der Nabel des Universums sein und stellen fest, dass wir nur einer unter vielen sind. Wir haben große Träume von dem, was wir im Leben sein und leisten wollen, und müssen uns im Allgemeinen mit einem ziemlich gewöhnlichen Leben begnügen.

Wir verraten unsere Hoffnungen, Werte oder Träume und erkennen, dass auch wir andere und uns selbst enttäuschen. James Hillman[40] meint, dass die vielen Enttäuschungen im menschlichen Leben die Geburt der Seele veranlassen. Ich glaube, dass sie auch mit der Ausbildung des Ich zu tun haben. Wenn wir immer vertrauen könnten, würden wir in seliger Symbiose mit der Welt bleiben, angefangen mit unserer Mutter. Aber da die äußere Welt unsere Bedürfnisse nicht erfüllt, müssen wir uns auf die Reise machen und entdecken, dass wir die Verantwortung dafür haben, das, was wir wollen, zu finden und zu bekommen. Niemand wird es uns einfach so geben.

> Wenn wir nicht verletzt würden, würden wir in der Unschuld bleiben und nie reifen, wachsen oder lernen.

Jean Houston meint in *The Search for the Beloved: Journeys in Sacred Psychology,* dass die Art unserer Verletzung bestimmt, wer wir sind und was wir werden wollen – wie bei Bäumen, die um ihre Narben herumwachsen und dadurch ihre einzigartige Form bekommen.[41] Die innere Berufung vieler Menschen rührt aus ihrer Verletzung her. Das Kind, das von seinen Eltern seelisch schwer verwundet wurde, wird Therapeut, nachdem Therapie ihm half; das Kind, das sich sündig oder krank fühlt und durch eine religiöse Erfahrung »gerettet« oder geheilt wird, wird Geistlicher; ein junger Mensch, der sich machtlos fühlt, geht in die Politik, um das Gefühl zu bekommen, die Dinge in der Hand zu haben.

Die Geschichte des klassischen Schamanen beginnt immer mit einer großen Verletzung, etwa Epilepsie oder Geisteskrankheit; durch die Heilung dieser seelischen oder körperlichen Krankheit entwickelt er magische heilende Kräfte. Leider teilen wir auch in unserer Gesellschaft die Welt in Gesunde und Kranke ein. Wir möchten Menschen heilen und sie »normal« machen, was sie davon abhält, ihre Verletztheit anderen mitzuteilen und das in ihr vorhandene potenzielle Geschenk zu entdecken. Und es hält uns davon ab, anderen die Liebe und Unterstützung zu geben, die den uns allen gemeinsamen Schmerz heilen könnten.

Oft meinen gerade hochfunktionale, leistungsfähige Menschen, dass sie ihre Verletzlichkeit nicht zugeben können, vor allem wenn sie eine Führungsposition innehaben. Menschen, die ihren Schmerz mitteilen, werden der gleichen Kategorie zugeordnet wie die Kranken, Verwundeten und Schwachen. Wer seine Verletzung zeigt, findet sich möglicherweise am Ende der Hackordnung wieder und wird vielleicht sogar zu Tode gehackt, denn Menschen, die ihre Wunden verdrängen, können sadistisch und grausam sein.

Die in Selbsthilfegruppen und in der Therapie herrschende Vertraulichkeit und die traditionelle Anonymität von Gruppen, die nach Zwölf-Schritte-Programmen (wie bei den Anonymen Alkoholikern) arbeiten, bezeugen, dass uns allen klar ist, dass andere – die Angst haben, sich oder anderen ihre Zerrissenheit einzugestehen – das Wissen um unsere Verletzlichkeit gegen uns verwenden können.

Übungen

Denken Sie ein wenig darüber nach, wann, wo, wie und wie stark der Verwaiste sich in Ihrem Leben äußert.

1. Wie sehr oder wie wenig drückt der Verwaiste sich in Ihrem Leben aus? Hat er sich in der Vergangenheit oder in der Gegenwart mehr ausgedrückt? Meinen Sie, er würde sich eher in der Zukunft zeigen? Äußert er sich mehr bei der Arbeit, zu Hause, in der Gesellschaft von Freunden, in Träumen oder Fantasien?
2. Welche Freunde, Verwandten, Mitarbeiter und sonstigen Menschen scheinen vom Archetyp des Verwaisten beeinflusst zu sein?
3. Möchten Sie, dass der Verwaiste sich in Ihrem Leben irgendwie anders äußert?
4. Jeder Archetyp drückt sich auf vielerlei Weise aus; lassen Sie sich daher ein wenig Zeit, um den Verwaisten, der sich in Ihrem Leben ausdrückt oder ausdrücken könnte, zu beschreiben oder sonst wie darzustellen. Sie können ihn zeichnen, eine Collage machen oder ein Bild von sich in einer bestimmten Kleidung oder Pose wählen. Wie würde er aussehen? Was würde er tun? In welcher Umgebung würde er sich am meisten zu Hause fühlen?

Seelische Verletzungen sind nicht nur allgemein verbreitet, sie sind auch für die Ausbildung des Ich und die Verbindung zu unserer Seele äußerst wichtig. Der Verwaiste hilft uns, unsere Verletzung anzuerkennen und uns (da, wo es gefahrlos möglich ist) zu öffnen, um unsere Ängste und unsere Verwundung mitzuteilen. Wenn wir dies tun, können wir uns mit anderen auf einer stabilen, ehrlichen Basis verbinden. Dann ist eine Vertrautheit möglich, die das Herz öffnet und uns Mitgefühl mit uns und anderen lehrt.[42]

Tagträume
Setzen Sie sich an einen ruhigen, bequemen Ort, an dem Sie nicht gestört werden, und atmen Sie langsam und tief. Erlauben Sie sich den Wunsch, von anderen umsorgt zu werden – ein Wunsch, der für das Kind in jedem von uns ganz natürlich ist. Wer sollte für Sie sorgen? (Sie können sich einen Menschen, eine bestimmte Art von Mensch oder Gott vorstellen.)
Sagen Sie sich dann, dass niemand Sie umsorgen oder retten wird. Sie müssen selbst aktiv werden. Lassen Sie Ihre Trauer, Ihre Enttäuschung und Ihren Zynismus oder das Gefühl Ihrer Ohnmacht und Unfähigkeit zu.
Sie können den Tagtraum hier beenden oder sich vorstellen, dass Sie sich einer Gruppe von Menschen anschließen, die genauso fühlen wie Sie – Menschen, die bereit sind, einander zu unterstützen und sich Gefühle und Erkenntnisse mitzuteilen. Welche Gefühle tauchen auf, wenn Sie sich in der Umgebung einer solchen Gruppe sehen?

Die Heilung beginnt, wenn wir den Schmerz all der Male fühlen, bei denen wir von außen zu Verwaisten gemacht wurden, und auch erkennen, wie wir Teile von uns selbst geleugnet haben. Erst dann kann die Psyche sich als eins, als ganz fühlen. Da jeder von uns sich zu seinem verwaisten Selbst bekennt, brauchen wir Menschen, die diese verbannten Eigenschaften für uns »tragen«, nicht mehr auszuschließen oder zu unterdrücken. Wir können wie der weise Vater in der biblischen Geschichte vom verlorenen Sohn sein: Er nahm seinen völlig verarmten Sohn, der alles getan hatte, was der Vater verachtete, mit Freuden wieder in seinem Haus auf. Anstatt ihm Vorwürfe zu machen, ließ der Vater zu Ehren seiner Rückkehr ein Fest feiern.

Auf der höchsten Ebene des Verwaisten lernen wir, all unsere verlorenen Kinder wieder in unserem Haus aufzunehmen.

8
Der Krieger

Wenn wir an einen Helden denken, stellen die meisten von uns sich einen Krieger vor. Der Krieger entflieht einer begrenzenden Umgebung und macht sich auf die Suche nach dem Schatz auf die Reise. Auf ihr ist er aufgerufen, vielen Drachen entgegenzutreten und sie zu töten.

Solche Helden haben Mut und hohe Ideale, und sie sind bereit, sogar ihr Leben aufs Spiel zu setzen, um ihr Königreich und ihre Ehre zu verteidigen oder die Schwachen vor Schaden zu schützen.

Der Krieger in jedem von uns ruft uns zu Mut, Kraft und Integrität auf; er spricht die Fähigkeit an, sich Ziele zu setzen und an ihnen festzuhalten und notfalls für sich oder andere zu kämpfen. Er legt großen Wert auf seine Integrität. Krieger leben für ihre Prinzipien und kämpfen für sie, auch wenn sie dies in Bezug auf Geld oder Beziehungen teuer zu stehen kommt. Bei einem Wettbewerb bedeutet dies, dass man sein Bestes gibt und nicht nur versucht zu gewinnen, sondern fair zu sein.

Mein Testergebnis für den Archetyp des Kriegers: _____ Punkte (siehe Übersicht Anleitung zur Auswertung im Anhang)
(hoch = 30 / niedrig = 0)
Es ist mein _____ höchstes Ergebnis.
(höchstes = 1. / niedrigstes = 12.)

Der Krieger
Ziel:
Gewinnen; seinen Willen durchsetzen; durch Kampf eine Veränderung bewirken
Angst:
Schwäche, Ohnmacht, Hilflosigkeit, Unfähigkeit
Antwort auf den Drachen / das Problem:
Töten, besiegen oder bekehren
Aufgabe:
Zivilisierte Selbstbehauptung; für das kämpfen, was wirklich wichtig ist
Geschenk:
Mut, Disziplin, Können

Der Krieger möchte seine Macht behaupten, seinen Platz finden und die Welt zu einem besseren Ort machen. In der Praxis bedeutet dies, dass er die Aspekte seines Lebens erkennt, die ihm nicht gefallen, und versucht, sie durch Gewalt oder Überredung zu ändern. Es geht ihm darum, stark genug zu sein, um nicht herumgestoßen zu werden, und energisch genug, um die Dinge auf seine Weise zu regeln. Der gut entwickelte innere Krieger ist vor allem notwendig, um unsere Grenzen zu schützen. Ohne mutige, disziplinierte und geübte Krieger ist das Königreich immer in Gefahr, von Barbaren überrannt zu werden. Ohne einen starken inneren Krieger können wir uns gegen die Einmischungen anderer nicht wehren. Wir leben in einer Krieger-Kultur. Jedes System, das auf Konkurrenz beruht – sei es im Bereich des Sports, der Politik, der Justiz, der Ökonomie oder auch der Erziehung –, ist kriegerorientiert.

Heute, da klar ist, dass Länder ihre Differenzen nicht mehr durch Kriege bereinigen können, stehen viele Menschen dem Krieger-Archetyp negativ gegenüber. Aber nicht der Archetyp selbst ist das Problem; wir müssen vielmehr eine höhere Stufe von ihm erreichen. Ohne die Fähigkeit, die Grenzen zu verteidigen, ist keine Zivilisation, kein Land, keine Organisation, kein Mensch in Sicherheit.[43] Wir brauchen hoch entwickelte Krieger – zu deren Waffen Geschick, Intelligenz und die Fähigkeit gehören, sich legal und verbal zu verteidigen oder Hilfe für ihre Sache zu organisieren –, um beutegierige, primitive Krieger in Schach zu halten.[44]

Den Feind überwinden

Der Krieger-Mythos erzählt uns, wie Mut und Ringen des Menschen das Böse überwinden können. Diese Aussage findet sich in allen Geschichten von großen Kriegern, die je dem Drachen, dem bösen Tyrannen, den Kräften des Bösen oder grausamen Umständen die Stirn geboten und dadurch nicht nur sich selbst, sondern auch andere, Schwächere gerettet haben. Das Schema dieser Geschichten verlangt einen Helden, einen Bösewicht und ein zu rettendes Opfer.

Manchmal ist der Sieger ein reifer und erfahrener Feldherr wie Alexander der Große, Napoleon oder George Washington. Manchmal, wie bei David und Goliath, bezwingt eine jüngere, kleinere Gestalt den älteren, größeren Drangsalierer.

Der Krieger-Mythos wird sehr stark mit Männlichkeit assoziiert. Der Krieger wird mit dem »Macho« gleichgesetzt. Es gibt jedoch einen Unterschied. Ein echter Krieger kämpft, um andere zu schützen und zu erheben. Ein Macho möchte sich anderen überlegen fühlen und sie klein halten, auch wenn er kämpft, um sie vor wieder anderen

Menschen zu schützen. Jeder hoch entwickelte Krieger behandelt andere so, wie er behandelt werden möchte – mit Respekt.

Obwohl in traditionellen Gesellschaften Männer zu Kriegern und Frauen zu Gebern erzogen werden, gab es auch große weibliche Krieger – von den Amazonen bis zu Frauen wie etwa Rosa Luxemburg. Tatsächlich muss jede Frau, die gleiche Rechte oder auch nur das Gefühl einer eigenen Identität haben möchte, ihren inneren Krieger aktivieren.

Jedes Mal wenn wir einer ungerechten Autorität entgegentreten – einer Chefin, einem Lehrer oder sonst jemandem – oder etwas unternehmen, um jemand anders vor Schaden zu schützen, sind wir Krieger. Jedes Mal wenn wir unser Leben oder unseren Lebensunterhalt um eines höheren Prinzips willen aufs Spiel setzen, ist der Krieger-Mythos in seiner positiven Form in unserem Leben aktiv. Er ist der Ursprung jedes revolutionären Kampfes aller unterdrückten Menschen auf der ganzen Welt.

Der Krieger-Mythos betrachtet Böses, Ungerechtigkeit und Unehrlichkeit als real vorhanden. Aber wenn wir klug und geschickt sind, mutig und diszipliniert Stellung beziehen und genügend Unterstützung aktivieren, können diese Kräfte bezwungen werden. Der Mythos sagt uns darüber hinaus, dass wir nicht nur für uns verantwortlich sind; wir haben die Aufgabe, die Schwachen und Machtlosen zu verteidigen. Wir sollten die Macht des Schwerts, der Feder oder des Worts nie benutzen, um anderen unnötig zu schaden. Wir sollten immer so wenig Gewalt wie möglich einsetzen, um unsere Grenzen zu schützen.

Es ist auch der Krieger in uns, der ein eigenes oder fremdes Problem sofort angeht und versucht, es zu lösen. Und wenn wir auf ein Unrecht oder eine Kränkung nicht reagieren, fühlt der Krieger in uns sich gedemütigt.

Jedes Mal wenn wir einer ungerechten Autorität entgegentreten oder etwas unternehmen, um jemand anders vor Schaden zu schützen, sind wir Krieger.

Der negative Krieger

Auf jeden Krieger, der gegen Ungerechtigkeit kämpft, kommt einer, der für sie eintritt. Aber nicht alle negativen Formen des Kriegers fallen in die Bösewicht-Kategorie.

Wie viele andere nützliche Archetypen hat der Krieger einen schlechten Ruf, weil die meisten Krieger um uns herum sich primitiv, unangenehm und unproduktiv verhalten. Viele von uns kennen Menschen, für die jede Begegnung ein Wettstreit ist, die immer für etwas kämpfen und versuchen, andere für ihre Sache zu gewinnen. Solche Menschen sind vom Krieger besessen.

Manchmal haben Menschen, die mit dem Kämpfen erst anfangen, ein sehr rudimentäres, primitives Können. Sobald jemand etwas sagt, dem sie nicht zustimmen, nehmen sie es persönlich und kämpfen, als würde ihr Leben davon abhängen.

Manche Krieger können die Welt einfach nicht aus einer anderen Perspektive sehen. Für sie besteht die Welt aus Helden, Bösewichtern und zu rettenden Opfern. Wenn Sie nicht das eine sind, müssen Sie das andere sein. Dies sind die Pädagogen, die meinen, nur Konkurrenz würde das Lernen fördern, die Ärzte, die gegen eine Krankheit kämpfen, auch wenn die Patienten ihren Körper dadurch als Schlachtfeld erleben, die Geschäftsleute, die ihre Gesundheit und ihr Familienleben leiden lassen, solange sie das große Geld machen können.

Solche Zielstrebigkeit kann gefährlich sein. Wenn wir

uns zu sehr auf das Held-Bösewicht-Opfer-Schema verlassen, setzen wir eine sich selbst erfüllende Prophezeiung in Gang, in der wir immer Bösewichter und Opfer (und daher Kriege, Armut und Unterdrückung) haben, weil der Held sie braucht, um sich als solcher zu fühlen. Die negative Seite des Archetyps ist die Überzeugung, dass es nicht in Ordnung ist, einfach menschlich zu sein. Wir müssen beweisen, dass wir besser sind als andere. Der Krieger will der Beste sein – wodurch andere notwendigerweise nicht die Besten und im Sinne der Krieger-Mentalität nicht in Ordnung sind.

Im bedenklichsten und negativsten Fall wird der Wunsch, über anderen zu stehen, nicht durch menschliche Gefühle oder höhere Werte gemildert. Viele Menschen haben heutzutage den heroischen, positiven Aspekt des Kriegers völlig aus den Augen verloren. In der Wirtschaft, in der Politik und in anderen Bereichen des modernen Lebens sehen wir nur zu häufig Menschen, die sich anstrengen, deren Streben aber nichts mehr mit irgendwelchen Idealen oder höheren gesellschaftlichen Zielen zu tun hat. Sie wollen nur die Nummer eins werden – eine flache, gewöhnliche Nummer eins. Alles, was sie wollen, ist Geld, Status und Macht, und sie mogeln, lügen und betrügen, um dies zu bekommen. Sie sind zu Bösewichtern geworden, nicht zu Helden.

Ausschlaggebend für die Entwicklung des Kriegers ist die Entscheidung zwischen Gut und Böse, denn Krieger können ihre Macht benutzen, um die Welt zu einem besseren Ort zu machen oder um Macht und Kontrolle über andere zu gewinnen. Der Krieger, der auf die Seite des Bösen gegangen ist – wie Hitler oder Darth Vader im *Krieg der Sterne* –, teilt die Welt egoistisch in zwei Kategorien ein. Menschen, die seinen Wünschen oder seiner Macht im Weg stehen, müssen vernichtet, erobert oder bekehrt werden. Die Opfer sind dann vielleicht vor anderen Aggressoren geschützt, unterstehen aber völlig der Herrschaft des negativen Kriegers. Alle imperialistischen Systeme funktionieren auf diese Weise, ob es sich um ein Land handelt, das ein anderes erobert, einen Chef, der seine Mitarbeiter unterdrückt, oder den Ehemann, der seiner Frau die Daumenschrauben anlegt.

Das Ausüben von Macht bringt immer Gefahren mit sich, nicht zuletzt solche moralischer Art. Problematisch am Krieger-Archetyp heute ist, dass viele sogenannte Krieger keine echten Krieger sind. Sie sind Verwaiste, die ihr Gefühl der Machtlosigkeit beschwichtigen, indem sie andere übertreffen oder beherrschen wollen. Sie sind Pseudokrieger, keine wirklichen Krieger.

Negative Krieger müssen ihren inneren Verwaisten und ihren inneren Unschuldigen entwickeln und bejahen, um mitfühlender und weniger zynisch zu werden; erst dann können sie positive, starke Krieger werden.

Wie man zum Krieger wird

Der Krieger ist heute ein zugleich dominanter und unpopulärer Archetyp, weil in der Gesellschaft eine Verschiebung stattfindet; wir brauchen eine höhere Ebene des Archetyps. Der hoch entwickelte Krieger kämpft für etwas, das über sein kleines Eigeninteresse hinausgeht; er bekennt sich zu dem Idealismus, der die höheren und reineren Formen des Archetyps kennzeichnet, und setzt sich für das ein, was wirklich wichtig ist – in unserer Generation zum Beispiel das Überleben der Spezies. Er setzt seine Kraft für das größere gesellschaftliche Wohl ein, und das kann heutzutage bedeuten, dass Identitäten neu definiert werden – dass man nicht nur seine eigene Gesellschaft, sein eigenes Land als zu sich gehörig betrachtet, sondern alle Menschen überall auf der Welt. So gesehen ist der Feind nicht mehr ein Mensch, eine Gruppe oder ein Land, sondern Unwissenheit, Armut, Gier und Engstirnigkeit.

Aber niemand von uns fängt auf dieser Stufe an. Zuerst lernen wir auf ganz rudimentäre Weise, uns zu verteidigen und zu bekommen, was wir wollen. Für die meisten Menschen sind der Krieger und der Geber die ersten Erwachsenen-Archetypen, die erlebt und ins Bewusstsein integriert werden. Wenn sie nicht mindestens einen von ihnen stärker ausbauen, bleiben sie emotional und entwicklungsmäßig Kinder.

Der innere Unschuldige träumt große Träume; der Verwaiste erkennt, was die Realisierung dieser Träume behindert; aber ohne den Krieger werden solche Träume selten wahr, es sei denn durch glückliche Zufälle oder die Freundlichkeit anderer. Der Krieger nimmt diese Träume und denkt sich einen Plan aus. Er besitzt auch die Disziplin, an ihm festzuhalten oder gegebenenfalls den strategischen Rückzug anzuordnen.

Krieger, bei denen auch der Unschuldige gut entwickelt ist, gehen nicht in die Falle, um für alles Mögliche zu kämpfen. Sie streiten für das, was ihnen wirklich wichtig ist, für ihre höchsten Werte und Ideale, nicht für materiellen Gewinn. Wenn sie sich mit ihrem inneren Verwaisten angefreundet haben, brauchen sie nicht mehr ständig hart zu sein oder unaufhörlich Härte von anderen zu verlangen. Oft arbeiten sie als Gleiche in wechselseitiger Abhängigkeit und haben sehr viel weniger das Bedürfnis, sich über andere zu stellen. Wenn auch ihr Geber gut entwickelt ist, werden sie bereitwillig für das Wohl der Menschen, des Landes oder der Sache kämpfen, die sie lieben, und nicht nur für ihre eigenen Interessen.

> Der innere Unschuldige träumt große Träume, der Verwaiste erkennt, was die Realisierung dieser Träume behindert, aber ohne den Krieger werden solche Träume selten wahr.

Wenn alle vier mit dem Ich zusammenhängenden Archetypen entwickelt sind, agiert der Krieger von einer sehr hohen Ebene aus und kämpft nur, wenn es wirklich notwendig ist. Wenn jedoch der Unschuldige und der Verwaiste schwer verletzt sind und der Geber nicht entwickelt ist, werden die Ziele und Pläne des Kriegers ausschließlich zynisch und egoistisch sein. Sie sollen nicht der seelischen und spirituellen Entwicklung dienen, sondern das Überleben garantieren.

Einem Menschen, der nur den Krieger-Archetyp im Bewusstsein zulässt, erscheint jede Situation wie ein Drache, und die einzigen Alternativen sind Flucht, Kampf oder Selbstaufgabe. In dieser seelischen Landschaft lässt sich nur schwer leben. Entscheidend ist immer unser Mut, und viele von uns lernen ihn in dieser außerordentlich schwierigen Landschaft.

Verwaiste meinen, sie könnten sich in diesem Terrain nicht selbst verteidigen, und suchen deshalb ständig nach einem Retter, auch wenn sie dadurch ihre Unabhängigkeit verlieren. In früheren Gesellschaften, in denen Männer freiwillig oder unfreiwillig die Krieger-Energie für beide Geschlechter trugen, tauschten Frauen oft das Recht auf ihren Körper gegen den ökonomischen, sozialen und körperlichen Schutz des Mannes. Obwohl viele Männer in diesem System hoch entwickelte Krieger waren, die Frauen und Kinder verteidigten, waren andere weniger entwickelt; sie verachteten Menschen, die sie für »schwach« hielten, und behandelten die ihnen anvertrauten Frauen und/oder Kinder körperlich oder emotional schlecht.

Viele Frauen blieben trotzdem bei diesen Männern, hauptsächlich, weil sie sich nicht vorstellen konnten, für sich selbst zu sorgen; sie hatten sich dem gesellschaftlichen Credo gebeugt, das verlangte, dass sie den Krieger in sich unterdrücken und leugnen sollten, und mussten einen Preis dafür bezahlen.

In der Vergangenheit hatten die verschiedenen Rollen in der Familie archetypische Funktionen. Mütter waren Geber. Väter waren Krieger. Kindern wurde beigebracht, gut zu sein (Unschuldiger) und die Eltern zu ehren, sonst wurden sie enterbt (Verwaister). Wenn der Vater der Einzige war, der Krieger-Eigenschaften entwickelte (bis seine Söhne es taten und, wie Freud postulierte, ihn absetzten), hatte die Familie keinen Schutz gegen ihn, wenn er zum Schatten-Krieger wurde, oder gegen die Welt, wenn er starb oder die Familie verließ. Wenn die Mutter die Einzige war, die mit der Fürsorge betraut war, konnte die Familie auseinanderfallen, wenn sie krank wurde oder ging; und wenn sie die verschlingende Schattenseite des Gebers äußerte, konnte niemand die von ihr Verletzten trösten oder ihnen beistehen. Wenn also irgendjemand seine Aufgabe nicht mehr erfüllen konnte, litt jeder. Wenn heute betont wird, jeder solle seelisches Gleichgewicht und Ganzheit entwickeln, schließt dies nicht aus, dass einer, der gewisse archetypische Eigenschaften besitzt, in der Gruppe »führt«, aber durch die Verteilung der Aufgaben nimmt die Abhängigkeit der Gruppe von der Entwicklung des Einzelnen ab.

Auch in der heutigen Gesellschaft fällt den meisten Männern der Archetyp des Kriegers leichter als der des Gebers, und die meisten Frauen geben lieber, als dass sie kämpfen. Dies ist wahrscheinlich die Folge einer jahrhundertelangen Erziehung, vielleicht auch einer biologischen Veranlagung; auf jeden Fall ist es eine gesellschaftliche

Herausforderung, wenn immer mehr Frauen die vornehmlich männliche, von Konkurrenzdenken bestimmte Arbeitswelt erobern und Männer seelische Nähe zu ihren Frauen und Kindern suchen.

Aber auch hier kann der Krieger uns helfen. Er lässt uns ein Gefühl der Individualität in der Ganzheit finden, das nicht von der Gesellschaft vorgegeben wurde. Ohne den Archetyp des Kriegers ist es schwierig, eine Identität zu entwickeln, die nur wir und kein anderer haben. Der Krieger bewacht die Grenzen und schützt das keimende Selbst (das Ich) vor den Übergriffen anderer.

Weder der Unschuldige noch der Verwaiste hat ein wirkungsvolles Gefühl für seine Grenzen. Der Unschuldige fühlt sich eins mit dem Universum und anderen Menschen. Der Verwaiste begreift Getrenntheit nur als Wunde, als Mangel. Sie schwächt ihn eher, als dass sie ihm Kraft gibt. Der Krieger ist der Archetyp, der uns hilft, unsere Grenzen zu finden und sie gegen Angriffe zu verteidigen.

Die Reise des Kriegers

Der angehende Krieger beginnt die Reise oft mit dem Gefühl, alles andere als mächtig zu sein und von Grenzen zurückgehalten zu werden, die jemand anders festgelegt hat. Traditionelle Helden in Märchen zum Beispiel werden als Kinder oft von einer bösen Hexe oder einem menschenfressenden Tyrannen gefangen gehalten oder von einer bösen Stiefmutter schlecht behandelt. Viele Menschen haben heute das Gefühl, nicht nur zu Hause als Kinder, sondern auch später oft eingesperrt und malträtiert worden zu sein. Die Aufgabe besteht darin, in einer solchen Umgebung leben zu lernen, ohne wie sie zu werden.

Ebenen des Kriegers

Schatten
Skrupellosigkeit, gewissenloses und zwanghaftes Bedürfnis zu gewinnen; benutzt Macht zur Eroberung; hält Unterschiede für eine Bedrohung.

Aufruf
Stellt sich einer großen Herausforderung oder einem großen Hindernis.

Ebene 1
Kämpft für sich oder andere, um zu gewinnen oder sich durchzusetzen (alles ist erlaubt).

Ebene 2
Von Prinzipien bestimmter Kampf für sich oder andere; hält an den Regeln eines fairen Kampfs oder Wettbewerbs fest; altruistische Absicht.

Ebene 3
Freimütige Selbstbehauptung; Kampf oder Wettbewerb für das, was wirklich wichtig ist (nicht nur für persönlichen Gewinn); wenig oder kein Bedürfnis nach Gewalt; zieht Lösungen vor, bei denen beide gewinnen; Konflikt wird ehrlich zur Sprache gebracht; vermehrte Kommunikation, Aufrichtigkeit.

Psychologisch gesprochen: Solange wir keine eigenen Grenzen haben, brauchen wir jemanden, der sie uns setzt. Vielleicht fühlen wir uns durch die von anderen festgelegten Grenzen unterdrückt, sind aber unfähig, ihnen zu entkommen, weil wir noch nicht unsere eigenen schaffen können. Eltern, gute und schlechte, erlegen uns Grenzen auf; genauso Institutionen und Regeln. Solange wir im kindlichen Ich-Zustand sind, geben uns die Grenzen, die jemand anders zu unserem Wohl gesetzt hat, ein Gefühl der Sicherheit (solange sie uns nicht zu sehr bedrücken).

Aber wenn wir bereit sind, selbstständiger zu werden, scheinen solche Regeln und Einschränkungen plötzlich sehr viel weniger vorteilhaft. Wir fühlen uns gefangen und kämpfen gegen sie an.

Im Idealfall geben Eltern, Schulen und andere Institutionen uns mehr Raum und reduzieren ihre Regeln, wenn wir reifen und selbstständiger werden. Wenn wir schließlich unser Zuhause, einen Arbeitsplatz oder die traditionelle Ehe verlassen, haben wir gelernt, uns geeignete Regeln und Grenzen zu setzen. Wenn Familien, Schulen oder andere Institutionen aber nicht bereit sind, Menschen erwachsen werden zu lassen, behandeln sie Jugendliche und sogar Erwachsene weiter wie Kinder. Oder, schlimmer, sie bestrafen Kinder, die nicht gehorsam sind, oder übersehen deren Bedürfnis nach Regeln, gegen die sie rebellieren können, sodass das Kind haltlos durchs Leben driftet und ins Extrem gehen muss, um ein Gefühl für seine Grenzen zu bekommen. In beiden Fällen muss ein heranreifender junger Mensch die Flucht ergreifen, bevor er entwicklungsmäßig dazu in der Lage ist.

Solange wir keine klaren Grenzen entwickeln, glauben wir zu Recht oder Unrecht, dass jemand oder etwas uns gefangen hält. Wenn Leute anfangen, ihre Identität in der Welt zu behaupten, meinen sie oft, jeder würde sie deshalb angreifen oder verlassen. Und da der Krieger zu Beginn der Reise seine Wahrheit oft vertritt, indem er die Wahrheit des anderen angreift, schlägt dieser tatsächlich zurück oder verlässt ihn. Erst später erkennt er, dass sein Angriff, nicht unsere Macht, diese unfreundlichen Reaktionen provoziert hat.

Dies ist doppelt quälend für Frauen, denen beigebracht wurde, dass starke Frauen Männern bedrohlich erscheinen; aber eigentlich bekommen beide Geschlechter die Botschaft in der einen oder anderen Form: »Fordere die

Autorität nicht heraus.« – »Lass die Sache nicht scheitern.« Wenn wir schließlich unsere Wünsche energisch aussprechen, haben wir unsere Stimme so lange gedämpft, dass unsere ersten Erklärungen als Gekreisch herauskommen. Frauen stellen den ersten Kontakt zu ihrem inneren Krieger oft zunächst im Dienst ihres Gebers her, indem sie nämlich für andere kämpfen; erst später lernen sie, sich auch für sich selbst einzusetzen. (Umgekehrt zeigen Männer die Wärme und Fürsorglichkeit des Gebers oft zunächst im Dienst der Entschlossenheit des Kriegers, sein Ziel zu erreichen: eine glückliche Partnerschaft, Familie oder Kollegengemeinschaft.)

Der junge Krieger hat zwei Hauptwaffen: Geheimhaltung und strategischen Rückzug. Geheimhaltung ist eine Art Tarnung. Wir sind vor Angriffen sicherer, wenn wir nicht gesehen werden. Menschen, die unser neues Interesse oder Selbstgefühl angreifen könnten, können es nicht tun, wenn sie nichts von ihm wissen. Gute Krieger begeben sich erst in die Schlacht, wenn sie auf sie vorbereitet sind. Dies bedeutet, dass wir problematische, konfliktträchtige Themen erst ansprechen, wenn unser Selbstbewusstsein so stark ist, dass wir eine Trennung riskieren können und im Kriegsfall ausreichend geschützt sind.

Ein strategischer Rückzug kann durchaus sinnvoll sein. Wenn der Krieger von einer überlegenen Macht überwältigt wird, zieht er sich zurück und nimmt sich Zeit, um neue Kräfte zu sammeln. Wenn Eltern, Teenager-Cliquen oder Partner, Freunde und Kollegen auf die Abnabelungsversuche Einzelner zu negativ reagieren und sie in irgendeiner Weise bestrafen, gehen die Betreffenden oft ziemlich lange in Klausur, pflegen ihre Wunden und beschäftigen sich mit dem Heilungsprozess. In manchen Fällen ist der Schaden so groß, dass sie nie mehr versuchen, sich zu behaupten.

Meist jedoch ziehen sie sich zurück und denken über die Sache nach. Vielleicht warten sie und lernen etwas Neues. Manche Kinder zum Beispiel wissen, dass sie ihre Eltern verlassen müssen, aber sie warten den richtigen Augenblick ab – bis sie etwa das Abitur in der Tasche haben. Manche Leute bleiben in schrecklichen Jobs, bis sie ihren Abschluss an der Abendschule gemacht haben. Andere lernen Karate oder machen Strategiespiele wie Schach und versuchen es dann noch einmal. Oft machen Menschen sich Vorwürfe, weil sie so lange in scheinbar einengenden Umgebungen bleiben, aber sie tun es, bis sie psychisch stark genug sind, um sich selbst für sich einzusetzen.

Kluge Krieger versuchen, das Kampfgebiet zu kontrollieren, und kämpfen erst, wenn sie so weit vorbereitet sind, dass sie eine Chance haben zu gewinnen. Sie lernen grundlegende Fertigkeiten und entwerfen einen Schlachtplan. In dieser Vorbereitungszeit lernen sie Selbstdisziplin und die Kunst des fortgeschrittenen Kriegers, seine Gefühle und Impulse zu beherrschen. Aber schließlich müssen wir kämpfen, und das erfordert Mut.

Manche Menschen kämpfen praktisch von Geburt an. Sie kämpfen gegen ihre Geschwister, ihre Eltern, ihre Freunde und ihre Lehrer und üben dabei den Einsatz ihrer Waffen. Mit der Zeit lernen sie vielleicht, sie vorsichtiger einzusetzen: Sie entdecken, dass Krieger nicht gegen alles zu kämpfen brauchen – sie brauchen die Weisheit und den Mut, zu wissen, wann und wo sie kämpfen müssen.

Gute Krieger lernen schließlich, dass sie erst einmal wissen müssen, was sie wollen, um ihre Umgebung in ihrem Sinne beeinflussen zu können. Auch in Selbstbehauptungstrainings geht es zunächst um das klare Gefühl für das, was man erreichen möchte; anschließend kann man dann anderen klar und respektvoll sagen, was man will.

Es wird nicht nur verlangt, dass wir unsere Wahrheit

aussprechen. Oft brauchen wir nichts zu sagen. Wir müssen uns nur darüber klar werden, was wir wollen, diesem Wissen entsprechend handeln und uns nur auf dieses Ziel konzentrieren, egal, was andere denken; wenn wir stärker geworden sind, können wir auch den Rat und die Interessen anderer Menschen berücksichtigen und unsere Strategie (aber nicht unsere Ziele) entsprechend ändern.

Manche Menschen haben nur sehr wenige Schlachten verloren. Wenn sie als Kinder eine abweichende Meinung äußerten oder nicht konform handelten, wurden sie gelobt, was sie ermutigte, dasselbe wieder zu versuchen. Aber wenn diese Begünstigten nie auf Widerstand stoßen, werden sie zu Imperialisten; sie setzen sich durch, und dabei ist es ihnen egal, was dies für andere bedeutet. Wenn sie dann eine Niederlage erleben, sind sie am Boden zerstört, und ihr gesamtes Selbstbild steht auf dem Spiel.

Menschen, die es nie etwas kostet, ihre Wünsche durchzusetzen, werden Interessen, die ihr Wesen betreffen, wahrscheinlich nie von narzisstischen Launen unterscheiden können. Ironischerweise leidet der Imperialist, der dem Motto »Ich nehme mir, was ich brauche« folgt, psychologisch genauso unter einem Mangel wie der Mensch, der Angst davor hat, sich durchzusetzen. Keiner von beiden kann wissen, wer er ist. Die Individualität hat einen Preis, der jeden von uns dazu motiviert, seine Launen und Wünsche zu hinterfragen und herauszufinden, welche wichtig sind.

Ein fortgeschrittener Krieger werden

Fortgeschrittene Krieger führen die wahre Schlacht immer gegen die Feinde im Inneren – Faulheit, Zynismus, Verzweiflung, Verantwortungslosigkeit, Leugnung. Durch den Mut, dem inneren Drachen entgegenzutreten, können wir schließlich auch den äußeren Drachen mit Weisheit, Selbstdisziplin und Können begegnen.

Die Schlacht kann kostspielig sein, denn die Welt ist oft ein grausamer Ort. Wir müssen hart genug sein, unsere Kämpfe nicht nur zu bestehen, sondern sie uns auch auszusuchen. Reife Krieger, besonders solche, die von ihrem Können überzeugt sind, brauchen sich nicht um alles zu schlagen. Sie wählen ihre Schlachten sorgfältig aus.

Krieger setzen sich Ziele und entwerfen Strategien, um sie zu erreichen. Dabei erkennen sie wahrscheinliche Hindernisse und Möglichkeiten zu ihrer Überwindung. Sie erkennen auch Gegner, die sich der Verwirklichung des Ziels in den Weg stellen könnten. Wenig entwickelte Krieger reduzieren die Komplexität dieser Situation, indem sie ihre Gegner zu Feinden deklarieren und alle Mittel einsetzen, um sie zu schlagen – im Krieg töten sie sie sogar, ohne wegen des Verlusts eines Menschenlebens Gewissensbisse zu haben.

> Fortgeschrittene Krieger führen die wahre Schlacht immer gegen die Feinde im Inneren – Faulheit, Zynismus, Verzweiflung, Verantwortungslosigkeit, Leugnung.

Fortgeschrittene Krieger versuchen, andere von ihren Zielen zu überzeugen. Sie verstehen die Politik von Organisationen und Gemeinschaften und wissen, wie sie für ihre Sache Unterstützung erstreiten können. Sie wissen, wie sie die entscheidende Abstimmung vermeiden können, bis sie die notwendige Unterstützung haben. Ein echter Kampf ist der letzte Ausweg, wenn alle anderen Alternativen durchdacht wurden – die Opposition umgehen, verwirren, manipulieren, austricksen, unterwandern oder bekehren. Hoch entwickelte Krieger wissen auch, wie und wann sie eine Niederlage eingestehen sollten, und lernen daraus.

Der wahre Krieger zeigt sich nicht am Ausharren in der Schlacht, sondern am Erreichen des Ziels. Hoch entwickelte Krieger können sich eine Zeit lang zurückziehen, ihre Strategie verfeinern, ihre Energien mobilisieren und nur vorrücken, wenn sie dazu bereit sind. Eine Frau zum Beispiel, die in dem Krankenhaus, in dem sie arbeitete, ein bestimmtes Anliegen vertrat, kündigte schließlich. Wenn sie geblieben wäre und gekämpft hätte, hätten andere sie vielleicht eher für eine Kriegerin gehalten, aber sie wusste, dass sie ihre Ziele dort nicht erreichen konnte. Durch die Kündigung hatte sie eine größere Chance, das Ziel woanders zu erreichen, und da sie sich ihren Mut bewiesen hatte, hatte sie kein Bedürfnis, den Kampf fortzusetzen.

Der erfahrenste Krieger wird eigentlich gar nicht als solcher erkannt, denn er kämpft nur mit seiner Intelligenz, und das hinter den Kulissen. Er erringt den Sieg nicht nur ohne Blutvergießen, sondern auch ohne dass irgendjemand das Gesicht verliert; nur wenn jeder sich fair behandelt fühlt, kann der Friede aufrechterhalten werden.

Fortgeschrittene Krieger flößen wegen ihrer Härte und ihrer intelligenten Einschätzung von Menschen und Situationen Respekt ein; deshalb können sie kämpfen, wenn es verlangt wird, und kreative Kompromisse suchen, wenn dies möglich ist. Sie ziehen den Frieden vor, haben aber keine Angst vor dem Konflikt. Sie genießen ihn sogar, aber dann gewinnt ihre Einsicht die Oberhand, und Konfrontationen werden vermieden.

Beim Denken und Lernen konkretisieren Krieger ihre Vorstellungen, indem sie sie denen anderer Menschen gegenüberstellen; deren Ansichten werden gern als falsch (das heißt bösewichtartig »gefährlich«) oder als unzulänglich, schwach, naiv und unbegründet (Rettung benötigend) abqualifiziert. Anfangs neigt der Krieger in uns daher dazu, zu beweisen, dass wir »recht« und andere »unrecht« haben – eine Position, die von einer gewissen Überlegenheit ausgeht.[45]

Krieger fühlen sich in einer Welt wohl, die einfach und unkompliziert ist und in der Recht und Unrecht sich leicht voneinander unterscheiden lassen. Aber die moderne Welt ist nicht so. Wer in ihr kämpfen will, muss in einem moralisch komplexen, mehrdeutigen Universum seine Integrität bewahren.

Heute müssen Krieger Entscheidungen treffen und handeln, auch wenn nichts absolut richtig oder falsch ist. Die Frage lautet dann nicht mehr einfach: »Welches Denken, welches Handeln ist richtig?«, sondern: »Was ist für mich richtig?« (was später gegen das abgewogen wird, was für uns richtig ist). Am Schluss heißt die Frage dann: »Was ist das Beste für alle Beteiligten?«

Die Einsicht, dass wir alle die Welt aus einer anderen Perspektive sehen und niemand ein Monopol auf die Wahrheit hat, hilft dem Krieger, bei der Konfliktlösung statt eines Gewinner-Verlierer- ein Gewinner-Gewinner-Modell anzuwenden. Wenn ich »recht« habe und du anders bist als ich, musst du »unrecht« haben. Aber wenn ich tue oder denke, was für mich richtig ist, und du tust oder denkst, was für dich richtig ist, gibt es nicht unbedingt einen Konflikt, auch wenn das, was wir tun und denken, sehr gegensätzlich ist.

Die meisten guten Krieger werden jedoch dem Relativismus bestimmte Grenzen setzen (zum Beispiel bei kriminellem oder offen unethischem Verhalten), denn es ist ihre Aufgabe, das Königreich vor schädlichen Kräften zu schützen. Fortgeschrittene Krieger suchen das richtige Gleichgewicht zwischen Situationen, die Achtung vor der Unterschiedlichkeit verlangen, und solchen, bei denen eine schnelle, tatkräftige Korrektur notwendig ist.

Krieger kämpfen also, je nach ihrer Entwicklungsstufe, auf verschiedene Arten. Auf der ersten Stufe sind sie Dschungelkämpfer. Der Kampf ist schmutzig, und das Ziel besteht darin, den (inneren oder äußeren) Widersacher nicht nur zu besiegen, sondern zu töten. Der Feind wird als böse und unter Umständen auch unmenschlich betrachtet. Wenn der Krieger »zivilisierter« wird, folgt die Schlacht den Regeln des »Fair play«; das Ziel ist dann, den Widersacher zu schlagen, ihm aber nicht unnötig zu schaden. Im Bereich der Religion zum Beispiel werden Ungläubige nicht mehr getötet, sondern bekehrt.

Auf der dritten Stufe besteht das einzige Interesse des Kriegers darin, ein Ziel zu erreichen, das der Gesellschaft insgesamt nutzt. Wenn das Ich die Ziele des Kriegers bestimmt, versucht er, sie zu erreichen, indem er mit anderen konkurriert, denn wie Jung sagte, geht es dem Ich darum, sich im Vergleich zu anderen zu behaupten. Es möchte seine Ziele erreichen und über Menschen, die anders denken, triumphieren.

Wenn der Wille schließlich von der Seele erfüllt ist und der Krieger in ihrem Dienst handelt, besteht zwischen dem, was der Einzelne erreichen möchte, und dem allgemeinen Wohl oft kein Widerspruch mehr, besonders wenn wir anderen – auch unseren Widersachern – zuhören und von ihnen lernen. Große Krieger lernen, dass sie echte Siege nur erringen können, wenn sie ihren Beitrag leisten.

Wenn sie dies tun, gewinnt jeder. Die am höchsten entwickelten Krieger suchen daher Lösungen, bei denen jeder gewinnt; sie wissen, dass es allen nutzt, wenn jeder das erreicht, was ihn erfüllt und ihm wahre Freude bringt.

Übungen

Denken Sie ein wenig darüber nach, wann, wo, wie und wie stark der Krieger sich in Ihrem Leben äußert.

1. Wie sehr oder wie wenig drückt der Krieger sich in Ihrem Leben aus? Hat er sich in der Vergangenheit oder in der Gegenwart mehr ausgedrückt? Meinen Sie, er würde sich eher in der Zukunft zeigen? Äußert er sich mehr bei der Arbeit, zu Hause, in der Gesellschaft von Freunden, in Träumen oder Fantasien?
2. Welche Freunde, Verwandten, Mitarbeiter und sonstigen Menschen scheinen vom Archetyp des Kriegers beeinflusst zu sein?
3. Möchten Sie, dass der Krieger sich in Ihrem Leben irgendwie anders äußert?
4. Jeder Archetyp drückt sich auf vielerlei Weise aus; lassen Sie sich daher ein wenig Zeit, um den Krieger, der sich in Ihrem Leben ausdrückt oder ausdrücken könnte, zu beschreiben oder sonst wie darzustellen. Sie können ihn zeichnen, eine Collage machen oder ein Bild von sich in einer bestimmten Kleidung oder Pose wählen. Wie würde er aussehen? Was würde er tun? In welcher Umgebung würde er sich am meisten zu Hause fühlen?

Weiter werdende Spiralen

Der Krieger in uns schützt die Gesellschaft vor Verhaltensweisen, die ihr oder der Natur schaden. Wenn die Regenwälder abgeholzt werden, wenn saurer Regen und Drogensucht sich verbreiten, funktionieren unsere Krieger nicht im Interesse der Gemeinschaft. Wenn wir undiszipliniert sind und selbstzerstörerische Muster in unserem

Tagträume

Stellen Sie sich etwas sehr Wertvolles vor, das Sie unbedingt haben wollen. Es kann ein Gegenstand, eine Person, eine Auszeichnung oder Position, die Berichtigung eines sozialen Unrechts oder sonst irgendetwas sein, was Sie stark anzieht. Stellen Sie sich vor, wie Sie eine Kampagne aufziehen, um das Gewünschte zu bekommen; Sie bieten Ihre ganze Kraft auf, setzen all Ihre Mittel ein. Das können Gewehre, Panzer und Granaten sein, aber auch Worte, politischer Einfluss, das Einflößen von Schuldgefühlen. Egal, was Ihre Mittel sind, malen Sie sich aus, dass Sie so lange und so hart kämpfen, wie zum Erreichen Ihres Ziels notwendig ist. Wenn Sie gegen ein solch schrankenloses Vorgehen Widerstand verspüren, sollten Sie sich daran erinnern, dass dies nur ein Tagtraum ist, nicht die Realität. Wenn Sie Ihr Ziel erreicht haben, nehmen Sie sich die Zeit, Ihren Sieg wirklich zu genießen und alle mit ihm zusammenhängenden Gefühle zu verarbeiten.

Leben nicht bändigen können, funktionieren unsere inneren Krieger nicht richtig.

Gesellschaften funktionieren nur gut, wenn der Krieger über sein Eigeninteresse hinausgeht, etwa auch fremde Kinder verteidigt und das Gemeinwohl schützt. Der Krieger in jedem von uns hat natürlich seine individuellen Vorlieben. Manchen Kriegern liegt die Umwelt am meisten am Herzen, anderen die Beseitigung von Hunger oder der Wohnungsnot, wieder anderen die Aufrechterhaltung von Wertmaßstäben oder Moral, noch anderen die Gerechtigkeit.

Einige Krieger können andere nicht schützen, während andere, denen beigebracht wurde, Egoismus zu fürchten, nicht für sich selbst kämpfen können. Der gesunde, reife

Krieger entwickelt die Fähigkeit, Schützenswertes in sich erweiternden Spiralen zu erkennen: Erst schützt er sich selbst, dann geliebte Menschen, dann andere Menschen in der gleichen Gesellschaft, dann den ganzen Planeten Erde.

Chögyam Trungpa sagte, die Essenz des Kriegertums bzw. des menschlichen Muts bestehe in der Weigerung, irgendjemanden oder irgendetwas aufzugeben. Der am höchsten entwickelte Krieger wisse, dass wir die Welt vor der Zerstörung retten und eine erleuchtete Gesellschaft aufbauen können.[46] Aber dazu brauchen wir nicht nur Mut, sondern auch Mitgefühl – was Thema des folgenden Kapitels ist.

9
Der Geber

Das Urbild des Gebers ist der perfekte, fürsorgliche Elternteil, der stets liebevoll und aufmerksam die Talente und Interessen seines Kindes bemerkt und entwickelt und diesem neuen Leben so loyal ergeben ist, dass er notfalls sterben würde, um es zu retten.

Dieses Ideal passt sich den Bedürfnissen des größer werdenden Kindes an. Solange es ein Säugling ist, kümmert der Geber sich um jedes seiner Bedürfnisse. Später bringt er ihm bei, Dinge selbst zu erledigen und die Welt zu verstehen, damit es immer unabhängiger wird.

Mein Testergebnis für den Archetyp des Gebers: _____ Punkte (siehe Übersicht Anleitung zur Auswertung im Anhang)
(hoch = 30 / niedrig = 0)
Es ist mein _____ höchstes Ergebnis.
(höchstes = 1. / niedrigstes = 12.)

Der Geber
Ziel:
Anderen helfen; will durch Liebe und durch Opfer etwas bewirken
Angst:
Egoismus, Undankbarkeit
Antwort auf den Drachen / das Problem:
Sich um ihn oder die, denen er schadet, kümmern
Aufgabe:
Geben, ohne sich oder andere zu verstümmeln
Geschenk:
Mitgefühl, Großzügigkeit

Diese Abfolge wiederholt sich in analogen Situationen mit Gebern: Lehrern, Psychotherapeuten, Krankenschwestern, die Unfallpatienten betreuen, Chefs, die unerfahrene Arbeitskräfte anlernen, und sonstigen Mentoren. Geber übernehmen zunächst die völlige Verantwortung in einer Lern- oder Heilsituation, aber wenn der Schüler oder Klient allmählich stärker bzw. erfahrener wird, verändert sich die Beziehung, bis schließlich die bisherigen Schützlinge eigenständig bestehen können.

Geber, bei denen der Krieger bereits gut entwickelt ist, können dem Verhalten eines Kindes oder einer Organisation vernünftige Grenzen setzen. Sie sorgen für ein klares, beruhigendes Gefäß, in dem das Leben des Einzelnen und der Gemeinschaft heranwachsen kann. Der Geber setzt seine Energien jedoch weniger dafür ein, Grenzen zu setzen; er möchte Menschen umsorgen und Situationen schaffen, in denen sie wachsen und gedeihen können.

Der Geber schafft Gemeinschaft, indem er Menschen das Gefühl gibt, dass sie dazugehören, geschätzt und umsorgt werden, und indem er die positive Beziehung von

Menschen und Institutionen mit- und untereinander fördert. Geber schaffen eine Atmosphäre, in der Menschen sich sicher und geborgen fühlen.[47]

Der Baum des Lebens

Ein Symbol für den Geber ist der Baum des Lebens, der uns unablässig nährt und versorgt. Er ist ein altes Symbol, das die Fülle repräsentiert – dass genug für jeden da ist: Mutter Erde sorgt für das, was wir brauchen. Ein ebenfalls altes Symbol mit analoger Bedeutung ist die Göttinnenfigur mit den vielen Brüsten, die signalisiert, dass genug da ist und wir uns keine Sorgen zu machen brauchen.

In der Kabbala, einem Schriftstück des mystischen Judentums, ist der Baum des Lebens ein Symbol für die spirituelle Nahrung, für Weisheit, nicht für Brot. Diese Sichtweise stellt eine Verbindung zum Baum des Lebens im Paradies her, in dem er der Baum der Erkenntnis von Gut und Böse ist. Adam und Eva wählten Wissen statt Unschuld und machten sich durch diesen »glücklichen Fall« dafür bereit, das Leben in seiner ganzen Fülle anzunehmen, mit seiner Lust und seinem Schmerz. Er ist auch der Bodhi-Baum, unter dem Buddha erleuchtet wurde. Später wird der Baum des Lebens zum Kruzifix und verweist auf das Märtyrertum vieler Geber. Christus wird an den Baum genagelt, er wird geopfert, damit andere leben können – er wird zu diesem Baum.

Der Mythos vom Geber thematisiert die verwandelnde Kraft des Gebens und manchmal auch des Opfers. Wir erfahren, dass wir geliebt und umsorgt werden, und werden dazu aufgerufen, unseren Anteil an Fürsorge und Geben zu übernehmen, nicht nur von dem Baum zu profitieren, sondern zu ihm zu werden.

Die Göttin mit den vielen Brüsten und der gekreuzigte Christus deuten zwei Möglichkeiten an, zu dem Baum zu werden. Die erste spricht von Fülle ohne Opfer, von reichlichem, freudigem, wohltuendem Geben. Bei der zweiten geht es um ein Opfern und Geben, das schmerzt, den Geber und den Nehmer aber auch verwandeln kann.[48]

Der Geber ist der edelste der mit der Ich-Entwicklung zusammenhängenden Archetypen; er steht am Übergang von Ich und Seele. Fortgeschrittene Geber wissen, wer sie sind und was sie wollen, aber ihr Mitgefühl ist stärker als ihr Eigeninteresse. Sie sorgen für andere nicht, weil sie sich selbst nicht schätzen, sondern, weil diese Sorge der höchste Ausdruck ihrer Selbstachtung ist. Die Fürsorge in ihnen ist stärker als ihr Selbsterhaltungstrieb.

> Der Mythos vom Geber thematisiert die verwandelnde Kraft des Gebens und manchmal auch des Opfers.

Der Geber symbolisiert auch Großzügigkeit. Wenn er in entwickelter Form in unserer Psyche und in unserer Gesellschaft aktiv ist, stellt er mehr Fülle und Freiheit für alle her. Beispiele für vorbildliche Geber / Märtyrer sind Christus, Gandhi, Martin Luther King, Florence Nightingale, Mutter Teresa und viele andere Menschen, die ihr Leben für andere hingegeben haben, indem sie zum Märtyrer wurden oder im Dienst an einer Sache oder Aufgabe täglich Opfer brachten. Auch viele vorbildliche Eltern gehören in diese Kategorie.

Der Geber ist eher mit der Mutter als mit dem Vater assoziiert worden, aber auch Väter sind oft geschickte und engagierte Geber. Der Archetyp des Gebers umfasst Bemuttern und »Bevatern«, Pflegen und Fördern. Jedes Mal wenn jemand einen anderen umsorgt oder stärkt, ist der

Geber am Werk. Männer, die ihren inneren Geber nicht integrieren, werden in allen Frauen in ihrem Leben die Mutter suchen und bleiben so abhängige »Muttersöhnchen«. Sie kompensieren diese Abhängigkeit oft durch Frauenhass, genauso wie Frauen, die zu ihrem inneren Krieger keinen Zugang finden, die Männer hassen können, von deren Schutz sie abhängig sind.

Der negative Geber

Nur der unverfälschte Archetyp kann eine so geläuterte, sensible und bedingungslose Liebe geben, wie das Bild des perfekten Gebers dies andeutet (sogar Gandhi hatte seine Fehler). Im wirklichen Leben wird uns oft eine Geber-Rolle aufgebürdet, bevor wir ganz erwachsen sind. Viele junge Eltern zum Beispiel finden sich in einer Geber-Rolle wieder, bevor sie ihre Reise unternommen und eine von Eltern oder jeweiliger Bezugsgruppe getrennte Identität entwickelt haben. Menschen, deren Identitätsgefühl von den Werten ihrer Eltern oder Freunde oder den gerade aktuellen Ansichten der Gesellschaft bestimmt wird, können nicht angemessen für andere sorgen, ohne sich selbst zu verstümmeln.

Junge Mütter fallen oft in diese Kategorie; sie müssen sich um Kinder kümmern, bevor sie ihre Grenzen festgelegt oder ihre Identität bestimmt haben. Im Grunde sind sie Unschuldige; ihr Verwaister ist unterdrückt, ihr Krieger praktisch nicht entwickelt. Wenn sie eher Unschuldige als echte Geber sind, werden sie unbewusst von ihren Kindern erwarten, dass diese sich um sie kümmern. Sie erzeugen so einen Effekt, der sich in die nächste Generation fortsetzt, denn ihre Kinder werden wieder Schwierigkeiten haben, ihr wahres Selbst zu finden, weil sie anfangs mit der Mutter verschmolzen und darauf konzentriert waren, ihr zu gefallen und für sie zu sorgen. Diese jungen Mütter können aus Frustration darüber, dass ihnen die Fähigkeit zu echter Fürsorge fehlt, ihre Kinder auch emotional oder körperlich misshandeln.

Wenn bei einer Frau der Geber dominiert, verliert sie sich selbst in dem Bemühen, die Bedürfnisse anderer zu erfüllen; wenn sie um etwas gebeten wird, kann sie nicht Nein sagen. Sie verspürt ein geradezu zwanghaftes Bedürfnis, auf die von ihr registrierten Wünsche anderer zu reagieren, egal, ob sie um Hilfe gebeten wurde oder nicht. Tatsächlich verschleiern viele von uns, Männer genauso wie Frauen, ihr Gefühl des Verwaistseins durch die Sorge um andere. Sie müssen erst einmal für sich selbst sorgen.

Junge Väter, die ihre Identität noch nicht gefunden haben, haben oft das Gefühl, dass die materielle Seite der Geber-Rolle – das Versorgen – sie festhält. Ihr Krieger steht im Dienst der Geber-Rolle und meint, in der Falle zu sitzen. Oder sie versuchen, ihren Kindern gegenüber fürsorglich zu sein, wissen aber nicht, wie, besonders wenn sie aus Familien kommen, in denen nur die Mutter die Geber-Rolle innehatte. Weil sie sich so unfähig auf diesem Gebiet vorkommen, ziehen sie sich zurück. Sie sehnen sich danach, der »große Jäger« zu sein, sehen sich aber von einem langweiligen Job zurückgehalten, der der Ernährung der Familie dient. Manche Männer übertünchen ihre Frustration, indem sie sich von ihrer Familie zurückziehen, patriarchalische Privilegien für sich in Anspruch nehmen und erwarten, dass man sie bedient, oder indem sie andere schlecht behandeln.

Karrieremänner und -frauen, die auch engagierte Eltern sind, können natürlich auch den Geber zu Hause und den Krieger am Arbeitsplatz hervorkehren; sie lernen also, für andere zu sorgen und sich gleichzeitig selbst zu behaupten. Im besten Fall trägt diese Kombination zur Ganzheit des Ich bei – Stärke geht mit Mitgefühl einher. Im schlimmsten Fall geben und konkurrieren die Betreffenden mechanisch, ohne dadurch seelisch zu wachsen.

Wenn der Unschuldige und / oder der Verwaiste so verletzt sind, dass die erwachseneren Ich-Archetypen nicht angemessen geäußert werden können, oder umgekehrt Menschen zu lange auf der Krieger- und der Geber-Stufe verweilen, ist das Geben ebenfalls oft ungesund.

Abgesehen von der Problematik eines zu frühen Hineingestoßenwerdens in die Geber-Rolle hat dieser Archetyp – wie alle anderen auch – eine in seinem Wesen angelegte negative Seite. Sie möchte die Mutter-Kind-Symbiose unbegrenzt fortsetzen, erstickt also jede Eigenständigkeit. Für die archetypische Mutter oder den archetypischen Vater kann Fürsorge tatsächlich eine Möglichkeit sein, das heranwachsende junge Selbst zu verschlingen, um es zu behalten oder zu einem Teil von sich selbst zu machen.

Das Potenzial, die Lebensäußerungen anderer zu ersticken, ist beim Geber immer vorhanden, und oft bekommen Menschen Angst, wenn sie so geliebt und angenommen werden, dass ihre Grenzen zu verschwinden beginnen. Die Furcht, vom anderen »geschluckt« zu werden, kann groß sein; wenn wir durch unser Geben unsere Einsamkeit und unser Verlangen nach einer echten Beziehung vermeiden wollen, ist es tatsächlich gut möglich, dass wir den anderen zum Krüppel machen. Es ist, als ob das hungrige Kind im Inneren beginnen würde, den anderen aufzufressen, um seine eigene Leere zu füllen. Solche negativen Geber verschlingen andere, während sie selbst ironischerweise das Gefühl haben, dass die Geber-Rolle sie verschlingt.

Sowohl Männer als auch Frauen benutzen andere, um ein Gefühl der Ganzheit zu haben, und beiden ist dies nicht bewusst. Mütter zum Beispiel, die auf ein Eigenleben verzichtet haben und nur für Mann und Kinder existieren, leben oft stellvertretend durch sie. Das bedeutet, dass Mann und Kinder gedrängt oder manipuliert werden, das zu tun, was der Geber gerne täte, der auf diese Weise sein ungelebtes Leben lebt. Auch Geber-Väter, die auf Selbstfindung verzichten, erwarten von ihren Kindern (und seltener ihren Frauen), dass sie die ungelebten Träume des Vaters ausleben oder blind an seinen Werten und Regeln festhalten (unter dem Vorwand, sie seien die »richtigen«).

Männer und Frauen bringen oft ihre Bedürftigkeit in Beziehungen ein und erwarten, dass der geliebte Mensch ihre emotionale Leere füllt. Frauen wollen dann oft alles teilen, alles gemeinsam tun und so die ursprüngliche Symbiose mit der Mutter mit dem Partner noch einmal erleben. Sie erwarten, dass der Mann auch die Rolle des Vaters übernimmt, sie eventuell finanziell unterstützt und auf jeden Fall vor Schwierigkeiten bewahrt. Wenn er nicht auf diese Weise für sie sorgt, brechen sie zusammen und weinen, und er reagiert auf Geber-Art, indem er sie tröstet und umsorgt.

Männer, die ihre emotionale Bedürftigkeit durch eine Partnerin abstellen wollen, fühlen sich von Nähe und insbesondere Anflügen einer Symbiose bedroht. Sie möchten ihre Freiheit behalten, erwarten aber gleichzeitig von der Frau, dass sie immer für sie da ist. Sie möchten kommen und gehen können und die sexuelle Vereinigung oder andere Ebenen verkraftbarer emotionaler Nähe erleben, aber wenn die Frau nicht verfügbar ist, ziehen sie sich zurück, schmollen und drohen zu gehen, bis sie ein Zeichen der Reue zeigt. Im Extremfall wollen solche Männer nicht, dass ihre Frauen arbeiten, Auto fahren oder abends mit ihren Freundinnen ausgehen. Ihren Kindern, besonders ihren Töchtern gegenüber können sie ein ähnliches Verhalten an den Tag legen.

> Männer und Frauen bringen oft ihre Bedürftigkeit in Beziehungen ein und erwarten, dass der geliebte Mensch ihre emotionale Leere füllt.

Eine andere Version des verschlingenden Gebers ist der leidende Märtyrer, die Art Frau und Mann, die das Gefühl hat, immer zu geben und nie etwas zurückzubekommen. Im Allgemeinen haben Märtyrer entweder Schwierigkeiten mit dem Annehmen – vielleicht weil sie gelernt haben, dass »Geben seliger ist als Nehmen«, oder weil sie Angst haben, das Annehmen würde sie zu sehr verpflichten –, oder sie haben ein geringes Selbstwertgefühl und fehlende Krieger-Qualitäten (sie können nicht Nein sagen).

In beiden Fällen können leidende Märtyrer die anderen eingeflößten Schuldgefühle benutzen, um ihren Willen durchzusetzen. Im Grunde sitzen sie und die, für die sie ihre Opfer bringen, in einer Position fest, in der jeder Dinge tut, um anderen zu gefallen, aber keiner das bekommt, was er wirklich möchte oder braucht.

> Leidende Märtyrer haben möglicherweise von der Gesellschaft kommende Botschaften verinnerlicht, dass sie kein Recht haben, sich durchzusetzen.

Leidende Märtyrer müssen als Erstes ihre Krieger-Aspekte entwickeln, damit sie für eine direktere und ehrlichere Erfüllung ihrer Bedürfnisse sorgen können. Wer mit Schuldgefühlen auslösenden Märtyrern zu tun hat, sollte sich nicht von ihren unerbetenen Opfern lähmen lassen, sondern seine eigenen Krieger-Qualitäten entwickeln und Grenzen setzen.

Beide Geschlechter neigen gegen besseres Wissen im Allgemeinen dazu, andere zu »verschlingen«, bis sie den Geber in sich gefunden haben, der für sie selbst genauso wie für andere sorgt. Aber wenn wir nie richtig (oder zu viel) umsorgt wurden, wissen wir unter Umständen nicht, wie das geht.

Lernen, uns und andere anzuleiten und zu umsorgen

Jeder von uns hat ein inneres Kind, das ein Leben lang bei ihm bleibt. Solange wir unseren inneren Geber nicht entwickelt haben, werden wir immer davon abhängig sein, dass andere sich um dieses Kind kümmern und es fördern. Der innere Geber achtet auf die Bedürfnisse des inneren Kindes; er bemerkt, wenn das Kind verletzt oder vernachlässigt wird. Er liebt dieses Kind bedingungslos, egal, was es tut. Er ist der Teil von uns, der uns rät, ein warmes Bad zu nehmen oder eine heiße Schokolade zu trinken, mit einem guten Buch ins Bett zu gehen oder sonst etwas Angenehmes und Regenerierendes zu tun. Er empfiehlt und findet auch Möglichkeiten, mit schwierigen Situationen besser zurechtzukommen, damit wir uns das nächste Mal nicht mehr verletzen.

Oft gleicht der Stil unseres inneren Gebers dem unserer Eltern; wenn sie uns etwas zu essen gaben, wenn wir missmutig waren, haben wir vielleicht plötzlich Lust auf Plätzchen oder Milch oder andere Nahrungsmittel, die Eltern benutzen, um Kinder zu beruhigen. Wenn sie uns umarmten, suchen wir nach körperlicher Nähe. Wenn sie uns umsorgten, aber nicht weiter belehrten, suchen wir vielleicht Trost, erlernen aber keine neuen Fertigkeiten. Wenn sie uns belehrten, aber nicht trösteten, lernen wir vielleicht ohne Schwierigkeiten, wie wir es das nächste Mal besser machen können, aber nicht, wie wir uns selbst trösten können.

Die mangelnde Fürsorge von Eltern wird oft auch durch die Bilder kompensiert, die die Medien von Gebern präsentieren. Menschen aus dysfunktionalen Familien zum Beispiel haben sehr hoch gegriffene und perfektionistische Ideale in Bezug auf das, was von ihnen als Eltern verlangt wird, denn sie kennen nur die idealisierten Elternfiguren aus Film, Fernsehen und Literatur. Viele Bilder, die das Fernsehen von Gebern liefert, befinden sich zudem in der Werbung, was zu dem Wunsch führt, Dinge zu kaufen. Das Verlangen nach Fürsorge führt zu einem Konsumverhalten, welches das wirkliche Bedürfnis verschleiert, aber nicht befriedigt. Wenn wir meinen, wir müssten unbedingt etwas Bestimmtes essen, trinken, haben oder kaufen, sollten wir uns selbst eine gute Mutter, ein fürsorglicher Vater sein – herausfinden, was wirklich hinter diesen Süchten steht, Möglichkeiten entwickeln, ihre Ursache abzustellen, und/oder äußere Hilfe suchen.

> Solange wir unseren inneren Geber nicht entwickelt
> haben, werden wir immer davon abhängig sein,
> dass andere sich um das Kind in uns kümmern.

Wenn Ihr innerer Geber nicht besonders effektiv ist, sollten Sie sich Rollenvorbilder in der äußeren Welt suchen und Ihr Verhalten bewusst ihnen angleichen. Allein der Plan zu diesem Projekt weckt das Gefühl, für sich selbst zu sorgen. Gute Eltern trösten nicht nur; sie helfen dem Kind auch, Talente und Fähigkeiten zu erkennen und zu entwickeln. Unser innerer Geber kann lernen, unsere Bedürfnisse wahrzunehmen und Wege zu finden, durch die wir wachsen und uns entwickeln können.

Wenn Sie zum Beispiel in einer elenden Verfassung nach Hause kommen, weil Sie Ihren Arbeitsplatz verloren haben, könnte Ihr innerer Geber sagen: »Das ist jetzt so.

Warum nimmst du nicht ein warmes Bad und entspannst dich?« Wenn Ihr innerer Krieger gesund ist, wird er die Grenzen bewachen und sagen: »Leuten, die dir Vorwürfe machen oder sich aufregen könnten, erzählst du es am besten erst, wenn du dich ein bisschen besser fühlst«, und dann überlegt er, mit wem man gefahrlos darüber reden könnte. Aber wenn Ihr innerer Krieger nicht gesund ist, wird er sofort damit beginnen, gegen Sie Krieg zu führen; er wird Ihnen Ihre Unzulänglichkeit (den Bösewicht) vorwerfen und Ihnen sagen, dass er Sie vor diesem Ereignis sowieso schon gewarnt habe (das heißt, er hat versucht, Sie vor sich selbst zu retten).

Wenn der Geber gesund ist, wird er an dieser Stelle sagen: »Also jetzt mal langsam, Krieger. Es ist nicht seine Schuld. Er weiß noch nicht, wie er mit so einem Chef umgehen soll. Morgen, wenn es ihm ein bisschen besser geht, können wir ja überlegen, wie er das lernen kann.« Der Geber in uns hilft uns, erwachsen zu werden, indem er uns tröstet *und* sieht, was wir aus jeder Herausforderung, die das Leben uns präsentiert, lernen können.

Wenn der Geber uns tröstet, uns aber nichts beibringt, kann er unabsichtlich das Weiterbestehen eines negativen Umstands ermöglichen. Der Partner eines Alkoholikers oder eines Drogensüchtigen sorgt beispielsweise oft so für diesen, dass die Sucht weiter bestehen kann – er kittet die Scherben wieder zusammen und kümmert sich um alles Mögliche, sodass der Süchtige seine Sucht nicht zu konfrontieren braucht. Ein solches Verhalten hält ihn fest.

Auch Eltern, die ihre Kinder trösten, ihnen aber nicht helfen, aus ihren Fehlern zu lernen, vernachlässigen die Ausbildung des Potenzials, das spätere Fehler weniger wahrscheinlich macht. Es ist wichtig, dass der Geber mit seiner bedingungslosen Wertschätzung diese Aufgabe übernimmt und nicht der Krieger; nur dann fühlt das Kind sich unterstützt, nicht angegriffen.

Oft hat unser innerer Geber Schwierigkeiten mit dieser Aufgabe und lässt entweder den Krieger das Kommando übernehmen (der sofort herausfinden möchte, wer oder was schuld ist) oder tröstet nur, ohne das an den meisten unserer Probleme mitbeteiligte Manko an Fertigkeiten anzugehen. Der Geber muss bei seiner Fürsorge die Entwicklungsstufe des Kindes berücksichtigen: Der Säugling braucht nur gehalten und getröstet zu werden; der Achtjährigen müssen wir zuhören und herauszufinden helfen, was sie in Bezug auf das Geschehene denkt oder fühlt; die Zwölfjährige braucht Alternativen, die nicht von vornherein beurteilt worden sind; der Sechzehnjährige muss wissen, dass wir ihm zutrauen, mit der Situation fertigzuwerden.

Wenn wir für andere sorgen können, tröstet dies unser inneres Kind, besonders unseren Verwaisten, der glaubt, dass es keinen wirklich sicheren Platz in der Welt gibt. Wenn wir anderen gegenüber liebevoll sind und ihnen Sicherheit geben, kommt unser innerer Verwaister zu der Überzeugung, dass solche sicheren Orte existieren. Wenn wir jedoch für andere sorgen, aber nicht für uns, folgert der Verwaiste, dass sichere Orte existieren, aber nicht für ihn.

Irgendwann kommt der Augenblick, in dem unsere Schützlinge uns verlassen und bereit sind, selbst für sich zu sorgen. Sie können freundlich und dankbar gehen oder unserer Unzulänglichkeit die Schuld an ihrem Aufbruch geben. Wenn Letzteres der Fall ist, müssen wir wissen, dass dies zum Beispiel für Heranwachsende normal ist; sie finden die Kraft zur Trennung, indem sie sich auf die negativen Aspekte der Beziehung konzentrieren. Wir erleben unsere Ablösung von den Eltern noch einmal, jetzt von der anderen Seite.

Ebenen des Gebers

Schatten

Leidender Märtyrer; Mutter oder Vater, die »verschlingen«; Verhalten, das Schuldgefühle auslöst; »ermöglichende« Verhaltensweisen (die Sucht, die Verantwortungslosigkeit oder den Narzissmus anderer unterstützen und erleichtern).

Aufruf

Fürsorge für andere (zum Beispiel Elternschaft); erkennen, dass andere (oder man selbst) bedürftig oder abhängig sind.

Ebene 1

Konflikt zwischen eigenen und fremden Bedürfnissen; Neigung, die eigenen Bedürfnisse dem unterzuordnen, was andere brauchen oder wollen; retten.

Ebene 2

Lernen, für sich selbst zu sorgen, sodass die anderen gewährte Fürsorge bereichert, nicht verstümmelt; »harte Liebe« lernen; anderen Fähigkeiten vermitteln, nicht an ihrer Stelle handeln.

Ebene 3

Bereitschaft, für andere, die nicht zum unmittelbaren Familien- oder Freundeskreis gehören (und vielleicht auch für Tiere und die Erde), zu sorgen und für sie die Verantwortung zu übernehmen; Aufbau von Gemeinschaften.

Wenn wir beide Seiten erlebt haben, ist der Kreis geschlossen und unsere Erfahrung vollständig. Wir erkennen, dass wir unsere Eltern oder Lehrer nicht verlassen haben, weil sie unzulänglich waren, sondern weil wir bereit waren zu wachsen, und diese Einsicht ist oft für den inneren Verwaisten sehr heilsam.

Fürsorge beinhaltet sehr viel mehr als Trost und Anleitung. Sie umfasst viele fast verborgene Aufgaben – verborgen in dem Sinne, als die Gesellschaft sie für selbstverständlich hält. Wir bemerken sie erst, wenn sie nicht erledigt werden. Im Haushalt bedeutet dies, dass die Teller gespült und die Wäsche gewaschen und das Haus insgesamt in Schuss gehalten wird. Es bedeutet auch, sich um das Bedürfnis der Familie nach Gemeinschaft zu kümmern, für ein soziales Leben und Verbindungen zur größeren Familie der Menschheit zu sorgen.

In Organisationen geht es um die Pflege der materiellen Einrichtungen, um Essensdienste und Betriebskindergärten, Sorge für die Gesundheit der Angestellten und Interesse an ihrem Leben, nicht nur an ihrer Leistung und Produktivität.

In Bezug auf die Gesellschaft als Ganzes beinhaltet Fürsorge die Pflege von Gebäuden, Parks und Brücken, die Beziehung von Institutionen und Individuen mit- und untereinander, die Erziehung der Kinder und die Sorge um Arme, Kranke und Senioren. Sie verlangt, dass die Schwächsten und am meisten Benachteiligten der Welt nicht vergessen oder im Stich gelassen werden.

In Familien, Organisationen und der Gesellschaft insgesamt werden diese Geber-Aufgaben völlig unterbewertet. Menschen, die eine Geber-Rolle innehaben, werden oft unterbezahlt, und ihre Mühen gelten als selbstverständlich. Einige der größten Geber tun Arbeiten, die von anderen als niedrig betrachtet werden. Sie wischen Böden, leeren Bettpfannen, erledigen Routineschreibarbeiten, während sie gleichzeitig Klima und Gesundheit des Betriebs auf der menschlichen Ebene fördern. Oft werden sie von anderen als Handlanger oder Diener betrachtet. Aber ihr Beitrag ist von unschätzbarem Wert. Sie sind unentbehrlich, und ohne sie brechen alle Institutionen auseinander.

In diese Kategorie gehören auch die Bürokraten, die jene Regeln machen und durchsetzen, die der Narr in uns hasst; sie bemerken, dass die Infrastruktur Mängel aufweist oder Brücken und Straßen repariert werden müssen. Sie erinnern uns daran, dass wir neue Projekte erst in Angriff nehmen können, wenn wir das, was wir schon haben, instand halten.

Fürsorglichkeit beginnt mit der Sorge um den Körper und sein Bedürfnis nach Überleben und Komfort. Sie erstreckt sich auf die Achtung vor den Gefühlen, die Entwicklung des Verstands, die Beziehung zwischen den Menschen und die Beziehung zwischen Tieren, Pflanzen, Maschinen und Erde. In unserer Gesellschaft werden die damit zusammenhängenden Arbeiten nicht immer geschätzt; deshalb werden sie manchmal nicht getan, oder die Menschen, die sie tun, erhalten im Verhältnis zu ihrem Beitrag keinen angemessenen Dank oder Lohn.

Fürsorge bedeutet zumindest heutzutage demütige und unsichtbare Arbeit, die oft nicht oder wenig geschätzt wird. Aber sie hat ihre eigenen Belohnungen, nicht zuletzt die Selbstachtung, die entsteht, wenn das Notwendige getan wird, egal, ob es bemerkt wird oder nicht. In der Demut der Rolle liegt eine Art Adel. Das Wissen, dass man gerecht und freundlich gibt, auch wenn man dafür nicht nur nicht belohnt, sondern sogar bestraft wird, bringt das hervor, was man Charakter nennt.

Weiter werdende Spiralen

Ähnlich wie Krieger beschäftigen Geber sich möglicherweise zunächst nur mit sich selbst – sie sorgen für ihre Kinder, ihre Projekte, ihren Besitz. Wenn sie reifer werden, übernehmen sie einen Teil der in ihrer Gemeinschaft anfallenden Fürsorge, aber nicht die ganze. In den gesündesten Familien, Gruppen und Organisationen leistet jeder etwas Fürsorge, sodass niemand sie allein übernehmen muss. Das Verlangen nach Fürsorge hört nie auf. Sie wird in der Welt so sehr gebraucht, dass wirklich jeder aufgerufen ist, sein Möglichstes beizutragen.

Aber es gibt einen Schritt, der über diese Stufe der Fürsorge hinausführt. Obwohl wir uns am meisten um die kümmern sollen, mit denen wir arbeiten und leben, sollten wir auch die Fähigkeit entwickeln, für eine größere Gemeinschaft zu sorgen, und den weniger Begünstigten in ihr helfen. Diese Anteilnahme kann sich ausweiten, bis sie schließlich die ganze Erde umfasst.

Die Futuristin Hazel Henderson hat die Sorge des fortgeschrittenen Gebers in das Schlagwort gefasst: »Denke global, handle lokal.« Wir müssen uns mit dem Wohl aller Menschen und der Erde beschäftigen und in diesem Sinne da aktiv werden, wo wir leben und arbeiten.

Der Verzicht zugunsten des Gemeinwohls darf nie die Fürsorglichkeit sich selbst gegenüber ersetzen. Geber müssen lernen, dass Fürsorge mit ihnen selbst beginnt und in weiter werdenden Spiralen nach außen geht: von der eigenen Person zur Familie, zur Gemeinschaft, zum Land, zur Erde.

Der Geber und Identität

Der Unschuldige, der Verwaiste, der Krieger und der Geber helfen uns, herauszufinden, wer wir sind. Mithilfe des Unschuldigen erkennen wir, was wir wollen. Der Verwaiste steht für eine Verletzung, die oft die Art unseres Wachstums bestimmt. Der Krieger setzt sich Ziele und

Prioritäten, kämpft für sie und schafft sich so eine Identität, die er gewählt hat. Der Geber läutert diese Identität durch den Verzicht. Er möchte für alles sorgen, verantwortungs- und pflichtbewusst und immer präsent sein, wenn er gebraucht wird. Aber wir können nicht alles tun oder für alle Menschen alles sein. Der Geber muss auf das eine zugunsten des anderen verzichten.

Das Leben verlangt Entscheidungen. Genauso wie die Schlachten des Kriegers kein Ende nehmen, ist auch das Verlangen nach Fürsorge in dieser Welt unbegrenzt – das von uns selbst, das geliebter Menschen, das von Organisationen und sozialen Anliegen, das von Menschen in Not. Wenn wir Götter und Göttinnen wären – reine Emanationen des Archetyps –, könnten wir vielleicht auf all das reagieren. Als fehlbare Sterbliche können wir es nicht. Deshalb wählen wir aus.

Auf der ersten Stufe lehnen wir die Verantwortung für diese Entscheidung unter Umständen ab. Unser Geber befasst sich einfach mit dem, der am lautesten schreit. Er reagiert auf die Anforderungen seiner Umgebung, bis Erschöpfung einsetzt und er Nein sagen kann, weil er krank, müde, ausgebrannt oder zu depressiv ist. Solche Geber haben das Gefühl, von ihrer Rolle völlig aufgefressen zu werden.

Auf der nächsten Ebene weigern Geber sich, für andere zu sorgen, und kümmern sich um ihr vernachlässigtes inneres Kind. Auf der dritten Ebene ist der Geber bereit, seinen Teil an Fürsorge in Familie, Organisation oder Gemeinschaft zu übernehmen, aber nicht die ganze. Hier beginnt die bewusste Wahl; der Geber beschließt, hier zu geben, aber nicht da, diesen Menschen zu umsorgen, aber nicht jenen, dieses Anliegen zu unterstützen, aber nicht jenes.

Der Geber muss lernen, voll und ganz zu geben, was er

Übungen

Denken Sie ein wenig darüber nach, wann, wo, wie und wie stark der Geber sich in Ihrem Leben äußert.

1. Wie sehr oder wie wenig drückt der Geber sich in Ihrem Leben aus? Hat er sich in der Vergangenheit oder in der Gegenwart mehr ausgedrückt? Meinen Sie, er würde sich eher in der Zukunft zeigen? Äußert er sich mehr bei der Arbeit, zu Hause, in der Gesellschaft von Freunden, in Träumen oder Fantasien?
2. Welche Freunde, Verwandten, Mitarbeiter und sonstigen Menschen scheinen vom Archetyp des Gebers beeinflusst zu sein?
3. Möchten Sie, dass der Geber sich in Ihrem Leben irgendwie anders äußert?
4. Jeder Archetyp drückt sich auf vielerlei Weise aus; lassen Sie sich daher ein wenig Zeit, um den Geber, der sich in Ihrem Leben ausdrückt oder ausdrücken könnte, zu beschreiben oder sonst wie darzustellen. Sie können ihn zeichnen, eine Collage machen oder ein Bild von sich in einer bestimmten Kleidung oder Pose benutzen. Wie würde er aussehen? Was würde er tun? In welcher Umgebung würde er sich am ehesten zu Hause fühlen?

geben kann, aber auch seine Grenzen und Prioritäten kennen. Er muss Nein sagen können, auch wenn er zu etwas sehr Gutem beitragen kann; dann kann er auch die Ansprüche des Ich ablehnen, wenn sie mit denen der Seele kollidieren.

Auf der vierten Ebene wird der Geber zum positiven Märtyrer, der sein Leben aus Liebe zu anderen hingibt. Nur einige von uns, wie Christus oder Gandhi, müssen für andere, ihr Anliegen oder ihren Glauben sterben; aber wir

Tagträume

Stellen Sie sich vor, Sie hätten unermessliche Mittel zu verteilen: Zeit, Geld, Weisheit. Da Sie nicht zu arbeiten brauchen, verbringen Sie Ihre Zeit damit, durch die Welt zu wandern und jedem zu helfen, der in Not ist. Stellen Sie sich die Situationen vor, denen Sie begegnen, die Hilfe, die Sie gewähren, und die Dankbarkeit der Empfänger Ihrer Großzügigkeit.

Dehnen Sie dann die Vorstellung aus, sodass Sie auch Grenzen sehen. Malen Sie sich aus, dass Sie Nein sagen, wenn das Geben Sie zum Märtyrer machen würde oder Sie etwas für andere tun würden, was diese für sich selbst tun können oder sollen. Stellen Sie sich auch vor, dass andere gedeihen, weil Sie nicht herbeigestürzt sind, um sie zu retten. Sehen Sie dann, dass Sie sich selbst etwas geben und umsorgen. Seien Sie zu sich selbst genauso nett, wie Sie zu anderen sind.

alle sind aufgefordert, der Welt unser einzigartiges Geschenk zu geben, egal, welches Opfer dies verlangt. Dazu müssen wir fast immer unsere Sterblichkeit akzeptieren. Wenn wir dazu bereit sind, können wir in die in Teil III beschriebenen Mysterien eindringen.

Teil III

Die Reise: Werden, wer wir wirklich sind

10 Der Suchende

Die Reise beginnt immer mit einer Sehnsucht. Wir fühlen uns unzufrieden, begrenzt, fremd oder leer. Oft können wir das, was fehlt, nicht benennen, aber wir sehnen uns nach diesem geheimnisvollen Etwas. Aschenputtel verzehrt sich nach ihrem Prinzen, Gepetto wünscht sich ein Kind, Telemach sucht Odysseus, der Prinz möchte einen großen Schatz finden.

Der Drang, den Gral zu suchen, auf der Suche nach Visionen Gipfel zu erstürmen, Weisheit zu erwerben, neue Grenzen zu überschreiten, das vorher Unerreichbare zu erreichen, scheint der menschlichen Natur innezuwohnen. Der Suchende reagiert auf den Ruf des Geistes, weiterzukommen.

Der Suchende

Ziel:

Suche nach einem besseren Leben oder einer besseren Möglichkeit

Angst:

Konformität, in der Falle zu sitzen

Antwort auf den Drachen / das Problem:

Weggehen, fliehen

Aufgabe:

Einer höheren Wahrheit treu sein

Geschenk:

Selbstständigkeit, Ehrgeiz

Mein Testergebnis für den Archetyp des Suchenden: _____ Punkte (siehe Übersicht Anleitung zur Auswertung im Anhang)
(hoch = 30 / niedrig = 0)
Es ist mein _____ höchstes Ergebnis.
(höchstes = 1. / niedrigstes = 12.)

Leben, Freiheit und die Suche nach dem Glück

Der Suchende strebt nach einer besseren Zukunft bzw. einer vollkommeneren Welt. Der Ruf »Nächstes Jahr in Jerusalem«, mit dem die Juden sich beim Passahfest voneinander verabschieden, ist ein wunderschöner Ausdruck dieses Impulses, der schließlich zur wörtlich genommenen Auswanderung ins Heilige Land führt. Ein ähnlicher Drang zeigt sich in der Besiedlung der Neuen Welt durch Menschen, die alle Möglichkeiten offen haben wollten. Der Impuls geht nach oben und außen und hat die Verwirklichung einer utopischen Vision zum Ziel. Im 20. Jahrhundert sprach John F. Kennedy diese Energie an, als er die Weltraumforschung forcierte und unter dem Motto der »New Frontier« (neue Grenze) soziale Programme initiierte, die die Chancengleichheit verbessern sollten.

Die utopische Vision von einer vollkommenen Welt steht hinter allen Träumen von menschlicher Verbesserung und sozialer Gerechtigkeit. In seiner berühmten Rede »I have a dream« sah Martin Luther King den utopischen Geist einen Berggipfel erklimmen und mit dem Traum der Gleichheit zurückkommen. In den Siebziger- und Achtzigerjahren sprachen die Frauen- und die New-Age-Bewegung den Wunsch nach Befreiung und Ausweitung der Chancen und des Bewusstseins an.

Niemand ist immun gegen den Aufruf des Unbekannten, egal, wie wir es uns vorstellen (als Berggipfel, Grenze oder neue Gesellschaft) oder auf was wir uns konzentrieren: Reichtum (von dem wir uns neue Möglichkeiten erhoffen), politische Freiheit, wirtschaftliche Chancen, ein erweitertes Bewusstsein, Erleuchtung, das Nirwana oder einfach die unbestimmte Sehnsucht nach mehr.

Zuerst sehnen wir uns nach der Zeit der Unschuld vor dem Fall zurück (dem Leben im Mutterschoß oder als Säugling). Dieser Drang motiviert einen Großteil unseres Suchens und Strebens im Leben; aber was immer wir erreichen, das Verlangen wird nie befriedigt. Keine Liebe, keine Arbeit, kein Ort, keine Leistung gibt uns das Paradies, nach dem wir uns sehnen, obwohl es der Grund für unsere Suche ist und dafür sorgt, dass wir weitermachen.

Wir können diese Sehnsucht jedoch stillen, wenn wir werden, wer wir sind, und unser wahres Selbst hervorbringen. Weil wir das Gefühl haben, unvollständig zu sein, sehnen wir uns danach, ganz zu werden. Wir projizieren diese Sehnsucht auf ein äußeres Paradies, können aber nur befriedigt werden, wenn wir erkennen, dass wir unser Bewusstsein über das Ich hinaus ausdehnen müssen.[49] Wir müssen das, was wir suchen, in uns finden, sonst finden wir es nie außerhalb von uns. Dazu müssen wir den Aufruf zu einem heroischen Leben beantworten und uns auf die Reise machen.

Der Aufruf zur Suche: Die Schwelle überschreiten

Wir können in jedem Alter zur Suche aufgerufen werden, aber am klarsten und deutlichsten ist der Impuls in der späten Adoleszenz und im frühen Erwachsenenalter. In dieser Zeit machen wir neue Erfahrungen, wir erforschen neue Länder und Ideale und lernen etwas über die Welt. Wir reisen, studieren, experimentieren.

Ein junger Mensch, dessen Ich sich aufgrund der Unterstützung seiner Umgebung gesund entwickelt hat, reagiert auf den Aufruf mit gespannter Erwartung, Freude und Energie. Das Interesse an dem neuen Abenteuer kann so groß sein, dass es die Angst vor der Zukunft und das Bedauern über das Verlassen des »Schoßes« – Mutter, Vater, Schule – verdrängt. Das neue Abenteuer kann die Universität, die erste Arbeitsstelle, die Ehe, der Militärdienst, eine Reise oder praktisch alles sein, was die Gelegenheit bietet, etwas ganz Neues zu tun, das man selbst gewählt hat.

Im späteren Leben schauen Sie vielleicht auf diese Zeit zurück und sagen: »Ich habe nur geheiratet (mich zum Militär verpflichtet, mich an der Universität eingeschrieben), um von zu Hause wegzukommen.« Was immer es war, es stellte den Beginn des großen Abenteuers dar, sein Leben selbstständig zu leben. Auch wenn die Entscheidung aus der Sicht des Ich nicht ideal war, war sie genau der Weg, der die Seele gedeihen ließ.

Ein junger Suchender, dessen Ich weniger gut entwickelt ist, wird vielleicht nicht den Mut oder das Selbstvertrauen haben, sich mit der gleichen Freude und Leichtigkeit ins Abenteuer zu stürzen. Die Erfahrung kann Angst auslösen; der erste Schritt gleicht dann eher einem Spaziergang um den Block als einer Weltreise. Manche von uns, wie Dorothy in *Der Zauberer von Oz*,[50] machen sich auf die Reise, weil sie sich verwaist fühlen und einen großen Zauberer finden wollen, der ihnen hilft, ein Zuhause zu finden.

Die »Wanderlust« überkommt uns in der Mitte des Lebens genauso stark wie beim Übergang zum Erwachsenendasein. Als junge Erwachsene suchen wir nach unserer wahren Berufung, nach wahrer Liebe, nach einem Ort, den wir genug lieben, um uns dort niederzulassen, und nach einer Lebensphilosophie, die uns Halt gibt. In der Mitte des Lebens (und vielleicht auch viele Male vorher) tauchen diese Fragen wieder auf. Wenn wir verheiratet sind, fragen wir uns: »Ist das der Mensch, mit dem ich den Rest meines Lebens verbringen möchte?« Die früher befriedigende Arbeitsstelle oder Karriere erscheint plötzlich nicht lohnenswert, und wir erwägen einen Wechsel.

Wir beurteilen das Erreichte anhand der Ambitionen unserer Jugend. Aber egal, ob wir unsere Wünsche verwirklicht haben oder nicht – jetzt müssen wir im Hinblick auf unsere Sterblichkeit unsere Ziele neu definieren. Das Spirituelle wird wichtiger, und unsere philosophischen Ansichten bedürfen einer Überprüfung, wenn Sterblichkeit nicht nur als theoretische, sondern als essenziell persönliche Angelegenheit erkannt wird.

Viele ältere und jüngere Menschen müssen die Reise gegen Verantwortlichkeiten abwägen, die ihr entgegenstehen – Kinder, Arbeit, Hypothekentilgungen, Betreuung der Eltern. Es scheint unmöglich, sich auf das Abenteuer einzulassen. Man möchte noch einmal zur Schule gehen, muss aber arbeiten, um seine Kinder zur Universität schicken zu können. Man möchte die sieben Weltmeere befahren, aber die Hypothekentilgung fürs Haus ist fällig.

Der Aufruf sieht bei jedem anders aus, aber es geht immer darum, intensiver zu leben, eine Möglichkeit des Daseins zu finden, die mehr Bedeutung und Tiefe hat, herauszufinden, wer man hinter der gemeinsam mit der Umgebung geschaffenen Maske ist.

> Durch Selbstmitleid entdecke ich mich selbst, denn es offenbart mir meine Sehnsüchte.
> (James Hillman)

Oft beginnt die Suche mit der Notwendigkeit, Entscheidungen zu treffen, weil das Leben sich begrenzend oder leer anfühlt. Es geht um Konformität oder Individualität. Der Lebensrahmen scheint zu klein, aber der Wunsch zu gefallen, sich einzufügen und die Ansprüche von Familie, Bezugsgruppe, beruflicher oder schulischer Umgebung zu erfüllen, ist immer noch stark. Die meisten von uns wissen, dass es Vergeltungsmaßnahmen nach sich zieht, wenn sie ungeschriebene Regeln brechen.

Zuerst passen wir uns Autoritäten und unserer jeweiligen Bezugsgruppe an, bemühen uns um finanziellen Erfolg und einen gesellschaftlichen Rang und wollen Familie und Freunden gefallen. Aber irgendwann führt die Konformität zu einer Spannung zwischen unserem inneren Wesen und den Erwartungen, die an uns gestellt werden. Diese Spannung ist für die Entwicklung absolut notwendig. »Hineinpassen« tun wir, wenn wir so sind wie die anderen; unsere Individualität ergibt sich durch unser Anderssein. Eben unsere Einzigartigkeit, unser Selbst, stört also.

Unser Wandern gleicht zunächst einem ziellosen Experimentieren; wir versuchen dies, dann das. Nach außen erscheinen wir möglicherweise als Konformisten; nur wir allein wissen, dass wir etwas haben, das andere nicht sehen. Oder wir sind Rebellen, die sich fast ausschließlich in Opposition zum Status quo definieren. Ein Gefühl der Eigenständigkeit haben wir nur, wenn wir es dauernd demonstrieren. In beiden Fällen bestimmt die Umgebung unser Tun.

Wie viele von uns haben nicht schon gedacht: »Wenn ich sagte, was ich wirklich denke, oder täte, was ich gerne täte, würde ich meine Arbeit (meine Familie, meine Freunde) verlieren?« Der angehende Suchende sehnt sich nach mehr, als Arbeit, Familie oder Freunde bieten, glaubt aber, dass er dies alles aufgeben muss, um es zu bekommen; und in gewisser Weise muss er das auch, zumindest zeitweise. Um zu wachsen, müssen wir die Welt und die bekannten Erfahrungen hinter uns lassen. Das bedeutet nicht, dass wir diese Gemeinschaften nie wieder haben können, und es bedeutet auch nicht, dass wir sie ganz wörtlich verlassen müssen; aber wir müssen eine emotionale Distanz schaffen, damit wir unseren eigenen Weg gehen und unsere eigenen Gedanken denken können.

Viele von uns haben nicht das Gefühl, dass sie sich bewusst zum Aufbruch entscheiden. Vielleicht hat unsere Partnerin uns verlassen, unser Arbeitgeber uns gekündigt, wir haben eine Institution infrage gestellt und die Antwort erhalten, wir müssten uns anpassen oder gehen, oder wir sind in einer Beziehung, in der wir so schlecht behandelt werden, dass wir gehen müssen, um uns selbst zu retten. In all diesen Fällen haben wir das Gefühl, völlig verloren und für die Reise in keiner Weise vorbereitet zu sein.

Oft wissen wir, was wir nicht wollen, aber nicht, was wir wollen. In jedem Fall verpflichten wir uns radikal unserer Seele. Dann wird das Weggehen zum großen Thema unseres Lebens. In jeder Situation fragen wir uns, ob das nun die Erfahrung, Beziehung oder Arbeit ist, die uns zufriedenstellt. Wenn nicht, geben wir sie auf und sind (zumindest im übertragenen Sinne) wieder unterwegs.

Der Mythos vom Auszug aus Ägypten

Die Jung'sche Analytikerin Pearl Mindell überträgt die Geschichte vom Auszug aus Ägypten auf die seelische Ebene und sieht in ihr die positive Reaktion auf den Aufruf zur Suche. »Ägypten« ist unsere Abhängigkeit von dem Leben, das wir kennen, »Pharao« der Teil von uns, der es behalten möchte, und Moses unser keimendes heroisches Selbst. Als der Pharao trotz der Taten und Bitten Moses' das Volk nicht ziehen lässt, greift Gott ein und sendet Plagen. Pearl Mindell interpretiert dies als die Zeit, in der die Dinge so schlimm werden, dass wir unsere Dumpfheit aufgeben und den Ernst unserer Lage erkennen müssen. Aber auch wenn wir Ägypten verlassen, finden wir das gesuchte Paradies bzw. Heilige Land nicht sofort. Stattdessen wandern wir jahrelang ziellos in der Wüste umher und wünschen uns oft, wir wären wieder in Ägypten.[51]

Wenn während dieser Jahre des Umherziehens in der Wüste ein Element unseres Lebens stabil bleibt – der Arbeitsplatz, die Beziehung, ein spiritueller Weg –, haben wir Glück, denn dieses eine stabile Element erleichtert all die anderen Veränderungen, nach denen die Seele verlangt.

An diesem Punkt entdecken wir oft eine Leere dort, wo vorher das Ich war, und wissen nicht, was wir machen wollen. Dann können wir nur experimentieren, dies und das ausprobieren, bis irgendetwas eine Saite in uns zum Klingen bringt. Ein Student kann durch einen bestimmten Kurs einen Hinweis erhalten; ein anderer Mensch findet

Liebe, einen Arbeitsplatz oder die Chance, einen Berg zu besteigen. Manchmal ist das Gefühl des Verlorenseins so groß, dass die kleinsten Entscheidungen im Leben unmöglich erscheinen, weil man erkennt, dass andere die Wahl des Frühstücksmüslis oder der abendlichen Fernsehshow programmiert haben.

Wir können das, was wir suchen, entdecken, wenn wir auf unsere Fantasien achten. Die Bilder sind in uns. Wenn wir verloren in der Wüste umherwandern, ist es wichtig, dass wir weiter an einen höheren Zweck und die Reise glauben und darauf vertrauen, dass Manna vom Himmel fallen wird.

Die Sehnsucht unseres Herzens hängt mit dem inneren Verlangen zusammen, uns auf der Ebene der Seele zu erkennen und zur Großartigkeit des Universums beizutragen – durch eine große Liebe, eine große Arbeit, persönliche Verwandlung oder Weisheit. Im hohen Alter – besonders wenn unsere Gesundheit nicht mehr die beste ist – sehnen wir uns vielleicht danach, unseren Körper zu verlassen und herauszufinden, was danach kommt.

Es ist nie zu spät, den Aufruf zum Abenteuer zu beantworten. Oft schlagen wir viele – unter Umständen auch pathologische – Wege erfolglos ein, bevor wir den finden, den wir suchen.

Manchmal schrecken wir davor zurück, uns unserer Reise zu verpflichten, aber zur Umkehr ist es zu spät. Dann werden wir zu Wanderern, nicht zu Suchenden – wir kapseln uns ab, haben Angst vor Nähe und zerstören blind alle möglichen Werte. Wir *müssen* unabhängig und anders sein und weiterziehen. Wir können uns nicht binden. Auch wenn wir heiraten, warten wir innerlich immer noch auf den Prinzen oder die Prinzessin. Wir bleiben in einem Job, wissen aber, dass dies nicht unsere »wirkliche« Arbeit ist. Unser ganzes Leben erscheint leer, denn wir sehnen uns nach dem Paradies oder zumindest etwas Besserem.

Viele Menschen verpflichten sich nie sich selbst oder ihrer Reise. Aber erst wenn wir es tun, hören wir auf, ziellos Wandernde zu sein, und werden zu Suchenden. Unsere Suche bekommt eine andere Qualität. Sie gilt spiritueller Tiefe und Authentizität, und wir wissen, dass wir nicht nur unsere Umgebung – Partner, Arbeitsplatz, Aufenthaltsort – ändern wollen, sondern uns selbst. Auch wenn wir uns nicht mit Religion beschäftigen, besitzt diese neue Suche etwas Spirituelles, denn sie gilt einem Ziel, das tiefe und ewige Bedeutung hat.

> Es ist nie zu spät, den Aufruf zum Abenteuer zu beantworten.

Auf der höchsten Ebene findet der Suchende die Wahrheit, auf die er aus war. In der realen Welt hat jeder von uns *einen* Teil der Wahrheit gefunden, und deshalb können wir *alle* Suchende und Orakel zugleich sein, unsere Fragen und unsere Einsichten miteinander teilen.

Der Weg der Prüfungen

Sobald wir uns entschieden haben, die Schwelle zu überschreiten, und uns auf die Heldenreise machen, erleben wir eine Reihe von Prüfungen; sie testen, ob wir genügend vorbereitet sind und die Lektionen des Unschuldigen, des Verwaisten, des Kriegers und des Gebers gelernt haben. Wenn wir den naiven Optimismus des Unschuldigen und den automatischen Pessimismus des Verwaisten ins Gleichgewicht bringen können, wissen wir, wem wir vertrauen können und wem nicht. Wir können Führer von

Versuchern unterscheiden. Manche Leute werden unsere Reise unterstützen und uns den Weg zeigen, andere werden versuchen, sie zu sabotieren. Wenn wir uns in unserem Urteil vertun, werden wir wieder auf die Verwaisten-Stufe zurückgeworfen, bis wir besser unterscheiden können. Wenn Sie sich zum Beispiel weiterhin in bedrückenden Beziehungen wiederfinden, ist das die Prüfung, an der Sie gerade arbeiten. Sie haben so viel Zeit, wie Sie brauchen.

Oft werden wir auch mit einer großen Herausforderung (einem Drachen) konfrontiert, die unseren Mut testen soll. Wenn wir sie nicht bestehen, werden wir weiter Drachen begegnen, bis unsere Krieger-Fertigkeiten sich vervollkommnet haben. Und wir werden mit Gelegenheiten konfrontiert, in denen wir anderen dienen und helfen sollen, damit wir unsere Fähigkeiten als hoch entwickelter Geber beweisen können. In Märchen und Mythen erhalten wir einen Schatz, wenn wir den Drachen getötet haben. Wenn wir einem Menschen in Not beistehen, verschafft uns dies magischen Schutz. Der Bettler, dem der Märchenheld hilft, gibt ihm einen magischen Gegenstand, der ihm in einem kritischen Augenblick der Reise das Leben rettet. Es ist wichtig zu wissen, wann wir helfen und wann wir uns zurückhalten sollen, denn oft trügt der Schein. Wenn wir anderen aus Egoismus helfen – wegen unseres Selbstwertgefühls, um die Prüfung zu bestehen –, geht es fast immer schief. Die Hilfe muss spontan aus dem Herzen kommen, ohne dass wir etwas zurückerwarten.

Der Suchende erlebt den Aufruf als Übergangsritus, als Einweihung ins Überpersönliche, ohne die das wahre Selbst nicht entstehen kann.

Spirituelle Suche

Bis zu einem gewissen Grad lässt jede Suche sich auf den elementaren Wunsch zurückführen, etwas Authentischem zu begegnen – in sich selbst, der äußeren Welt und dem Kosmos. Bei vielen Menschen nimmt diese Sehnsucht die Form einer Suche nach Gott an. Zu allen Zeiten und an allen Orten haben Menschen dem Heiligen Namen gegeben. Naturvölker fanden das Heilige in Totemtieren, Mutter Erde und Vater Himmel sowie den Vorfahren. Viele Kulturen einschließlich der Griechen, Römer und Ägypter waren ebenfalls polytheistisch; sie verehrten viele Götter und Göttinnen. Manchmal wurden besonders männliche, manchmal – vor allem in der sehr frühen Menschheitsgeschichte – besonders weibliche Gottheiten verehrt. Die meisten spirituellen Traditionen haben Möglichkeiten gefunden, das eine und die vielen als göttlich zu verehren.

Vielleicht zum ersten Mal in der Geschichte glauben heute viele Menschen nicht an einen Gott, haben aber trotzdem etwas, das ihnen heilig ist. Manche spüren eine Verbindung zum Heiligen, wenn sie für Frieden und Gerechtigkeit arbeiten, andere, wenn sie kreativ sind. Einige halten sich gern in der Natur auf, andere lieben die Traditionen der Familie oder Augenblicke, in denen eine tief empfundene Wahrheit – die Wahrheit des Herzens – geäußert wird. Wieder andere finden das Heilige im Liebesakt, wenn große Achtung und wahre Nähe da sind, und noch andere darin, den Vorgang der Geburt oder des Sterbens zu beobachten. In jedem Fall wird das Heilige mit einem zutiefst authentischen Augenblick assoziiert, in dem wir »ganz da« sind.

> Wir alle sind schrecklich einsam. Tag für Tag geht eine ausweglose Frage in uns um: Sind wir allein in der Wüste des Selbst, diesem schweigenden Universum, von dem wir ein Teil sind und in dem wir uns gleichzeitig wie Fremde fühlen? Eine solche Situation bereitet uns darauf vor, die Stimme Gottes zu suchen.
> (Abraham Joshua Heschel)

Egal, ob wir religiöse oder nichtreligiöse Begriffe benutzen, unser Suchender wird erst zufrieden sein, wenn wir etwas über uns selbst Hinausgehendes als real erlebt haben. Der Impuls zu suchen drängt uns, das Überpersönliche zu erfahren. Dazu brauchen wir nicht den absolut »richtigen« Weg zu finden. Wir brauchen nur einen Weg zu finden.

Viele Christen meinen, von einem Nichtchristen könnten sie nichts über das Überpersönliche erfahren. Ich kenne Juden, die bereit sind, das Numinose nicht nur im Judentum, sondern auch in anderen Religionen kennenzulernen – aber nicht im Christentum. Viele Menschen können es nur erleben, solange nicht von Gott geredet wird. Für sie sind die Jung'sche oder andere Formen der transpersonalen Psychologie hilfreich. Viele Frauen sind eher bereit, etwas über das Göttliche zu erfahren, wenn es ihnen als weiblich und nicht als weißer alter Mann vorgestellt wird.

Die Menschen erleben das Heilige so verschieden, dass nicht seine Verfügbarkeit, sondern unsere Fähigkeit, es aufzunehmen, das Problem zu sein scheint. Eingeborenenvölker erleben das Numinose oft durch die Unterhaltung mit den Vorfahren, mit Tieren, Bäumen oder den Bergen. In Hawaii wird ein Vulkan immer noch als die Göttin Pele verehrt.

Obwohl diese Vorstellungen vielen Angehörigen der monotheistischen westlichen Kultur seltsam erscheinen mögen, sind sie nicht ketzerisch. Juden, Christen, Buddhisten, Hindus oder auch Praktizierende der spirituelleren Formen des Yoga räumen ein, dass Gott Liebe und überall vorhanden ist. Daraus folgt, dass man Gott überall finden und er durch alles sprechen kann.

Der Suchende muss nicht nach einem transzendenten Gott suchen, wohl aber bestimmen, was er schätzt, was ihm heilig ist und was seinem Leben Sinn gibt.

Das Erscheinen des Grals

Die Gralsmythen stellen die Suche nach Sinn symbolisch durch den Ritter dar, der den Heiligen Gral finden will. Egal, wie wohl wir uns fühlen und wie erfolgreich wir sind, unser innerer Suchender ist untröstlich, bis wir Sinn und Wert in unserem Leben finden.

Die großen Gralsmythen des 12. Jahrhunderts enthielten alte spirituelle Wahrheiten (siehe Kapitel 4). Die Ritter im Schloss von König Artus schworen, den Gral zu suchen, was Ausdruck der Suche nach Einsicht und Erleuchtung ist.

Wie das Weihnachtsfest verbinden die Gralslegenden heidnische und christliche Symbolik. Der Gral war angeblich der Abendmahlskelch; er geriet einer mittelalterlichen Legende zufolge in die Hände von Joseph von Arimathia, der in ihm Blut und Schweiß des gekreuzigten Christus auffing. In der Zeit von König Artus erschien der Gral in Camelot und gab den Versammelten die Speisen und Getränke, nach denen sie verlangten. Dies symbolisierte »die spirituelle Nahrung, die der Gral geben kann«. Viele Ritter machten sich auf die Suche nach seiner Energie, aber nur der Reine und Gute kann sie finden.[52]

Der Suchende lässt sich von nichts aufhalten. Sein Antrieb ist so stark, dass er notfalls seine wertvollsten Beziehungen und Besitztümer – Heim, Arbeit, Freunde, geliebte Menschen – um der Suche willen aufgibt. Egal, was für schreckliche oder erniedrigende Dinge wir im Leben tun, der Suchende, der seiner Suche treu ist, bleibt rein. Im Grunde symbolisiert die Suche nach dem Gral die Suche nach unserem wahren Selbst.

Brian Cleeve sagt, dass der Gral jedem von uns beim Sterben hilft: »Das Letzte, das wir sehen, bevor wir nichts mehr sehen, und uns das Geschenk des Ewigen Lebens macht.«[53] Der Suchende ist – im buchstäblichen und im übertragenen Sinn – bereit zu sterben, um die elementare Schönheit der kosmischen Wahrheit zu erleben. Aber es geht hier nicht so sehr um den physischen Tod als vielmehr um die Bereitschaft, unser altes Selbst aufzugeben, damit das neue entstehen kann.

Durch die Suche lernen wir vor allem, dass Gott in uns ist. Wenn wir diese Wahrheit entdecken, »verschwinden wir nicht in einem Niemandsland, von dem es keine Rückkehr mehr gibt; wir haben vielmehr die Pflicht, zurückzukehren und die Geschenke des Grals mitzubringen, damit wir zum Kelch werden und jedes lebende Geschöpf erneuern. Wir werden zum Gral, damit andere trinken können, denn den Gral zu finden bedeutet, zu ihm zu werden.«[54] Dazu müssen wir uns von unserem Egoismus lossagen und für die ganze Menschheit wiedergeboren werden. Der Suchende ist der Teil von uns, der nicht nur für sich selbst, sondern für die ganze Menschheit suchen will.

> (Der Gral) ist ein Führer, ein Ratgeber, ein Helfer.
> (Er ist) eine Tür zum Innenleben, zur inneren Reise,
> die wir alle bis zu ihrem Ende machen müssen und
> die voller Gefahren und Zweifel, voller Angst und
> Verlust des Glaubens ist. Solange unser Ziel
> wahrhaftig ist und nichts Böses beinhaltet, bleibt
> der Gral wie ein Licht in der Wildnis bei uns.
> (John Matthews)

Der Schatten-Suchende, Selbstzerstörung und Verwandlung

Wenn wir den Aufruf unseres inneren Suchenden nicht beantworten, erleben wir seine Schattenform; sie äußert sich durch ein zwanghaftes Bedürfnis nach Unabhängigkeit, das uns isoliert und einsam macht. Wenn der Ruf völlig geleugnet wird, zeigen sich körperliche oder seelische Symptome. Wie James Hillman so treffend sagte, sind unsere Krankheiten Aufrufe der Götter.[55]

Eine Schattenform des Drangs zum spirituellen Aufstieg ist etwa das Bedürfnis, durch chemische Stoffe »high« zu werden, der Adrenalinstoß während einer Krise und bei Aufregung oder ein zwanghafter, rücksichtsloser Ehrgeiz. Er gilt im Allgemeinen irdischen Zielen – man möchte die Erfolgsleiter heraufklettern –, kann aber auch spiritueller Art sein. Der vielleicht angsteinflößendste Mythos in dieser Hinsicht ist die Geschichte von Luzifer, der wegen seines kühnen Wunsches, die himmlische Macht an sich zu reißen, in die Hölle geworfen wird. Luzifer bedeutet »Lichtbringer«, und eben aufgrund seiner Suche nach mehr Licht wird er in die Finsternis geworfen – er will nicht nur weiterkommen, er will auch besser sein als andere. Die Schattenform des Suchenden zeigt sich oft als Stolz.

Viele Mythen weisen warnend darauf hin, dass spiritueller Ehrgeiz gefährlich ist, nicht nur in seiner Schattenform. Der Archetyp des Suchenden steht zwischen Ich und Seele, und oft wird die Suche nur durch unser ehrgeiziges Ich motiviert. Prometheus stiehlt den Göttern das Feuer und wird dadurch bestraft, dass Vögel von seiner Leber fressen. Dädalus warnt seinen Sohn Ikarus, nicht zu hoch zu fliegen, aber Ikarus, ob aus Stolz oder einfach aus Leichtsinn, fliegt zu nah an die Sonne heran; das Wachs seiner Flügel schmilzt, und er stürzt ins Meer.

Die Geschichten von Luzifer und Ikarus raten nicht per se von der Suche ab. Sie warnen nur vor Anmaßung und Stolz – davor, höher zu fliegen, als man kann oder darf. Nicht der Versuch, höher zu kommen, wird in diesen Geschichten bestraft, sondern Vermessenheit und das Vergessen der geziemenden Grenzen.

Transzendenz und Tod

Die Sehnsucht nach Transzendenz, die jeden Ehrgeiz motiviert, scheint so ewig zu sein wie das Bedürfnis des Menschen nach Wasser, Nahrung und Wärme. In vielen Fällen ist sie so stark, dass Menschen sich diese elementaren menschlichen Bedürfnisse im Interesse der Transzendenz nicht erfüllen. Große Künstler gefährden ihre Gesundheit, um in der Kunst das Höchste zu erreichen; große Mystiker haben gefastet, härene Gewänder getragen oder ihren Körper sonst wie misshandelt, um dem Geist zu dienen; Bergsteiger riskieren ihr Leben und ihre gesunden Gliedmaßen, um den Gipfel zu erreichen; Sportler ignorieren Verletzungen und wetteifern, um das bislang Unerreichte zu erreichen; Akademiker bekommen schlechte Augen und einen krummen Rücken, weil sie auf der Suche nach Weisheit ihr Leben in Bibliotheken verbringen.

Viele Menschen erleben heute Transzendenz nur durch ihre Arbeit. Es kann einen in Hochstimmung versetzen, wenn man sich für die Arbeit, die man liebt, ganz verausgabt. In vielen Berufen ist es jedoch zur Norm geworden, sehr viel mehr Stunden zu arbeiten, als körperlich, seelisch oder geistig gesund ist. In einer materialistischen, auf Irdisches ausgerichteten Gesellschaft ist der Berg, der erklommen wird, oft beruflicher Erfolg. Genauso wie Mönche und Nonnen auf der Suche nach Transzendenz härene Gewänder trugen, fasteten und ihre Gesundheit und ihre Behaglichkeit auf andere Weise beeinträchtigten, halten die Menschen heute es für selbstverständlich, ihre Gesundheit im Dienste des Erfolgs zu gefährden. Obwohl die in unserer Gesellschaft weit verbreitete Arbeitssucht verhängnisvoll und ungesund ist, ist ihr Beweggrund es nicht, und viele Menschen entdecken erfüllendere Wege zur Transzendenz.

Ebenen des Suchenden

Schatten
Übermäßiger Ehrgeiz, Perfektionismus, Stolz, Bindungsunfähigkeit, Süchte.

Aufruf
Entfremdung, Unzufriedenheit, Leere; die Gelegenheit »ergibt sich«.

Ebene 1
Erkunden, Wandern, Experimentieren, Studieren, Neues ausprobieren.

Ebene 2
Ehrgeiz; die Erfolgsleiter heraufklettern; der Beste werden, der man sein kann.

Ebene 3
Spirituelle Suche, Verwandlung.

Bei unserem Versuch, erfolgreicher und wohlhabender zu werden, das menschliche Leben immer mehr in der Hand zu haben und auf einer Ebene materiellen Wohlstands und individueller Freiheit zu leben, die wir uns nie hätten träumen lassen, opfern wir unsere Gesundheit und die der Erde. Insofern lässt sich sagen, dass die ganze Gesellschaft von der Schattenform des Suchenden besessen ist.

Wenn wir im Bann des Suchenden stehen, schaden wir unserem Körper, geben wir unsere liebevollsten Beziehungen auf, lassen wir alle Vorsicht fahren, um größer zu werden, als wir sind. Wandern bedeutet, dass wir die Grenzen unserer Kenntnisse und Erfahrungen, unseres Wesens und unseres Tuns weiter ausdehnen. Wir sind wie ein keimender Samen, der bersten und neues Leben hervorbringen will; dazu muss das frühere Gefäß aufgebrochen werden. Wir erleben dies bei jedem großen Durchbruch im Leben, auch beim Sterben.

Die Verbindung des Suchenden mit dem Tod kommt allerdings auch in positiver Form im Mythos vor. Adrienne Richs Gedicht »Fantasia for Elvira Shatayev« zum Beispiel ist durch ein Team von russischen Bergsteigerinnen inspiriert, die im August 1974 bei einem Sturm umkamen. Das Gedicht thematisiert den gleichzeitigen Aufruf zu Transzendenz und Tod. Der Tod der Bergsteigerinnen auf dem Gipfel ist nicht tragisch. Er ist der Höhepunkt ihres Lebens. Im Gedicht sagt Shatayev, dass sie sich monatelang auf diesen Aufstieg vorbereitet und dabei die Welt unten hinter sich gelassen hat; sie hält sie für gefährlich, weil dort jeder in seiner Getrenntheit gefangen ist. Auf dem Gipfel des Berges erreicht sie Transzendenz.[56] Der Tod ist ein kleiner Preis dafür, dass man sich und seine Fähigkeiten im Zusammenleben mit Menschen und der Natur voll verwirklicht hat. Das höchste Ziel des Suchenden besteht darin, durch Transzendenz sein Selbst zu realisieren – ganz sein bestes Selbst und eins mit dem Kosmos zu sein.

In einigen östlichen Religionen besteht das Ziel spiritueller Übungen darin, über Körper und Ich hinauszugehen und schließlich mit Gott zu verschmelzen. Dies bedeutet im Grunde, dass man sein individuelles Ich aufgibt, um völlig in die Einheit einzutauchen. Es gleicht dem christlichen Ziel, die Unsterblichkeit zu erlangen und in Ewigkeit mit Gott verbunden zu sein. Genau dies ist das Ziel des Geistes.

Übungen

Denken Sie ein wenig darüber nach, wann, wo, wie und wie stark der Suchende sich in Ihrem Leben äußert.

1. Wie sehr oder wie wenig drückt der Suchende sich in Ihrem Leben aus? Hat er sich in der Vergangenheit oder in der Gegenwart mehr ausgedrückt? Meinen Sie, er würde sich eher in der Zukunft zeigen? Äußert er sich mehr bei der Arbeit, zu Hause, in der Gesellschaft von Freunden, in Träumen oder Fantasien?
2. Welche Freunde, Verwandten, Mitarbeiter und sonstigen Menschen scheinen vom Archetyp des Suchenden beeinflusst zu sein?
3. Möchten Sie, dass der Suchende sich in Ihrem Leben irgendwie anders äußert?
4. Jeder Archetyp drückt sich auf vielerlei Weise aus; lassen Sie sich daher ein wenig Zeit, um den Suchenden, der sich in Ihrem Leben ausdrückt oder ausdrücken könnte, zu beschreiben oder sonst wie darzustellen. Sie können ihn zeichnen, eine Collage machen oder ein Bild von sich in einer bestimmten Kleidung oder Pose wählen. Wie würde er aussehen? Was würde er tun? In welcher Umgebung würde er sich am meisten zu Hause fühlen?

Die Verbindung zum Tod ist nicht nur in der pathologischen, sondern auch in der positiven Form des Archetyps gegeben sowie praktisch überall dazwischen. Die Suche ist der Aufruf des Geistes, Wiedergeburt und Verwandlung zu erleben, sich vom Alten loszusagen und das Neue entstehen zu lassen. So wird irgendwann auf der Reise jeder Suchende zum Eingeweihten.

Tagträume
Fantasieren Sie über bessere Möglichkeiten, »grünere Wiesen«, auf denen Sie lieber wären. Dies kann ein anderer Ort, eine andere Arbeit, ein anderer Partner, ein anderer Lebensstil sein. Überlegen Sie, wie Sie sich ändern müssten, damit Sie Ihre Fantasie leben könnten. Sind Sie bereit, diese Veränderung zuzulassen?

Vom Suchenden zum Eingeweihten

Die Verwandlung von der Raupe zum Schmetterling ist ein traditionelles Symbol für eine so extreme spirituelle Verwandlung, dass eine Spezies zu einer anderen zu werden scheint. Sie steht für den Tod eines Lebens, das nur auf der körperlichen (Ich-)Ebene gelebt wird, und die Wiedergeburt in einem Leben, das vom Geist erfüllt ist.

Viele Menschen lenken Ihr Bedürfnis nach Aufstieg heute auf alle möglichen Leistungen – akademische, sportliche, berufliche. Anfangs ist dies auch sehr positiv und gesund, besonders für Heranwachsende und junge Erwachsene. Die Jungen wollen etwas zustande bringen, die Welt bereisen und erkunden. Auf diese Weise fördert der Suchende die Ich-Entwicklung. Wenn wir dann wachsen und reifen, zeigt sich eine spirituellere Ebene des Archetyps. Wir müssen über das Selbst hinausgehen und kosmische Einheit erleben, was beinhaltet, dass wir als spirituelles Wesen im Leben wiedergeboren werden.

Eine solche Verwandlung verlangt mehr als aktives Suchen. Wir müssen unser früheres Selbst sterben lassen. Daher beschreibt das nächste Kapitel den Archetyp des Zerstörers, mit dem unsere Einweihung ins Reich der Seele beginnt.

11
Der Zerstörer

Wir haben so viele Möglichkeiten, uns durch Essen, Einkaufen, Fernsehen, Alkohol oder Drogen zu betäuben, dass uns oft die Angst aufwecken muss. Früher oder später machen Verluste, Furcht und Schmerz die Reise zur Einweihung. Suchen ist aktiv; wir meinen, es zu wählen. Aber die Einweihung, besonders die vom Zerstörer regierte, wählt uns.

> Der Zerstörer
> **Ziel:**
> Wachstum, Verwandlung
> **Angst:**
> Stagnation oder Vernichtung; Tod ohne Wiedergeburt
> **Antwort auf den Drachen / das Problem:**
> Zerstört werden oder zerstören
> **Aufgabe:**
> Loslassen lernen, die Sterblichkeit akzeptieren
> **Geschenk:**
> Demut, Akzeptanz

Die Einweihungserfahrung kann durch den Tod eines Kindes, Partners oder Elternteils und das plötzliche Bewusstsein der Sterblichkeit ausgelöst werden.[57] Sie kann durch ein Gefühl der Ohnmacht herbeigeführt werden, die Entdeckung, dass etwas, mit dem man gerechnet hat oder auf das man hingearbeitet hat, ergebnislos geblieben ist. Die Ursache kann auch eine Ungerechtigkeit sein. Sie waren gut, diszipliniert, fleißig und liebevoll, und zum Dank bekommen Sie einen Tritt.

Mein Testergebnis für den Archetyp des Zerstörers: _____ Punkte (siehe Übersicht Anleitung zur Auswertung im Anhang)
(hoch = 30 / niedrig = 0)
Es ist mein _____ höchstes Ergebnis.
(höchstes = 1. / niedrigstes = 12.)

Wir werden nicht nur mit der Sterblichkeit und Grenzen allgemein konfrontiert, sondern kommen irgendwann im Leben einmal zu der Auffassung, dass das Leben offensichtlich keinen Sinn hat. Es ist schlimm genug zu wissen, dass man sterben wird. Aber zu wissen und zu spüren, dass das *Leben* keinen Sinn hat, ist schwer zu ertragen. Die Auflösung dieses Dilemmas besteht oft nicht in der Weigerung, den Tod anzuerkennen, sondern darin, dem eigenen Leben einen Sinn zu geben und die Unvermeidlichkeit des Todes zu akzeptieren.

Wir alle sterben. Ob wir an ein Leben nach dem Tod glauben oder nicht, wir alle müssen uns mit diesem irdischen Leben mit seinen Schönheiten und Bindungen beschäftigen. Seine Vergänglichkeit lässt uns erkennen, wie wertvoll es ist. Das Wissen um den Tod kann uns von einer zu starken Fixierung auf Leistung, Ruhm und Reichtum befreien, denn es erinnert uns an das, was wirklich wichtig ist.

Solange wir die Realität des Todes leugnen, werden wir von ihm besessen sein. Sigmund Freud verstand, dass Thanatos, der Tod, eine genauso mächtige Kraft ist wie der Eros und wie dieser nicht geleugnet werden kann. Warum sonst würden Menschen wohl rauchen, obschon sie wissen, dass diese Gewohnheit tödlich ist? Warum sonst in hyperstressigen Berufen weiterarbeiten? Warum in Beziehungen bleiben, in denen sie schlecht behandelt werden? Durch einen selbstzerstörerischen Lebensstil entscheiden viele von uns sich unbewusst für den Tod. Wir können ihm nicht entfliehen, genauso wenig wie die meisten Leute, die ich kenne, sich von einem selbstzerstörerischen Verhalten befreien können. Sogar Menschen, die ein offensichtlich süchtiges Verhalten aufgeben, haben meist noch eine gesellschaftlich akzeptierte Sucht: Fettleibigkeit, Promiskuität oder Habgier. Die Menschen scheinen unfähig zu sein, sich völlig vom Zerstörer zu lösen. Also geht es darum, wer zerstört wird und von wem.

Die Wissenschaftler sagen uns, dass die Entropie, die Tendenz zu zunehmender Unordnung und Chaos, die natürliche Verlaufsrichtung des Universums ist. Das Leben zwingt einem ungeordneten Universum Ordnung auf; die Entropie wirkt dieser Ordnung entgegen. Diese Vorstellung findet sich auch in vielen Religionen, die Götter und Göttinnen, die zerstören, genauso anbeten wie solche, die erschaffen. Die in Indien verehrte Göttin Kali zum Beispiel bringt Tod und Zerstörung. Das Christentum vollzieht eine Spaltung und ordnet Tod und Zerstörung dem Teufel zu, dem Widerstand zu leisten ist und der unter Umständen bekehrt, auf keinen Fall aber verehrt werden soll. Vielleicht macht der unbewusste Vertrag der Seele mit dem Tod es Menschen so schwer, das zu vermeiden, was wir gemeinhin für Böse halten – Tod, Zerstörung, Selbstzerstörung.

Die Leugnung des Todes

Alles, was wir mit unserem bewussten Verstand leugnen, hält uns gefangen. Wenn wir den Tod nicht konfrontieren, halten wir am Ich-Zustand der Unschuld fest und leugnen die Seele. Und wir bringen unbewusst und unwissentlich das hervor, was wir leugnen. Wir sind besessen von Tod und Unordnung.

Die meisten von uns – und die Gesellschaft insgesamt – behaupten, Leben und Glück fördern und die Welt zu einem besseren Ort machen zu wollen. Aber unsere Säuglingssterblichkeit ist erstaunlich hoch, Alkoholismus und Drogensucht grassieren, und der Konsum von Fett, Zucker und minderwertiger Nahrung ist bei Kindern und Erwachsenen ungesund hoch. Wir verschmutzen die Luft, die wir atmen, das Wasser, das wir trinken, die Nahrung, die wir essen, und lagern atomaren und anderen giftigen Müll in Containern, die weniger haltbar und langlebig sind als die gefährlichen Stoffe, die sie enthalten. Die weitverbreitete Leugnung des Todes hat uns zu seinem unfreiwilligen Verbündeten gemacht. Unser Ich möchte Gott als wohlwollenden Elternteil sehen, der stark genug ist, um für uns zu sorgen, damit wir, egal, wie alt wir werden, nie ohne einen kosmischen Geber auszukommen brauchen. Dieser wichtige Teil von Religion und Spiritualität trägt dazu bei, dass unser inneres Kind sich sicher genug fühlt, um zu wachsen. Aber wenn wir diese kindliche Einstellung beibehalten, wird das Heilige oft einfach als Hilfsmittel zur Befriedigung unserer menschlichen Bedürfnisse gesehen.

Das kindliche Ich möchte sicher sein, dass Gott uns vor den vielen Gefahren bewahrt, die wir um uns herum sehen. Die Betonung der Sicherheit führt jedoch immer zu Leugnung, die mit der Zeit die Seele betäubt.

Das in unserer Seele verwurzelte Angezogensein vom Tod ist eine Vorbedingung für die Verwandlung. Trotzdem ist die Realität von Tod und Verlust ein schwieriges theologisches Problem. Annie Dillard zum Beispiel vergleicht die Reise des Mystikers mit einer Motte, die von einer Lichtquelle angezogen wird. Die Autorin beschreibt, wie sie eines Nachts beobachtete, dass eine Motte in eine Kerze flog. Es war eine wunderschöne goldfarbene weibliche

Motte mit einer Flügelspannweite von fünf Zentimetern. Erst wurde der Bauch der Motte vom Wachs festgehalten, und das Feuer begann, ihren Körper wegzubrennen; nur die Hülle blieb zurück; sie wurde zum Docht. Annie Dillard beobachtete, wie die Motte zwei Stunden lang brannte, bis »ich sie ausblies ... sie krümmte oder beugte sich nicht, glühte nur von innen heraus, wie die Silhouette eines erleuchteten Hochhauses, wie eine hohle Heilige, eine flammengesichtige Jungfrau, die zu Gott gegangen ist«.

Annie Dillard erzählt dann die Geschichte von Julie Norwich, einem wunderschönen jungen Mädchen, das bei einem Unfall schreckliche Verbrennungen erlitt; sie versucht, diese Tragödie mit der Vorstellung eines liebevollen Gottes zu vereinbaren, und bemerkt: »Es ist verrückt ... Wer weiß, was Gott will?«[58] Annie Dillards Antwort auf die Grausamkeit der menschlichen Existenz ist jedoch nicht, auf Gott zu verzichten oder ihn für tot zu erklären, sondern das Heilige ganz zu bejahen – einschließlich solcher Gräuel wie die, von denen sie erzählt.

Julie Norwich, vermutet sie, wird dank plastischer Chirurgie zweifellos ein normales Leben leben. »Ich werde statt deiner die Nonne sein«, sagt sie in der Vorstellung zu Julie. Für das Ich-Bewusstsein klingt eine solche Aussage masochistisch; aber die Seele kennt ihre Bedeutung, denn die Seele sehnt sich danach, Gott, das Selbst und den anderen in ihrer ganzen Realität zu lieben und nicht nur die hochglanzpolierte Version, die das Ich vom Leben hat.

Das Eindringen in die Mysterien erfordert fast immer eine Begegnung mit der Angst und die Erkenntnis, dass die letzte Realität des Universums nicht schön, nett und kontrollierbar ist. Ob wir mit sexueller Leidenschaft oder dem Geheimnis von Geburt und Tod in Kontakt kommen, sie gehören zum Kreislauf der Natur und sind für das Ich im Allgemeinen schwierig, intensiv und bedrohlich.

Jeder von uns hat in sich einen Zerstörer, der mit dem Tod im Bunde steht und ihn liebt. Dieser Schatten-Zerstörer versucht, das Ich zu retten, indem er die Seele angreift und verteidigt, wer wir sind. Am Schluss greift er auch unsere Abwehrmechanismen an und öffnet so die Tür für die Begegnung mit unserem höheren Selbst.

> Das Eindringen in die Mysterien erfordert fast immer eine Begegnung mit der Angst und die Erkenntnis, dass die letzte Realität des Universums nicht schön, nett und kontrollierbar ist.

Leid: Sinn und Funktion

Der Zerstörer ist für die Verwandlung unabdingbar. Wenn er nur diese Rolle innehätte, erschiene er ziemlich positiv, und wir könnten uns im Bewusstsein der grundsätzlichen Güte des Universums entspannt zurücklehnen. Aber der Zerstörer schlägt oft scheinbar irrational und sinnlos zu.

Manche Menschen meinen, dass der Glaube an Karma und Reinkarnation Schmerz und Ungerechtigkeit hinreichend erklärt; Schwierigkeiten in diesem Leben sind dann die Folge von Untaten, die wir in einem früheren Leben begangen haben. John Sanford widerspricht dem in seinem Buch *Evil: The Shadow Side of Reality:* »Wenn man die Gräuel von Dachau und Auschwitz sieht … erscheint die Annahme, diese Opfer menschlicher Barbarei hätten dort das ihnen angemessene Karma erlebt, als Beleidigung des menschlichen Gefühls.«[59]

Viele Aspekte des Lebens widersprechen aus menschlicher Sicht jedem Gefühl für Gerechtigkeit. Ob es sich um unterernährte Babys, misshandelte Kinder, die Opfer brutaler Folterungen oder die Opfer sogenannter »höherer

Gewalt« – Vulkanausbrüche, Erdbeben, Dürren, Überschwemmungen, Hungersnöte – handelt, das Gefühl des Irrationalen bleibt. Die solchen Ereignissen zugeschriebene karmische Gerechtigkeit ist nicht auf rationaler, sondern nur auf der Ebene des kosmischen Mysteriums fassbar.

Die Leere, die der Zerstörer hinterlässt, geht tiefer und schwächt mehr als das Verlassenheitsgefühl, das der Verwaiste erlebt. Der Zerstörer schlägt oft bei Menschen in der Blüte des Lebens zu, die ihre Identität voll entwickelt haben und an ihre Fähigkeit glauben, mit Problemen fertigzuwerden. Er wütet nicht, um Missetaten zu bestrafen; die biblische Geschichte von Hiob erzählt den typischen Fall eines scheinbar grundlosen und unverdienten Unglücks.

Hiob war persönlich, gesellschaftlich, ökonomisch und ethisch ein erfolgreicher Mann. Er war wohlhabend, fürsorglich und gut, und doch wurde ihm alles genommen – sein Besitz, seine Kinder und sogar sein guter Name. Der Zerstörer greift die erfolgreich geschaffene Persona an (ob sie gesellschaftlich erfolgreich ist, hat hier keine Bedeutung) und macht im besten Fall Platz für etwas Neues. Bei einigen Mystikern macht die Zerstörung den Weg frei für das Heilige, und sie kehren nie wieder zu ihrem früheren Leben zurück. Bei Hiob kam nach der »Vernichtung« die Wiedererschaffung seiner gesellschaftlichen Persona, einschließlich neuer Reichtümer und Kinder. Er kehrte nicht zu seinem Leben zurück, als ob der grundlose Verlust nicht geschehen wäre; er wurde durch die Begegnung mit den Mysterien auf Dauer verändert.

Die Freunde Hiobs versuchen, das, was ihm zustößt, kausal zu erklären. Er muss irgendetwas falsch gemacht haben, meinen sie, oder aber, so Hiobs Frau, es ist Gottes Schuld, und Hiob sollte Gott verfluchen und sterben. Aber die Mysterien sind nie irgendjemandes Schuld. Das würde bedeuten, dass wir das Ergebnis kontrollieren und Tod, Schmerz und Ungerechtigkeit abschaffen könnten, wenn wir nur den Schuldigen fänden. Aber wenn wir ihre Existenz und unsere Abneigung gegen sie akzeptieren, können wir das Mysterium erleben und gleichzeitig so viel Ungerechtigkeit und Schmerz zu lindern suchen, wie wir können.

> Der Zerstörer schlägt oft bei Menschen in der Blüte des Lebens zu, die ihre Identität voll entwickelt haben und an ihre Fähigkeit glauben, mit Problemen fertigzuwerden.

Das Geheimnis des Leidens kann nicht kausal (»Wer hat die Schuld?«), sondern im Hinblick auf seine praktische Nützlichkeit (»Wozu dient das Leiden?«) interpretiert werden. Vielleicht hat jeder von uns sich inkarniert – und erlebt die Geheimnisse von Liebe, Geburt und Tod –, um in eine höhere Seinsebene eingeweiht zu werden: eine, bei der das Göttliche sich in einer individuellen menschlichen Form äußert.

Es geht über das Thema dieses Buches hinaus, Aussagen über das Wesen Gottes oder die Unsterblichkeit der Seele zu machen; aber es ist doch wichtig zu sehen, wie oft ein Unglück sich wie eine Verstümmelung anfühlt. Denken Sie an die Überlebenden des Holocaust, Menschen, die aus dysfunktionalen Familien kommen, besonders solche, die in ihrer Kindheit sexuell missbraucht oder geschlagen wurden, Menschen, die Aids oder Krebs haben und quälende Behandlungen über sich ergehen lassen müssen, Menschen, die durch den Missbrauch chemischer Substanzen einen Tiefpunkt erreicht haben. Es gibt Menschen, die ein geliebtes Kind verloren haben, einen Partner, mit dem sie viele Jahre liebevoll zusammengelebt haben, einen Beruf, der sie stützte und ihnen ein Gefühl der Identität gab. Und es gibt andererseits den »normalen« Verlauf des Lebens von jugendlicher Gesundheit und Vitalität zu altersbedingter Gebrechlichkeit und Schwäche.

Das Ich schützt das heranwachsende Kind oft davor, sich zu früh mit Ereignissen beschäftigen zu müssen, die sein Bewusstsein nicht verkraften kann. Es verdrängt Erfahrungen, bei denen das Kind vernachlässigt, körperlich oder emotional missbraucht, vergewaltigt oder Opfer eines Inzests wurde. Wenn der Erwachsene irgendwann im Leben sein Ich so weit entwickelt hat, dass ihn das Anschauen dieser Ereignisse nicht völlig zerstört, beginnen Erinnerungen aufzusteigen. Wenn sie sehr verheerend sind, kann zeitweilige Dysfunktionalität die Folge sein; wenn das Trauma relativ schwach ist, kann es im Verlauf einer Therapie aufgearbeitet werden.

Wenn die Zerstörung durch äußere Kräfte bewirkt wird, erleben wir unsere Ohnmacht – das Schicksal hat uns in der Hand. Wenn wir an Aids oder Krebs leiden, haben wir vielleicht das Gefühl, dass unser eigener Körper oder Wille sich mit der anderen Seite verbündet hat, was zu der Erkenntnis führt, dass wir nicht nur unschuldige Opfer sind, sondern dass Tod, Böses und Grausamkeit in uns leben. Dieses Wissen macht uns den Schatten deutlich.

> Der Zerstörer ist am Werk, wenn wir unser normales Leben leben und dasselbe tun wie immer, aber keinen Sinn mehr darin sehen. Alles ist plötzlich innerlich leer.

Diese Erfahrung kann uns lähmen oder verwandeln. Manchmal stürzt alles um uns zusammen, und wir werden verrückt oder zynisch; aber wenn wir in der Lage sind, die Erfahrung zu benennen, können wir das Alte loslassen und uns für Neues öffnen. Menschen zum Beispiel, die in der Therapie ein Kindheitstrauma noch einmal erleben, befreien sich so von der emotionalen Betäubung, die mit der Leugnung verbunden ist, und werden in ein neues, authentisches Leben hineingeboren. Menschen mit lebensbedrohlichen Krankheiten geben fast immer das auf, was für sie unwichtig ist. Manchmal bereiten Leid, Schmerz und Krankheit uns auf die heilende Macht der Gnade vor. Viele Religionen beanspruchen das Monopol auf diese Erfahrung, aber Erleuchtung und Heilung lassen sich nicht auf eine Religion oder die Religion überhaupt beschränken. Wenn die Zugehörigkeit zu einer bestimmten Religion für Gnade oder Heilung wichtig wäre, würden etwa Zwölf-Schritte-Programme wie beispielsweise das der Anonymen Alkoholiker nicht funktionieren. Aber überall auf der Welt erleben Drogenabhängige, Alkoholiker und andere süchtige Menschen Gnade und Heilung, wenn sie ihr Leben einer »höheren Macht« übergeben, auch wenn sie nicht wissen, wer oder was diese höhere Macht sein könnte.

Leiden löst uns oft von den Verhaftungen des Ich. Wir hängen an unserer Gesundheit, unserem Reichtum, unserem Zuhause, unseren Einstellungen und den Menschen, die wir lieben. Wenn wir etwas Neues lernen wollen, müssen wir manchmal das Alte loslassen. Wir können dies freiwillig oder widerstrebend tun, das Ergebnis bleibt dasselbe.

Liebe beinhaltet oft Ohnmacht und Verlust. Wenn wir uns an jemanden binden, geben wir andere Alternativen auf und gehen von den unbegrenzten Möglichkeiten zur Begrenzung des vergänglichen Lebens. Wir sind nicht mehr frei. Eine mir bekannte Frau verliebte sich in einen Mann und entdeckte, dass er Alkoholiker war. Ein Großteil ihres Lebens wurde hinfort von der gemeinsamen Genesung in Anspruch genommen, denn sie ging zu Al-Anon und er zu den Anonymen Alkoholikern. Dies kostete sie Zeit und Aufmerksamkeit, die ihr beim Leisten und Kämpfen fehlte, und sie musste einen Teil ihres Ehrgeizes aufgeben. Ein Mann, den ich kenne, heiratete eine Frau, bei der kurz nach der Hochzeit Krebs im Endstadium diagnostiziert wurde. Anstatt die vielen Dinge zu tun, auf die er sich gefreut hatte, begleitete er sie durch ihren Sterbeprozess.

Die Menschen gehen mit dem Gefühl der Ohnmacht, das sie in solchen Situationen überkommt, verschieden um. Manchen entgeht die auf den Tod folgende Wiedergeburt, weil sie an ihrer Bitterkeit festhalten. Es ist wichtig, dass wir unsere Trauer und unsere Wut über unser Leid ganz spüren und dann loslassen, um die neue Wirklichkeit auf der anderen Seite zu sehen. Dabei kann die Überzeugung hilfreich sein, dass nichts geschieht, was nicht sein soll.

> Irgendwann im Leben schlägt der innere oder äußere Zerstörer zu, höhlt uns aus, macht uns demütig. Er »verwundet« uns und öffnet uns für neue Realitäten.

Die meisten traditionellen Religionen halten uns dazu an, darauf zu vertrauen, dass Gott die Dinge lenkt und ihm unser Wohl am Herzen liegt. Viele Menschen glauben, dass wir uns auf einer tiefen Ebene (vielleicht jener der Seele) für alles entscheiden, was wir erleben, und dass wir dies um unseres Wachstums und unserer Entwicklung willen tun (auch wenn unser bewusster Verstand nicht versteht, warum wir uns einige der schwierigeren Herausforderungen unseres Lebens ausgesucht haben sollten). Beide Überzeugungen helfen dem Ich, sich zu entspannen;

sie versichern ihm, dass ungeachtet seines Gefühls des Kontrollverlusts eine wohlwollende Macht die Oberaufsicht führt. So kann es die Mysterien mit weniger Angst und Leid erleben.

Ironischerweise scheint das Ausmaß an Einsicht, Geist oder Gnade, das wir erreichen, damit zusammenzuhängen, wie leer wir geworden sind. Deshalb glauben die meisten Religionen, dass weltlicher (auf der Ebene der Persona erreichter) Erfolg die Entwicklung der Spiritualität behindert, und deshalb auch geben Mystiker und Asketen Intimität, Besitz und Stolz auf. Die Tugend, die der Zerstörer bringt, ist Demut.

Der Mythos und seine Funktion

Schlüssel zur Heldenreise ist die Bereitschaft, für die Heilung oder Besserung der Welt Opfer zu bringen bzw. geopfert zu werden. Christus, Osiris und Dionysos werden geopfert, damit andere mehr Leben haben. Dieses Opfer ist aus vielerlei Gründen notwendig: Wenn wir uns unsere größten Ängste ansehen, werden wir frei von Verhaftungen; wenn wir uns für die Verwandlung öffnen, wecken wir Mitgefühl in uns und anderen.

Sylvia Brinton-Perera erzählt in ihrem Buch *Der Weg zur Göttin der Tiefe*[60] den Mythos der Göttin Inanna, die freiwillig ihre Macht aufgab, um die Unterwelt zu besuchen und eingeweiht zu werden. Auf dem Weg nach unten wird sie ihrer gesamten Habseligkeiten, Juwelen und Kleidung entledigt, bis sie nackt ankommt. Dann wird ihr das Leben genommen, und ihr Körper wird aufgehängt, um zu verfaulen.

Wie wir alle ist Inanna hilflos, als der Zerstörer zuschlägt. Sie kann sich nicht retten. Jemand anderes muss es tun; in ihrem Fall ist es Enki, der Erdgott, der aus dem Schmutz unter seinen Fingernägeln zwei Geschöpfe erschafft, deren wichtigste Eigenschaft Mitgefühl ist. Sie zeigen Sympathie für die Königin der Unterwelt, Ereshkigal (die in den Wehen liegt), und werden mit dem Leichnam von Inanna belohnt; die Autorin vergleicht diesen Vorgang mit der Wiedergeburt durch Mitgefühl, die auch für eine Therapie typisch ist. Inanna wird schließlich wiedergeboren, als sie mit dem Wasser des Lebens besprengt wird.

Helden wie Christus oder Inanna zeigen uns, dass wir sterben müssen, dass aber auf den Tod immer die Wiedergeburt folgt; dies gibt uns den Mut, unsere Reise fortzusetzen, auch wenn sie in die Unterwelt führt.

Die tausend Gesichter des Zerstörers

Der Held möchte Ich, Seele und Selbst ins Gleichgewicht bringen, aber immer wieder in der Geschichte haben viele Menschen überall auf der Welt beschlossen, die Seele auf Kosten von Ich und Selbst zu entwickeln. Im Interesse eines mönchischen, spirituellen Lebens haben sie weltliche Güter und Beziehungen aufgegeben.

Die meisten von uns jedoch verzichten nicht so radikal. Wir wollen ein ausgeglichenes Leben, das Erfolg in der Welt und eine spirituelle (seelische) Entwicklung beinhaltet. Auch in diesem Fall können wir von den Meditationstechniken der Mystiker und Asketen profitieren; sie helfen uns, leer zu werden und uns zu öffnen, ohne Verlust zu erleben. Das Leerwerden befreit uns von der Trauer über die Vergangenheit sowie Ambitionen und Ängsten in Bezug auf die Zukunft.

Dann wird der Zerstörer zum Verbündeten. Wir lernen, alles loszulassen, was unserer Reise nicht mehr nützt. All die kleinen und großen Verluste des Lebens sind »Proben«

für den Tod. Zu anderen Zeiten, an anderen Orten galt die Fähigkeit, mit Anstand zu sterben, als Kennzeichen eines gut gelebten Lebens. Meditation und andere spirituelle Praktiken bereiten uns auf den Tod vor, denn durch sie lernen wir, Wünsche loszulassen und jeden Augenblick um seiner selbst willen zu erleben. Wir lernen, angemessen zu sterben, wenn wir die Verluste und Enttäuschungen des Lebens akzeptieren können und erkennen, dass jede Veränderung einen Verlust beinhaltet. Bei jeder Veränderung im Leben haben wir die Chance, den Tod zu »üben«.

Der Zerstörer wird zum Verbündeten, wenn wir etwas ändern oder aufgeben können, ohne den damit zusammenhängenden Schmerz zu leugnen. Er kann auch zu unserem Ratgeber werden, wenn wir bei jeder größeren Entscheidung an den Tod denken. Wenn der Tod – und nicht unsere Ängste oder Ambitionen – unser Handeln bestimmt, treffen wir weniger oberflächliche Entscheidungen. Man braucht sich nur vorzustellen, was man in dem Wissen täte, dass man morgen sterben würde?

Der Zerstörer wird zum Verbündeten, wenn wir etwas ändern oder aufgeben können, ohne den damit zusammenhängenden Schmerz zu leugnen.

Der Zerstörer ist auch ein Verwandler. Die heiligen Mysterien der Naturreligionen erinnern daran, dass dem Tod die Wiedergeburt folgt. Dies gilt im materiellen Sinne zunächst für die Jahreszeiten. Egal, wie kalt und dunkel der Winter war, der Frühling kommt. Religionen dieser Art haben gelehrt, dass der im Winter gekreuzigte oder zerstückelte Gott im Frühling wiedergeboren wird. Obwohl die Details dieser Wiedergeburt bei den einzelnen Religionen verschieden aussehen, ist die Aussage dieselbe: Tod führt immer zu neuem Leben.

Die Begegnung mit dem Mysteriösen trägt eine Schicht nach der anderen in uns ab, bis unser Wesen zum Vorschein kommt; sie streift auch Täuschungen und Illusionen ab, sodass wir die Essenz des Kosmos sehen. Die zutage tretende Wahrheit umfasst die ganze Palette der Erfahrungen, von den höchsten bis zu den niedrigsten. Sie alle gehören, zumindest potenziell, zur Seele jedes Menschen und zur Welt um uns herum.

Sterblichkeit und Schmerz akzeptieren

Welche Bereiche der »entblätterten« Realität wir sehen, hängt von unserer Blickrichtung und unserer Vorstellungskraft ab. Wir können, wie Kurtz in Joseph Conrads *Herz der Finsternis*, das Übelste des Menschseins sehen; oder wir sind, wie Mrs. Ramsay in Virginia Woolfs *Die Fahrt zum Leuchtturm*, von der Großartigkeit des Universums überwältigt, ohne die schmerzlicheren Elemente des Lebens leugnen zu müssen.[61] In beiden Reaktionen wird das Mysterium erlebt, denn sie offenbaren Ehrfurcht und also eine tiefe Wahrheit über die Realität.

Alle Mysterienreligionen ziehen unsere Aufmerksamkeit auf die Ehrfurcht vor Leben und Tod, vor Gnade und spiritueller Verlassenheit. Zur Passion Christi gehört auch der Augenblick am Kreuz, in dem er ruft: »Mein Gott, mein Gott, warum hast du mich verlassen?« Der Dichter Theodore Roethke schreibt: »In einer dunklen Zeit beginnen die Augen zu sehen.«

Die Geschichte von Dionysos zeigt die Verbindung von Ekstase und großem Schmerz. Dionysos – der Gott des Weins, der Freude, der Ekstase – wird bei einer orgiastischen Feier nicht nur verehrt, sondern auch von seinen Anhängern in Stücke gerissen. Wie Robert Johnson meint, folgen die Dionysos-Geschichte und die christliche Kommunion derselben mythischen Struktur: »Verrat, Mord,

Kreuzigung; der Gott wird Wein.« Johnson spricht auch von dem indischen Gott Shiva, der ebenfalls die dionysische Energie verkörpert. Während eines Indienbesuchs sah Johnson einen jungen Mann mit einer Geißel, der zur Musik von zwei Trommlern tanzte. Er begann schließlich, mit der Geißel auf sich einzuschlagen, sodass Fleischfetzen sich von seinem Körper lösten. Als das Blut floss und heftiger Schmerz sich auf seinem Gesicht zeigte, »tanzte er seinen Schmerz wild und energisch bis zur Ekstase … und sein Gesicht verwandelte sich«. Die Dorfgemeinschaft sorgte für den Lebensunterhalt dieses Tänzers; sie war überzeugt, dass er mit seinem eigenen Schmerz auch den ihren in Freude verwandelte.[62]

In psychologischer Hinsicht können wir Freude erst erleben, wenn wir bereit sind, uns unseren Schmerz anzuschauen. Erst wenn wir bereit sind, unsere Ignoranz zu konfrontieren, haben wir die Chance, weise zu werden. Erst wenn wir unsere Einsamkeit spüren, werden wir Liebe erleben. Und erst wenn wir erkennen, wo wir unecht sind, können wir uns für unsere Seele öffnen.

Vom Schatten zum Verbündeten

Wie alle Archetypen hat auch der Zerstörer negative und positive Seiten. Wir können von ihm ganz buchstäblich besessen sein und zu Verbrechern werden, oder wir werden Revolutionäre und setzen diese Energie ein, um repressive oder schädliche Systeme abzuschaffen oder zu verändern. Destruktive Handlungen wie Mord, Vergewaltigung, Kindsmissbrauch und Raub sind das Werk der pathologischen Ausdrucksform des Zerstörers genauso wie selbstzerstörerische Verhaltensweisen.

Auch der seelisch gesündeste Mensch jedoch wird

Dinge tun oder sagen, die andere verletzen. Der Zerstörer macht uns demütig, nicht weil wir alle ihm gegenüber machtlos sind, sondern weil wir alle manchmal nicht vermeiden können, uns oder anderen zu schaden.

James Hillman meint, dass wir, wenn wir anderen schaden, auch uns selbst schaden.[63] Wenn wir den Schaden, den wir anderen zugefügt haben, anerkennen und die Verantwortung für ihn übernehmen, konfrontieren wir uns selbst und öffnen uns für unsere Seele. Im Judentum wird zwischen Rosch ha-Schana und Jom Kippur von jedem erwartet, dass er das Unrecht, das er nicht nur Gott, sondern auch anderen angetan hat, wiedergutmacht. Dann sind wir für die Möglichkeiten des neuen Jahres bereit. Christen bekennen ihre Sünden entweder Gott direkt oder einem Priester; durch »Gnade« werden sie vergeben. In beiden Traditionen wird dem Prozess von Irrtum und Wiedergutmachung eine positive Wirkung zugeschrieben, genauso wie Hillman aus psychologischer Sicht meint, dass in unserer Psyche eine Verwandlung stattfindet, wenn wir uns unsere »Fehler« anschauen und büßen.

Der Zerstörer macht uns zu Bösewichten, wenn wir die Verantwortung für das von uns begangene Unrecht ablehnen – und wir alle begehen irgendwie Unrecht. Im schlimmsten Fall werden Menschen, die die zur Kontrolle ihrer Impulse erforderliche Ich-Stärke oder ein Gefühl für Moral und Charakter nicht entwickelt haben, völlig vom Zerstörer beherrscht und können und wollen ihrem destruktiven Verhalten keinen Einhalt gebieten.

In seiner positiveren Form hilft der Zerstörer uns, unsere Rumpelkammern auszuräumen – im emotionalen Bereich Beziehungen abzubrechen, die nicht mehr funktionieren, oder in psychologischer Hinsicht Denk- und Verhaltensmuster abzulegen, die nicht mehr zu uns passen. Aber fast immer, wenn der Zerstörer durch uns han-

Ebenen des Zerstörers

Schatten

Selbstzerstörung (einschließlich Drogen- und Alkoholmissbrauch, Selbstmord) und / oder Zerstörung von anderen (einschließlich Mord, Vergewaltigung, üble Nachrede).

Aufruf

Erfahrung von Schmerz, Leid, Tragödie, Verlust.

Ebene 1

Verwirrung; Beschäftigung mit der Bedeutung von Tod, Verlust, Schmerz.

Ebene 2

Sterblichkeit, Verlust und relative Ohnmacht werden akzeptiert.

Ebene 3

Fähigkeit, bewusst alles loszulassen, was die Werte, das Leben und das Wachstum von uns oder anderen nicht mehr fördert.

delt – und sei es zum Guten –, haben wir wegen der entstehenden Zerstörung Schuldgefühle.

Durch die Reise erleben wir unsere Macht, zu zerstören und zu erschaffen. Viele Menschen nehmen ihre Macht nicht in Anspruch, weil sie die Verantwortung fürchten, eine Beziehung verlassen zu müssen, Menschen zu verletzen oder den Status quo zu gefährden. Solange wir uns machtlos fühlen, brauchen wir nicht die Verantwortung dafür zu übernehmen, dass wir irgendjemandem schaden. Wir haben nur das Gefühl, in einer Welt festzusitzen, die wir nicht geschaffen haben.

Die Energie des Suchenden ruft uns dazu auf, das Höchste zu suchen, die des Zerstörers, in unsere Tiefen hinabzusteigen und unser Potenzial zur Zerstörung genauso zu in-

Übungen

Denken Sie ein wenig darüber nach, wann, wo, wie und wie stark der Zerstörer sich in Ihrem Leben äußert.

1. Wie sehr oder wie wenig drückt der Zerstörer sich in Ihrem Leben aus? Hat er sich in der Vergangenheit oder in der Gegenwart mehr ausgedrückt? Meinen Sie, er würde sich eher in der Zukunft zeigen? Äußert er sich mehr bei der Arbeit, zu Hause, in der Gesellschaft von Freunden, in Träumen oder Fantasien?
2. Welche Freunde, Verwandten, Mitarbeiter und sonstigen Menschen scheinen vom Archetyp des Zerstörers beeinflusst zu sein?
3. Möchten Sie, dass der Zerstörer sich in Ihrem Leben irgendwie anders äußert?
4. Jeder Archetyp drückt sich auf vielerlei Weise aus; lassen Sie sich daher ein wenig Zeit, um den Zerstörer, der sich in Ihrem Leben ausdrückt oder ausdrücken könnte, zu beschreiben oder sonst wie darzustellen. Sie können ihn zeichnen, eine Collage machen oder ein Bild von sich in einer bestimmten Kleidung oder Pose wählen. Wie würde er aussehen? Was würde er tun? In welcher Umgebung würde er sich am meisten zu Hause fühlen?

tegrieren wie das zur Erschaffung. Das Bedürfnis, in die Tiefen hinabzusteigen, hält uns nicht davon ab, das Göttliche zu erleben. Wir sind von ihm abgeschnitten, wenn es uns wichtiger ist, »gut« oder gesellschaftlich akzeptabel zu sein, als die Wahrheit unserer Ganzheit zu konfrontieren.

Das Eindringen in die Mysterien führt zum Tod. Aber wenn wir Glück haben, führt es auch zur – menschlichen und göttlichen – Liebe und bringt durch diese Erfahrung das Selbst hervor.

Tagträume
Konzentrieren Sie sich und werden Sie still; atmen Sie tief. Gehen Sie die Ereignisse Ihres Lebens so durch, als würden Sie sich die wichtigsten Szenen eines Films ansehen. Fühlen, sehen und hören Sie die großen Ereignisse Ihres Lebens: Kindheit, Erwachsenendasein, mittleres und reifes Alter und schließlich den Tod. »Erinnern« Sie sich in diesem Tagtraum an Ereignisse, die noch nicht geschehen sind. Wenn Sie bei Ihrem Tod angekommen sind, verabschieden Sie sich von allem, was Ihnen besondere Freude macht – von den Menschen, Orten und Aktivitäten, die Sie lieben, bis zu gewöhnlichen Dingen wie der Wärme der Sonne auf Ihrer Haut, dem Gefühl einer prickelnden Morgendusche, dem Geruch einer Rose. Sehen Sie dann, wie Ihr Körper begraben oder verbrannt wird. Gestatten Sie sich anschließend die Art von Wiedergeburt, die mit Ihrer Philosophie oder Theologie im Einklang ist.

12
Der Liebende

Ohne Liebe lässt die Seele sich nicht auf das Leben ein. Die erste Aufgabe des Kindes besteht darin, sich mit jemandem oder etwas zu verbinden – anfangs einem Elternteil oder Elternteilersatz, später mit einer Lieblingsdecke oder einem Lieblingsspielzeug.

Wenn das Kind heranwächst, wird das Netz der Zuneigung größer, bis es viele Dinge und Menschen umfasst: das Zuhause, Spielzeug, Freunde, Geschwister, Verwandte, besondere Spiele und Aktivitäten.

Der Liebende
Ziel:
Seligkeit, Einheit, Verbundenheit
Angst:
Liebesverlust, Beziehungslosigkeit
Antwort auf den Drachen / das Problem:
Es lieben
Aufgabe:
Seiner Seligkeit folgen; sich dem verpflichten, was man liebt
Geschenk:
Bindungsfähigkeit, Leidenschaft, Ekstase

Das Spektrum der Probleme, die sich aus einer Bindungsunfähigkeit ergeben, reicht von Autismus und Narzissmus bis zum »normaleren« und alltäglicheren Unvermögen von Männern und Frauen, sich selbst, geliebten Menschen, ihrer Arbeit oder ihren Wertvorstellungen gegenüber Verpflichtungen einzugehen.

Mein Testergebnis für den Archetyp des
Liebenden: _____ Punkte (siehe Übersicht
Anleitung zur Auswertung im Anhang)
(hoch = 30 / niedrig = 0)
Es ist mein _____ höchstes Ergebnis.
(höchstes = 1. / niedrigstes = 12.)

Bindungen stehen unter dem Schutz des Eros. Sie beginnen sehr früh, sind zutiefst sinnlich und körperlich. Die erste Bindung von Mutter und Kind entsteht unter anderem durch das Saugen, das den körperlichen und emotionalen Hunger des Kindes stillt und sein Unbehagen beseitigt. Später hat die sexuelle Intimität von Liebenden etwas von dieser extremen Körperlichkeit, Verletzlichkeit, Vertraulichkeit und Befriedigung von Begierden: nach Nähe, sexuellem Ausdruck und sexueller Befriedigung, zu erkennen und erkannt zu werden.

Wir erleben den Eros, wenn wir eine leidenschaftliche Verbindung zu einer Landschaft, unserer Arbeit, einer Aktivität, einem sozialen Anliegen, einer Religion, einer Lebensweise spüren. Wir wissen, dass er am Werk ist, wenn unsere Verbindung zu etwas so stark ist, dass der Gedanke, es zu verlieren, unerträglichen Schmerz bereitet. Ohne Eros werden wir vielleicht geboren, leben aber nicht wirklich: Unsere Seele kommt nie auf die Erde. Es ist Eros – Leidenschaft, Zuneigung, Verlangen, Wollust –, der uns wirklich lebendig macht.

Entscheidungen, die unter dem Einfluss des Eros getroffen werden, erfolgen instinktiv. Unser Körper wird von dem einen Menschen angezogen und schreckt vor dem anderen zurück. Wir denken an eine bestimmte Aktivität oder Idee, und unser Körper wird leichter, bekommt Energie und ist einsatzbereit. Wir denken an eine andere, und unser Körper wird schwer, bleiern, träge. Wenn Geist und Körper uneins sind, versuchen wir, den Körper tun zu lassen, was der Verstand will, und gehen ins Leben wie in einen Kampf. Wenn Geist und Körper in Harmonie sind, können wir bei der Entscheidungsfindung körperliche Hinweise benutzen, und dann fließt das Leben sanft dahin.

Die Herrschaft des Eros

Als Kinder agieren wir zunächst vom Eros aus, ohne die kontrollierende Verbindung zum Verstand. Unsere Leidenschaften sind einfach da; wir beginnen eine glückliche oder tragische »Liebesgeschichte« mit unseren Eltern.

Wenn wir wie die meisten Kinder sind, vertrauen wir bereitwillig auch den schrecklichsten Eltern, nur weil sie unsere Eltern sind. Wir verinnerlichen ihre Ansichten über uns, ohne sie prüfen und einschätzen zu können, und arbeiten dann vielleicht jahrelang in der Therapie daran, ein eigenständiges Selbstwertgefühl zu entwickeln. Die Eltern und andere Elternfiguren lehren uns auch, unsere Leidenschaften zu beherrschen. Paradoxerweise lernen wir, unsere Leidenschaften zu zügeln, weil wir den Eltern aufgrund der leidenschaftlichen Verbindung, die wir zu ihnen haben, gefallen wollen.

Wenn wir erwachsen werden, treffen wir eine Reihe vorhersehbarer Entscheidungen. Wir überlegen zum Beispiel, wen und ob wir heiraten sollen, welche Arbeit wir tun wollen, welche Hobbys uns Spaß machen, wo und wie wir leben werden, welchen politischen, philosophischen und vielleicht religiösen Meinungen wir uns anschließen wollen. Wir können all diese Lebensentscheidungen natürlich nur mit dem Verstand bzw. dem Ich treffen, und in diesem Fall werden sie vorsichtig und praktisch sein. Aber dabei wird im Allgemeinen der Eros unterdrückt.

Eros betrifft die Seele, nicht das Ich. Weil unsere Gesellschaft vor allem auf der Ebene der ersten fünf in diesem Buch beschriebenen Archetypen funktioniert, bestehen gegen den Eros starke kulturelle Verbote.

Wenn wir Glück haben, sind einige unserer Entscheidungen auf sein Eingreifen zurückzuführen. Vielleicht fühlen sie sich auch gar nicht wie Entscheidungen an. Wir fühlen uns gefangen – wie etwa, wenn wir verliebt sind, vor allem in jemanden, der »nicht standesgemäß« ist, oder wenn ein Nachteil damit verbunden ist. Im beruflichen Bereich kann es sein, dass man dem »Aufruf« zu einer bestimmten Arbeit folgt, auch wenn sie nicht gut bezahlt wird (als Krankenschwester zum Beispiel) oder die Aussicht auf materiellen Erfolg gering ist (wie in den Künsten). Oft erkennen wir einen Aufruf der Seele daran, dass er mit dem, was das vorsichtigere Ich wählen würde, nicht harmoniert.

Der fragwürdige Weg

Joseph Campbell sagte, es gäbe zwei Hauptwege im Leben. Der »richtige Weg« – den ich in diesem Buch als Ich-Weg bezeichne – ist vorsichtig und praktisch. Aber Campbell wies warnend darauf hin, dass man sehr gut diesem Weg folgen und die Erfolgsleiter erklettern kann, nur um dann festzustellen, dass die »Leiter an der falschen Mauer steht«.[64]

Der »fragwürdige Weg« – den ich den Seelen-Weg nenne – ist risikoreicher. Bei ihm folgt man seiner Seligkeit, seiner Begeisterung, seiner Ekstase. Die Gesellschaft wird diese Entscheidung vielleicht nicht begreifen, und nichts garantiert, dass die Leiter diesmal an der richtigen Wand steht; trotzdem lohnt es sich, diesen Weg zu wählen, denn die Reise selbst ist Belohnung genug.

Eros erkennt man an seinem Mangel an Vorsicht. Die antiken Völker sagten, Cupido würde seine Pfeile verschießen und dabei sein Objekt gar nicht ansehen. Oft werden wir am meisten auf Eros aufmerksam, wenn wir uns in jemanden verlieben, den unser Ich eigentlich nicht wählen würde, zum Beispiel jemanden, der nicht schön, klug oder reich ist. Wenn wir weiter wider »besseres« Wissen von ihm hingerissen sind, stellen wir fest, dass wir uns nicht so sehr unter Kontrolle haben, wie wir dachten.

Große Lieben, die die Beteiligten über sich hinausführen, sind häufig weder angemessen noch überhaupt praktikabel oder rational. Der Kult der höfischen Liebe zum Beispiel ging davon aus, dass Eros nichts mit der Ehe zu tun hat, und förderte insofern den Ehebruch. Die höfische Liebe war eine so tiefe Leidenschaft, dass der hingerissene

Ritter vergehen und sterben konnte, wenn seine Liebe nicht erwidert wurde. Die Quintessenz dieser Liebe war nicht nur Zuneigung – dazu war die Intensität des Verlangens zu stark –, aber auch nicht nur Lust. Oft »bewies« der Ritter seiner Dame seine Liebe dadurch, dass er zeigte, wie viel er um ihretwillen ertragen und wie lange er auf sie warten würde, bis sie sich erbarmte und ihn in die Arme schloss.

Sinnliche Begierde ist eine Angelegenheit des Körpers. Eros ist eine Leidenschaft, die entsteht, wenn Seele und Körper im Einklang sind.

Eros ist eine Leidenschaft, die entsteht, wenn Seele und Körper im Einklang sind.

Die meisten großen Liebesgeschichten in Mythen und Legenden waren außerdem auch deshalb tragisch, weil andere sie nicht billigten (denken Sie an Romeo und Julia, Tristan und Isolde, Lancelot und Guinevere). Die größten Liebestragödien enden immer mit dem Tod, und die romantische Liebesgeschichte kann als eine Form aufgefasst werden, in der die alten Naturreligionen, die Tod und Wiedergeburt eines Gottes feierten, ins moderne westliche Bewusstsein Eingang gefunden haben.

Auch die elisabethanische Auffassung, der Orgasmus sei ein »kleiner Tod«, stellt diese Verbindung her – vielleicht, weil beim Orgasmus die Kontrolle des Ich zeitweilig aufgehoben ist, was dieses wünscht und gleichzeitig fürchtet. Die Bindung an einen anderen Menschen oder eine Arbeit grenzt auch die Auswahl ein, das heißt, andere Alternativen fallen weg. Jedes Mal wenn wir von einem Objekt der erotischen Liebe ganz hingerissen sind, verlieren wir die Ich-Kontrolle – was viele Männer und eine nicht unbeträchtliche Zahl von Frauen in eine fast unkontrollierbare Panik versetzt.

Hier sollten wir das Ich nicht ignorieren. Die Panik ist das Ergebnis eines Ich, das zu schwach entwickelt ist, um die Leidenschaft zu fassen. Shirley Gehrke-Luthman setzt dies mit einer mangelnden Struktur in der Psyche gleich. Liebende entfernen sich voneinander, weil einer oder beide nicht die nötige Ich-Struktur haben, um die Intensität der Verbindung zu halten, ohne sich selbst zu verlieren.[65] Eine starke Leidenschaft braucht eine starke Identität. Liebende müssen auf der konkreten Ich-Ebene des Alltags Verbindungen aufbauen, um ihre Leidenschaft wachzuhalten. Deshalb sollten sie Zeit miteinander verbringen, sich auf vielen Ebenen kennen und nicht nur leidenschaftliche, sondern auch freundschaftliche Bande knüpfen, damit die tiefen Strukturen des Selbst die Intensität ihrer Leidenschaft fassen können.

> Jedes Mal wenn wir von einem Objekt der erotischen Liebe ganz hingerissen sind, verlieren wir die Ich-Kontrolle.

Liebe ist die spirituelle Nahrung der Seele, und es ist die Seele, die das Ich hervorbringt. Ohne Liebe trocknet das Ich ein und zerfällt. Aber wenn wir mit unseren tiefsten Gefühlen in Kontakt sind, können wir an einem Obdachlosen nicht vorbeigehen, ohne berührt zu sein; wir können keine Bilder von verhungernden Kindern in den Abendnachrichten sehen, ohne zu leiden; wir können nicht zusehen, wie ein Kollege schikaniert wird, und gleichgültig sein. Und wir können nicht den Teil von uns ignorieren, der sich ungeliebt fühlt und Sehnsucht nach intimeren und ehrlicheren menschlichen Beziehungen hat.

Wenn wir solche Dinge nicht ändern können, verursacht Eros ein starkes Gefühl der Ohnmacht, das mit der Erfahrung des Todes assoziiert wird. Wenn wir etwas tun können oder wollen, kann Eros von unserem Krieger oder unserem Geber unterstützt werden, und wir machen uns auf und helfen. In diesem Fall bringt Eros nicht Tod, sondern mehr Leben. Nicht alle Liebesgeschichten enden mit dem Tod. Dies stimmt, was die Tragödie betrifft, aber die Liebesgeschichten aller großen Komödien enden mit einer Hochzeit. Beatrice und Benedikt (in Shakespeares *Viel Lärm um nichts*) und Elizabeth und Dracy (in Jane Austens *Stolz und Vorurteil*) sind genauso große Liebende wie Romeo und Julia.[66] Die Hochzeit symbolisiert die Fähigkeit, Vorsicht und Anstand mit Leidenschaft, den Verlockungen des Eros und den Anforderungen von Familie und Gesellschaft zu verbinden. Im Fruchtbarkeitszyklus geht es um Liebe, Tod *und* Wiedergeburt. Die Liebe regt uns dazu an, lebendiger zu sein und im Dienste des Lebens zu handeln. Dazu müssen wir jedoch oft die Vergangenheit und alte Denk- und Handlungsweisen loslassen und uns für die Wiedergeburt öffnen.

In der typischen Liebesgeschichte verlieben zwei Menschen sich, aber ihrer Verbindung steht irgendein Hindernis entgegen. Im klassischen Drama glauben sie zum Beispiel, Bruder und Schwester zu sein und das Inzesttabu zu verletzen, oder ihre Familien liegen im Streit. In zeitgenössischen Erzählungen missverstehen sie sich einfach oder werden durch gesellschaftliche Vorurteile – etwa gegen gleichgeschlechtliche oder gemischtrassige Paare – entzweit. Liebesgeschichten werden als Tragödien bezeichnet, wenn die Liebenden und die sie umgebende Gemeinschaft keine Möglichkeit finden, die Liebe innerhalb der Gemeinschaft wachsen und gedeihen zu lassen. Um eine Komödie handelt es sich, wenn es am Schluss zu einer Hochzeit kommt, die nicht nur die Liebenden, sondern die ganze Gemeinschaft eint.

Eros weckt uns auch für das Leiden der Erde. Seine

Leugnung hat zu einer Gesellschaft geführt, in der die Verbundenheit von allem mit allem negiert wird, in der zwischen der Verwüstung der Regenwälder und unserer Fähigkeit zu einem frohen, vibrierenden Leben keine Verbindung hergestellt wird. Eros ist heute der Schlüssel für unser Überleben als Spezies und die Erholung der ganzen Gesellschaft von Arbeits-, Konsum-, Drogen- und Alkoholsucht und der weitverbreiteten Leugnung von Geist und Seele.

Arten und Phasen des Liebens

Mütterliche Liebe, erotische Liebe und die höchsten Ebenen spirituellen Mitgefühls sind alles Aspekte der Liebe. Agape unterscheidet sich jedoch von Eros insofern, als die liebende Verbindung zunächst mit sich selbst, nicht mit einem Geliebten, Freund oder Kind stattfindet. Diese innere Verbindung lässt uns die Fähigkeit entwickeln, nicht nur geliebte Menschen, sondern die ganze Menschheit und den Kosmos zu lieben.

Ob wir die Liebe als erotische oder romantische Liebe, als Liebe zur Arbeit, zur Gerechtigkeit, zur Menschheit oder zu Gott erleben, sie ist ein Aufruf der Seele, eine beziehungslose Lebensweise hinter sich zu lassen. Sie verlangt von uns, dass wir unseren Zynismus aufgeben und wieder glauben. Oft bekommen wir dabei Angst um unsere Seele, denn wir merken, wie seicht, lieblos und verhärtet unser Leben war. Wir können nicht in unserem alten Leben bleiben, denn dann würden wir unsere Seele verlieren. Mit dem Bewusstsein der Leblosigkeit kommen Scham und Schuld; ob wir großer Verbrechen schuldig sind oder nicht, wir betrauern die Leblosigkeit unseres Lebens. Wenn wir dann eine neue Religion annehmen, eine neue Beziehung eingehen oder eine neue Arbeit beginnen, fühlen wir uns wie neu geboren.

Liebe ist auch Mitgefühl, Vergebung, Gnade. In den meisten Religionen vergibt Gott uns. In psychologischer Hinsicht müssen wir uns selbst vergeben. Die Liebe ruft uns zum Leben und zu einem tiefen Empfinden auf und verurteilt unsere frühere Leb- und Lieblosigkeit. Durch sie können wir uns selbst vergeben und so auf neue Weise lebendig werden. Mitfühlende Liebe lässt uns auch geliebten Menschen verzeihen, dass sie unserem Bild von ihnen nicht gerecht werden und nicht all unsere Bedürfnisse erfüllen können.

Liebe ruft uns auch immer dazu auf, eine Verpflichtung einzugehen und unserer Entscheidung zu vertrauen. In einer intimen Beziehung fühlen wir uns nach einer gewissen Zeit oft nicht mehr »verliebt«. Dann müssen wir darauf vertrauen, dass das Gefühl wiederkommt. Etwas anderes würde die, die wir lieben, verletzen. Genauso ist es mit unserer Liebe zur Menschheit. Wenn wir dafür arbeiten, dass es anderen besser geht, sind wir manchmal von unserer Liebe und unserem visionären Ziel inspiriert. An anderen Tagen können wir nur das Notwendige tun und vertrauen.

> Durch die Liebe leben bedeutet, zu akzeptieren, dass jede Liebe, egal, wie irdisch oder spirituell sie ist, ein Geschenk ist.

Durch die Liebe leben bedeutet, zu akzeptieren, dass jede Liebe, egal, wie irdisch oder spirituell sie ist, ein Geschenk ist. Vielleicht beschließen wir, das Geschenk nicht anzunehmen – wir haben so viel Ich-Kontrolle –, aber wir können Liebe nicht erzwingen oder festhalten. Wenn wir beschließen, das Geschenk anzunehmen, können wir nur vertrauensvoll und offenbleiben, um präsent zu sein, wenn es kommt. Nach einer gewissen Zeit kennen wir den Rhythmus, in dem Liebe kommt und geht. Jede Beziehung hat den ihr eigenen Rhythmus. Solange wir ihn nicht erkennen, geraten wir vielleicht in Panik, wenn unsere Liebesgefühle zu gehen scheinen; wir tun so, als wären sie noch da, oder versuchen, sie zurückzuerzwingen. Vielleicht halten wir alles für beendet, bevor ein Durchbruch zu mehr Intensität und Intimität führt, als wir ihn je erlebt haben.

Wenn die Liebe uns gefangen hält, sind wir nicht mehr frei, nur unsere eigenen Wünsche zu beachten. Stattdessen beruhen unsere Entscheidungen sowohl auf dem Wohl der Person oder Sache, die wir lieben, als auch auf dem, was wir selbst gerade wollen. Diese Reise kann komplex sein. Zunächst binden wir uns an sehr wenige Dinge und Menschen, und im Allgemeinen glauben wir, nicht ohne sie leben zu können. An diesem Punkt der Reise ist es sehr wichtig, dass wir uns die Freiheit gestatten zu lieben, wen wir lieben, und die damit einhergehende Verletzlichkeit voll zu spüren. Wenn unser Ich jedoch schwach entwickelt ist, besteht die Gefahr, dass wir nach Liebe süchtig werden, uns aber nicht selbst helfen können.

Vier Vorgänge unterstützen uns hier. Erstens nimmt der Zerstörer uns viel von dem, an dem wir hängen oder nach dem wir süchtig sind; obwohl dies schmerzt, überleben wir es. Zweitens lassen wir allmählich mehr Menschen und Dinge in unserem Kreis der Liebe zu und erleben deshalb Liebe eher als Fülle denn als Mangel; je mehr Liebe wir zeigen, desto mehr Liebe bekommen wir zurück. Wir können auch die Liebe einer spirituellen Quelle zulassen. Drittens mangelt es vielen Liebenden an Krieger-Qualitäten; sie können anderen keine Grenzen setzen und werden daher oft ausgenutzt oder ermöglichen Süchte. Wenn wir unseren Krieger entwickeln, können wir »harte Liebe« zum Wohl aller praktizieren. Wenn wir schließlich lernen, uns selbst zu lieben, können wir ohne Sucht oder Verhaftung lieben, denn Liebe ist kein Mangel mehr. Wir haben immer uns selbst, und deshalb werden wir immer geliebt.

Die Perversion des Eros: Leidenschaft und ihr Schatten

Viele alte Religionen betrachteten das Universum als Nebenprodukt der großen Liebe eines heiligen Paares, das manchmal (wie im Fall von Shiva und Shakti) tanzend dargestellt wurde. Heilige und profane Liebe wurden als eins angesehen: Eros, Agape, Shakti und Gnade sind Aspekte derselben Realität. Erst als sich später Religionen entwickelten, die so patriarchalisch waren, dass sie kein weibliches Bild des Göttlichen hatten, wurde der erotische Aspekt der Liebe als sündig oder entwürdigend betrachtet.

Praktisch jede Religion lehrt uns auf die eine oder andere Weise, dass »Gott Liebe ist«, aber Religionen, die kein Bild vom weiblichen Aspekt des Göttlichen haben, trennen (zumindest in ihrer dominanten Tradition) den Eros schnell von Gott. Trotzdem haben die meisten modernen patriarchalischen Religionen auch eine mystische Tradition, die den Eros und das Weibliche ehrt.

Edward Hoffman beschreibt in *The Way of Splendor: Jewish Mysticism and Modern Psychology*, dass die jüdische mystische Tradition der Kabbala ein himmlisches Paar verehrt, nicht nur Gott, den Vater. Seit Beginn der kabbalistischen Tradition, so Hoffman, bildete eine himmlische Mutter, die Shekinah (Weisheit), das Gegengewicht zu Gott, dem Vater. »Nur wenn die beiden vereint sind –

was in einer explizit sexuellen Sprache beschrieben wird –, regiert Harmonie das Universum.« Obwohl seit dem Industriezeitalter alle Spuren dieses Glaubens aus Gebeten und Ritualen verschwunden sind, war er eine Zeit lang eine wichtige, verbindliche Ansicht. Kabbalistische Schlüsseltexte wie der Bahir weisen darauf hin, dass die Shekinah »immer da ist, wenn ein Liebesakt stattfindet«; deshalb werden die Gläubigen ermuntert, innerhalb der Ehe aus dem Sexualverkehr eine regelmäßige spirituelle Meditation zu machen, die besonders am Sabbat praktiziert werden soll.[67]

Der katholische Theologe Matthew Fox beklagt ebenfalls die Leugnung des Eros, zitiert aber auch eine Gegenströmung, die die Sexualität, Frauen und den Körper ehrt – Eros genauso wie Agape. Er macht uns auf die wunderschöne Erotik des Hohelieds aufmerksam, das oft als Bild für die Liebe Gottes zur Menschheit interpretiert wird, auf jeden Fall aber die sexuelle Vereinigung in wunderschönen, sinnlichen, ekstatischen Details beschreibt. Er ruft die Kirche auf, den Sexualverkehr als Sakrament anzuerkennen, und beklagt die schädlichen Auswirkungen der erotikfeindlichen Haltung der Kirche.[68]

Was ist mit Eros und der ihm unerklärlicherweise feindlich gesinnten modernen Religion und Kultur geschehen? Das Aufkommen der Pornografie kann als ein Ergebnis der Abwertung des Erotischen aufgefasst werden. Wenn der Eros verbannt wird, geht er in den Untergrund und erscheint in seinen Schattenformen, die eher entartet und destruktiv als dem Leben förderlich sind. Ins Unbewusste verbannt, dort in seiner Schattenform regierend und dann von der Theologie der Agape gegenübergestellt, wird er von der christlichen Kultur auf das Bild des Teufels projiziert; er herrscht in einer Hölle, die als Bestrafung für die Identifikation mit dem Körper betrachtet wird.

> Jeder Liebesakt (der etwas anderes ist als »Geschlechtsverkehr haben«) ist Christus, der Christus begegnet. Liebesbetten sind Altäre. Menschen sind Tempel, die Tempel begegnen, das Allerheiligste, das das Allerheiligste empfängt ... Zwei Menschen, die sich lieben, verkörpern und spiegeln die Gegenwart der kosmischen Liebe.
> (Matthew Fox)

Ironischerweise sind die, die den Eros verachten, oft von ihm besessen: so etwa fundamentalistische Prediger, die ständig Affären haben, oder verdrängende Kirchenväter. Sie folterten und töteten Millionen sogenannter Hexen, die angeblich dem Teufel nah waren, weil »ihre Lust unstillbar ist«. Menschen, die ihre Sexualität hassen, sind dazu verdammt, von der Lust besessen zu sein, finden Sex aber leer, weil er sie körperlich befriedigt, ihre Seele jedoch nicht nährt. Bei Vergewaltigern, Kinderschändern und sonstigen Sexualschikanierern ist Lust das Ergebnis eines Drangs nach Macht und Herrschaft und nicht der Ehrfurcht vor der Lebenskraft.

Starhawk beschreibt in ihrem Buch *Mit Hexenmacht die Welt verändern* die Tragödie der männlichen Sozialisation in einer Gesellschaft, die den Eros fürchtet und verhöhnt. Sie zitiert ein Lied von Vietnamsoldaten, die erst ihr Maschinengewehr und dann ihre Geschlechtsteile streicheln: »Dies ist mein Gewehr / das ist mein Geschütz; das eine ist zum Kämpfen / das andere zum Spaß.« Männer, die dazu erzogen wurden, sich als Maschinen, Frauen als Beute und ihren Penis als Waffe zu betrachten, besitzen oft eine Vergewaltigermentalität.

Starhawk erinnert daran, dass so etwas in einer Gesellschaft, in der die Genitalien von Mann und Frau Symbole des Gottes und der Göttin sind, undenkbar wäre; sie spricht von einem Mann, der so wenig Beziehung zu seiner Seele und der Leben gebenden Macht des Eros hatte, dass er seine eigene kleine Tochter sexuell belästigte. Dieser Mann, sagt sie, »hat nie den Kontakt zur Quelle der Fürsorge in sich selbst aufgenommen. Der Wert, den er sich selbst beimisst, ist zerstört worden. Niemand wird je von seinem Penis sagen, dass er die Wüsten ergrünen lässt und die Felder fruchtbar macht. Er lebt in einer fragmentierten Welt ... (und) ist zu einer Waffe geworden, die außer regelmäßiger Wartung nichts braucht und letztendlich entbehrlich ist, die den Wert einer Sache hat, eines Gegenstands, den man besitzt.«[69]

Eros lächelt denen, die ihn als heilig betrachten.

Die gleiche Entmenschlichung findet sich bei Frauen, denen beigebracht wurde, ihr Körper sei schmutzig oder unrein, die auf ihre Menstruation nicht stolz sind, keine echte Freude an der Sexualität haben und kein Wunder darin sehen, Leben hervorzubringen. Auch Frauen, die fürchten, ohne ihre Jungfräulichkeit keinen Marktwert zu haben, oder meinen, sie müssten sich »verrenken«, damit die Männer sie lieben, gehören in diese Kategorie, genauso wie die Frauen, die sich Männern unterlegen fühlen, egal, ob sie die »Schuld« daran ihren Sexualorganen geben oder nicht.

Die Leugnung des Eros

Die Leugnung des Eros verursacht Krankheit, Gewalt, Eifersucht und schließlich den Verlust der Lebenskraft, der Energie; sie macht einen selbst und den anderen zum Objekt. Vielleicht war es irgendwann im Verlauf der menschlichen Evolution nicht möglich, die erotischen

Triebe zu beherrschen, ohne sie zu verdrängen und zu verunglimpfen. Es gab auch eine Zeit, in der die Menschen linear und dualistisch dachten. Um die spirituelle Hierarchie der Liebe von Eros zu Agape heraufzuklettern, musste Eros um der Agape willen aufgegeben werden – daher die Betonung der Keuschheit im religiösen Leben. Obwohl einige hoch entwickelte Menschen ihre sexuelle Energie zu spirituellen Zwecken sublimieren konnten und trotzdem den Eros weiter respektierten, versuchten die meisten, den Eros zu töten, um der Agape fähig zu werden.

Der letztgenannte Weg ist für unsere Zeit zu gefährlich. Die Projektion der Schatten-Erotik hat dazu geführt, dass Frauen (die Männer projizierten ihre eigene Lust auf sie), dunkelhäutige Menschen (denken Sie an die Lynchjustiz gegenüber schwarzen Männern im Süden der USA und die Assoziation des Vergewaltigers mit farbigen Männern), Homosexuelle und Lesbierinnen unterdrückt werden und unser Körper uns weitgehend fremd ist.

Wenn wir die menschliche Psyche besser verstehen, begreifen wir, dass wir Agape nicht durch die Verdrängung des Eros erreichen können, sondern indem wir sein Geschenk annehmen, das heißt leidenschaftlich und ganz lieben und trotzdem unsere Moral behalten. Wie Irene Claremont de Castillejo, die große Theoretikerin der Liebe und ihrer Bedeutung, uns deutlich gemacht hat, wird Agape nicht durch den Krieg gegen uns selbst erreicht, sondern durch die innere Hochzeit und Ganzheit, zu der es kommt, wenn man sich selbst völlig akzeptiert.[70]

Das Geschenk des Eros

Das Geschenk, das Eros für uns bereithält, ist nicht nur erotische Liebe und die leidenschaftliche Verbindung zu unserem Land, unserem Zuhause, unseren großen Institutionen, unseren Freunden und der ganzen Erde; Eros ist auch eine Quelle persönlicher Macht, die nicht auf der Position in einer Institution beruht. Er ist nicht Macht über andere, sondern Macht von innen. Sie wird manchmal als Charisma bezeichnet, aber auch dieses Wort erfasst ihre Bedeutung nicht ganz. Eros ist die Macht eines Menschen, dessen Seele sich dem Leben verpflichtet hat, der keine Angst hat, seinem Wesen treu zu sein, denn Eros kommt direkt aus der Seele.

Wir achten den Eros – und stellen so unsere Seele in den Mittelpunkt unseres Bewusstseins –, wenn wir uns selbst, einander und die Erde lieben und achten; wenn wir unseren Körper und unsere Sexualität und die Immanenz des Geistes in der Natur respektieren. Wenn wir erkennen, dass alles Heilige im Universum nicht von uns getrennt, neben oder über uns ist, sondern auch unter und in uns, können wir uns unserer Reise verpflichten, indem wir uns allem verpflichten, was uns von wahrer Schönheit spricht. Ob jemand anders es schön und liebenswert findet, ist egal. Wichtig ist, dass wir es so empfinden. So erkennen wir, wer wir sind – durch das, was wir so lieben, dass wir uns an es binden.

Liebe und Geburt

In der Liebe geht es um Freude und Lust und auch um Geburt. Auf körperlicher Ebene führt sexuelle Leidenschaft oft zur Empfängnis und Geburt eines Kindes. Aber das ist nicht alles. Eros setzt oft einen schöpferischen Prozess in Gang. Zwei Kollegen, die zusammenarbeiten, sind sich einer erotischen Aufladung bewusst. Sie können sie mit einer romantischen oder sexuellen Anziehung verwechseln, obwohl es in Wirklichkeit mit der Geburt ihres Projekts zu tun hat. Wenn das Projekt abgeschlossen ist, gehen die Gefühle oft weg. Wenn sie sich verwirren lassen und die erotische Anziehung ausagieren, wird ihre Beziehung plötzlich kompliziert und im Allgemeinen unbefriedigend, und das Projekt findet ein vorzeitiges Ende.

Ebenen des Liebenden

Schatten

Eifersucht, Neid, zwanghafte Fixierung auf einen geliebten Gegenstand oder die geliebte Beziehung, sexuelle Sucht, Don-Juan-Syndrom, Promiskuität, Besessenheit von Sex oder Pornografie oder, umgekehrt, Puritanismus.

Aufruf

Verzauberung, Verführung, Sehnsucht, Verliebtheit (in einen Menschen, eine Idee, ein soziales Anliegen, eine Arbeit).

Ebene 1

Seiner Seligkeit, das heißt dem, was man liebt, folgen.

Ebene 2

Sich an das binden, was man liebt.

Ebene 3

Man akzeptiert sich völlig, bringt so das Selbst hervor und verbindet das Persönliche mit dem Überpersönlichen, das Individuelle mit dem Kollektiven.

Eine erotische Energie schwingt oft auch bei wichtigen Mentorbeziehungen zwischen einem älteren, mächtigeren Menschen und einem jüngeren, relativ weniger mächtigen Menschen mit – Eltern und Kind, Lehrer und Schüler, Therapeut und Klient, Priester und Gläubiger. Das Wissen um diese erotische Aufladung verwirrt die Menschen häufig; sie sind versucht, entsprechend zu handeln. Dies fügt jedoch dem weniger Mächtigen großen Schaden zu. In Familien schützt das Inzesttabu vor einem solchen Verhalten; Lehrer, Therapeuten und Geistliche sind durch ihr Berufsethos gebunden, und stillschweigende Regeln gegen sexuelle Belästigungen am Arbeitsplatz hemmen solche Aktivitäten im Berufsleben.

Schädlich kann eine solche Beziehung deshalb sein, weil der weniger Mächtige sich möglicherweise genötigt sieht, eine unerwünschte sexuelle Beziehung aufzunehmen; er fürchtet vielleicht die Folgen seiner Weigerung. Auch wenn der verletzlichere Partner einverstanden ist, verursacht ein impulsives Handeln Schaden, denn die Energie, die zum Belehren vorgesehen war, wurde anderweitig verwendet. Das Ergebnis der erotischen Verbindung sollte ein neues Selbstgefühl (Wiedergeburt) des Schützlings sein. Bei einem sexuellen Ausagieren wird dieser Wachstumsprozess verzögert oder vorzeitig beendet.

Erwachsene, die das Vertrauen von Kindern missbrauchen und ihnen sexuelle Avancen machen, haben eine verheerende Wirkung auf deren seelische Entwicklung. Kinder brauchen zum Wachsen und Reifen eine Atmosphäre, in der sie ihr Vertrauen sicher aufgehoben wissen und sein können, wie sie sind, unschuldig und arglos. Der schamlose, grausame Vertrauensbruch eines Elternteils stört die kindliche Entwicklung so, dass viele Inzestopfer sich nie mehr ganz erholen, auch wenn die Prognosen für eine Genesung heutzutage besser sind als in der letzten Generation.

Der Schaden wird kompliziert durch die Tendenz von Kindern, bei sich selbst die Schuld für solche Erlebnisse zu suchen (diese Tendenz veranlasst sie auch dazu, ihren Mentor gegen Vorwürfe zu verteidigen). Die Verinnerlichung dieser Ansicht führt zu einem tiefsitzenden Gefühl der Unzulänglichkeit, der Überzeugung, dass »mit mir sicher etwas nicht stimmt«, denn »sonst wäre ich nicht so behandelt worden«.

Verwandlung durch den Eros

Der Film *Rita will es endlich wissen* schildert eine positive Mentorbeziehung zwischen einem enttäuschten, alkoholsüchtigen Collegeprofessor und Rita, einer jungen Friseurin, die sich über die Einstellungen ihrer Familie und ihrer gesellschaftlichen Schicht und ihre eigene Unerfahrenheit hinwegsetzt, um zu wachsen und ein gebildeter Mensch zu werden.

Der Professor, der der langweiligen akademischen Welt überdrüssig ist, verliebt sich in sie. Trotz seines im Allgemeinen undisziplinierten Verhaltens in anderen Bereichen seines Lebens kann er seine Liebe so lenken, dass Rita akademischen Erfolg erringt – ein Meisterstück, das doppelt schwierig ist, weil er eigentlich ihre ungebildete Ehrlichkeit und Energie der weltklugen, intellektuellen und gemessenen Frau vorzieht, die sie werden möchte.

Mit einer Verwandlung durch den Eros und nicht einem Pygmalion-Projekt[71] haben wir es hier deshalb zu tun, weil er seine erotische Energie nicht dafür verwendet, dass sie wird, was er will, sondern was sie für sich selbst will. Der Unterschied zu einer Geber-Beziehung besteht in der Intensität der erotischen Energie, die schließlich beide Partner verwandelt.

Die neue Rita – die sich jetzt Susan nennt – ist das gemeinsame Ergebnis seiner Liebe und Zurückhaltung und ihrer Weigerung, sich von einer Romanze ablenken zu lassen. Sie weiß, dass sie eine Frau ist, die sich selbst neu erschafft, und dass Henry der Geburtshelfer ist, und sie ist nicht dazu bereit, sich von ihrem Ziel abbringen zu lassen. Sie hört auch nicht auf, Rita zu sein. Sie hat jetzt mehr Alternativen. Sie kann Rita *und* Susan sein.

Wenn Eros präsent ist, können Wunder geschehen.

Bei Henrys Verwandlung spielen Tod und Liebe eine Rolle. Seine Exzesse – hauptsächlich übermäßiges Trinken – rufen den Zerstörer auf den Plan, und er wird von England nach Australien versetzt. Aber aufgrund seiner Erfahrung mit Rita kann er seinen Zynismus aufgeben und Australien als die »neue Welt« der Chancen und Anfänge sehen. Er kann nicht mehr so zynisch sein, weil er durch seine Hilfe zu Ritas Verwandlung an einem »Wunder« beteiligt war.

James Hillman meint in *The Myth of Analysis,* Therapie könne genauso ein Wunder sein. Wenn Eros präsent ist, können Wunder geschehen, aber der Therapeut kann den Klienten nicht heilen oder verändern *wollen*. Seine Aufgabe ist einfach, zu lieben und präsent zu sein, ohne den Wunsch nach einem bestimmten Ergebnis zu haben. Der Klient hat natürlich fast immer den starken Wunsch nach Verwandlung, denn sein Schmerz hat ihn dazu veranlasst, Hilfe zu suchen. Nicht der Therapeut muss die Verwandlung wollen, sondern der Klient.[72] Therapeuten können sich nicht zwingen, für einen Klienten Liebe zu empfinden, aber wenn sie präsent und einfühlsam sind, wird die Liebe schließlich, wie Irene Claremont de Castillejo sagt, als »Gnade« kommen, und dann kann diese Liebe heilen.[73]

Sich selbst lieben

Wir können uns auch verwandeln, wenn wir uns selbst liebevoll akzeptieren. Das bedeutet, dass wir uns selbst in der Regel vergeben. Es bedeutet auch, dass wir anderen vergeben, denn das, was wir an ihnen auszusetzen haben, ist meist eine Projektion unseres eigenen Schattens.

Wir alle haben die Fähigkeit, alles zu denken und zu tun – vom Höchsten, Spirituellsten bis zum Niedrigsten, Barbarischsten. Wir haben vielleicht genug Charakter, um unsere weniger wünschenswerten Verhaltensweisen in Schach zu halten, aber die Impulse sind trotzdem da. Wenn man sich in Menschen, die einem selbst oder anderen geschadet haben, einfühlen und ihnen verzeihen kann, ist dies eine Möglichkeit, den Schattenanteil in der eigenen Psyche und den kollektiven Schatten der menschlichen Spezies zu akzeptieren. Wie in der Geschichte »Die Schöne und das Biest« verwandelt unsere Fähigkeit, das Biest (den Schatten) in uns und anderen zu lieben, dieses oft in einen Prinzen.

Hier sind zwei Punkte wichtig. Es bedeutet nicht, dass Sie ein »biestiges« Verhalten mitmachen sollten! Angemessene Ich-Kraft bedeutet, dass wir – im Rahmen unserer Fähigkeiten – uns und anderen nicht erlauben, andere zu verletzen. Auf der Seelenebene sollen wir lernen, auf alles mit tiefem Empfinden zu reagieren – nicht nur auf das, was gut, rein, schön oder lustig ist oder das wir billigen, sondern auf die ganze Realität. Das kann dazu führen, dass wir auf das Biest mit großem Entsetzen oder großer Liebe reagieren. Authentische und tiefe Gefühle verwandeln immer.

Die größte Liebesgeschichte, die je erzählt wurde, ist vielleicht die Suche jedes Menschen nach dem, was Jean Houston den »Seelengeliebten« nennt. Das, was Suchende außerhalb von sich selbst finden möchten, finden Liebende zunächst in geliebten Menschen und schließlich in sich selbst.[74]

Jean Houston betrachtet die Sehnsucht nach dem Seelengeliebten als große Kraft bei der spirituellen oder seelischen Entwicklung. Sie meint weiter, dass der »Geliebte sich so nach uns sehnt, wie wir uns nach ihm sehnen«. Das Wesen dessen, was sie »heilige Psychologie« nennt – eine Psychologie, die uns dabei helfen soll, das überpersönliche Element der Psyche zu entwickeln –, besteht in der Identifikation mit allem, was sich als der Geliebte zeigt – ein Intimpartner, ein Mentor, ein Therapeut, eine religiöse Figur oder ein Archetyp.

> Was wir außerhalb von uns selbst verehren, ist oft eine positive Schattenprojektion der tiefen Weisheit unserer Seele.

Was wir außerhalb von uns selbst verehren, ist oft eine positive Schattenprojektion der tiefen Weisheit unserer Seele. Wenn die in diesem Buch beschriebenen Archetypen im Bewusstsein auftauchen, fühlen wir uns vielleicht von Menschen angezogen, die die entsprechenden Eigenschaften aufweisen; erst später können wir sie in uns selbst sehen. Es können Intimpartner, Freunde, Lehrer oder Mitarbeiter sein – jeder. Am wichtigsten jedoch ist der Archetyp des Selbst, mit dem der Individuationsprozess (zumindest eine Zeit lang) abgeschlossen ist; er gibt uns ein Gefühl der Ganzheit, das Ich und Seele verbindet. Oft wird er als der Gott oder die Göttin in uns erlebt.

Die meisten verantwortungsbewussten spirituellen Führer, die dieses Phänomen verstehen, erkennen die Verehrung ihrer Gefolgsleute als Projektion. Wenn sie leben, was sie lehren, geben sie uns eine Vision dessen ein, was in unserem Leben sein könnte, wenn wir den Gott oder die Göttin in uns wecken.

In *Eins mit Gott* beschreibt der Autor Lex Hixon im Kapitel über den jüdischen chassidischen Weg, wie sich das Warten auf den Messias zu der Erkenntnis weiterentwickelt, dass der Messias schon gekommen und in einem selbst ist. Er erzählt eine berühmte chassidische Geschichte über Eizik, einen frommen, aber armen Mann, der Gott um Hilfe bittet und dem gesagt wird, er solle zu einer Brücke in einer weit entfernt liegenden Stadt gehen, um einen Schatz zu finden. Er tut es, aber es ist kein Schatz da. Schlimmer noch, die Männer, die die Brücke bewachen, nehmen ihn fest. Also erzählt er seine Geschichte, woraufhin der Kommandant der Wache ihm erzählt, dass er auch einen Traum hatte: Er sollte in eine weit entfernt liegende Stadt gehen, um an einer Stelle, die sich als Eiziks Haus herausstellt, einen Schatz zu finden. Die Wache lässt ihn frei; Eizik kehrt nach Hause zurück und findet den Schatz unter seiner eigenen Feuerstelle. Die Reise richtet uns wieder auf unser ursprüngliches Zuhause aus, auf den unschätzbaren göttlichen Funken unserer intrinsischen Natur. Der Schatz, so Hixon, ist immer »zu Hause«.[75]

> Die Überzeugung, dass Gott uns vom Zentrum unseres Wesens aus leitet, kann die Vorstellung, dem Willen Gottes gehorsam zu sein, völlig verwandeln. Je vollständiger und spontaner ich der Richtung dieses inneren Führers folge, desto wahrhaftiger bin ich ich selbst, desto mehr kann ich meine eigene individuelle Wahrheit erkennen und leben. Gott zu dienen bedeutet vollkommene Freiheit.
> (Christopher Bryant)

Die befriedigendste Liebe von allen kommt, wenn wir erkennen, dass unsere Seele eins mit allem Numinosen, Göttlichen im Universum ist. Wenn wir unseren bewussten Verstand mit unserer Seele vereinen, finden wir das Heilige. Nicht jeder, der dieses Gefühl des Wunders erlebt und den ihm innewohnenden großen Wert erkennt, fühlt sich mit einer religiösen Sprache wohl; aber jeder – auch wenn er kein Gefühl für eine transzendente Realität hat – empfindet für sich selbst eine Ehrfurcht, die nichts mit Egozentrik zu tun hat. Er findet, um die Begriffe der Heldenreise zu gebrauchen, den Schatz.

Wie eine schwangere Frau Botschaften der Liebe an ihr noch ungeborenes Kind sendet, müssen wir Botschaften der Liebe an unseren großen Schatz schicken, das Selbst, das wir hervorbringen. Je mehr Teile unserer Psyche diese Geburt unterstützen, desto mehr Menschen um uns herum unterstützen sie auch, und desto leichter ist es, mit unserer Seele eins zu werden und dadurch das Selbst hervorzubringen.

Oft können wir dies erst nach großem Schmerz und Kampf – wie die junge Frau in Ntozake Shanges *Schwarze Schwestern,* die vielleicht den größten Schmerz erlitt, den eine Mutter erleben kann: den Tod ihrer Kinder durch den Mann, den sie liebte. Aber nach Schmerz und Qual kommt die Wiedergeburt. Sie sagt: »Ich fand die Göttin in mir selbst und liebte sie / liebte sie glühend.«[76]

Wenn wir tiefe Gefühle und den dem Leben inhärenten Schmerz zulassen, wenn wir uns dem Leben verschreiben und es lieben, können wir, um mit Parker Palmer zu sprechen, die Widersprüche, Paradoxa und Leiden des Lebens leben und eine »zerstörerische Kraft in eine schöpferische Energie verwandeln«.[77] Aus diesem Prozess entsteht das Selbst.

Übungen

Denken Sie ein wenig darüber nach, wann, wo, wie und wie stark der Liebende sich in Ihrem Leben äußert.

1. Wie sehr oder wie wenig drückt der Liebende sich in Ihrem Leben aus? Hat er sich in der Vergangenheit oder in der Gegenwart mehr ausgedrückt? Meinen Sie, er würde sich eher in der Zukunft zeigen? Äußert er sich mehr bei der Arbeit, zu Hause, in der Gesellschaft von Freunden, in Träumen oder Fantasien?
2. Welche Freunde, Verwandten, Mitarbeiter und sonstigen Menschen scheinen vom Archetyp des Liebenden beeinflusst zu sein?
3. Möchten Sie, dass der Liebende sich in Ihrem Leben irgendwie anders äußert?
4. Jeder Archetyp drückt sich auf vielerlei Weise aus; lassen Sie sich daher ein wenig Zeit, um den Liebenden, der sich in Ihrem Leben ausdrückt oder ausdrücken könnte, zu beschreiben oder sonst wie darzustellen. Sie können ihn zeichnen, eine Collage machen oder ein Bild von sich in einer bestimmten Kleidung oder Pose wählen. Wie würde er aussehen? Was würde er tun? In welcher Umgebung würde er sich am meisten zu Hause fühlen?

Tagträume

Atmen Sie tief und entspannen Sie sich. Konzentrieren Sie sich auf Ihr Herz, und stellen Sie sich ein kleines goldenes, strahlendes Licht in der Mitte Ihres Brustkorbs im Herzbereich vor. Stellen Sie sich vor, wie dieses Licht allmählich größer wird, bis es so groß ist wie Ihr Herz, wie Ihre Lungen, wie der ganze Brustkorb und schließlich wie Ihr ganzer Körper. Lassen Sie dieses goldene, strahlende Licht Ihr Zimmer, Ihre Stadt, Ihr Land, die Welt und schließlich das Sonnensystem füllen.

Sehen Sie dann viele intensiv strahlende, farbige Lichtfäden, die Sie mit allem verbinden, was Sie lieben. Diese Fäden können Sie mit den Sternen verbinden, dem nächtlichen Himmel, einer bestimmten Landschaft, bestimmten Tieren oder bestimmten Arten von Tieren, mit Orten und Dingen und natürlich mit Menschen aus Ihrer Vergangenheit oder Gegenwart. Nehmen Sie sich die Zeit, diese Fäden zu ziehen, bis sie das Gefühl haben, im Mittelpunkt eines Netzes liebender Verbundenheit zu sein.

Lassen Sie, wenn Sie damit fertig sind, Ihr Bewusstsein von den farbigen Lichtfäden wieder zu dem goldenen Licht zurückkehren; sehen Sie, wie es kleiner wird. Erst füllt es das ganze Sonnensystem, dann nur noch die Welt, Ihr Land, Ihre Stadt, Ihr Zimmer, Ihren Körper, Ihren Brustkorb, Ihre Lungen und schließlich nur noch Ihr Herz.

13
Der Schöpfer

Wenn wir unser wahres Selbst entdecken oder hervorbringen, kommt der Schöpfer in unser Leben. Wenn unsere Verbindung zum kreativen Ursprung des Universums uns bewusst wird, erkennen wir unsere Beteiligung an der Schöpfung.

James Hillman hat das Wesen der Psychologie der Archetypen als »Seelenbildung« bezeichnet. Durch die Erschaffung unserer individuellen Seele tragen wir auch zur Erschaffung der Weltseele bei. Wenn wir unser Leben erschaffen, erschaffen wir das Universum.

Kreativität

Unsere Seele, nicht unser Ich, erschafft unser Leben. Unsere Seele beschließt zum Beispiel, Krankheit und Leid zu erleben, um in eine höhere Weisheit eingeweiht zu werden und so zu wachsen. Solche Entscheidungen sind dem Ich ein Gräuel; es möchte, dass wir gesund sind und gut funktionieren, und fühlt sich daher bestraft, wenn so etwas geschieht (genauso wie die Seele sich bestraft fühlt, wenn das Ich Sicherheit und Status zu seinen Hauptprioritäten macht).

Die meisten modernen Denker betonen, dass unsere Umgebung uns formt. Viele zeitgenössische New-Age-Lehrer jedoch behaupten, dass wir auf der tiefsten Seelenebene alles wählen, was uns zustößt, und so Urheber auch der tragischsten und schwierigsten Aspekte unseres Schicksals sind. Shirley Gehrke-Luthman und Hugh Prather zum Beispiel meinen, dass jeder von uns das Potenzial zur Erschaffung seines eigenen Lebens – und also auch seiner körperlichen Gesundheit – besitzt, wenn er das »Unbewusste bewusst« macht oder, um die Terminologie dieses Buches zu benutzen, eine Partnerschaft zwischen Ich und Seele entwickelt, damit sie miteinander und nicht gegeneinander arbeiten.[78]

Der Schöpfer
Ziel:
Erschaffung eines Lebens, einer Arbeit oder einer neuen Realität
Angst:
Unecht zu sein, Missgeburten zu erschaffen, keine Fantasie zu haben
Antwort auf den Drachen / das Problem:
Als Teil des Lebens und des von einem selbst Geschaffenen akzeptieren; Bereitschaft, eine andere Realität zu erschaffen
Aufgabe:
Sich selbst erschaffen, sich selbst akzeptieren
Geschenk:
Kreativität, Identität, Berufung

Mein Testergebnis für den Archetyp des Schöpfers: _____ Punkte (siehe Übersicht Anleitung zur Auswertung im Anhang)
(hoch = 30 / niedrig = 0)
Es ist mein _____ höchstes Ergebnis.
(höchstes = 1. / niedrigstes = 12.)

Je mehr wir mit unserer Seele und also der natürlichen Ordnung des Kosmos in Kontakt kommen, desto mehr sind wir mit diesem kreativen, verwandelnden Teil von uns selbst in Kontakt. Wie Hugh Prather[79] schreibt, brauchen wir nicht daran zu glauben, dass wir die Macht haben, etwas zu erschaffen, zu verwandeln und zu heilen. Wir brauchen uns diese Macht nur vorzustellen – so zu handeln, als hätten wir sie –, dann haben wir sie. Das Geheimnis besteht darin, die eigene Person nicht von der großen kreativen Quelle im Universum zu trennen. Um den Schöpfer in uns zu aktivieren, müssen wir erkennen, dass wir Teil dieser Quelle und daher neben Gott und anderen Menschen der Mitschöpfer unseres Lebens sind.

Wir aktivieren unsere Fähigkeit zum Miterschaffen, wenn wir uns bewusst die Zukunft vorstellen, die wir uns wünschen. Die Vision sollte sehr konkret sein und der wahren Natur unserer Seele und zumindest einigen Regeln der äußeren Welt entsprechen. Sonst ist sie nichts als eine Weltfluchtfantasie. Zum Beispiel ist es unrealistisch, sich mit vierzig vorzustellen, dass man eines Tages als professionelle Ballerina auftreten wird, wenn man vorher nie getanzt hat.

Wenn wir unsere Zukunft positiv, aber realistisch sehen, können wir das Leben in der Gegenwart genießen und dafür sorgen, dass unsere Träume wahr werden. Geistige Vorstellungen wirken am stärksten, wenn andere Menschen sie teilen. Wenn eine Gruppe Ihre Wünsche für sich (oder die Gruppe) unterstützt und die Vision bewusst hält, sind die Ergebnisse im Allgemeinen sehr gut. Am wichtigsten jedoch ist, dass Ihre Vision Ihrem innersten Wesen und dem wahren Thema Ihres Lebens entspricht.

Konditionierung und der Schatten-Schöpfer

Egal, wie integriert unser Bewusstsein ist und wie wahrhaftig wir uns selbst gegenüber sind – meist werden wir immer noch durch unsere Konditionierung, die sozialen

Zwänge der Gesellschaft und die Naturgesetze begrenzt. Wenn wir uns nicht auf die Reise gemacht, kein starkes Ich entwickelt und den Kontakt zu unserer Seele nicht hergestellt haben, erschaffen wir noch nicht bewusst. Wir meinen, das Geschaffene, nicht der Schöpfer zu sein, und sind vielleicht tatsächlich das Produkt unserer Umgebung. Dann sind wir Schatten-Schöpfer, die ohne Verantwortungsgefühl erschaffen.

Ohnmacht ist nicht immer ein Ergebnis des Schatten-Schöpfers. Manchmal haben wir zu Recht das Gefühl, das, was uns geschieht, nicht in der Hand zu haben – zum Beispiel bei einem repressiven oder diskriminierenden gesellschaftlichen System oder einer dysfunktionalen Familie. Und auch wenn Sie die Erfahrung eines Gefängnisaufenthalts durch eine Gesetzesübertretung selbst herbeigeführt haben, haben Sie nicht die aktuelle Realität des Gefängnissystems geschaffen! Ein Großteil unseres Lebens wird von der Gemeinschaft, nicht von uns selbst geschaffen. Obwohl die meisten elementaren Dinge des Lebens vorgegeben sind, bleibt aber immer noch die einzigartige Weise, in der wir sie zusammensetzen (wenn wir überhaupt bewusst handeln). Im 19. Jahrhundert sprach man nicht von Konditionierung, sondern von Vorbestimmung. Beide Begriffe beschreiben dasselbe – das Gleichgewicht zwischen Erschaffen und Erschaffenwerden.

> Das Zusammensetzen einer Flickendecke gleicht sehr stark dem Leben … Gott schickt uns die Stücke; wir können sie so ausschneiden und zusammensetzen, wie es uns passt.
> (Eliza Calvert Hall)

Über die Selbst-Verbesserung hinaus

Ob wir die absoluten Schöpfer unseres Lebens sind oder nicht, wir sind verantwortlich dafür, wie sehr wir unsere Macht vergrößern; sie fällt je nach den sozialen und ökonomischen Umständen und der Ebene unserer seelischen und spirituellen Entwicklung verschieden aus. Kreativität ist die Basis jedes gut gelebten Lebens. Wir alle erschaffen unser Leben durch die Entscheidungen, die uns zur Verfügung stehen, und die Art, in der wir sie leben. Bei manchen Entscheidungen meinen wir, wir hätten sie frei gewählt und sie unterständen unserer Kontrolle; andere fühlen sich an, als hätten sie uns gewählt, und ihre Wirkung lebt und atmet in uns. Trotzdem erschaffen wir unser Leben durch die Art, in der wir leben.

Die Vorstellungskraft hilft uns, Sinn und Schönheit im Leben zu finden. Deshalb sagt James Hillman: »Wir sind lebendig oder tot, je nach dem Zustand unserer Seele.«[80] Entfremdung und Langeweile, die im modernen Leben so häufig auftreten, sind nicht das unvermeidliche Ergebnis einer äußeren Realität, sondern spiegeln eine nicht genügend entwickelte Vorstellungskraft wider. Sie hat die Aufgabe, die uns umgebende Welt künstlerisch zu interpretieren. Die großen bildenden Künstler und Schriftsteller zeigen uns durch ihre Kunst, wie man auch die schrecklichsten Aspekte des menschlichen Lebens ansehen und Schönheit und Sinn in ihnen finden kann.

Metaphern helfen uns oft, Schönheit und Sinn des eigenen oder fremden Lebens zu sehen. Psychologen, die mit Archetypen arbeiten, identifizieren den Mythos, den Archetyp, den Gott oder die Göttin, die eine Erfahrung durchdringen – auch wenn diese pathologisch ist. Freunde, die nicht nur in unseren Leistungen, sondern auch in unserem Streben (und unserem Scheitern) Sinn und Wert sehen, geben uns Kraft und unterstützen so die künstlerische

Sichtweise. Der Künstler in jedem von uns ist der Teil, der die »Wahrheit«, das Selbst unter der Oberfläche sieht und deutlich macht. Diese grundlegenden menschlichen Wahrheiten sind immer zutiefst bedeutungsvoll, schön und bewegend.

Die Erschaffung eines Lebens bedeutet, die eigenen Erfahrungen ohne Leugnung zu achten und sie für wertvoll zu halten. Dies bedeutet, dass Sie Ihr Leben, Ihren Körper, Ihren Verstand und auch Ihre Pathologien und Ihre schlechten Gewohnheiten als richtig für Sie akzeptieren (obwohl die Aufgabe in den letzten beiden Fällen auch darin bestehen kann, dass Sie sie überwinden lernen). Es bedeutet, dass Sie die Form Ihrer körperlichen, geistigen oder charakterlichen Schönheit erkennen.

Ironischerweise ist es heutzutage schwierig, seine Gefühle zu fühlen und seine Gedanken zu denken, ohne sich darum zu sorgen, was man fühlen oder denken »sollte«. Denn in der gegenwärtigen Gesellschaft von Kriegern und Suchenden sind wir von Selbstverbesserungsprogrammen umgeben, die uns darauf trimmen, dem einen oder anderen Maßstab zu entsprechen. Die meisten von uns haben gelernt, jede Handlung, jeden Gedanken zu beurteilen: Ist er gut? Ist er schlecht? Ist es männlich genug? Ist es weiblich genug? Was werden die anderen denken? Wenn man einfach man selbst ist, hat man das Gefühl, alle Regeln und Normen zu brechen, was ein Gefühl der Befreiung und die vage Angst vor Bestrafung hervorruft. Wenn der Archetyp des Schöpfers in unserem Leben aktiv wird, schwanken wir oft zwischen Jubel und lähmender Angst.

Wenn der Archetyp des Schöpfers in unserem Leben aktiv wird, schwanken wir oft zwischen Jubel und lähmender Angst.

Als Unschuldige lernen wir, uns der bestehenden Welt (Familie, Schule, Arbeitsplatz, Gemeinschaft) anzupassen, und das ist gut so. Wir übernehmen bestimmte Rollen, die uns in hohem Maße definieren. Die Wiedergeburt der Seele führt uns auf einen anderen Weg; wir beginnen, ehrlich und echt zu sein, egal, wo wir sind. Damit ist jedoch immer ein gewisser Schmerz verbunden. Wenn unser wahres Selbst sich nach langer Vorbereitungszeit zeigt, macht die große Welt dort draußen uns vielleicht Angst – und wir ihr! Die anderen sind an das Ich als Gesprächspartner gewöhnt und unter Umständen sehr verwirrt, wenn ein neues Wesen auftaucht und erklärt, es habe seinen eigenen Kopf – vor allem, weil viele von uns ihre Wünsche anfangs nicht besonders feinfühlig durchsetzen.

Es braucht Mut, um zum Mitschöpfer der eigenen Welt zu werden. Ich meine nicht den Mut des Kriegers, der gewöhnlich bis an die Zähne bewaffnet ausreitet. Ich meine den Mut, verletzlich, offen, unbewaffnet, man selbst zu sein – nicht als Unschuldiger, sondern wissend, wer man ist und was man tut.

Am Schluss sind Helden oft sich selbst treu und glückliche, beliebte Mitglieder der Gemeinschaft; aber erst müssen sie den Mut und die Fantasie zeigen, die Welt ein bisschen nach ihren Vorstellungen umzugestalten. Wir haben beispielsweise die Verantwortung, bei Wahlen nicht nur ein Kreuzchen zu machen, sondern unsere Wahl zu leben. So entsteht die Welt: Durch die vereinte Wirkung all der – kleineren und größeren – Entscheidungen, die jeder von uns in seinem Leben trifft.

Einige dieser Entscheidungen treffen wir bewusst, andere unbewusst, und wieder andere gleichen Entdeckungen. Das Entdecken des nächsten Schritts mithilfe eines rezeptiven Zuhörens gehört zu unseren wichtigsten Lebensfertigkeiten. Manche Menschen beten und meditieren zu diesem Zweck, andere machen einen Spaziergang oder arbeiten im Garten. Viele von uns entdecken ihre Gedanken und Gefühle durch eine künstlerische Tätigkeit – sie führen ein Tagebuch, malen oder töpfern. Menschen, die meinen, sie wären nicht kreativ, oder die ihrem inneren intuitiven Wissen nicht zuhören können, haben noch nicht gelernt, auf ihren Lebensprozess zu lauschen. Vielleicht haben sie sehr früh gelernt, ihr intuitives Wissen abzustellen. Nicht jeder malt, schreibt oder modelliert, aber jeder träumt, fantasiert oder kritzelt herum. Die Schaffung einer Geschichte in Träumen und Fantasien und die Schaffung von Bildern durch Herumkritzeln sind wichtige Aktivitäten der Fantasie.

Wenn wir aufhören, die Fantasie zu kontrollieren, und das zulassen, was spontan hochkommt – Worte, Bilder, Symbole –, entdecken wir die Tiefen unserer inneren Weisheit. Ähnlich können wir, wenn wir ehrlich sind, viele Diskrepanzen zwischen unseren beabsichtigten und unseren tatsächlichen Schöpfungen feststellen.

> Wenn das, was wir im Kunstwerk unseres Lebens schaffen, wirklich aus unserer Seele kommt, ist das Ergebnis unweigerlich schön.

Zum Beispiel können wir meinen, dass wir mit einer bestimmten Frau befreundet sein und Zeit verbringen wollen. Aber wir machen es nie und tun schließlich Dinge, um sie zu verletzen. Vielleicht wollen wir unbewusst diese Freundschaft nicht, zumindest nicht in ihrer gegenwärtigen Form, und schaffen eine Situation, die sie erschüttert, sodass sie beendet oder neu definiert wird.

Das Ich beendet oft einen seinem Wesen nach endlosen und praktisch mühelosen Fluss durch sein Urteil und seine Zensur. Vor allem wenn es unter dem Einfluss des Kriegers steht, ist es kritisch und möchte, dass wir erst etwas erschaffen, wenn wir »gut darin sind«. Die der Seele entströmende Fantasie jedoch hat nur zwei Kriterien für Herausragendes: Unsere Schöpfungen müssen »wahrhaftig« und »schön« sein. Für die Seele ist alles, was authentisch ist, auch schön. Wenn das, was wir im Kunstwerk unseres Lebens schaffen, wirklich aus unserer Seele kommt, ist das Ergebnis unweigerlich schön.

Phasen der Schöpfung

Zunächst erschaffen wir unbewusst; wir wissen nicht, dass wir das, was mit uns geschieht, erschaffen. Wenn wir wie der Zauberlehrling Chaos und Schwierigkeiten hervorrufen, geben wir den äußeren Umständen die Schuld. Wenn jemand uns sagt, wir wären der Schöpfer unseres Lebens, klingt es so, als würde er uns Vorwürfe machen. Wir können einfach den Unterschied zwischen dem, was das Ich als gut bezeichnet, und dem, was die Seele als gut bezeichnet, nicht verstehen; wir können uns nicht vorstellen, die Verantwortung für unsere Schöpfungen zu übernehmen, ohne für sie zur Rechenschaft gezogen zu werden.

Auf der nächsten Ebene übernehmen wir mit unserem Ich bewusst die Kontrolle über unser Leben und ringen darum, das Richtige zu tun und das Erwünschte zu bewirken. Wir bekommen oft einen Strich durch die Rechnung gemacht und müssen kämpfen, aber wir versuchen weiterzumachen. Auch wenn wir oft erschöpft sind, erringen wir Erfolge und sind stolz auf unsere Anstrengungen.

Aber nach unseren Einweihungserfahrungen mit dem Zerstörer und dem Liebenden sind wir demütiger und erkennen, dass wir das Universum nicht beherrschen können. Oft haben wir überhaupt keine bewusste Kontrolle. Sobald wir die Illusion aufgegeben haben, dass wir unser Schicksal mit unserem Willen lenken können, lernen wir, unserer Fantasie und den Schöpfungen unserer Seele zu vertrauen. Sie interessiert sich nicht für materiellen Erfolg, sondern möchte, dass wir auf einer tieferen Ebene wachsen und uns entwickeln. An diesem Punkt erkennen wir vielleicht, dass wir uns auf der Seelenebene für jeden Schmerz, jeden Verlust und jedes Leid in unserem Leben entschieden haben. Trotzdem können wir immer noch wünschen, das Leben wäre nicht so hart und unser bewusster Verstand hätte bei Entscheidungen mehr Gewicht.

Das Erschaffen mit Ich und Seele zusammen ist in sich selbst befriedigend. Die Schöpfungen des Ich haben Krieger-Charakter. Es geht um Macht, harte Arbeit, Konflikt und Kampf. Wenn unsere Seele unser Leben erschafft, unterdrücken wir besonders am Anfang die Kritik und die Ratschläge des Ich und lassen seine Weisheit außer Acht. Dabei beachten wir oft normale menschliche Dinge nicht mehr, etwa einen angemessenen Lebensunterhalt oder die Reaktionen anderer auf uns.

Nachdem wir versucht haben, unser Leben nur vom Ich oder nur von der Seele aus zu erschaffen, entdecken wir die effektivste Art, die Weisheit beider zu achten. Vielleicht meinte Jesus Christus das, als er sagte: »Gebt dem Kaiser, was des Kaisers ist, und Gott, was Gottes ist.« Auf der höchsten Ebene erleben wir die »heilige Hochzeit«

von Ich-Bewusstsein und Seele; sie erschafft ein Leben, das Ich und Seele befriedigt – wir können spirituelle Tiefe haben und in Leben, Arbeit und Liebe erfolgreich sein.

Ebenen des Schöpfers

Schatten

Schaffung negativer Umstände, begrenzter Gelegenheiten; zwanghaftes Schaffen, Arbeitssucht.

Aufruf

Tagträume, Fantasien, Bilder oder kurze Inspirationen.

Ebene 1

Offenheit für Visionen, Bilder, Ahnungen, Inspiration.

Ebene 2

Erkennen, was man wirklich haben, tun oder erschaffen möchte.

Ebene 3

Experimente, um das Imaginierte zu erschaffen – zulassen, dass Träume wahr werden.

Bei der Gestaltung unseres Lebens müssen wir unserer tiefsten Seelenrealität treu bleiben; wir müssen zulassen, dass diese Realität sich zeigt und der Schatz ist, der dem Königreich neues Leben gibt. Aber wir brauchen das Ich, um den Schatz zu bewachen und sicherzustellen, dass er nicht zerstört, entheiligt oder sonst wie misshandelt wird.

Die höchste Meisterschaft – die Ebene, von der Shirley Gehrke-Luthman in Bezug auf Menschen spricht, die mit ihrem bewussten Verstand auswählen, was sie erleben[81] – erfordert eine Ebene der Bewusstheit, die nicht viele von uns besitzen. Zwischen Ich und Seele darf es dann kaum eine oder keine Grenze mehr geben. Heutzutage ist dies relativ selten. Die meisten von uns finden sich damit ab, die begrenzte Macht, die sie haben, zu vergrößern, um so die Richtung ihres Lebens zu beeinflussen.

Schöpfung und Bewusstsein

Außer uns sind auch andere Menschen und außerdem Pflanzen, Tiere, Bäume, Sterne und Galaxien an der Miterschaffung unserer Welt beteiligt. Jedes lebende Wesen trägt einfach durch sein Dasein zur kosmischen Evolution bei. Wir alle erschaffen unsere Welt ständig; die wichtige Aufgabe besteht darin, es bewusst zu tun.

James Lovelocks Buch *Das Gaia-Prinzip* erschütterte die wissenschaftliche Welt mit seiner vorsichtig entwickelten Prämisse, die Erde sei ein lebendiges, sich selbst regulierendes System.[82] Lovelock sagt jedoch nicht, die Erde habe Bewusstsein. Ja, sie ist lebendig. Sie reguliert ihre Temperatur und andere für ihr Überleben notwendige Bedingungen, was bedeutet, dass sie genauso wie wir mit der Miterschaffung der Welt beschäftigt ist, aber es bedeutet nicht, dass sie Bewusstsein besitzt.

Obwohl viele andere Kulturen – die amerikanischen Indianer zum Beispiel – Mutter Erde bereitwillig ein Bewusstsein zuschreiben, sprechen das europäische und das amerikanische Denken Bewusstsein nur dem Menschen zu. Jean Houston kombiniert diese Ansichten, indem sie die Menschheit als das sensorische System von Mutter Erde betrachtet, als das Organ von ihr, das Bewusstsein besitzt.[83]

Ob die Erde, die Sterne oder die Galaxien Bewusstsein besitzen, wird von verschiedenen Kulturen verschieden gesehen, aber alle meinen, dass Menschen Bewusstsein und daher die Fähigkeit haben, auf besondere Weise zu erschaffen. Auf ganz elementare Art erschaffen wir durch das »Benennen«, durch die Macht der Sprache; durch sie legen wir von vornherein das Denken fest.

Die Art, in der wir Erfahrungen ordnen – durch Laute, Worte, Bilder –, schafft in unserer Welt Bedeutung. Die Psychologen wissen seit Langem, dass Menschen sich oft nicht weiterentwickeln, weil sie das Leben nur so sehen können, wie sie es immer gesehen haben. Wenn sie zum Beispiel als Kinder geschlagen wurden, betrachten sie andere als potenzielle Schläger und sich selbst immer als Opfer. Was in dieses Grundmuster nicht hineinpasst, sehen sie nicht. Ihr Tun verewigt diese Strukturen, und sie stellen immer wieder fest, dass sie missbraucht werden.

Die Transaktionsanalyse bezeichnet so etwas als »Script« und versucht, Menschen von diesen begrenzenden Mustern zu befreien. Therapeuten aller Traditionen arbeiten daran, dass Menschen die Welt aus einer anderen Perspektive sehen können.

Die Macht des Benennens ist groß. Als Collegeprofessorin forderte ich einmal drei Studentinnen auf, eine wichtige Arbeit neu zu schreiben. Die erste wurde sofort zum Opfer, bemitleidete sich und klagte, so etwas würde immer ausgerechnet ihr passieren. Die zweite ging sofort in die Krieger-Haltung und überlegte, wie sie das Hindernis überwinden könnte. Die dritte (Unschuldige) schien ihre Stilprobleme überhaupt nicht zu sehen, schrieb aber die Arbeit neu, um mir zu gefallen. Alle drei schienen von ihren Archetypen gesteuert zu werden.

Die Erfahrung verwirrte mich und motivierte meine Arbeit über Archetypen sehr stark; ich hatte erkannt, dass unsere Weltsicht nicht einfach die Folge unserer Erlebnisse ist. Sie ergibt sich aus der Art, in der wir unsere Erlebnisse interpretieren und dann handeln. Ironischerweise erging es der Frau, die in die Leugnung ging, und der, die ihre Truppen mobilisierte, besser als der, die sich als Opfer sah.

Bewusstsein kann dazu beitragen, dass nicht mehr andere unsere Geschichte schreiben, sondern wir selbst – zumindest teilweise. Unsere Fantasie, die in Sehnsucht, Schmerz und Liebe eingeweiht wurde, kann Visionen unserer wahren Aufgabe in dieser Welt schaffen. Wenn auch unser Ich stark ist, können wir Fertigkeiten und Kontrolle einsetzen, um eine höhere Ebene jedes Archetyps zu erreichen und unsere Visionen zu realisieren. Mithilfe des Ich können wir die Vision plastisch machen, uns vorstellen, wie wir unser Potenzial hier und jetzt verwirklichen können. Wenn die Seele unterentwickelt ist, gibt es keine Vision. Wenn das Ich unterentwickelt ist, wird die Vision nicht realisiert – es sei denn durch außergewöhnliche, synchronizistische Ereignisse.[84]

Der erwachte Schöpfer

Wenn der Archetyp des Schöpfers in unserem Leben aktiv ist, haben wir ein Gefühl von Schicksalhaftigkeit und wissen um die Verantwortung, für unser Leben eine Vision zu entwickeln und zu realisieren. Wir meinen, unsere Seele zu verlieren, wenn wir es nicht tun. Es fühlt sich wie eine »Friss-oder-stirb«-Situation an – nur droht nicht der Tod des Körpers, sondern der der Seele.

Der Schöpfer vertreibt uns aus unechten Rollen und drängt uns, unsere Identität geltend zu machen. Wenn er aktiv ist, werden die Betreffenden genauso von dem Bedürfnis verzehrt, ein Leben zu erschaffen, wie Maler von dem Bedürfnis zu malen oder Dichter von dem Bedürfnis zu schreiben. Wie große Maler und Dichter Geld, Macht und Status aufgeben, um ihre Kunst zu schaffen, werden wir zumindest zu dem Entschluss gedrängt, wir selbst zu sein, auch wenn dies bedeutet, dass wir unbekannt, arm und allein sterben. Im Allgemeinen bezahlen Menschen, die ihr wahres Selbst leben, natürlich nicht diesen Preis – sie können durchaus berühmt, reich und von Freunden und geliebten Menschen umgeben sein. Aber nur daran, dass wir bereit sind, jeden Preis zu bezahlen, lässt sich feststellen, ob wir uns wirklich treu sein wollen.

Der Schöpfer braucht auch das Gefühl, dass etwas in seinen Zellen verschlüsselt ist, was der Hauptgrund für seine Existenz auf diesem Planeten ist. Dieses Etwas kann eine bestimmte Berufung sein, ein Beitrag zur Gesellschaft, ein Mensch oder eine Gruppe von Menschen, die er lieben *muss*, oder dass er auf bestimmte Weise geheilt wird oder eine wichtige Lektion lernt; immer geht es dabei auch um Entwicklung.

> Der Schöpfer vertreibt uns aus unechten Rollen und drängt uns, unsere Identität geltend zu machen.

Jeder von uns besitzt ein Stück des Puzzles, um die großen Probleme unserer Zeit zu lösen und eine gerechtere, humanere und schönere Welt zu schaffen. Wenn das, was wir tun, sich nicht gerade vertraut, aber doch von ganz innen heraus wahr und richtig anfühlt, wissen wir, dass dies unser Beitrag ist. Wir erkennen ihn an dem, was wir lieben und was uns ein Gefühl der Erfüllung gibt. Wir erkennen ihn daran, dass wir an ihm hängen, auch wenn alles um uns herum oder in uns zusammenbricht.

> Der Same Gottes ist in uns … Der Same eines Birnbaums wächst zu einem Birnbaum heran, der

> Same eines Haselnussbaumes zu einem Haselnussbaum, der Same Gottes zu Gott.
> (Meister Eckhart)

Wenn jeder, der Schönheit hervorbringen möchte, es täte, würden wir in einer wunderschönen Welt leben. Wenn jeder, der Sauberkeit und Ordnung liebt, sauber machen würde, würden wir in einer sauberen und geordneten Welt leben. Wenn jeder, der die Kranken heilen möchte, es täte, würden wir in einer gesünderen Welt leben. Wenn jeder, den der Hunger in der Welt bekümmert, seine kreativen Ideen anderen mitteilen und mit ihnen an der Beseitigung des Problems arbeitete, würden alle Menschen satt werden.

Wenn wir lernen könnten, dass die in jedem von uns verschlüsselte Weisheit des Selbst niemals irrt, dass das, was wir tun möchten, das ist, was wir tun sollen, würden wir eine bessere Welt miterschaffen. Das bedeutet nicht, dass unser bewusster Verstand die Antwort kennt. Nur wenige von uns haben eine Landkarte erhalten. Aber wenn wir Augenblick für Augenblick unserem Lebensprozess vertrauen und tun, was richtig und authentisch erscheint, wachsen wir in die Form hinein, die uns zugedacht ist.

Götter, Göttinnen und der schöpferische Prozess

Die religiösen Traditionen der Welt präsentieren zahlreiche Bilder von Göttern und Göttinnen als Schöpfern. Das erste, älteste Bild des Schöpfers war eine Göttin, die das Universum hervorbringt. In allen Teilen der Welt feiert die älteste sakrale Kunst die weibliche Macht, etwas hervorzubringen – nicht nur Kinder, sondern auch Kunst, Literatur, Erfindungen und das Universum überhaupt. In diesen alten Kulturen wurde das Weibliche nicht nur wegen seiner Macht verehrt, Leben zu geben, sondern auch wegen der Fähigkeit, Milch zur Ernährung des Babys zu produzieren und bei der Menstruation zu bluten, ohne zu sterben.

Der Sohn und Geliebte der Göttin wurde ebenfalls als göttlich verehrt, was zum zusätzlichen Bild des göttlichen Paares führt, das durch seine ekstatische Paarung Leben erschafft; dieses Bild betont den ekstatischen, freudigen, angenehmen Charakter des Lebens und der Schöpfung. Das Erschaffen ist also wie gute Sexualität – voller Freude, Liebe und beiderseitigem Vergnügen. Stellen Sie sich vor, sie lebten in einer Kultur, in der dieses Bild das Wesen des Lebens erklären würde!

Später wurde die Erschaffung des Universums nicht als natürlicher, körperlicher Vorgang (Geburt aus dem Körper einer Mutter oder Ergebnis der glückseligen Verbindung eines göttlichen Paares) gesehen, sondern als geistiger Prozess: Jahwe, der Gottvater der hebräischen Thora und des christlichen Alten Testaments, erschuf die Welt durch die Magie der Sprache (»Es werde Licht«). Dies ist die Macht des Worts, des Logos, der durch Sprache und Verständnis erschafft. Ähnlich heißt es von Athene, sie sei (bereits voll erwachsen) der Stirn des Zeus entsprungen.

Es heißt, jeder von uns habe einen Gott in sich, aber welchen? Wenn er durch einen Vorgang wie die Geburt erschafft, beginnt er mit Liebe und Vergnügen, hat aber keine Kontrolle über den Prozess, sobald die Empfängnis geschehen ist. Bei dieser Ansicht ist das Potenzial für intensive Erfahrungen und Gefühle vorhanden, aber wenig Kontrolle. Wenn der Gott im Inneren gekreuzigt und zerstückelt wird, wie Christus oder Dionysos, besteht die Schöpfung hauptsächlich aus Leiden, bis es beim Erreichen einer neuen Realität zu Wiedergeburt und Befreiung kommt. Wenn der Gott im Inneren ein König und Vater ist, der durch Befehle, von seinem Kopf aus erschafft, haben wir viel Kontrolle, aber wenig Leidenschaft.

Wenn es in jedem von uns einen Gott oder eine Göttin gibt, wäre es nützlich, wenn wir uns ein Bild von ihm oder ihr machen und in der äußeren Welt ein Äquivalent für dieses heilige innere Selbst fänden. Um zu verstehen, wie wir erschaffen, können wir auch Künstler und ihre Auffassung vom kreativen Prozess betrachten.

Leben als Kunstform

In *Ein Porträt des Künstlers als junger Mann* stellt James Joyce sich den Künstler als Gott vor, der über der Handlung thront, alles unter Kontrolle hat, uninteressiert und objektiv ist und »seine Fingernägel schneidet«. Alice Walker dagegen beschreibt, wie Celie und Shug, die Hauptpersonen von *Die Farbe Lila,* erscheinen und sie bitten, ihre Geschichte aufzuschreiben. Die Autorin lässt eine Erzählung entstehen, die genauso voller Gefühl ist wie das Leben der beiden Frauen.[85]

Bei der Erschaffung unseres Lebens können wir auch von der klassischen und der romantischen Kunstauffassung lernen; die erste betont Können und Beherrschung, die zweite Inspiration und Leidenschaft. Wie die Schöpfung kommt auch die Muse nur im Gefolge rezeptiver Imagination. Ohne sie gibt es keine Kreativität. Es gibt Dürreperioden, in denen wir nichts von Wert schaffen, egal, wie intelligent oder kreativ wir sind (oder waren).

Wenn die Muse uns besucht, kann dies uns inspirieren, aber dann besteht immer noch die Möglichkeit, dass die Ausführung schlampig und undiszipliniert ist. Können und Beherrschung, die von der klassischen Tradition betonte Distanz, sind für die Ausführung sehr wichtig. In großer Kunst verbinden sich fast immer harte Arbeit und ein Augenblick der Inspiration. Im Idealfall beginnen wir kreative Projekte mit rezeptiver Imagination und vollenden sie mit einem Können, das die formale Beherrschung betont.

Genauso ist es mit dem Leben. Das Ich arbeitet hart, um das Handwerk des Lebens zu lernen. Das Eindringen in die Mysterien der Seele öffnet uns für die Gnade, die Muse, die Inspiration. Das Ergebnis der Integration von Inspiration und Können ist ein Leben, das als große Kunst gelebt wird.

Künstler und Mystiker lernen, wie Kinder zu denken – mit dem, was Buddhisten den »Anfängergeist« nennen: Vorgefasste Meinungen über die Realität, die die Kreativität blockieren, werden eingeschränkt oder eliminiert. Kinder sind auf natürliche Weise spontan kreativ. Wenn wir als Erwachsene nicht kreativ sind, dann deshalb, weil unsere Kreativität blockiert wurde. Wir sind zu sehr auf die Vergangenheit oder die Zukunft konzentriert, um im Jetzt ganz offen und spontan zu sein. Wir brauchen nur das wieder zu aktivieren, was uns als Kindern natürlich war.

Manche Menschen erschaffen ihr Leben spontan – wie Kinder Kunst schaffen –, und diese kindliche Spontaneität und Offenheit hat bei jeder Schöpfung ihren Platz. Wir alle wären sehr lebendig, wenn wir auf jede Erfahrung kreativ und neu reagierten. Aber die größte Kunst verlangt auch Reife, Können und Weisheit.

Andere Menschen verbinden Kontrolle und Spontaneität. Sie haben eine grobe Vorstellung von der Richtung, die sie einschlagen wollen, aber viele Einzelheiten ergeben sich aus einem unbewussten kreativen Prozess, der den bewussten ausfüllt. Bildhauer sagen oft, dass sie eine Figur befreien, die sie in einem Stück Holz oder Stein sehen. Auch Psychologen, Therapeuten, Lehrer und Geistliche sehen ihre Arbeit darin, das verschüttete Selbst bzw. Potenzial eines Menschen aufzudecken.

Die Fähigkeit, dieses Potenzial in sich oder anderen zu sehen und zu benennen, ist der erste kreative Akt der Befreiung.

Die Fähigkeit, dieses Potenzial in sich oder anderen zu sehen und zu benennen, ist der erste kreative Akt der Befreiung. Erst wenn wir aufdecken, wer wir – hinter Unsicherheit und Überheblichkeit, eingewurzelten Gewohnheiten und gesellschaftlicher Konditionierung, äußerem Anschein und Persona – sind, können wir darauf vertrauen, dass unser Tun die individuelle und kollektive Seele nicht kleiner, sondern größer macht. Und wir lernen Techniken, mit Stil und Leichtigkeit zu leben und zu arbeiten und so effektiv zum größeren Wohl beizutragen.

Einige kreative Menschen konzentrieren sich auf wissenschaftliche Erfindungen. Für sie ist die dritte, die empirische Phase (die Teil aller kreativen Bemühungen sein sollte) entscheidend. Sie haben eine Vision und beginnen, ihr entsprechend zu experimentieren. Dann analysieren sie die Daten, die sie bekommen, und ändern ihre Vision entsprechend. Diese empirische Feedbackschleife ist für das Leben des Einzelnen genauso wichtig wie für Wissenschaftler, Erfinder und Mathematiker, denn wenn das, was geschieht, anders ist als das, was man erwartet hat, wird man seine Hypothese vielleicht überprüfen und seine Vision umgestalten müssen.

Wenn wir ein schönes Leben erschaffen und leben wollen, sollten wir nicht die Fertigkeiten des Ich, wohl aber Arroganz und Oberflächlichkeit aufgeben. Der künstlerische Prozess an sich kann eine Form des Entdeckens sein. Dinge, die für das Ich relevant sind, etwa das Streben nach Ewigkeit und Unsterblichkeit, werden zurückgelassen, denn das Selbst ist mit dem Kosmos verbunden. Unsere Schöpfungen sind nicht von uns getrennt. Sie sind Ausdruck dessen, was wir sind; durch sie entdecken wir, wer wir sind und was wir denken und wissen. Wir tun dies aus Freude, aus Liebe zu den uns umgebenden Dingen und dem Vorgang der Kreativität an sich.

Bei der Erschaffung eines Lebens geht es also nicht um die Erschaffung eines Produkts, sondern um die Freude an einem Prozess. Man braucht nicht den Endzustand erreicht zu haben – ein wundervolles Leben, das zum Wohl des großen Ganzen beiträgt –, um dieses Gefühl großer Freude zu haben. Die Freude entsteht durch den Vorgang selbst.

Der Tanz von Ich und Seele

Die höchste Kunst zeigt uns, wie es sein kann, wenn wir unser Leben aus der Wahrheit unserer Seele heraus und trotzdem in vollständigem Einklang mit dem Ich erschaffen; wir sind dann wie zwei Menschen, die in vollkommener Harmonie miteinander tanzen, oder wie verschiedene, zu einer wundervollen künstlerischen Leistung verschmolzene Energien im Körper eines einzigen Tänzers. Schöpfung braucht sich nicht wie Arbeit, Kampf oder Plackerei anzufühlen; sie kann sich wie »Tanzen« anfühlen.

Es ist gefährlich, nur von der Seele heraus zu erschaffen; sie ist bekanntlich unempfindlich gegenüber den Bedürfnissen des Körpers und lässt uns schaffen, arbeiten oder tanzen, bis der Körper zusammenbricht. Das Ich muss aktiviert werden, um sich um die Gesundheit des Organismus zu kümmern. Jeder, der den Film *Amadeus* gesehen hat, wird sich an die intensive und schmerzliche Szene von Mozarts Tod erinnern: Er verausgabt sich bis zum Letzten, um sein großes *Requiem* zu vollenden, und stirbt dann. Mozart, zumindest der in diesem Film vorgestellte, schuf aus der Seele heraus einige der schönsten Musikkompositionen, die je geschrieben wurden. Aber er hatte nicht die Weisheit des Ich, seine Gesundheit und seine Finanzen richtig zu handhaben, und auch nicht die Ich-Stärke, dem Druck zum Komponieren so lange standzuhalten, bis er sich von einer schweren Krankheit erholt hatte. Also starb er jung, nahm sich die Chance auf ein langes und erfülltes Leben und enthielt der Welt die Musik vor, die er noch hätte schreiben können.

Ähnlich haben viele von uns heute so zahlreiche große Ideen, was sie schaffen, tun oder kaufen könnten, dass sie schließlich ausgebrannt und von der Komplexität ihres Lebens erdrückt sind. Anstatt immer weitere Pläne zu entwerfen, sollten sie ihren gesunden Menschenverstand benutzen, sich einschränken und weniger tun.

Wenn wir uns den kreativen Prozess als Tanz vorstellen, sehen wir sehr leicht, dass die Schaffung eines als Kunst gelebten Lebens von unserer Fähigkeit abhängt, für unseren Körper, unseren Geist und unser Herz zu sorgen. Ohne einen starken, gesunden Körper kann ein Tänzer nicht gut tanzen. Das Tanzen ist immer am besten, wenn der Tänzer nicht das Gefühl hat zu tanzen, sondern meint, »getanzt zu werden«. Der Tanz, die Musik der Seele, übernimmt die Leitung, aber der Körper bzw. das Ich ist so trainiert, dass es »getanzt werden« kann, ohne einen Schritt auszulassen oder sich zu ruinieren. Wenn Ich und Seele gut integriert sind, wird Kreativität nicht als Leiden erfahren – was der Fall ist, wenn die Bedürfnisse des

Übungen

Denken Sie ein wenig darüber nach, wann, wo, wie und wie stark der Schöpfer sich in Ihrem Leben äußert.

1. Wie sehr oder wie wenig drückt der Schöpfer sich in Ihrem Leben aus? Hat er sich in der Vergangenheit oder in der Gegenwart mehr ausgedrückt? Meinen Sie, er würde sich eher in der Zukunft zeigen? Äußert er sich mehr bei der Arbeit, zu Hause, in der Gesellschaft von Freunden, in Träumen oder Fantasien?
2. Welche Freunde, Verwandten, Mitarbeiter und sonstigen Menschen scheinen vom Archetyp des Schöpfers beeinflusst zu sein?
3. Möchten Sie, dass der Schöpfer sich in Ihrem Leben irgendwie anders äußert?
4. Jeder Archetyp drückt sich auf vielerlei Weise aus; lassen Sie sich daher ein wenig Zeit, um den Schöpfer, der sich in Ihrem Leben ausdrückt oder ausdrücken könnte, zu beschreiben oder sonst wie darzustellen. Sie können ihn zeichnen, eine Collage machen oder ein Bild von sich in einer bestimmten Kleidung oder Pose wählen. Wie würde er aussehen? Was würde er tun? In welcher Umgebung würde er sich am meisten zu Hause fühlen?

Körpers ignoriert werden –, sondern, um mit William Butler Yeats zu sprechen, als »Aufblühen« des Organismus.[86]

> O Körper, der du dich wiegst zur Musik, o leuchtender Blick. Wie sollen wir den Tänzer vom Tanz unterscheiden?
> (William Butler Yeats)

Tagträume

Stellen Sie sich einen vollkommenen Zeitraum (einen Tag, eine Stunde, eine Woche) irgendwann in der Zukunft vor, in dem Sie alles tun, was Ihnen Spaß macht. Malen Sie sich die Umgebung, Ihre Gesellschaft und Ihre Aktivitäten aus. Stellen Sie sich vor, wie Sie aussehen, was Sie anhaben und wie Sie sich fühlen. Seien Sie so präzise wie möglich, und nehmen Sie so viele Sinneseindrücke auf, wie Sie können. (Wie sieht Ihr perfektes Leben aus, wie fühlt es sich an, wie schmeckt es, riecht es, klingt es?)

Stellen Sie sich vor, Sie hätten einen Zauberstab und könnten – für sich und andere – alles in der Welt ändern, was Sie ändern wollen. Malen Sie sich aus, was Sie ändern würden. Bleiben Sie in dieser traumähnlichen Verfassung, gestatten Sie dem Schauspiel, sich ungehindert zu entfalten, und sehen Sie die Auswirkungen Ihrer Arbeit. Lassen Sie sich ein wenig Zeit, um die Ergebnisse zu verarbeiten – freuen Sie sich über Ihre Erfolge, und bedauern Sie, was nicht so gut gelungen ist.

Wenn wir die Freude dieser Meisterschaft erlebt haben, sind wir bereitet, von der Reise zurückzukehren, unsere Schätze nach Hause zu bringen und zur Verwandlung des Königreichs beizutragen. Dazu müssen wir verstehen, dass wir die Herrscher unseres Lebens sind.

Teil IV

Die Rückkehr:
Frei werden

14
Der Herrscher

Viele Geschichten, Märchen und Legenden enden mit der Entdeckung, dass die Hauptperson – ein scheinbar gewöhnlicher Mensch, der sich durch viele Hindernisse und Abenteuer durchgekämpft hat – in Wirklichkeit der seit Langem verlorene Sohn bzw. die seit Langem verlorene Tochter des Königs ist.

Klassische Helden waren oft Waisenkinder und wurden von gewöhnlichen Leuten großgezogen. Das Leben mit den niedrigsten Menschen im Land entwickelte ihre Demut, ihr Mitgefühl und das Wissen um die Herausforderungen des Alltags – Eigenschaften, die für eine wirklich große Führungsrolle notwendig sind.

Der Herrscher
Ziel:
Ein harmonisches und gedeihendes Königreich (Leben)
Angst:
Chaos, Kontrollverlust
Antwort auf den Drachen / das Problem:
Seine konstruktive Verwendung herausfinden
Aufgabe:
Die volle Verantwortung für das eigene Leben übernehmen; Möglichkeiten finden, sein höheres Selbst in der Welt auszudrücken
Geschenk:
Souveränität, Verantwortlichkeit, Kompetenz

Mein Testergebnis für den Archetyp des Herrschers: _____ Punkte (siehe Übersicht Anleitung zur Auswertung im Anhang)
(hoch = 30 / niedrig = 0)
Es ist mein _____ höchstes Ergebnis.
(höchstes = 1. / niedrigstes = 12.)

Die Reise des Helden wird oft als Vorbereitung auf eine Führungsrolle betrachtet. In den klassischen Mythen vom Fischerkönig zum Beispiel ist das Königreich öde und unfruchtbar, weil der König verwundet oder gebrechlich ist. Der junge Held macht sich auf eine Reise, tötet den Drachen und findet einen Schatz, der eine sterbende Kultur neu belebt. Bei seiner Rückkehr wird er zum neuen Herrscher und verwandelt das Königreich, in das neues Leben einströmt. Wenn wir dieses Schema vergessen haben und meinen, uns nur Fertigkeiten aneignen zu müssen, um auf die Führungsrolle vorbereitet zu sein, leidet das Königreich. Nur wenn man sich erst auf die Reise gemacht hat, kann man ein wirklich großer Herrscher werden.

Im modernen Leben werden wir zu Herrschern, wenn wir die volle Verantwortung für unser Leben übernehmen – nicht nur für unsere innere Wirklichkeit, sondern auch für die Art, in der unsere äußere Welt diese Realität spiegelt. Dazu gehört, wie unser individuelles Leben unsere Familien, Gemeinschaften und Gesellschaften beeinflusst. Wenn wir bequem geworden sind und uns nicht weiterentwickeln, haben wir das Gefühl, dass unser Königreich öde und unfruchtbar ist; wir müssen dem keimenden neuen Leben – dem neuen Helden in uns – erlauben, sich wieder auf die Reise zu machen.

Der Herrscher symbolisiert Ganzheit und Selbstverwirklichung, und zwar nicht nur vorläufige Stadien, sondern ihren Ausdruck in der Welt; er kann unser Leben innerlich und äußerlich verwandeln. Der Herrscher ist ganz, weil er die Weisheit von Jugend und Alter verbindet und eine dynamische Spannung zwischen ihnen aufrechterhält. Wenn sie vergeht und ein Ungleichgewicht entsteht, muss eine neue Reise unternommen und ein neuer Schatz gewonnen werden, der das Reich wieder verwandelt.

Der Archetyp des Herrschers umfasst nicht nur die Extreme von Jugend und Alter, sondern auch von männlich und weiblich. In der Alchemie symbolisiert der androgyne Herrscher den Abschluss des Transformationsprozesses. Wie wir gesehen haben, gleichen die verschiedenen chemischen Verfahren, durch die Gold (bzw. Geist) von geringeren Elementen (Materie) getrennt werden soll, den Phasen der spirituellen Reise des Helden – er bewegt sich von der auf Übereinkunft beruhenden, vom Ich beherrschten Realität zum spirituellen Bereich. Die letzte Phase, die durch Königtum, Gold und die Sonne symbolisiert wird, verweist auf die Fähigkeit, eine Seelenwahrheit in der materiellen Realität auszudrücken. Der Herrscher schafft ein friedliches und harmonisches Königreich, indem er innerlich friedlich und harmonisch wird. Die die Alchemie durchdringende Überzeugung, dass innere und äußere Welt einander spiegeln, findet sich auch in den Gralsmythen, besonders im Hinblick auf die Beziehung des Königs zum Königreich.

Pflichten und Vorrechte des Königtums

Wenn der Herrscher in unserem Leben aktiv ist, sind wir integriert und ganz und bereit, die Verantwortung für unser Leben zu übernehmen. Wir schrecken nicht vor der Erkenntnis zurück, dass unser Königreich uns spiegelt, und wir sehen uns, wenn wir uns umschauen. Wenn unser Königreich unfruchtbar ist, muss etwas in uns unfruchtbar sein. Wenn unser Königreich ständig angegriffen und überrannt wird, bedeutet dies, dass unser Krieger die Grenzen nicht schützt und der Herrscher die Truppen mobilisieren muss. Wenn unser Königreich rau und unwirtlich ist, funktioniert der Geber nicht richtig, und der Herrscher muss sich darum kümmern. Wenn unser Königreich gedeiht, verweist dies andererseits auf eine relativ große innere Ganzheit.

Die traditionelle Hochzeit von Herrscher und Land symbolisiert die erotische Einheit des Herrschers mit seinem äußeren Leben. Man kann sie auch als Verbindung der Seele mit der materiellen Seite des Lebens betrachten, denn der Herrscher repräsentiert materiellen Wohlstand. Er muss daher bereit und in der Lage sein, mit der vorhandenen Welt zu leben. Er hat die Aufgabe, Ordnung, Frieden, Wohlstand und Fülle zu fördern. Dies bedeutet eine gesunde Ökonomie, weise Gesetze, die geachtet und angewandt werden, eine Atmosphäre, die die Entwicklung des

Einzelnen fördert, und den weisen Gebrauch von menschlichen und materiellen Ressourcen.

Herrscher können auf die physische Ebene einwirken und dürfen in Bezug auf die Realitäten der materiellen Welt nicht zimperlich sein. Wenn dieser Archetyp in unserem Leben dominiert, fühlen wir uns in der materiellen Welt zu Hause und im Vollbesitz unserer Kräfte. Wir genießen es, uns in den Bereichen Arbeit, Zuhause, Geld und Besitz auszudrücken. Und wir wissen, wie wir unsere Bedürfnisse erfüllen können.

Verantwortung

Herrscher sind Realisten, die keine Zeit für Illusionen haben. Sie müssen verstehen, wie Macht funktioniert, und zumindest bis zu einem gewissen Grad mit ihr spielen. Sie dürfen keine Illusionen in Bezug auf ihre Feinde oder die Realität des Bösen haben. Weil gute Herrscher wissen, dass innen und außen König (Königin) und Königreich einander spiegeln, haben sie auch keine Illusionen über sich selbst. Sie müssen ihre »Schatten-Selbste« kennen und bereit sein, die Verantwortung für sie zu übernehmen.

Jeder von uns hat die volle Verantwortung für sein Leben. Das bedeutet nicht, dass wir an dem, was uns zustößt, schuld sind. Es bedeutet, dass wir souverän und verantwortlich dafür sind, in jeder Situation angemessen zu handeln.

Wie Nationen sind einige innere Königreiche arm, andere reich; manche haben viele natürliche Ressourcen, andere wenige; einige sind mit Frieden gesegnet, andere werden von allen Seiten von feindlichen Angreifern belagert. Aber wenn wir Herrscher unseres Königreichs sind, übernehmen wir für das alles die volle Verantwortung. Manchmal bedeutet dies, dass wir auch die Verantwortung dafür übernehmen, dogmatische, starre Tyrannen oder verwundete Fischerkönige geworden zu sein; wir wissen, dass unser Königreich öde und unfruchtbar geworden ist, weil wir Erneuerung oder Heilung brauchen. In jedem Fall müssen wir den Würgegriff lockern, mit dem wir unser Reich und unsere Psyche umfassen, und einer neuen Stimme erlauben, sich zu äußern.

Macht und Weisheit

Beim Archetyp des Herrschers geht es darum, im Guten wie im Bösen seine Macht in Anspruch zu nehmen. Viele Menschen haben Angst vor den »starken« Archetypen – besonders dem Herrscher und dem Magier –, weil sie genauso schaden wie Gutes tun können. Wenn uns klar wird, dass wir selbst unsere Realität erschaffen, wissen wir auch, dass das, was wir erschaffen, nicht besser sein kann als das Bewusstsein, das unser Tun inspiriert.

Solange wir nicht ein bestimmtes Maß an Vollkommenheit erreicht haben, wird unser Königreich zwangsläufig unvollkommen sein. Aber wenn wir nicht der eigenen Weisheit und Einsicht gemäß handeln, geben wir unsere Macht ab und erlauben anderen, unser Schicksal zu bestimmen. In Zeiten, in denen ein Großteil des Wissens um den Verwandlungsprozess verschlüsselt ausgedrückt wurde – durch Mythen wie den Gralsmythos, in Tarotkarten, in Alchemie und Astrologie und den mystischen Versionen der großen Religionen –, wurde nur von einigen wenigen Menschen erwartet, den Weg des Helden zu gehen und zum Herrscher des eigenen Lebens zu werden.

Oft wurden sogar Vorsichtsmaßnahmen ergriffen, damit gewöhnliche Menschen, die für die mystische Reise nicht vorbereitet waren, nicht verstanden, was zu tun war. Alchemistische Texte zum Beispiel wurden absichtlich so geschrieben, dass nur bereits in der mündlichen Tradition unterwiesene Schüler sie verstehen konnten.

Man nahm an, nur einige wenige Menschen seien in der Lage, die Reise zu unternehmen und zu Herrschern des eigenen Lebens zu werden. So glaubten die Menschen im Mittelalter, Könige besäßen göttliche Rechte. Man meinte, sie wären in den Mysterien unterrichtet worden und könnten Gott hören und für ihn sprechen. Die gewöhnlichen Sterblichen hatten nur zu gehorchen.

Herrscher, die eine solche Verbindung zur göttlichen Weisheit nicht hatten oder deren Egoismus und Arroganz sie verdeckte, haben ihre Macht oft missbraucht; aber wenn wir wie die alten Herrscher regieren, die die großen Mysterienschulen absolviert hatten, treffen wir Entscheidungen nicht nur aufgrund unserer Ich-Bedürfnisse und unserer Launen. Stattdessen werden wir immer unsere Seele zurate ziehen. Wenn wir auf eine Weise leben, die unser höheres bzw. tieferes Wissen spiegelt, leben wir anders und erzeugen dadurch einen Schneeballeffekt, der all die anderen Königreiche um uns herum beeinflusst.

> Wenn der Herrscher in unserem Leben dominiert, haben wir die Chance, uns als Souverän in unserem Königreich zu betrachten und unser Leben so zu gestalten, wie wir es möchten.

Wenn der Herrscher in unserem Leben dominiert, haben wir die Chance, uns als Souverän in unserem Königreich zu betrachten und unser Leben so zu gestalten, wie wir es möchten. Der Unterschied zum Schöpfer besteht in der Erhabenheit und im Umfang des Vorhabens. Wenn der Schöpfer dominiert, experimentieren wir mit neuen Kräften und Bedürfnissen in unserem Leben – wobei wir im Allgemeinen über die Wirkung unserer Handlungen auf andere oder unser zukünftiges Leben nicht weiter nachdenken (außer dass wir gelegentlich Panik empfinden). Es ist, als hätten wir vorübergehend einen Teil der normalen, alltäglichen Sorgen und Verantwortlichkeiten loszulassen.

Der Herrscher erschafft kein Leben, er erhält und regiert es. Alle guten Monarchen oder politischen Führer identifizieren sich mit dem Gemeinwohl und bringen persönliche Wünsche und Ambitionen mit den Bedürfnissen anderer ins Gleichgewicht. Wenn sie entscheiden, was sie für sich wollen, denken sie auch an das Wohl der Gesellschaft. Wenn wir keine kleinen Tyrannen, Demagogen oder Opportunisten sein wollen, müssen unser Geist und unser Herz eine größere Einflusssphäre umfassen, damit wir bei der Erschaffung unseres Lebens auch für Familie, Freunde, Mitarbeiter und Gesellschaft ein besseres Leben erschaffen.

Oft bedeutet dies, dass wir regelrecht Bilanz ziehen und sehen, welches Königreich wir bis heute geschaffen haben. Es bedeutet, dass wir die Verantwortung für unsere Erfolge *und* unsere Misserfolge übernehmen. Es bedeutet, dass wir uns Zeit lassen, um eine Vision dessen zu erschaffen, was wir für unser Königreich wollen, und Möglichkeiten durchdenken, diese Vision zu realisieren. (Ein weiser Herrscher wird mit dieser Aufgabe immer den Magier betrauen, denn Magier sind die geborenen Visionäre.) Jeder gute Herrscher hat einen Plan. Es bedeutet auch oft, dass man mit anderen, die als Herrscher ihres eigenen Königreichs anerkannt werden und vielleicht andere Erwartungen und Wünsche haben, ein Bündnis schließt.

Wenn der Herrscher in Ihrem Leben dominiert, sollten Sie auch der Synchronizität[87] vertrauen. Da unser Königreich uns spiegelt, brauchen wir nicht jede kleine Veränderung selbst vorzunehmen. Wir halten einfach an unserer Vision fest und handeln ihr entsprechend; dann ergibt sich vieles wie von selbst.

Herrschaft und Grenzen

Das Auftauchen des positiven Herrscher-Archetyps in der Psyche zeigt an, dass wir in der Welt eine gewisse Meisterschaft erreicht haben: im Bereich der Arbeit, des materiellen Besitzes, des Geldes, der Details des Alltags. Es bedeutet nicht mehr unbedingt, dass man reich ist. Es bedeutet, dass man eine befriedigende Beziehung zu Geld entwickelt hat. Ob man in extravagantem Luxus oder eleganter (oder auch spartanischer) Einfachheit lebt, bleibt einem selbst überlassen. Aber als Herrscher sollte man sich für das eine oder andere bewusst entschieden haben.

Der Herrscher lässt uns eine Methode finden, Wohlstand hervorzubringen, damit wir ganz äußern können, was wir sind. Dies kann großen Reichtum bedeuten, genauso aber die Fähigkeit, sich mit fast nichts als König zu fühlen. Bedeutende Menschen wie etwa Gandhi zeigen uns, dass königliche Präsenz und Gewalt und die Fähigkeit, zu führen und zu inspirieren, nicht von Besitztümern oder den Geldern abhängen, die man auf der Bank hat.

Der Archetyp des Herrschers forciert im Allgemeinen eine Konfrontation zwischen der Macht und ihren Grenzen. Selbst Könige haben keine absolute Gewalt – sie wird durch die finanziellen Ressourcen des Königreichs, den Zustand der Armee, die Unterstützung, die der Herrscher bei Regierung, Armee und Bevölkerung genießt, sowie seine Fähigkeiten eingeschränkt. Wenn der Herrscher dominiert und wir erkennen, dass unser Königreich unsere innere Realität und die Unterstützung spiegelt, die wir in der äußeren Welt aktivieren konnten, werden wir mit unseren Grenzen konfrontiert.

Wenn unsere Schatzkammern leer sind, unsere Wälle nicht gut verteidigt werden, Feinde in unsere Schlösser einfallen, an unserem Hof keine Freude herrscht, unsere

Bilanz oder unsere Grundmauern in Unordnung sind oder die Menschen um uns herum uns nicht respektieren, sind wir direkt mit uns selbst konfrontiert. Der Herrscher hilft uns zu sehen, dass wir uns selbst unsere Würde nehmen, wenn wir andere für unsere Probleme verantwortlich machen. Es zeugt von mehr Würde, wenn wir uns unsere Unfähigkeiten, Fehlfunktionen und Schwachstellen ansehen und etwas an ihnen tun, anstatt sie zu leugnen.

> Der Herrscher hilft uns zu sehen, dass wir uns selbst unsere Würde nehmen, wenn wir andere für unsere Probleme verantwortlich machen.

Herrscher wissen, was Pflicht ist und was vom Königtum erwartet wird, und kämpfen nicht dagegen an. In Bezug auf die individuelle Psyche bedeutet dies, dass wir unsere Grenzen genauso akzeptieren wie unsere Gaben. Wenn der Herrscher relativ hoch entwickelt ist, vergeuden wir keine Energie damit, das zu betrauern, was wir gerne hätten, aber nicht da ist. Wir handeln mit dem, was wir haben, so edel, wie wir können, um für alle Beteiligten das Beste zu erreichen.

Der Herrscher in uns weiß auch, dass wir Probleme nicht wegzwingen können. Manchmal übersteigen die Herausforderungen, die uns präsentiert werden, unsere gegenwärtigen Fähigkeiten dermaßen, dass sie uns einfach überwältigen. Aber auch wenn die Umstände sie besiegen, jammern große Herrscher selten. Stattdessen denken sie: »Was könnte ich getan haben?«, um das nächste Mal besser gewappnet zu sein.

Wenn der Herrscher in unserem Leben dominiert, entscheiden wir uns für ein bestimmtes Leben, anstatt über uns entscheiden zu lassen, oder wir verstärken und entwickeln das Leben, das wir bereits gewählt haben. Wir überprüfen, ob wir die Arbeit tun, die wir gerne tun, und einen angemessenen Lebensunterhalt haben; wir bringen unseren idealen Lebensstil mit unseren Fähigkeiten in Einklang; wir wägen unsere Kleidungs- und Aktivitätswünsche gegen das ab, was von der Gesellschaft belohnt und geschätzt wird (dabei übernehmen wir auch die Verantwortung für unsere Wirkung auf andere); und wir setzen fest, welchen Beitrag wir zum Wohl der Gemeinschaft leisten wollen.

Gute Herrscher treffen Entscheidungen, die ihre Vorlieben, Hoffnungen und Träume mit denen ihrer Umgebung ins Gleichgewicht bringen, und sind so Realisten. Sie sind auch wohlwollend. Sie berücksichtigen die Wirkung ihres Tuns auf andere nicht nur, um sich vor unvorhergesehenen oder negativen Ergebnissen zu schützen (obwohl dies sehr wichtig ist), sondern möchten einfach ihr Wohl mit dem der anderen ins Gleichgewicht bringen. Auf den höheren Ebenen verstehen sie auch, dass es zwischen meinem und deinem Wohl nicht unbedingt einen Konflikt gibt, denn wenn ich auf deine Kosten gewinne und du entweder mein Feind oder als Pflegefall eine Belastung für das Königreich wirst, verlieren wir alle. Wenn ich an meinen hohen Idealen oder meinen aufgeblähten Ambitionen festhalte und mich weigere, mit der bestehenden Welt Kompromisse zu schließen, verlieren wir alle – denn meine Talente werden vergeudet (genauso wie wir alle verlieren, wenn ich das, was in meinem Leben wesentlich ist, aufgebe, denn dann kann ich mein Geschenk nicht geben). Aber es ist auch unvermeidlich, dass wir alle bei der königlichen Aufgabe versagen. Deshalb geht es im wichtigsten Mythos vom Herrscher um die Heilung des verwundeten Königs (bzw. der verwundeten Königin).

Der Schatten-Herrscher

Jedes Mal wenn wir das zwingende Bedürfnis verspüren, uns oder andere zu kontrollieren, und dem Lebensprozess nicht vertrauen, hat der Schatten-Herrscher uns in der Gewalt. Wir wollen Kontrolle um der Kontrolle willen oder wegen Macht, Status oder persönlichen Ansehens, aber nicht, um das Königreich zu manifestieren, das uns auf einer tieferen Ebene befriedigen würde. Wenn der Schatten-Herrscher uns in seinen Fängen hat, sind wir von echteren, menschlicheren und gesünderen Bedürfnissen abgeschnitten. Entweder fehlt uns ein klares Gefühl für unsere innere Realität, oder wir sind von ihr besessen und weigern uns, die Bedürfnisse anderer oder die Anforderungen des Hier und Jetzt zu berücksichtigen.

Schatten-Herrscher sind böse Tyrannen, die stets in der Vorstellung handeln, es bestehe ein Mangel; sie meinen, es wäre nicht genug da, was andere zu viel haben, hätten sie zu wenig. Sie möchten andere zwingen, Dinge so zu tun, wie sie wollen, und werden wütend, wenn sie keinen Erfolg darin haben. Wenn ihre Pläne vereitelt werden, versuchen sie, andere zu bestrafen. Könige oder Königinnen, die sagen: »Dieser Kopf muss ab«, sind Schatten-Herrscher.

Böse Tyrannen weisen alle Charakteristika des Schatten-Herrschers auf. Sie sind selbstsüchtig, engstirnig und rachsüchtig – und im Allgemeinen auch fantasielos und unintelligent; sie neigen zu Trägheit und Zügellosigkeit oder aber zu spartanischer Strenge und Intoleranz. Ähnliche Züge tauchen in jedem von uns auf, wenn wir zwischen Lebensfreude und Arbeitsdisziplin, unseren Bedürfnissen und denen der anderen, den Ansprüchen unserer Seele und unseren Verantwortlichkeiten in der realen Welt kein Gleichgewicht finden können.

Der Schatten-Herrscher kann auch »auf die dunkle Seite gegangen sein«, wie es von Darth Vader in den *Krieg-der-Sterne*-Filmen heißt. Dies ist natürlich gefährlich. Man macht sich auf die Reise, um seine Seele zu finden, aber etwas so Traumatisches geschieht, dass man nicht seine Macht und sein Potenzial, sondern die Macht des Bösen findet.

> Schatten-Herrscher sind böse Tyrannen, die stets in der Vorstellung handeln, es bestehe ein Mangel; sie meinen, es wäre nicht genug da, was andere zu viel haben, hätten sie zu wenig.

Im Leben der meisten Menschen – und ganz gewiss im Leben der Menschen, die sich so weit entwickelt haben, dass sie ihre Macht in der Welt manifestieren können – gibt es den Moment der Versuchung: Sie wollen ihre Macht nur zur Erhöhung des Ich oder zum persönlichen Vergnügen benutzen. Die Versuchungen von Christus und Buddha sind Beispiele für diesen wichtigen Augenblick der Reise.

Wenn uns bewusst wird, dass wir in der Welt Gutes und Böses tun können, sehen wir uns im Allgemeinen solchen Versuchungen gegenüber. Dass wir die falsche Entscheidung getroffen haben, merken wir daran, dass wir uns leer fühlen und unser Leben steril, tot und vielleicht sogar höllisch erscheint.

Wenn wir unsere Macht auf für uns falsche Weise benutzen oder uns von ihr zurückziehen, sind wir in der Gewalt des Schatten-Herrschers. Dann ist Reue geboten. Entweder wird der Zerstörer beschworen, um diese schädliche neue Einstellung oder Gewohnheit zu eliminieren, oder der Liebende verwandelt die ursprünglich schädliche Erfahrung in eine Lektion, die unser zukünftiges Tun bestimmt und uns auf dem für uns richtigen Lebenskurs hält.

Wichtig ist auch die Überlegung, dass der Schatten-Herrscher in unserem Leben nicht deshalb auftaucht, weil wir zu viel Macht manifestieren, sondern zu wenig. Oft ersetzen wir Macht von innen durch Macht über andere. Wie der Krieger lernen muss, für das zu kämpfen, was wirklich wichtig ist (nicht nur um des Gewinnens willen), muss der Herrscher lernen, seine Macht nicht nur zum Erwerb von Ruhm und Reichtum zu benutzen, sondern um ein großzügiges Königreich für uns alle zu schaffen.

Wenn man sich mit einer Existenz als kleiner Diktator (und dem Herumkommandieren von Kindern oder Angestellten) und einem aufwendigen Lebensstil zufriedengibt, anstatt sein Leben voll zu leben, führt dies zu einer inneren Revolution, die mit der Besessenheit durch den Schatten-Herrscher beginnen kann. Er wird Sie oder andere zwangsläufig verletzen und so, wenn Sie Glück haben, Ihre Aufmerksamkeit darauf lenken, dass Sie Ihre Macht über Ihr Leben aktivieren sollten.

> Der Schatten-Herrscher taucht in unserem Leben nicht deshalb auf, weil wir zu viel Macht manifestieren, sondern zu wenig.

Bonanza Jellybean in Tom Robbins' Roman *Sissy – Schicksalsjahre einer Tramperin* sagt, wie die Vorstellung von Himmel und Erde unsere Erfahrungen auf dieser Erde spiegelt. Was wir erleben, zeigt, wer wir sind und welche Entscheidungen wir täglich treffen: »Himmel und Hölle sind hier auf Erden. Hölle bedeutet, unsere Ängste zu leben, Himmel, unsere Träume zu leben.«[88]

Wenn der Schatten-Herrscher uns in den Fängen hat,

Ebenen des Herrschers

Schatten

Kontrollierendes, starres, tyrannisches und manipulierendes Verhalten; der böse Tyrann.

Aufruf

Mangel an Ressourcen, Harmonie, Unterstützung oder Ordnung im Leben.

Ebene 1

Die Verantwortung für den Zustand seines Lebens übernehmen; versuchen, Wunden oder Bereiche der Machtlosigkeit, die sich an einem Mangel im äußeren Leben zeigen, zu heilen; hauptsächlich am eigenen Leben und an der eigenen Familie interessiert.

Ebene 2

Fertigkeiten entwickeln und Strukturen schaffen, um seine Träume in der gegebenen Welt zu manifestieren; am Wohl der Gruppe oder Gemeinschaft interessiert, zu der man gehört.

Ebene 3

Alle Ressourcen, innere und äußere, werden voll genutzt; am Wohl der Gesellschaft oder des Planeten interessiert.

sind wir zu zynisch oder zu ängstlich, um unsere Macht zur Verwirklichung unserer höchsten Träume und Ambitionen zu benutzen; wir geben uns mit niedrigeren Vergnügungen zufrieden oder, schlimmer, begnügen uns nur mit Konsum, Status und Macht. Aber es ist nie zu spät, die Richtung zu ändern. Die Hölle mag in uns sein, aber auch der Himmel.

Auf dem Weg zu einem harmonischen Königreich: Phasen der Reise des Herrschers

Herrscher sind im besten Fall sehr ökologisch – sie finden den besten Gebrauch für alle Ressourcen des Königreichs, die menschlichen und die materiellen. Das Königreich gedeiht und erstarkt, weil nichts verschwendet wird.

In einer meiner Lieblingskindergeschichten, *Jerome the Frog*, wird ein Frosch, der sich für einen Prinzen hält, von den Leuten in der Stadt gebeten, den Drachen zu töten, der sie ständig in Panik versetzt und ihre Häuser verbrennt. Jerome kommt mit dem Drachen ins Gespräch, der ihm erklärt, es liege einfach in seiner Natur, Dinge zu verbrennen. Der Frosch beweist sein prinzliches (und potenziell königliches) Naturell dadurch, dass er den Drachen überzeugt, anstelle der Häuser der Bauern den Müll der Stadt zu verbrennen. So sind alle Beteiligten zufrieden.

Der Herrscher in uns sucht ständig nach dem Potenzial in den Menschen, die wir beeinflussen, damit sie ihre Gaben produktiv nutzen können. Er sorgt auch für Ordnung. Das Königreich kann erst voll produktiv sein, wenn eine gewisse Harmonie herrscht und Konflikte nicht unterdrückt, sondern produktiv gehandhabt werden. Dazu muss man den Menschen helfen, die Gaben wieder anderer Menschen, die von einem selbst ganz verschieden sind, zu verstehen und zu schätzen. Der Herrscher handelt ökologisch; er weiß, dass für eine maximale Produktivität Ressourcen – zu denen auch und vor allem ein menschliches Leben gehört – nicht vergeudet werden dürfen.

Aber auf den untersten Ebenen (wenn noch die Ich-Archetypen dominieren) ist der Herrscher nicht so weise. Dann müssen wir uns daran erinnern, dass wir tatsächlich Herrscher unseres Lebens sind. Wir dachten nur, andere hätten die ganze Macht. Auf der zweiten, reiferen Ich-Stufe haben wir mehr das Gefühl, für unser Leben und das anderer Menschen verantwortlich zu sein, aber wir agieren dies aus, indem wir Teile von uns zum Wohl des Königreichs opfern. In der Operette *Der Bettelstudent* verliebt der junge Prinz sich in ein Bauernmädel, aber er weiß, dass er sie verlassen und standesgemäß heiraten muss, wenn er die Krone übernimmt. Als König muss er seinen Verpflichtungen nachkommen. Sein Handeln muss spiegeln, wer er ist – der König.

Dies weist symbolisch darauf hin, dass wir viele unserer Leidenschaften loslassen müssen, wenn wir unserem königlichen Weg folgen wollen. Der Herrscher lernt, ein oberflächliches Glück von dem größeren Glück zu unterscheiden, seinem wahren königlichen Selbst gemäß zu leben. Dazu muss er seine Pflichten genauso akzeptieren wie seine Freuden. Und er muss bereit sein, viele Möglichkeiten, die attraktiv erscheinen, aber nicht wirklich zu ihm gehören, fallenzulassen. Wenn wir unsere königliche Macht in Anspruch nehmen, müssen wir ein Stück Freiheit aufgeben und das tun, was unsere Seele verlangt.

Shakespeares *König Lear* zeigt warnend, was geschieht, wenn ein Herrscher meint, er könne dieser Pflicht entkommen, sich gehen lässt und der Selbsttäuschung erliegt.[89] Das Leben des Herrschers ist reich und privilegiert, erfordert aber auch Treue gegenüber der Aufgabe. Er kann sich dieser Pflicht nicht entledigen; sie setzt einen klaren Verstand und die Bereitschaft voraus, die bestehende Relität zu konfrontieren.

Auf dieser zweiten Ebene kann das Leben hart erscheinen, auch wenn Sie den Geber und den Krieger integriert haben, und die Erfüllung der Pflicht fühlt sich wie ein Kampf oder ein Opfer an. Wir machen anderen, die schwach oder egoistisch oder böse sind, Vorwürfe und schließen sie aus. Wir sind weniger daran interessiert, ihre Gabe zu entdecken, als von ihnen wegzukommen oder sie loszuwerden. Wir haben auch wenig oder kein Gefühl für Synchronizität,[90] weshalb alles, was wir zur Verbesserung der Welt unternehmen, mit Kampf verbunden ist.

Auf der dritten Ebene – der Ebene der Reise und der Seeleneinweihung – verlieren wir wieder das Gefühl für Macht in der Welt, wenn wir einen verantwortlichen Platz in der Gesellschaft verlassen, um unserer Seligkeit zu folgen, oder durch Liebe, Leid oder beides eingeweiht werden und zeitweilig das Gefühl haben, alles entglitte unserer Kontrolle. Dann sind wir mehr daran interessiert, das Bestehende zu bewahren, als unsere Macht in der Welt zu behaupten. Paradoxerweise bereitet diese Konfrontation mit unserer Ohnmacht und besonders ihr Gegensatz zu den größeren Mächten im Kosmos uns darauf vor, unsere Macht auf gesunde Weise zu aktivieren – indem wir nämlich unsere Wunden heilen und unseren Geist erneuern.

Auf dieser Ebene verlieren wir den Wunsch, uns als Herren aufzuspielen, denn wir erkennen unsere menschliche Fehlbarkeit und verstehen, dass auch andere Herrscher sind; vor allem aber meinen wir nicht mehr, alles selbst machen zu müssen. Stattdessen versuchen wir, in Übereinstimmung mit den kosmischen Kräften zu leben. Für viele Menschen bedeutet dies, dass sie versuchen, den Willen Gottes zu tun. Für andere bedeutet es, dass sie ihrer tiefsten inneren Weisheit Treue schwören. Egal, wie sie es nennen, die Hingabe an diese innere numinose Macht verwandelt Leid in Freude. Oft bekommen und geben sie tatsächlich so viel Energie, dass alles auf wunderbare Weise richtig zu laufen scheint – vielleicht einfach deshalb, weil sie sich so mit dem Wohl des Kosmos, der Welt, ihrer Gemeinschaft, Familie, Arbeitsstelle und so weiter identifizieren, dass ihre Wünsche nicht mehr narzisstisch sind und nur ihnen dienen, sondern voll ausgelebt werden können.

Im besten Fall wissen wir, dass das Wohl des größeren Königreichs sich erst dann realisiert, wenn andere ihre Macht aktiviert haben; dann konkurrieren wir nicht mehr. Wir vertrauen darauf, dass die Synchronizität für uns arbeitet, und erkennen, dass wir nicht alles unter Mühen und Plagen tun müssen, wenn wir unsere innere Harmonie zeigen und die richtige Verwendung für jede Ressource unseres Königreichs finden.

Der Herrscher, der Hof und die ständige Erneuerung

Der Herrscher ist immer in Gefahr, zu erstarren, an alten Methoden festzuhalten und so dem Königreich zu schaden. Eine Möglichkeit, dies zu vermeiden, besteht darin, das ganze Leben hindurch weiterzureisen und so ständig erneuert zu werden. Außerdem sollte der Herrscher durch andere archetypische Figuren ergänzt werden, die zum Gleichgewicht beitragen. Am traditionellen Hof sind dies der Magier, der Weise und der Narr. Sie gleichen in gewisser Weise den Schlüsselfiguren in primitiveren Völkern, wo sie ein Gegengewicht zum Häuptling bilden: dem Schamanen, dem weisen alten Mann oder der weisen alten Frau und dem Trickster bzw. Narren / Schelm. Wir finden sie in unseren Träumen und auch in unserem Leben. Es bedeutet einen großen Triumph, zum Herrscher unseres Lebens zu werden, aber es ist nicht das Ende der Reise. Um in unserem Leben und in unserer Arbeit vital und effektiv zu bleiben, müssen wir den Magier, den Weisen und den Narren in uns aktivieren und ausdrücken.

Übungen

Denken Sie ein wenig darüber nach, wann, wo, wie und wie stark der Herrscher sich in Ihrem Leben äußert.

1. Wie sehr oder wie wenig drückt der Herrscher sich in Ihrem Leben aus? Hat er sich in der Vergangenheit oder in der Gegenwart mehr ausgedrückt? Meinen Sie, er würde sich eher in der Zukunft zeigen? Äußert er sich mehr bei der Arbeit, zu Hause, in der Gesellschaft von Freunden, in Träumen oder Fantasien?
2. Welche Freunde, Verwandten, Mitarbeiter und sonstigen Menschen scheinen vom Archetyp des Herrschers beeinflusst zu sein?
3. Möchten Sie, dass der Herrscher sich in Ihrem Leben irgendwie anders äußert?
4. Jeder Archetyp drückt sich auf vielerlei Weise aus; lassen Sie sich daher ein wenig Zeit, um den Herrscher, der sich in Ihrem Leben ausdrückt oder ausdrücken könnte, zu beschreiben oder sonst wie darzustellen. Sie können ihn zeichnen, eine Collage machen oder ein Bild von sich in einer bestimmten Kleidung oder Pose wählen. Wie würde er aussehen? Was würde er tun? In welcher Umgebung würde er sich am meisten zu Hause fühlen?

Tagträume
Stellen Sie sich vor, Sie wären wirklich der König oder die Königin Ihres Reichs (Ihres Lebens). Malen Sie sich aus, dass Sie praktisch alles ändern können, was Sie ändern wollen, denn Sie haben alles in der Hand. Natürlich sollten Sie dabei taktisch vorgehen (vielleicht müssen Sie Ihre »Untertanen« von der Weisheit Ihrer Befehle überzeugen); aber stellen Sie sich zunächst einfach vor, was Sie gerne dekretieren würden. Beginnen Sie mit Ihrem Bereich – Ihrem Zuhause, Ihrem Privatleben, dem Teil Ihrer Arbeit, der Ihrer Kontrolle untersteht. Stellen Sie sich dann vor, wie Sie die neuen Gesetze niederschreiben, wie Sie eine Rede verfassen, in der Sie Ihren »Untertanen« die neue Politik erklären, und wie Sie mit den Herrschern der angrenzenden Königreiche verhandeln, um sie zur Mitarbeit zu bewegen.

15
Der Magier

Die Macht des Herrschers besteht darin, ein gedeihendes und friedliches Königreich zu schaffen und zu bewahren. Die Macht des Magiers besteht darin, die Realität zu verwandeln, indem er das Bewusstsein verändert. Gute Herrscher übernehmen die Verantwortung für ihre symbiotische Beziehung zu ihrem Königreich; sie wissen, dass der Zustand ihres Lebens den Zustand ihrer Seele spiegelt und beeinflusst, aber im Allgemeinen können sie sich nicht selbst heilen. Ohne den Magier, der den verwundeten Herrscher heilt, kann das Königreich nicht verwandelt werden.

Der Magier
Ziel:
Verwandlung von schlechteren in bessere Realitäten
Angst:
Schwarzmagie (die Verwandlung in eine negative Richtung)
Antwort auf den Drachen / das Problem:
Es verwandeln oder heilen
Aufgabe:
Ausrichtung des Selbst auf den Kosmos
Geschenk:
Persönliche Macht

Die Magier am Hof haben Herrschern oft als Ratgeber gedient (siehe Merlin und König Artus), aber wenn das Königreich ungastlich ist, arbeiten sie oft alleine. Menschen, die in der Gesellschaft die Magierrolle für sich in Anspruch nehmen, tragen so unterschiedliche Namen wie Schamane, Hexe, Hexer, Heiler, Wahrsager, Priester oder Priesterin. In der modernen Welt werden sie auch als Doktoren, Psychologen, Unternehmensberater oder Marketingspezialisten bezeichnet.[91]

Mein Testergebnis für den Archetyp des Magiers: _____ Punkte (siehe Übersicht Anleitung zur Auswertung im Anhang)
(hoch = 30 / niedrig = 0)
Es ist mein _____ höchstes Ergebnis.
(höchstes = 1. / niedrigstes = 12.)

Starhawk, die über den Hexenkult schreibt – die ursprüngliche, feministische und schamanistische Naturreligion, die eine Göttin verehrte –, definiert »Magie« als »die Kunst, das

Bewusstsein nach Belieben zu verändern«.[92] Sie erläutert, dass Magie »prosaisch« (wie ein »Prospekt, Gerichtsverfahren oder Streik«) oder esoterisch sein kann »und dann all die alten Techniken der Bewusstseinserweiterung, der seelischen Entwicklung und der gesteigerten Intuition« umfasst. In jedem Fall bewirkt Magie eine Veränderung der Realität – und dies oft schneller, als wir es mit harter Arbeit und Kampf erwartet hätten. Viele Menschen in der modernen Welt glauben, Magie wäre etwas Esoterisches. Sie sollten sich daran erinnern, dass Jesus, Moses und Buddha – und eigentlich alle Begründer großer Religionen – regelmäßig Wunder wirkten. Wenn wir auf ihren Spuren wandeln, können wir es auch. Elementar dabei ist die Anrufung: »Bittet, und euch wird gegeben, suchet, und ihr werdet finden, klopft an, und euch wird die Türe aufgetan.« Wir müssen um das bitten, was wir wollen und brauchen.

Der Magier in uns

Der Magier kann sich in unserem Leben auf sehr einfache und alltägliche Weise äußern. Claremont de Castillejo spricht in *Die Töchter der Penelope* von der indischen Praxis, bei Dürren einen Regenmacher zu rufen. Regenmacher tun nichts, damit es regnet; sie kommen nur ins Dorf und bleiben dort – und der Regen kommt. Sie tun nichts, damit er kommt, sie lassen ihn zu – oder genauer: Da sie innerlich zulassen und bejahen, was ist, schaffen sie ein Klima, in dem das Notwendige geschieht.[93]

Ähnlich verwandelt Shug in Alice Walkers *Die Farbe Lila* jeden, dem sie begegnet, einfach weil sie eine Frau ist, die ihre Macht aktiviert hat; diese einfache Entscheidung hat wie ein Stein, der ins Wasser geworfen wird und eine Wellenbewegung auslöst, Auswirkungen auf die Welt.[94]

Sie beschließt nicht, Menschen zu ändern; sie macht sich nicht an Pygmalion-Projekte;[95] sie ist einfach sich selbst treu, und die Veränderung geschieht.

Oft benutzen durchschnittliche Menschen unwissentlich die elementaren Prinzipien der Magie und denken nicht daran, dass sie etwas Magisches tun. Väter oder Mütter, die wissen, dass sie ein unruhiges Kind am besten dadurch besänftigen können, dass sie selbst innerlich ruhig werden, sind Regenmacher und Heiler. Friedlichkeit ist ansteckend, genauso wie Hysterie. Wir alle kennen Menschen, die Frieden und Fürsorge ausstrahlen, und manchmal fühlen wir uns einfach dadurch besser, dass wir neben ihnen stehen. Umgekehrt kennen wir alle Menschen, deren Seelenleben chaotisch und verzweifelt ist, und auch deren Zustand beeinflusst jeden in ihrer Umgebung. In diesem Sinne sind wir alle Magier.

Diejenigen, die ihre Gaben aktivieren, schaffen für die Menschen um sich herum Gewinner – Gewinner-Lösungen. Dies ist am deutlichsten bei Menschen, die für ihren Beitrag zum Wohl der Welt berühmt sind. Wenn wir unsere persönliche Macht und unsere Berufung in Anspruch nehmen, führt dies zur elementarsten Magie: Wir verändern uns und wachsen und bereichern dadurch die Welt um uns herum. In einer demokratischen Gesellschaft sollten dies nicht nur die »großen Leute« tun, sondern wir alle.

> Die Übernahme der Verantwortung für die Macht, unsere Welt durch unser Sosein zu beeinflussen, erfordert große Ich-Stärke und ein Selbstgefühl, das aus der Seele kommt.

Wir können unsere Umgebung auf mancherlei Weise beeinflussen, wenn wir die symbiotische Beziehung von innerer und äußerer Welt bewusst erforschen. Wenn wir in unserer Innenwelt Ordnung machen, wird es einfach, auch in der Außenwelt Ordnung zu haben. (Umgekehrt klärt es manchmal unseren Geist, wenn wir unseren Kühlschrank, unsere Abstellkammer oder unseren Schreibtisch aufräumen.) Und wenn wir eine friedliche Welt wollen, müssen wir zunächst selbst friedlich werden. (Umgekehrt kann ein friedlicheres Handeln dazu beitragen, dass wir uns friedlicher fühlen.) Wenn wir Liebe wollen, müssen wir liebenswert werden. (Umgekehrt hilft es uns, liebenswerter zu werden, wenn wir Liebe erhalten.)

Diese Spiegelung von innen und außen funktioniert nicht nach dem Ursache-Wirkung-Prinzip. Sie funktioniert durch Synchronizität, durch das, was Jung »sinnvolles Zusammentreffen« nannte.[96] Sie wirkt wie ein magnetisches Feld, das die Erfahrungen anzieht, die unseren inneren Realitäten entsprechen.

Für den Magier ist das Heilige nicht etwas über uns, das uns beurteilt (wie es aus der Perspektive des Ich erscheint), sondern etwas, das in uns, der Natur, der Gesellschaft, der Erde und dem Kosmos immanent vorhanden ist. So vermittelt dieser Archetyp uns ein Gefühl für die Verbundenheit mit dem Ganzen und die Einsicht, dass das, was in uns ist, alles enthält, was außerhalb von uns ist. Makrokosmos und Mikrokosmos spiegeln einander. Auf einer bestimmten Ebene – vielleicht auf der, die Jung das kollektive Unbewusste nannte – sind wir alle miteinander verbunden. Der Magier hat die Aufgabe, diese Ebene bewusst zu machen.

Serge King führt aus, dass hawaiische Schamanen sich als Spinne in einem großen Netz fühlen, »das sich in alle Richtungen zu jedem Teil des Universums erstreckt … Wie eine Spinne können sie das Netz entlanglaufen, ohne sich in ihm zu verstricken. Anders als eine Spinne können sie auch Schwingungen das Netz entlang aussenden und bewusst alles im Universum beeinflussen, je nachdem, wie stark ihr *Manna* ist.«[97] Diese Schwingungen können heilen. Wenn wir gesünder und lebendiger werden, setzen wir Wellen in Bewegung, die andere beeinflussen. Umgekehrt hat es auch eine Wirkung auf andere, wenn wir dichtmachen und weniger lebendig werden.

> Für den Magier ist das Heilige nicht etwas über uns, das uns beurteilt, sondern etwas, das in uns, der Natur, der Gesellschaft, der Erde und dem Kosmos immanent vorhanden ist.

Das Vertrauen in diese wechselseitige Beziehung kann uns auf unserer Reise ein gutes Feedback geben. Wenn wir zum Beispiel im Fluss zu sein scheinen und das, was wir wollen, einfach wird – so einfach, als würde das Wasser sich vor uns teilen –, zeigt dies oft, dass wir eins sind mit der Absicht unserer Seele. Wenn wir dagegen in die falsche Richtung gehen, tauchen oft Hindernisse auf unserem Weg auf.[98]

Wenn der Magier in unserem Leben aktiv ist, beginnen wir, sychronizistische Ereignisse, sinnvolle Zusammentreffen, zu bemerken; wenn wir zum Beispiel etwas wissen müssen, fällt ein Buch, das die benötigte Information enthält, uns praktisch in die Hände, oder wir begegnen »zufällig« dem Menschen, den wir sehen müssen.

Reisen zwischen den Welten

Schamanismus beinhaltet immer eine Reise in eine andere Welt, was bedeutet, dass wir aus dem normalen, alltäglichen Beta-Gehirnwellenbereich in andere Wellenbereiche (Alpha, Teta und so weiter) oder einfach Fantasie und Schlaf gehen. Techniken zum Erreichen veränderter Bewusstseinszustände sind unter anderem Trommeln, Meditation, Hypnose, Trancetanzen und tiefes Atmen.[99]

Auch Magier gehen in veränderte Bewusstseinszustände und erforschen sie (Tagträume, Träume, die Fantasierealität einer gelenkten Fantasiereise, in der Meditation gewonnene Weisheiten und Einsichten, in schamanistischer Trance erlebte »andere Welten«). Wir alle kommen in diese veränderten Bewusstseinszustände, aber die meisten von uns beschließen, sie nicht zur Kenntnis zu nehmen.

Wir können den Magier in uns wecken, wenn wir diese anderen Ebenen der Realität bewusst betreten. Wir können beschließen, ihre Geografie, ihre materiellen und seelischen Gesetze, die in ihr lebenden Menschen und Tiere kennenzulernen. Viele Menschen benutzen dazu »luzide« Träume, in denen sie bewusst als Traumfiguren interagieren, oder aktive Imaginationsübungen im Wachzustand, bei denen sie sich in die Fantasie oder auch bewusst in einen tranceähnlichen Zustand begeben. Jeder, der bei einer gelenkten Fantasie Einsichten in sein Leben erhielt, weiß in etwa, was Magier tun; ebenso Menschen, die regelmäßig meditieren und dadurch gelernt haben, dass die Öffnung für eine höhere Weisheit und die Verbindung mit dem Überpersönlichen die Qualität ihres übrigen Lebens wesentlich verbessern; und auch jeder, der einen starken religiösen Glauben hat, täglich betet und weiß, dass er mit Gott reden kann.

Durch regelmäßiges Meditieren, Beten oder gelenkte Fantasien können Menschen, die sich nie für Magier halten würden, Dinge erfahren, deren Kenntnis ihnen unmöglich erschien – und die ihr normales, linkshirniges Beta-Bewusstsein tatsächlich nicht kennen kann. In den Termini der modernen Psychologie: Das Reisen zu bzw. die Kommunikation mit diesen anderen Welten führt Menschen in ihr unbewusstes Material, zum Wissen ihrer rechten Gehirnhälfte, in das, was Jung das »kollektive Unbewusste« nannte. Viele verbindet es auch mit spirituellen Realitäten, die über sie hinausgehen.

Bei einer aktiven Imagination – einer gelenkten Fantasiereise etwa – werden wir vielleicht einem Drachen gegenübertreten und ihn töten. Diese Erfahrung kann uns für unser normales, bewusstes Leben das Vertrauen einflößen, dass wir eine große Herausforderung überwinden können. Wir können mit dem Fantasiebild auch arbeiten, bis wir eine effizientere Möglichkeit finden, mit diesem Drachen umzugehen, als ihn zu töten oder von ihm getötet zu werden![100]

Wenn der Magier in unserem Bewusstsein dominiert, geben Träume, Fantasien oder Augenblicke intuitiver Einsicht uns oft Vorahnungen auf zukünftige Ereignisse in unserem Leben.

Wenn der Magier in unserem Bewusstsein dominiert, geben Träume, Fantasien oder Augenblicke intuitiver Einsicht uns oft Vorahnungen auf zukünftige Ereignisse in unserem Leben. Manche Menschen erfahren auf überraschende und dramatische Weise, dass ihr Unbewusstes Realitäten kennt, von denen sie nichts wissen. Eine Frau erzählte mir, sie sei auf der Autobahn gefahren und habe plötzlich eine Stimme aus dem Nichts gehört, die ihr auftrug, die Straße zu verlassen. Sie tat es, und ein paar Sekunden später geschah auf der Autobahn ein schwerer Unfall, den sie, wenn sie nicht auf ihre innere Stimme gehört hätte, nicht hätte vermeiden können. Sie konnte sich das Ereignis nicht erklären, aber es beeinflusste sie sehr. Wenn Zeit wirklich relativ ist, wie Einstein sagte, und wir alle miteinander verbunden sind, überrascht es nicht, dass wir vergangene oder zukünftige Realitäten direkt intuitiv erfassen können.

Manche Menschen entwickeln bewusst ihre intuitiven, medialen Fähigkeiten und ihr Unterscheidungsvermögen und werden für ihr Talent für zutreffende Ahnungen bekannt. Ein solcher Mensch kann als Medium gelten und als spirituell betrachtet werden, aber genauso gut ein Geschäftsmann sein, dessen Intuition sich ständig auszahlt. Sie brauchen nur darauf zu achten, welche Stimmen in Ihrem Kopf vertrauenswürdig erscheinen, und zu verfolgen, welche Ihrer Gedanken, Bilder oder Gefühle sich bewahrheiten.

Der Magier als Namengeber

Der Magier in uns hat auch die Macht des Benennens. Wenn wir uns und unsere Geschichten nicht genau und objektiv benennen, sind wir der Meinung anderer über uns und jeder Stimme in unserem Kopf ausgeliefert. Wenn der Schöpfer in unserem Leben aktiv ist und wir beginnen, unsere Geschichte mit unserer eigenen Stimme zu erzählen, nehmen wir zum ersten Mal die Macht des Benennens für uns in Anspruch. Dies ist ein ständig andauernder Vorgang. Wenn wir die Stimmen anderer verinnerlichen und den negativen Stimmen in unserem Kopf (die jeder hat) zuhören, werden wir durch ihre (unabsichtliche) schwarze Magie »ent-nannt«.

Magier haben traditionellerweise die Geschichte ihres Stamms zu einer Erzählung verdichtet, die dazu beiträgt, dass die Gemeinschaft – und der einzelne Mensch in ihr – weiß, wer er ist. Der Magier in uns findet die Geschichte, die unser individuelles und kollektives Leben wahrheitsgetreu darstellt und adelt. Solche Geschichten können heilen und helfen uns auch, das Wissen über uns an die nächste Generation weiterzugeben, damit sie auf unseren Fehlern und Triumphen aufbauen kann.

Wenn wir die Realität aus der Perspektive der Seele benennen, kann dies uns und anderen Kraft geben. Wie wir etwas benennen, bestimmt, wie wir das Leben erfahren. Es ist negativ und erniedrigend, ein Kind »dumm« zu nennen, weil es etwas angestellt hat. Wenn Sie ihm sagen, was es stattdessen tun könnte, geben Sie ihm Kraft. Es ist destruktiv, jemanden »verrückt« zu nennen, der Halluzinationen hat. Wenn Sie ihm sagen, dass er die Ich-Stärke entwickeln kann, diese Bilder zu halten, kann er energetisierende von destruktiven Möglichkeiten unterscheiden lernen und sein Potenzial als Magier aktivieren.

Jedes Mal wenn wir Menschen oder Möglichkeiten kleinmachen, betreiben wir, wenn auch unabsichtlich, ein bisschen Schwarzmagie. Wir ordnen Menschen auf eine Weise ein, die ihr Gefühl für ihre Möglichkeiten, ihr Selbstwertgefühl oder ihre Hoffnung auf die Zukunft verringert. Im besten Fall benutzen Magier die Macht des Benennens, um anderen Kraft zu geben und begrenzende, entmutigende Situationen in Chancen zu verwandeln.

Die Absage an die Schwarzmagie bedeutet nicht, dass wir unehrlich sein oder Verantwortlichkeiten ablehnen müssen. Wenn Sie zum Beispiel einen Fehler machen, können Sie die von Ihnen oder anderen kommende Kritik in andere Worte fassen, indem Sie sich daran erinnern: »Wir alle machen Fehler. Weil ich aus meinen Fehlern lerne, wachse ich weiter und verändere mich.« Sie könnten sich auch sagen, dass es in Wirklichkeit keine Fehler gibt, und sich fragen, warum Sie getan haben, was Sie getan haben, und was Sie dadurch lernen wollten.

Shirley Gehrke-Luthman erklärt in *Energy and Personal Power,* wie dies funktioniert. Sie spricht von einer Frau, die bei einem sehr schwierigen Mann blieb und sich deshalb Vorwürfe machte. Die Autorin fragte sie, was die Beziehung ihr gab. Als die Frau die Sache durchdachte, erkannte sie, dass die Schwierigkeiten in der Beziehung sie dazu motiviert hatten, mehr nach außen zu gehen, noch einmal eine Schule zu besuchen und sich für vieles zu interessieren. Paradoxerweise konnte sie die Beziehung erst loslassen und eine gesündere Möglichkeit finden, ihre neuen Verhaltensweisen zu fördern, als sie die zugrunde liegenden Motive respektierte und aufhörte, sich selbst Vorwürfe zu machen.[101]

Eine wirkungsvolle Möglichkeit zur Veränderung des Lebens besteht in der Art, in der Sie Ihre Erfahrungen benennen. Der Impuls, sich selbst zu beschuldigen, ist in unserer Gesellschaft stark verwurzelt. Anstatt sich selbst als krank, unfähig oder schwerfällig zu betrachten oder bei vergangenen oder zukünftigen Fehlern zu verweilen, können Sie sich einfach völlig vertrauen und wissen, dass Sie alles, was Ihnen geschieht, um Ihres Wachstums und Ihrer Entwicklung willen wählen. Dies stellt Würde und Abenteuer im Leben wieder her und verwandelt sogar die scheinbar negativsten Umstände in Gelegenheiten zum Wachsen. Die Überzeugung, dass wir uns unsere Realitäten aussuchen – und für unsere Wahl gute Gründe haben –, gibt uns Kraft, weil sie unsere Erfahrung so umbenennt, dass wir ihr Geschenk erhalten können, was immer es sein mag.[102]

Zurzeit sind viele Bücher über Affirmationen auf dem Markt, die empfehlen, im Dialog mit sich und anderen negative Sätze durch positive zu ersetzen. All diese Bücher sagen uns, dass unsere Worte unser Unbewusstes programmieren und unser Unbewusstes unsere bewussten und unbewussten Handlungen beeinflusst. Wir können in die »andere Welt« unseres inneren Dialogs eindringen und durch seine Veränderung unser äußeres Leben verändern. Leser, die dies ausprobieren möchten, sollten nur die Gegenwart und nur positive Wendungen benutzen: »Ich bin klug«, nicht: »Ich arbeite daran, nicht mehr so dumm zu sein.« Experten auf diesem Gebiet sagen, dass das Unbewusste sehr wörtlich vorgeht. Wenn Sie sagen, dass Sie an etwas arbeiten, wird das Unbewusste sehr lange daran arbeiten, und Sie werden Ihr Ziel praktisch nie erreichen! Das Unbewusste wird auch das »nicht« nicht hören. Es wird nur »dumm« hören.

Sehr wichtig ist, dass wir solche Affirmationen nicht benutzen, um reale Probleme zu leugnen. Affirmationen beeinflussen die Ebene des Verstands und funktionieren dadurch, dass der Geist auf die Materie einwirkt. Wenn nicht auch die emotionale Ebene angesprochen wird, wird sie blockiert, was zur Entwicklung eines riesigen Schattens führt. Deshalb müssen wir unsere Gefühle fühlen, äußern und frei durch uns durchfließen lassen. Oft können wir unsere Negativität nicht einfach wegzwingen; manchmal muss sie verbannt und verwandelt werden.

Positives Denken sollte nie benutzt werden, um die Verantwortung für den Schaden, den man sich oder anderen zufügt, zu vermeiden. Wenn wir jemandem schaden, sollten wir uns selbst, Gott und gegebenenfalls den Geschädigten um Verzeihung bitten. Wenn wir das aufrichtig tun können, sollten wir auch irgendwie Schadensersatz oder Wiedergutmachung leisten. Affirmationen können verwandeln, aber Vergebung ist noch wirkungsvoller und vermindert die Gefahr der Leugnung.

Exorzismus und Verwandlung

Die alten Schamanen haben regelmäßig »Dämonen« und negative Präsenzen in Menschen ausgetrieben. Heute sagt die moderne Psychologie uns, dass unsere innere Negativität zum Großteil, wenn nicht ganz, aus Verdrängung herrührt. Es geht nicht darum, die Negativität loszuwerden, sondern sie zu verwandeln, indem man sie auf ungefährliche Weise äußert.

Zu einer Verwandlung kann es auch kommen, wenn wir scheinbar negative Gefühle äußern. Wenn wir zum Beispiel schluchzen oder auf ein Kissen einschlagen, bis das Gefühl sich erschöpft hat, schaffen wir unweigerlich den Durchbruch in einen neuen emotionalen Bereich. Tränen weichen der Wut, Wut Lachen und Lachen einer mystischen Erfahrung.

Eine Frau, die auf diese Weise ihre Wut voll äußerte, begann, nur einen Augenblick lang zu lachen, und dann sang sie ein wunderschönes Lied. Als der Vorgang abgeschlossen war, sagte sie, sie hätte das Lied nie zuvor gehört, aber als es in ihr anschwoll, hatte sie das Gefühl, mit den Sternen zu singen. Dadurch, dass sie Schmerz und Wut voll äußerte, akzeptierte sie sie, verwandelte sie und erlebte mystische Freude.[103]

Wir können lernen, emotionale Energie ohne Katharsis[104] zu verwandeln, wenn wir lernen, unsere Gefühle ganz zu fühlen. Sie können nacheinander in kleinen Wellen durch uns hindurchrieseln, bis wir ganz vom Leid in die Freude gehen. Wir sehen dies auch in unseren persönlichen Beziehungen, wenn wir über unsere Wut und unsere Verletztheit sprechen und uns hinterher einander näher und liebevoller fühlen.

Manche Menschen können die Ausstrahlung anderer verwandeln, indem sie deren negative Energie aufnehmen und liebende, heilende Energie zurücksenden. Bei einer buddhistischen Meditationspraxis atmen wir den Schmerz der Welt ein und Liebe aus. Es geht darum, an diesem Schmerz nicht zu hängen oder ihn für uns zu behalten, sondern ihn durch Mitgefühl zu verwandeln und in neuer Form zurückzusenden. Wieder andere Menschen tun dies, indem sie einfach mit einer Situation mitfließen. Sie öffnen sich mitfühlend, um den Schmerz des anderen zu fühlen, und wenn sie mit dem anderen durch ihn hindurchgehen, fühlen beide sich besser.

Genauso wie unser Schmerz in unserem Körper festsitzen und Blockaden verursachen kann, die unsere Lebendigkeit einschränken und uns schließlich krank machen, bleibt auch Weisheit, die wir nicht geachtet haben, in ihm eingeschlossen. Wenn wir sie – durch Bewegung, Massage, Katharsis, Tanz oder irgendeine andere Art körperlicher Entspannung – freisetzen, müssen wir sie irgendwie ausdrücken. Aber nichts hilft Körper und Seele mehr, als wenn wir unserem inneren Wissen entsprechend handeln. Meist ist unser Körper blockiert, weil wir nicht zulassen, dass unsere Emotionen sich in unserem Leben zeigen. Wenn wir unserem Wissen und unserem Wollen entsprechend direkt in der Welt handeln, ist dies der wirkungsvollste Heilvorgang, der uns zur Verfügung steht.

Der Magier als Heiler

Die Übernahme der Verantwortung für unser Leben und die Einsicht, dass der Zustand unseres Königreichs unsere innere Realität spiegelt, kann sehr schmerzlich sein, wenn wir meinen, uns nicht selbst heilen zu können. Wir leiden also. Wir wissen, dass die Probleme unseres äußeren Lebens unseren inneren Zustand spiegeln, sind aber machtlos, ohne die Hilfe eines Heilers irgendetwas an der Situation zu ändern. Die meisten von uns müssen in der Außenwelt Heiler finden und schließlich den Heiler in sich wecken.

Heilung *kann* in jedem der vier Kraft- und Energiezentren – in Körper, Herz, Verstand und Geist – stattfinden, aber heutzutage arbeiten die meisten Heiler nur in einem Bereich. Unsere Wirkung auf die Welt ist jedoch am magischsten, wenn alle vier in Übereinstimmung sind.[105]

Der große indianische Schamane Sun Bear betont die Notwendigkeit, unseren Körper durch gute Ernährung und Sport zu stärken, unsere Gefühle durch Offenheit und Achtung, unseren Verstand durch realistisches und exaktes Denken und unseren Geist durch die Verbindung mit unserem spirituellen Ursprung. Wir können uns mit dieser spirituellen Quelle nur verbinden, wenn wir den uns eigenen spirituellen Weg finden.[106]

> Wenn unser Leben alles andere als magisch ist, ist oft ein Element aus dem Gleichgewicht geraten.

Ein klassisches Bild des Magiers in den Tarotkarten zeigt eine Gestalt, die die Energie von Himmel und Erde kanalisiert. Der Himmel – Inspiration, Traum, Vision – wird durch den materiellen Unterbau der Fakten des Alltags ausgeglichen; beide sind gleich wichtig. So kann der Magier die Realität verwandeln.

In der Praxis heilen die meisten von uns ihren verwundeten Herrscher nicht allein. Wir suchen Hilfe bei verschiedenen Quellen – Menschen, die sich darauf spezialisiert haben, den Körper, die Gefühle, den Verstand oder den Geist zu heilen. Irgendwo auf dem Weg wird der Magier in uns wach, und wir übernehmen selbst mehr Verantwortung für unsere Heilung; wir erlernen die Grundlagen gesunder Ernährung und gesunder körperlicher Betätigung, Methoden, in unseren persönlichen Beziehungen klar und offen zu sein und seelische Nähe zuzulassen, zunehmend klares und präzises Denken und Strategien, unserer spirituellen Quelle treu zu bleiben.

Die Hilfe eines Lehrers, eines Gurus oder eines Gottes / einer Göttin anrufen

Wir können beim Heilungsprozess auch die Hilfe anderer »borgen« bzw. anrufen; die Katholiken etwa beten um den Segen eines Heiligen. Die Kraft eines Lehrers oder Gurus, eines mächtigen und spirituell entwickelten Wesens aus der Vergangenheit oder eines Gottes bzw. einer Göttin kann den Heilungsprozess unterstützen. In diesen Fällen ermöglicht nicht die eigene Kraft, sondern die Beziehung zu einem mächtigeren Wesen die Genesung. Diese Verbindung wird in christlichen Gebeten angesprochen, die mit »im Namen des Vaters, des Sohnes und des Heiligen Geistes« enden, sowie in jeder Praktik, bei der die Gnade Gottes, die Macht Christi, Marias, eines Heiligen, eines Gurus oder eines Lehrers angerufen wird.

In der Tradition vieler Eingeborenenvölker haben die Geistführer des Schamanen tierische Gestalt. Die für Verwandlung oder Heilung notwendige Kraft wird nur erworben, wenn das entsprechende Tier gefunden wird. Schamanen führen den Tanz ihres heiligen Tieres regelmäßig aus – bzw. lassen den Geist des Tieres durch sich tanzen –, damit es einen Grund hat, bei ihnen zu bleiben (die Chance zum Ausdruck auf der materiellen Ebene hat).[107]

Damit der Magier im Inneren lebendig und aktiv bleibt, ist es sehr wichtig, dass Sie zur Quelle Ihrer Kraft eine respektvolle Beziehung unterhalten. Natürlich müssen Sie auch sicher sein, dass diese Quelle positive Energien enthält, damit Sie sich oder anderen nicht schaden.

Magier müssen auch eine ihnen entsprechende Gruppe finden – die Menschen, mit denen sie eine besondere Verbindung haben. Dies gehört zur Entdeckung des Netzes der Verbundenheit, das jeden von uns mit ganz speziellen Menschen, Dingen und Tieren und dem jeweils eigenen spirituellen Pfad verbindet. Wenn Sie mit etwas oder jemandem nicht wirklich verbunden sind, wird – über die kosmische Einheit hinaus, die immer da ist – nichts diese Verbindung herstellen können; andererseits kann niemand eine Verbindung brechen, die real vorhanden ist. Am Ende erleben wir unsere Verbundenheit mit dem ganzen Kosmos, aber wir brauchen sie nicht zu forcieren. Es reicht, wenn wir ein paar Schichten abtragen und nur die speziellen Verbindungen – zu Menschen, Orten, Zeiten, Gegenständen, Tätigkeiten, einem spirituellen Weg – erkennen, die uns Kraft geben (und uns glücklich machen).

Effiziente Magier müssen spirituell, emotional und physisch mit dem großen Netz des Lebens verbunden sein. Wirkliche Macht entsteht paradoxerweise durch die Erkenntnis unserer Abhängigkeit – von der Erde, anderen Menschen und unserer spirituellen Quelle. Deshalb beginnen viele traditionelle Schamanen ihre Arbeit damit, dass sie sich bewusst mit der Erde, den vier Himmelsrichtungen, den Menschen, die sie am meisten lieben (einschließlich ihrem Lehrer), und schließlich ihrer spirituellen Quelle verbinden und ihnen danken.

Oft ist Magie so einfach wie ein Gebet. Viele Magier bitten um das, was gebraucht wird, und akzeptieren dann die Antwort, sei sie Ja oder Nein; sie gehen davon aus, dass sie der Weisheit einer Macht entstammt, die größer ist als ihre.

Verwandlung durch Rituale

Magier verwenden oft Rituale, um das Bewusstsein oder die Realität zu verändern. Sie schaffen Zeremonien, um den Stamm zusammenzuhalten und seine Verbindung zum Geist zu verstärken. Rituale können auch bei der Heilung benutzt werden, um die Aufmerksamkeit auf die gewünschte Verwandlung zu lenken, darauf, die frühere Realität loszulassen und die erwünschte neue Realität willkommen zu heißen.

Rituale tragen dazu bei, die Kraft des Geistes zu lenken, um, mit Starhawks Worten, »das Bewusstsein nach Belieben zu verändern«.[108] Sie können kompliziert oder einfach sein, drücken aber immer eine Veränderung aus. Der Abschluss des Gymnasiums oder der Universität kann, wenn das Ritual funktioniert, das Bewusstsein des Betreffenden von der Schüler- auf die Erwachsenenebene heben. Hochzeitszeremonien tragen, wenn sie funktionieren, dazu bei, dass jeder Beteiligte das Paar als Einheit sieht, nicht nur als Einzelpersonen. Beerdigungen helfen uns, zu trauern und den Verstorbenen loszulassen, damit wir nach einer angemessenen Pause im Leben weitergehen können.

In unserer Gesellschaft gibt es nur wenige fest umrissene kollektive Rituale, aber es besteht ein positiver Trend, dass Menschen ihre eigenen Rituale schaffen. Eine nicht unbeträchtliche Zahl von Menschen hat in den vergangenen Jahrzehnten bei einer Zeremonie einen neuen Namen angenommen, der eine neue Identität bezeichnete. Manche Frauen »zelebrieren« – im Allgemeinen zwischen fünfzig und fünfundsechzig – Eigenschaften, die man alten Menschen zuschreibt, um ihr Dasein als weise Frauen zu feiern. Diese Zeremonien zeigen einen wichtigen Übergang an und bekämpfen die schwächende Diskriminierung alter Menschen in einer Kultur, die für ältere Frauen kaum positive Leitbilder hat.

Auch in den organisierten Religionen geht aufgrund der Bedürfnisse der Teilnehmer die Tendenz zu spontaneren, weniger hierarchischen Gottesdiensten und Ritualen. Manager erkennen, dass effiziente Zusammenkünfte rituelle Elemente haben müssen, die die Menschen auf eine gemeinsame Vision und gemeinsame Ziele einschwören.

Rituale werden auch zur Heilung benutzt. Eine Therapeutin etwa lässt ihre Patienten visualisieren, wie sie ihre Probleme auf einen Tisch legen. Sie gibt ihnen einen Zauberstab und fordert sie auf, sich vorzustellen, wie die Probleme auf magische Weise verschwinden. Andere arrangieren einfache exorzistische Rituale, um eine Beziehung, eine schlechte Gewohnheit oder ein seelisches Problem loszulassen. Diese rituell-symbolischen Handlungen bringen die Probleme nicht auf magische Weise zum Verschwinden, aber wenn sie gut durchgeführt und vorbereitet werden, kann der Klient Körper, Geist und Herz um die Verpflichtung herum zentrieren, eine seelische Verhaftung loszulassen; er geht dann die Therapie mit weniger Widerstand, aber mehr Optimismus und Leichtigkeit an.

Auch westliche Ärzte erkennen jetzt weitgehend die Macht des Geistes an, den Körper krank oder gesund zu machen. Zur Krebsbehandlung gehören oft Visualisationen, bei denen der Patient sich vorstellt, wie die Krebszellen vernichtet werden oder den Körper verlassen. Rituale, die den Geist auf das gewünschte Ergebnis konzentrieren, können – besonders wenn auch die Energie einer Gruppe zu diesem Zweck aktiviert wird – diesen Placeboeffekt auslösen. Wenn Heilungszeremonien Wunder vollbringen, ist dieser Faktor wirksam.

Rituale tragen dazu bei, dass die Mitglieder einer Gruppe Vertrautheit und Verbundenheit erleben. Wenn dieselben Rituale lange wiederholt werden, vermitteln sie das Gefühl, mit der Geschichte verbunden zu sein. Wenn sie sich ändern, um den jeweils aktuellen Bedürfnissen zu entsprechen, tragen sie dazu bei, dass die Menschen im Jetzt leben und sich spontaner, kreativer verbinden. Rituale werden auch benutzt, um Einzelpersonen und Gruppen mit den kosmischen Energien, dem Willen Gottes, dem Fluss bzw. der Kraft des Lebens in Harmonie zu bringen. Wenn mehrere Menschen gemeinsam ein Ziel, einen Übergang, eine Heilung unterstützen, kann ihre kollektive Energie verwandelnd wirken. Rituale verbinden die Menschen und unterstützen die Ziele und Verwandlungen von Einzelnen oder Gruppen durch die Kraft des Kollektivs.

Private Rituale sorgen dafür, dass der Magier mit seiner innersten Natur und daher mit dem Kosmos verbunden bleibt. Rituelles Beten sowie Meditationen konzentrieren das Bewusstsein; ungeachtet der Verschiedenheit solcher Praktiken besteht das Ziel darin, den bewussten Willen mit Ihrem Unbewussten, Ihrem Körper und Ihren Gefühlen, Ihrer Seele und der innersten spirituellen Kraft in Einklang zu bringen. Wenn das Bewusstsein mit der Zeit, der zu erledigenden Arbeit und den positiven Kräften im Universum harmoniert, »fließt« die zu erledigende Arbeit im Allgemeinen. Wenn sie es nicht tut, weist diese gewöhnlich darauf hin, dass man den Kurs ändern und einen anderen Weg einschlagen sollte.

Phasen der Magier-Reise

Der Magier beginnt immer mit irgendeiner Verletzung. Oft ist dies eine körperliche Krankheit. Nur dadurch, dass er sein Selbst heilt, lernt er, andere zu heilen. In der modernen Welt öffnet oft eine – körperliche, geistige oder seelische – Krankheit oder eine Sucht den Magier für spirituelle Realitäten.

Nicht alle Magier sind Heiler. Aber alle lernen, auf ihre Intuition zu hören, die sich als Empfindung, als Wunsch, sich irgendwie zu bewegen, als innere Stimme oder als Vision zeigt. Wenn wir beginnen, unserem intuitiven Gefühl für das Richtige gemäß zu handeln – obwohl wir wissen, dass andere unser Tun vielleicht für verrückt halten –, wecken wir den inneren Magier. Viele Magier berichten, dass sie früh im Leben mediale oder mystische Erfahrungen hatten, aber verwirrt waren, weil andere an diesen Realitäten nicht teilhatten; deshalb verdrängten sie sie oder behielten sie für sich. Oft ist eine traumatische Krankheit oder innere Ausweglosigkeit notwendig, damit diese Erfahrungen und Perspektiven wieder an die Oberfläche kommen.

> Der Magier beginnt immer mit irgendeiner Verletzung.

Oft vermeiden oder verleugnen wir den Magier in uns für lange Zeit. Manche Menschen meinen, es wäre zu groß für sie, ein Magier zu sein, und möchten es deshalb vermeiden. Andere haben Angst, den Vorurteilen einer Gesellschaft zu begegnen, die das Wunderbare fürchtet oder leugnet. Wieder andere haben Angst vor Isolation; sie meinen, der Weg des Magiers müsse einsam sein. Noch andere fürchten ihre Unfähigkeit, eine positive Intuition von einem selbstschädigenden oder verrückten Gedanken zu unterscheiden. In vielen Fällen kommen wir aus der Leugnung heraus, wenn wir einem Magier begegnen (oder von ihm hören), der demütig war, der akzeptiert wurde, der in Gemeinschaft mit anderen arbeitete und eine richtige von einer falschen Richtung unterscheiden konnte. Manchmal suchen wir aktiv nach einem Lehrer und lesen alles Hilfreiche, das wir finden können.

Diese Wartezeit ist eine Vorbereitungsphase, in der der werdende Magier stark und weise genug wird, um zu beginnen. Da sehr viel Ich-Stärke erforderlich ist, um zum Magier zu werden, neigen Magier zu den positiven wie auch zu den negativen Aspekten des Ich. Sie brauchen Ich-Stärke, damit ihre Magie bei ihnen und anderen wirken kann. Aber während der Anfangsstadien ihrer Arbeit können sie auch die Beute von Arroganz und Egozentrik werden. In Ursula Le Guins Roman *Der Magier der Erdsee* wird so ein Fall geschildert. Der Zauberlehrling Sperber ruft eines Tages einen Dämon aus der Unterwelt ins Leben, als er aus reiner Angeberei versucht, den Tod herbeizuzitieren. Er hatte dann die Verantwortung dafür, die Welt von dieser bösen Wesenheit zu befreien. Als er ihn schließlich packt, erkennt er, dass es sein eigener Schatten ist. Als Sperber dies akzeptiert, wird der Schatten in seine Persönlichkeit integriert und so zu einer positiven Energiequelle. Wie Ursula Le Guin schreibt, hatte er »weder gewonnen noch verloren, sondern dadurch, dass er den Schatten seines Todes mit seinem eigenen Namen benannte, sich selbst ganz gemacht: zu einem Mann, der sein ganzes wahres Selbst kennt und daher von keiner anderen Macht als sich selbst besessen sein kann, der sein Leben um des Lebens willen lebt und nicht im Dienst von Verderben, Schmerz oder Finsternis.«[109]

Um den inneren Magier gefahrlos zu wecken, müssen Sie Ihre Reise unternommen haben. Das Ich ist entwickelt, aber es gibt nicht den Ton an. Es ist ein starkes Gefäß, aber das – eng mit Seele und Geist verbundene – Selbst muss die Leitung haben.

Weil die Macht des Magiers in jedem von uns potenziell sehr groß ist, müssen wir den Schatten integrieren, damit wir nicht unabsichtlich (oder bewusst) unsere Macht für Böses verwenden. Der Schatten besteht natürlich aus den Teilen unserer Psyche, die verdrängt wurden und von denen wir daher auf schlimme Weise besessen sind. Die Integration des Schattens macht die Psyche vollständiger und verringert das Ausmaß, in dem unser Leben von unbewussten Kräften regiert wird. Das Erkennen des Schattens und die eigene Neigung, sich und andere zu verraten, ist oft ein großer Schlag für das Ich des Magiers, aber die daraus erwachsende größere Demut lässt mehr Liebe zu. Von diesem Punkt an heilt der Magier andere nicht mehr so

Ebenen des Magiers

Schatten

Böser Hexer oder böse Hexe, synchronizistische[110] negative Ereignisse, zieht Negativität an oder verwandelt positive in negative Ereignisse.

Aufruf

Körperliche oder seelische Krankheit oder außersinnliche oder synchronizistische Erfahrungen.

Ebene 1

Erlebt Heilung oder beschließt, außersinnliche oder synchronizistische Erfahrungen zu registrieren.

Ebene 2

Bringt die Inspiration auf die Erde, indem er seinen Visionen gemäß handelt und sie realisiert; macht seine Träume wahr.

Ebene 3

Benutzt bewusst das Wissen, dass alles mit allem verbunden ist; wird zum Meister in der Kunst, materielle Realitäten zu verändern, indem er zuerst die geistigen, emotionalen und spirituellen Realitäten verändert.

sehr aus persönlicher Ruhmsucht oder anderen egoistischen Gründen, sondern aus reiner, klarer Fürsorge und Liebe.

Der größte Schatten, den Magier konfrontieren müssen, ist die Realität ihres Todes. Wenn sie sie ganz konfrontieren, führt dies zu einer wunderbaren Freiheit, die es erlaubt, ohne große Angst vor dem Morgen im Augenblick zu leben und zu reagieren. Im besten Fall wird der Tod bei allen großen Entscheidungen zum Verbündeten und Berater des Magiers. Dies ermöglicht ihm, der Versuchung zu widerstehen, seine Macht für Reichtum, Ruhm, mehr Macht oder irdische Vergnügungen zu gebrauchen.

Das bedeutet natürlich nicht, dass der Magier nicht reich, berühmt, mächtig und lebenslustig sein kann, aber es bedeutet, dass er seine Macht nicht für diese Zwecke hergibt. Die Entwicklung des Magiers wird auch gefördert, wenn er Gleichgesinnte findet, die den wunderträchtigen Aspekt des Lebens verstehen und sich dabei helfen können, geerdet, demütig und liebevoll zu bleiben. Wenn diese Gruppe entdeckt wird, verläuft der Weg des Magiers weniger einsam und schwierig. Während er vorher geheilt wurde oder heilte, wird der Vorgang jetzt wechselseitig: Durch die energetisierende Gemeinschaft erfolgen Heilen und Geheiltwerden ständig, und die Entwicklung wird exponentiell beschleunigt. Die mächtigsten Magier kennen ihren Platz im großen Netz des Lebens und wissen auch, dass sie trotz all ihrer Macht genauso von anderen abhängig sind wie wir alle. Wenn sie bereit sind, sich von Gleichgesinnten, ihrer eigenen innersten Weisheit und ihrer spirituellen Quelle leiten zu lassen, werden sie am ehesten ihre Macht auf eine Weise aktivieren können, die Überheblichkeit oder Machtmissbrauch ausschließt.

Der Schatten-Magier

Negative Magier sind Schwarzmagier, die ihre Macht nicht benutzen, um zu heilen, sondern um zu schaden. Eigentlich hat jeder, der die von innen kommende Kraft zur Verwandlung leugnet, einen Schwarzmagier in sich.

Von einem Schatten-Magier sind wir oft besessen: Trotz der besten Absicht, Gutes zu tun, handeln wir feindselig und schädlich. Statt hilfreiche Namen zu geben, praktizieren wir »Entnennen«, durch das Menschen sich als weniger fühlen, als sie sind. Wenn gute Energie uns begegnet, verwandeln wir sie in negative. (Jemand macht uns ein

Geschenk, und wir unterstellen Hintergedanken oder haben Schuldgefühle, weil wir nicht daran gedacht haben, ihm etwas zu schenken.)

Wir malen uns aus, dass uns und anderen etwas Schlimmes zustößt. Wir freuen uns insgeheim, wenn andere Pech haben, neigen zu selbstzerstörerischen Handlungen und verwandeln positive Gelegenheiten in schreckliche Ereignisse.

Gesunde Magier wissen, wie sie ihr Charisma einsetzen können, um ihren Kindern, Studenten oder Klienten zu helfen. Schwarzmagier versuchen nur, andere zu beherrschen. Im Extremfall verwenden sie ihre Energie nicht, um andere zu verwandeln und ihnen beim Wachstum zu helfen, sondern um die eigene Macht zu vergrößern.

Magier haben die Macht, Namen zu geben, und können daher auch *falsche* Namen geben. Wenn körperlich kranke Menschen zu uns kommen, weil sie geheilt werden wollen, und wir sie als »die Niere auf Zimmer 3« betrachten, entmenschlichen wir sie und verringern ihre Chancen auf Heilung. Wenn Klienten zur Therapie zu uns kommen und wir sagen: »Du bist schizophren«, als wäre das ihre ganze Identität, schaden wir ihnen, denn wir geben ihnen einen falschen Namen.

Im Marketing und in der Werbung ist es üblich, aussagekräftige Symbole und Anspielungen zu benutzen, damit Menschen Produkte kaufen, die sie nicht brauchen oder die ihnen (wie Alkohol, Zigaretten und Zucker) effektiv schaden. Durch Werbung werden Menschen unsicher und lernen, sich Sorgen zu machen (»Habe ich Schuppen, schlechten Atem?«); ihr Kaufen ist eine Sucht, die sie »okay« machen soll. Werbung, die Menschen von ihrer Reise ablenkt und zu gedankenlosem Konsum veranlasst, ist heutzutage eine wichtige Quelle schwarzer Magie.

Übungen

Denken Sie ein wenig darüber nach, wann, wo, wie und wie stark der Magier sich in Ihrem Leben äußert.

1. Wie sehr oder wie wenig drückt der Magier sich in Ihrem Leben aus? Hat er sich in der Vergangenheit oder in der Gegenwart mehr ausgedrückt? Meinen Sie, er würde sich eher in der Zukunft zeigen? Äußert er sich mehr bei der Arbeit, zu Hause, in der Gesellschaft von Freunden, in Träumen oder Fantasien?
2. Welche Freunde, Verwandten, Mitarbeiter und sonstigen Menschen scheinen vom Archetyp des Magiers beeinflusst zu sein?
3. Möchten Sie, dass der Magier sich in Ihrem Leben irgendwie anders äußert?
4. Jeder Archetyp drückt sich auf vielerlei Weise aus; lassen Sie sich daher ein wenig Zeit, um den Magier, der sich in Ihrem Leben ausdrückt oder ausdrücken könnte, zu beschreiben oder sonst wie darzustellen. Sie können ihn zeichnen, eine Collage machen oder ein Bild von sich in einer bestimmten Kleidung oder Pose wählen. Wie würde er aussehen? Was würde er tun? In welcher Umgebung würde er sich am meisten zu Hause fühlen?

Solange wir unsere Macht zur Verwandlung nicht voll in Anspruch nehmen, sind wir von ihrer Schattenform besessen und benutzen sie unbewusst für ungute Zwecke. Macht lässt sich nicht leugnen. Sie ist nie neutral; sie heilt oder schadet, wenn auch in unterschiedlichem Ausmaß.

Auch wenn viele von uns Angst haben, die uns allen innewohnende magische Kraft anzuerkennen und zu wecken, weil wir mit ihr auch schaden können, sollten wir im Allgemeinen den Magier mehr verwirklichen, nicht

Tagträume

Denken Sie an jemanden, mit dem Sie Schwierigkeiten haben. Nehmen Sie den Kontakt zu Ihrem höheren oder tieferen, weiseren Selbst auf. Sprechen Sie dann in der Vorstellung mit dem höheren oder tieferen, weiseren Selbst dieses Menschen. Gehen Sie das Problem auf dieser Ebene durch. Kehren Sie zu Ihrer normalen Bewusstseinsebene zurück, und beobachten Sie einfach, ob die Beziehung zu diesem Menschen sich irgendwie verändert, wenn Sie ihm das nächste Mal begegnen.

Hören Sie Ihrer inneren Unterhaltung zu. Wenn Sie sich dabei ertappen, dass Sie über sich, andere oder Ereignisse negative Kommentare abgeben, halten Sie inne, und formulieren Sie eine positive Aussage. Wenn Sie zum Beispiel denken: »Ich werde nie den Menschen anziehen, den ich lieben möchte; ich bin klein, dick und dumm«, verwandeln Sie die Aussage in: »Mein Körper und mein Geist sind attraktiv, und ich ziehe Menschen an, die genauso attraktiv sind.« Kosten Sie die positiven Gefühle aus, die mit der zweiten Aussage einhergehen. Wenn Sie zunächst zu skeptisch sind, um sich mit Ihrer positiven Aussage wohlzufühlen, formulieren Sie sie um, bis Sie eine Form finden, bei der Sie ein gutes Gefühl haben. Wenn Sie sich zum Beispiel noch nicht als attraktiv sehen können, sagen Sie: »Ich esse kleine Mengen gesunder Nahrung und lese gute Bücher, also ziehe ich die Liebe von Menschen an, denen Gesundheit und Intelligenz auch wichtig sind.« Achten Sie darauf, wie die Veränderungen in Ihrem Denken Ihr Leben verändern.

weniger. Wie alle mit der Rückkehr zusammenhängenden Archetypen verbindet der Magier uns mit dem Numinosen und besonders der Kraft des Göttlichen, zu retten, zu erlösen und zu vergeben. Vielleicht am stärksten verwandelt der Magier dadurch, dass er sich und anderen verzeiht. Dadurch werden negative Situationen zu Chancen für mehr Wachstum und Vertrautheit.

> Solange wir unsere Macht zur Verwandlung nicht voll in Anspruch nehmen, sind wir von ihrer Schattenform besessen.

Ob wir unsere Kraft für Gutes oder Böses benutzen, hängt vor allem vom Maß unserer Weisheit und Ehrlichkeit ab – davon, ob wir die Wahrheit einer Sache vor oder in uns sehen und uns mit ihr beschäftigen können. Um zu wissen, wann und ob die anvisierte Verwandlung ratsam ist, müssen wir die Weisheit und Objektivität des Weisen entwickeln.

16
Der Weise

Herrscher und Magier möchten die Kontrolle über die Realität haben und negative Gegebenheiten in positive verwandeln. Weise haben wenig oder kein Bedürfnis, die Welt zu beherrschen oder zu verändern; sie möchten sie nur verstehen. Sie wollen die Wahrheit herausfinden – über sich und das Universum. Auf den höchsten Ebenen geht es nicht darum, sich Wissen anzueignen, sondern weise zu werden. Auf den Weisen in uns trifft das Sprichwort zu, dass die Wahrheit frei macht.

Die wichtigste Frage für den Weisen ist immer: »Was ist hier die Wahrheit?« Weise sind daher so etwas wie Detektive; sie suchen die Wirklichkeit hinter dem Anschein. Doktoren, Psychologen und alle wahren Heiler brauchen den Rat eines inneren oder äußeren Weisen, damit Dia-

Der Weise
Ziel:
Wahrheit, Verständnis
Angst:
Täuschung, Illusion
Antwort auf den Drachen / das Problem:
Untersuchen, verstehen oder transzendieren
Aufgabe:
Wissen, Weisheit, Erleuchtung erreichen
Geschenk:
Skeptik, Weisheit, Loslassen

gnose und Behandlung dem wahren Zustand des Patienten angemessen sind. Firmenberater und Manager agieren als Weise, wenn sie die wahre Ursache der Schwierigkeiten von Organisationen herauszufinden versuchen oder deren Chancen und Stärken klären. Akademiker sind klassische Weise, denn ihr Leben gilt der Suche nach Wissen.

Mein Testergebnis für den Archetyp des
Weisen: _____ Punkte (siehe Übersicht Anleitung
zur Auswertung im Anhang)
(hoch = 30 / niedrig = 0)
Es ist mein _____ höchstes Ergebnis.
(höchstes = 1. / niedrigstes = 12.)

Der vielleicht befreiendste Augenblick im Leben ist der »Augenblick der Wahrheit«, der unser Dasein erhellt, Verwirrung beseitigt und klärt, was getan werden muss. Es ist der Augenblick, in dem die Alkoholikerin »ganz unten« ist und weiß, dass sie zur Genesung auf Hilfe angewiesen ist, oder wenn ein Mann erkennt, dass seine Egozentrik ihn daran gehindert hat, Liebe und wahre Nähe zu erleben.

Oft zeigen solche Einsichten uns, wie egoistisch wir waren und wie sehr wir dadurch unser Leben und unsere Freiheit beschränkt haben. Der Weise hilft uns, das Ich loszulassen und uns für eine höhere Wahrheit über das Leben zu öffnen. Die Begegnung mit diesen grundlegenden Wahrheiten adelt uns und macht uns demütig.

Der Weise als Detektiv

In jedem Detektivroman hat der Weise die Aufgabe, die Indizien zu entschlüsseln und das der Geschichte inhärente Rätsel der Existenz zu lösen – unserer Existenz, der von jemand anders oder der des Kosmos. Wenn unser bewusster Verstand und unser Ich jedoch zu rational und wörtlich vorgehen und nur ein paar Hinweise verstehen, befindet unser innerer Weiser sich in dem klassischen Dilemma vieler kluger Männer und Frauen, die wie Kassandra die Wahrheit vorhersagten, aber in ihrer Umgebung auf Misstrauen oder Unverständnis stießen. Oft spricht der Weise wie ein Orakel in Rätseln (wie die Sphinx, Sufi-Lehrer wie Nasrudin oder Zen-Meister, die ihren Schülern ein scheinbar unlösbares Koan [paradoxer Sinnspruch] vorlegen), in Gleichnissen (wie Christus und die meisten anderen großen spirituellen Lehrer) oder in Symbolen (wie Künstler, Dichter und Visionäre).

Es gibt viele Möglichkeiten, die Wahrheit auszudrücken, und der Weise lernt, wie er auf jede einzugehen hat. Deshalb erfahren wir in der Schule, wie wir die verschiedenen Verständnis- und Forschungsmethoden unterscheiden können, die den Natur-, den Sozial- und den Geisteswissenschaften, den Künsten und der Religion eigen sind. Im besten Fall verstehen wir auch, wie unser Verstand arbeitet und wie wir die verschiedenen Aspekte unseres

Wesens benutzen können, um verschiedene Methoden zu erlernen.

Jeder Weise weiß, wie wichtig es ist, dass die Methode der anstehenden Aufgabe entspricht. Gott lässt sich nicht durch quantitative Methoden erfassen. Demografische Muster werden nicht durch Gebet und Introspektion einsichtig. Die Naturwissenschaft erklärt uns die materiellen Realitäten der inneren und äußeren Welt, ist aber absolut nutzlos, wenn es um die Wahrheiten des menschlichen Herzens geht.

Jeder Weise weiß auch, dass die Art der Fragestellung oft das Ergebnis bestimmt: Die Antworten, die wir bekommen, hängen von unseren Fragen und unseren Forschungsmethoden ab. Dabei ist es sehr schwierig, die eigene Subjektivität auszuschalten. Oft sind wir von ihr umso mehr besessen, je mehr wir versuchen, sie zu leugnen oder herauszufiltern.

Im Allgemeinen erkennen wir erst dann, wenn der Weise in unserem Leben zu dominieren beginnt, dass wir selten – wenn überhaupt jemals – die Dinge so sehen, wie sie wirklich sind. Bis zu einem bestimmten Grad sind wir immer in unseren Projektionen gefangen. Eine Psychotherapie vergrößert die Wahrscheinlichkeit, dass wir solche Projektionen lange genug durchbrechen, um etwas Authentisches zu erleben.

> Der Weise muss den Wunsch nach Wahrheit so stark werden lassen, dass er das Bedürfnis des Ich, recht zu haben, durchkreuzt.

Spirituell Suchende bemühen sich endlos, eine Einstellung leidenschaftslosen Reflektierens zu entwickeln und über das Ich hinauszugelangen, um die wirkliche Wahrheit kennenzulernen. Beim Ansammeln von Wissen, bei der spirituellen Suche und bei Entscheidungen über den nächsten Schritt in unserem Leben möchte der Weise in uns eine objektive Wahrheit erreichen, die über die begrenzte persönliche Wahrheit hinausgeht. Bei einer spirituellen Suche wird der Teil von uns, der die absolute Wahrheit direkt erfahren möchte, oft entmutigt. Verschiedene spirituelle Praktiken aus Kabbala, Siddhi-Yoga und Sufismus ermuntern Menschen, langsam vorzugehen. All diese Wege achten darauf, dass unvorbereitete Gemüter nicht zusammenbrechen, wenn die mit der Erfahrung der ewigen Wahrheit einhergehende Ekstase erlebt wird.

In der Meditation ist der Weise der Teil von uns, der hinter unseren Gedanken, Gefühlen und Wünschen steht und das Geschehen beobachtet. Meditative Übungen stärken den Teil von uns, der leidenschaftslos und objektiv ist und beobachten kann, ohne sich von noch so drängenden Bedürfnissen und Problemen fesseln zu lassen. Durch sie erfahren wir auch, dass wir nicht unsere Gedanken und Gefühle *sind;* wir sind also keine Gefangenen mehr, die jeder Angst und jedem Wunsch hilflos ausgeliefert sind. Manchmal befreit dieser innere Beobachter uns davon, ein paar Sekunden lang überhaupt zu fühlen oder zu denken, wodurch wir in eine ursprünglichere Realität hineinsinken können, die jenseits des menschlichen Geistes und Herzens ist.

Die Übungen lassen uns mit mehr äußerer, innerer oder kosmischer Realität in Kontakt kommen, denn wir erkennen und akzeptieren die radikale Subjektivität des menschlichen Lebens. Wir können die Wahrheit jenseits von uns selbst erst sehen, wenn wir uns mit unseren Vorurteilen beschäftigen. Deshalb ist es schwierig – wenn nicht gar unmöglich –, ein Weiser zu sein, ohne sich auf die Reise gemacht zu haben; denn erst durch die Reise finden wir unsere Identität und wissen bewusst, wer wir sind.

Bis zu diesem Punkt der Reise ging es darum, die eigene subjektive Wahrheit zu finden und in der Welt auszudrücken. Jetzt muss der Weise sich mit Wahrheiten verbinden, die über ihn hinausführen.

> In der Meditation ist der Weise der Teil von uns, der hinter unseren Gedanken, Gefühlen und Wünschen steht und das Geschehen beobachtet.

In einer Radio-Talkshow beschrieb ich vor Kurzem die Verantwortung des Helden, sich auf die Reise zu machen und seine Wahrheit zu finden, woraufhin ein Mann anrief und meinte, er wolle nicht *seine* Wahrheit finden, sondern *die* Wahrheit. Das ist genau das, was der Weise in uns möchte. Unbefangene Weise meinen immer, es wäre einfach, den richtigen Lehrer oder die richtige heilige Tradition zu finden und zu glauben, was sie sagen.

Im weiteren Verlauf der Reise wird das Finden der Wahrheit jedoch komplizierter. Dann entwickeln Weise eine Demut, die sich aus der Erkenntnis ihrer radikalen Subjektivität ergibt. Jeder von uns ist nur ein kleiner Teil einer größeren Realität; obwohl wir versuchen, das Ganze zu verstehen, werden wir dieses Ziel nie erreichen, denn dazu sieht keiner von uns genug.

Phasen der Reise

William Perrys Neun-Stufen-Modell der kognitiven Entwicklung bei Collegestudenten beschreibt die Entwicklung des Weisen. Die ersten beiden Stufen sind Variationen dessen, was er »Dualismus« nennt. Wir möchten *die* Wahrheit finden und glauben, dass dies möglich ist. Da wir von einem dualistischen Universum ausgehen, in dem einige Antworten richtig und andere falsch sind, meinen wir, Autoritäten wären im Besitz der Wahrheit, und verurteilen sie hart, wenn sie es nicht sind oder sie nicht mit uns teilen.

Dieses Vertrauen wird schließlich getrübt, wenn wir entdecken, dass die Experten nicht immer einer Meinung sind. Wir erlebten dies vielleicht in der Schule, in den Medien oder wenn Vater und Mutter Auseinandersetzungen hatten; früher oder später bekommen jedenfalls die meisten von uns diese Botschaft. Dann wollen wir, dass die Autoritäten uns das richtige Verfahren zum Auffinden der Wahrheit beibringen, damit wir uns selbst Klarheit verschaffen können.

Ebenen des Weisen

Schatten
Abgeschnitten, gefühllos, »Elfenbeinturm«, steht »über allem«; kritische, urteilende oder wichtigtuerische Verhaltensweisen und Einstellungen.

Aufruf
Verwirrung, Zweifel, starker Wunsch, die Wahrheit zu finden.

Ebene 1
Suche nach »der Wahrheit« sowie Objektivität.

Ebene 2
Skeptik; Erkennen der Vielgestaltigkeit und Komplexität der Wahrheit; alle Wahrheiten werden als relativ betrachtet; die Subjektivität wird als Teil des Menschseins akzeptiert.

Ebene 3
Erfahrung der höchsten Wahrheit oder Wahrheiten; Weisheit.

Nach kurzer Zeit setzt Ernüchterung ein – der Weise erlebt seine Vertreibung aus dem Paradies. Ihm wird klar, dass es vielleicht gar keine absolute Wahrheit gibt, wenn schon die Experten uneins sind. Auf Perrys Stufen drei und vier (Versionen der »Multiplizität«) beschließen wir vielleicht, dass die Wahrheit des einen so gut ist wie die des anderen, oder wir finden heraus, welche Antworten die Autoritäten hören wollen.

Wenn unsere Angst groß ist, finden wir möglicherweise irgendeine »neue Wahrheit« und halten eine Zeit lang dogmatisch an ihr fest, bis auch unser Vertrauen in sie erschüttert wird. Junge Leute zum Beispiel, die infolge der vielen Wahrheiten ihren religiösen Glauben verloren haben, entdecken vielleicht eine politische Philosophie und hängen an ihr genauso dogmatisch wie vorher an ihrer religiösen Überzeugung. Früher oder später wird jedoch auch dieser Glaube erschüttert.

Irgendwann, wenn wir im Innersten verstehen, dass es nichts Absolutes gibt, kommt es dann zu einer wahren Revolution im Denken. Die Erkenntnis selbst ist sehr schwierig, was sich nicht zuletzt daran zeigt, dass nur sehr wenige Menschen ihre Überzeugung loslassen können, dass es überhaupt *eine* Wahrheit gibt, die man finden kann. Wenn wir die Suche nach der höchsten Wahrheit aufgeben, akzeptieren wir, dass Wissen immer relativ ist und vom Kontext abhängt. Es gibt zwar keine absolut richtigen Antworten oder Methoden, aber wir beginnen zu sehen, dass einige besser sind als andere (Perrys Stufe fünf). Und wir lernen einzuschätzen, warum einige besser sind als andere – indem wir nicht *die* Wahrheit als solche, sondern den Kontext als Referenz nehmen.

Wir verstehen dann, dass Menschen anderer Kulturen das Recht haben, die Welt aus einer anderen Perspektive zu sehen. Wir lernen, Literatur an der Absicht des Autors, dem kulturellen Kontext etc. zu messen und nicht an irgendwelchen »ewigen Maßstäben« für »große Literatur«. Wir erkennen, dass viele Religionen spirituelle Wahrheiten enthalten, und entscheiden, was uns mehr und was weniger wahrhaftig erscheint.

Auf Perrys Stufen sechs, sieben, acht und neun beschäftigen wir uns mit dem Problem der Verpflichtung angesichts der Relativität. Auf Ebene sechs merken wir, dass wir uns in einem relativen Kontext orientieren können, wenn wir eine persönliche Verpflichtung eingehen. Wir entscheiden uns für eine Arbeit, eine Partnerin oder einen spirituellen Weg, ohne glauben zu müssen, unsere Arbeit sei »die beste«, unsere Partnerin unsere kosmisch »perfekte« Gefährtin oder unser spiritueller Weg der »richtige«, andere dagegen falsch. Das Sichverpflichten angesichts der Relativität bedeutet, dass man Entscheidungen trifft, weil sie für einen selbst richtig sind; man geht nicht davon aus, dass sie auch für andere richtig sind, und kann so anderen helfen, andere Verpflichtungen einzugehen.

Auf Stufe sieben gehen wir eine erste Verpflichtung ein, auf Stufe acht erleben wir, was diese Verpflichtung bedeutet: Wir finden heraus, wie es ist, in diesem Bereich zu arbeiten, mit diesem Menschen liiert zu sein oder diesen spirituellen Weg zu gehen. Natürlich können wir an diesem Punkt noch einmal überlegen und eine Zeit lang andere Entscheidungen ausprobieren. Schließlich gehen wir festere Verpflichtungen ein (Stufe neun), erkennen aber darüber hinaus, dass wir uns durch das Verpflichten angesichts der Relativität in der Welt ausdrücken können.[111]

Eine letzte Stufe

Meines Erachtens gibt es eine weitere Stufe, die in Perrys Untersuchung nicht auftaucht, zum Teil deshalb, weil sie über die Lernaufgabe der Collegejahre hinausgeht; ich meine die Rückkehr zur Suche nach dem Absoluten – diesmal in einem spirituellen, mystischen Kontext. Wie Jung uns in Erinnerung rief, ist dies eine Aufgabe für die mittleren Jahre, nicht für die Jugend. Wieder gibt es Stufen der Wahrheit. Die Suche nach ewigen Wahrheiten unterscheidet sich von der naiven Suche nach *der* Wahrheit, weil der Suchende die Schwierigkeit, je irgendetwas außerhalb seiner begrenzten Erfahrung zu wissen, durchaus kennt. Diese Stufe lernen wir am besten von den großen Weisen und Gurus der verschiedenen Traditionen.

Der Sufismus zum Beispiel möchte den Menschen einsichtig machen, dass die höchste Wahrheit nicht unbedingt »weit weg oder kompliziert ist«. Es scheint nur so, weil Menschen ihre Vorurteile nicht sehen.

Die Sufis lehren, dass es die höchste Aufgabe des rationalen Intellekts ist, die Relativität des Wissens zu verstehen. Es gibt aber noch eine weitere Stufe. Sie verlangt, dass wir unsere Gedanken und Gefühle loslassen oder sie beobachten, ohne an ihnen zu hängen. Dadurch erkennen wir, dass wir nicht unsere vorgefassten (mehr oder weniger tiefschürfenden) Gedanken und auch nicht unsere (mehr oder weniger schönen) Gefühle sind. Durch diese Einstellung des Nicht-Anhaftens, in der das Universum nicht auf eine bestimmte Weise sein muss, können wir die höchste Wahrheit erleben; sie kann tatsächlich nur erfahren, nicht gemessen oder systematisiert werden.

Idries Shah erklärt, dass der Intellekt »eine Reihe von Vorstellungen ist, die abwechselnd von unserem Bewusstsein Besitz ergreifen«. Er kann daher nie ausreichend sein, genauso wenig wie unsere Gefühle, die unvermeidlich an bestimmten Ergebnissen und Einstellungen hängen. In der Sufi-Tradition gibt es eine Ebene, die über Intellekt oder Gefühl hinausgeht und die er »den wahren Intellekt … das in jedem Menschen existierende Organ des Verständnisses« nennt.[112] Dieser wahre Intellekt ist die Ursache mystischer bzw. transzendenter Erfahrungen, die uns einen kurzen Blick auf die »Einheit« des Kosmos gestatten – einer Einheit, die nach Meinung aller spirituellen Wege auch die Liebe ist, die uns mit allem verbindet.

Der Weise lehrt uns zudem, dass wir dieses mystische Gefühl der Einheit oder Liebe nicht dadurch erreichen, dass wir das Denken bzw. das Rationale rundweg ablehnen. Vielmehr müssen wir erst Verstand und Herz auf ihre höchstmögliche Ebene entwickeln und die Relativität der Wahrheit rational und gefühlsmäßig erfahren; dann können wir loslassen und gleichzeitig in uns selbst sein – bereit, eine neue Realität zu erleben. Paradoxerweise können wir erst loslassen, das Bemühen um Wissen aufgeben und die Wahrheit als Geschenk in unser Leben treten lassen, wenn wir ganz verstanden haben, dass es unmöglich ist, irgendetwas sicher zu wissen.

Irgendwann hört der Weise auf, Wissen zu suchen, und erwirbt Weisheit, was ja auch seine eigentliche Aufgabe ist. Der Weise lehrt uns, dass wir erst frei sein können, wenn wir unsere Illusionen und Verhaftungen losgelassen und unseren Willen auf die Wahrheit ausgerichtet haben. Er kämpft nie gegen das Bestehende an, sondern versucht, die zugrunde liegende Wahrheit zu verstehen.

Weisheit dieser Art wird in Büchern wie John Heiders *Tao der Führung* angesprochen; Kampf, Aktion und sogar Verwandlung sind weniger wichtig, als die Wahrheit in jeder Situation zu erkennen und zu leben.[113] Auch moderne Lehren über geistige und seelische Gesundheit, die betonen, wie wichtig es ist, Vorstellungen aufzugeben und die Wahrheit jeden Augenblicks anzuerkennen – unsere Hoffnungen, unsere Ängste und unsere Verletztheit –, gehen in diese Richtung. Solange wir Masken tragen und mehr scheinen wollen, als wir sind, werden wir nie weise.

Der Weise lehrt uns, dass wir erst frei sein können, wenn wir unsere Illusionen und Verhaftungen losgelassen und unseren Willen auf die Wahrheit ausgerichtet haben.

Für den Weisen geht es nicht so sehr um die Verfügbarkeit der höchsten Wahrheit als um die Fähigkeit, sie aufzunehmen. Eine schlechte Kamera macht auch vom schönsten Sonnenuntergang kein gutes Bild. Solange wir also unseren Geist und unser Herz nicht entwickeln und unsere Seele öffnen, werden wir nie die höchste Realität erkennen, auch wenn sie in Reichweite ist. Deshalb war an der Vorhalle des Apollontempels in Delphi zu lesen: »Erkenne dich selbst!« Wenn wir den Filter nicht verstehen, durch den die Wahrheit eintritt, wissen wir nicht, wie wir sie durch unsere subjektive, unüberprüfte Sichtweise verzerren.

Wir brauchen andere Menschen, weil wir allein nur unsere eigenen subjektiven Wahrnehmungen des Universums haben. Wenn der Archetyp des Kriegers in unserem Leben aktiv ist, können wir debattieren, streiten oder um der verschiedenen Wahrheiten willen sogar in den Krieg ziehen. Aber wenn der Weise in unserem Leben dominiert, erkennen wir, dass wir einander zuhören müssen, um dann eine relative Wahrheit zusammenzusetzen.

Wir wissen auch, dass es ein Geschenk ist, wenn wir eine Wahrheit erleben, die über unsere fünf Sinne hinausführt. Wir können solche Wahrheiten nicht herbeizitieren; wir können nur die Instrumente unseres Geistes, unseres Herzens und unserer Seele verfeinern und dann auf ein Wunder warten. Große Weise wissen, dass wir die höchste Realität nur durch ein Wunder erleben können.

Wenn die Schattenseite des Weisen uns festhält, sind wir von der Realität abgeschnitten. Dinge, die um uns herum oder in uns geschehen, fühlen sich an, als wären sie kilometerweit weg. Wir registrieren, was passiert, fühlen aber nichts dabei. Wir sind betäubt.

Wir sind besessen davon, an nichts zu hängen, und können uns deshalb Menschen, Projekten oder Ideen nicht verpflichten. Manchmal geben wir uns der Illusion hin, wir wären frei, was in Wirklichkeit nicht der Fall ist. Wir haben einfach zu viel Angst vor Verpflichtungen, um uns wirklich an jemanden oder etwas zu binden.

Der negative Weise ist zudem oft süchtig nach Vollkommenheit, Wahrheitsliebe und Rechthaberei; normale menschliche Gefühle und Verletzlichkeiten toleriert er nicht. Oft tendiert er zu asketischen Praktiken und kritisiert jedes Anzeichen der Unvollkommenheit, das er bei sich oder anderen entdeckt. Nichts ist ihm gut genug.

Es kann auch sein, dass er von der Relativität so überwältigt ist, dass er nicht mehr handeln kann. Wie kann man etwas tun, so sagt er, wenn man nicht wissen kann, was wahr ist?

Ein solcher Mensch kann sich nicht an eine Partnerin oder eine Arbeit binden, weil er nicht weiß, ob sie die richtige für ihn ist. Er neigt zum Zynismus, denn ihm ist sehr bewusst, dass er nichts sicher wissen kann und alles Leben unvollkommen ist.

Wenn der negative Weise in unserem Leben dominiert, denken wir oft zwanghaft und versuchen, alles rational zu erklären. Wenn wir damit zu keinem Ergebnis kommen, sind wir gelähmt. Die meisten wichtigen Entscheidungen im Leben können nicht rational und wissenschaftlich getroffen werden; wenn wir es auf diese Weise weiter versuchen, hat der negative Weise uns in der Gewalt, und unser Denken läuft im Kreis.

> Der negative Weise ist oft süchtig nach Vollkommenheit, Wahrheitsliebe und Rechthaberei; normale menschliche Gefühle und Verletzlichkeiten toleriert er nicht.

Schatten-Weise versuchen auch, die Welt zu entmystifizieren, indem sie die Anzahl der akzeptablen Wahrnehmungsmöglichkeiten reduzieren. In der akademischen Welt zum Beispiel werden vom Schatten-Weisen beherrschte Menschen wütend, wenn sie andere Erkenntnismethoden als die wissenschaftliche verwenden sollen. Solche Menschen erkennen im Allgemeinen nicht an, dass ihre eigenen subjektiven Vorurteile ihre angeblich wissenschaftlichen und rationalen Ergebnisse färben. Schatten-Weise in spirituellen Bewegungen und gefühlsorientierten Therapien können antiintellektuell werden und auf Kosten ihres Gehirns nach mystischen, emotionalen Erfahrungen streben.

Im Allgemeinen möchten sie das Wissen kontrollieren, damit es sie nicht bedroht. Sie akzeptieren nur die Methode, die sie selbst gelernt haben und in der sie also gut sind. Wissen wird dann (subtil oder offenkundig) zu einer Möglichkeit, anderen die eigene Überlegenheit zu zeigen.

Ihnen geht es nicht um Weisheit an sich, sondern um die Einschätzung anderer. Jede relative Wahrheit, die sie entdecken, wird mit absoluter Wahrheit gleichgesetzt, und sie konzentrieren sich darauf, diese Wahrheit vor den Angriffen der »Barbaren« zu schützen. Dies führt zu einer Ingroup-Mentalität, die vor den konkurrierenden Ansprüchen anderer Wahrheiten bewahrt und jeden, der eine andersartige Wahrheit vertritt, als naiv, inkompetent oder gefährlich betrachtet. Ziel ist nicht mehr die Suche nach

Wahrheit, sondern der Schutz der eigenen vermeintlich bevorrechtigten Position.

Wenn der Schatten-Weise uns im Bann hält, fühlen wir uns kalt, leer, defensiv und bedroht. Wir meinen, andere, die uns aus einem unbekannten Grund für dogmatisch und traditionell halten, würden uns nicht verstehen. Oft fühlen wir uns anderen überlegen und begreifen nicht, warum sie uns nicht genauso sehen. Es kann auch sein, dass wir uns bemitleiden, weil wir so viele Opfer dafür gebracht haben, den Anforderungen zu genügen. Wir meinen, die heilige Flamme der Wahrheit gegen die schützen zu müssen, die sie austreten wollen.

Der Weise und das Freisein von Verhaftungen

Das letzte Ziel des Weisen ist das Freisein von Verhaftungen und Illusionen. In dem Maße, wie wir an bestimmten Dingen hängen oder nach ihnen süchtig sind, ist unser Urteil verzerrt, denn wir können nicht mehr klar sehen. Wenn ich glaube, dass ich einen bestimmten Menschen brauche, um glücklich zu sein, sehe ich ihn nur durch die Brille meiner Bedürftigkeit. Ich registriere nur, ob ihm an mir liegt oder nicht – und lasse dabei andere Bereiche seines Lebens völlig außer Acht. Wenn ich so an ihm hänge und er dann geht, erlebe ich großen Schmerz.

Dasselbe gilt für alles, an dem wir hängen – Tätigkeiten, Vorstellungen, Gewohnheiten, unser Selbstbild. Wenn etwas sie uns nimmt, verfallen wir in Verzweiflung und Schmerz. Der buddhistische Weg des Weisen zeigt klar, dass Verhaftungen und Begierden die Ursache allen Leidens sind. Wir leiden, weil wir glauben, bestimmte Dinge müssten so und so sein. Wenn dies nicht der Fall ist, brechen wir zusammen.

Auf der höchsten Ebene lernt der Weise Nicht-Anhaften – er verwandelt, wie Ken Keyes im *Handbuch zum höheren Bewusstsein* sagt, seine Süchte und Verhaftungen in Präferenzen.[114] Das bedeutet nicht, dass man nichts mehr will. Es bedeutet, dass man das, was man will, als »erste Wahl« betrachtet, nicht als Bedürfnis. Sie möchten diesen Mann oder jene Frau heiraten. Sie möchten eine bestimmte Arbeit haben. Sie möchten gesund sein. Sie möchten genug Geld und einen angemessenen Status haben. Aber wenn etwas dazwischenkommt und Ihre Partnerin Sie verlässt, Sie Ihre Arbeit verlieren, schwer krank oder arm werden, wirft Sie das nicht völlig aus der Bahn. Sie können damit umgehen.

In *Der sanfte Weg* bemerkt Gerald May, dass wir uns nie ganz von Süchten, Zwängen und Verhaftungen befreien können; jedes Mal wenn wir erkennen, dass wir nicht frei sind – wenn wir also denken, dass wir etwas Bestimmtes haben müssen, um glücklich zu sein –, können wir uns dafür öffnen, dass die »Gnade« uns heilt. Ken Keyes betont die Bedeutung des »beobachtenden Selbst« für die Heilung, denn erst wenn wir bemerken, welches Leid unsere Verhaftungen verursachen, können wir von ihnen frei werden.[115]

Solange uns die Zustimmung anderer, Leistungen oder überhaupt Ergebnisse wichtig sind, sind wir nicht frei, und wenn unser Leben normal verläuft, werden wir leiden. Der einzig sichere Weg zu wahrer Freiheit und Freude besteht also darin, die Kontrolle über das eigene Leben einer höheren, weiseren Macht zu überantworten. In vielen religiösen Traditionen übergeben die Menschen diese Macht Gott. Auch in Zwölf-Schritte-Programmen wie bei den Anonymen Alkoholikern wird die Kontrolle einer höheren Macht übergeben. Im weltlichen, psychologischen Kontext kann es bedeuten, dass man seiner tieferen Weisheit vertraut.

Übungen

Denken Sie ein wenig darüber nach, wann, wo, wie und wie stark der Weise sich in Ihrem Leben äußert.

1. Wie sehr oder wie wenig drückt der Weise sich in Ihrem Leben aus? Hat er sich in der Vergangenheit oder in der Gegenwart mehr ausgedrückt? Meinen Sie, er würde sich eher in der Zukunft zeigen? Äußert er sich mehr bei der Arbeit, zu Hause, in der Gesellschaft von Freunden, in Träumen oder Fantasien?
2. Welche Freunde, Verwandten, Mitarbeiter und sonstigen Menschen scheinen vom Archetyp des Weisen beeinflusst zu sein?
3. Möchten Sie, dass der Weise sich in Ihrem Leben irgendwie anders äußert?
4. Jeder Archetyp drückt sich auf vielerlei Weise aus; lassen Sie sich daher ein wenig Zeit, um den Weisen, der sich in Ihrem Leben ausdrückt oder ausdrücken könnte, zu beschreiben oder sonst wie darzustellen. Sie können ihn zeichnen, eine Collage machen oder ein Bild von sich in einer bestimmten Kleidung oder Pose wählen. Wie würde er aussehen? Was würde er tun? In welcher Umgebung würde er sich am meisten zu Hause fühlen?

Das Überantworten der Kontrolle setzt nicht voraus, dass wir nichts mehr wollen. Für einen Menschen, der noch nicht gelernt hat, sich zu binden – seine Arbeit und andere Menschen zu lieben, sich Werten und Ideen zu verpflichten, Enttäuschungen und Verluste ganz zu fühlen –, ist das Nicht-Anhaften des Weisen tatsächlich destruktiv. Wenn man loslässt, bevor man die Aufgabe des Liebenden gelernt hat, an etwas zu hängen und sich zu binden, führt dies nur zu Betäubung und Verzweiflung.

Tagträume
Stellen Sie sich vor, Sie wären ein jüngerer Mensch, der Sie für sehr weise hält. Sehen Sie, wie Sie diesem Menschen begegnen, und überlegen Sie, warum er zu Ihnen aufschaut. Seien Sie in der Fantasie eine Zeit lang mit ihm zusammen, und erzählen oder zeigen Sie ihm, was er über das Leben wissen möchte oder sollte. Wie fühlt es sich für Sie an, die Rolle des weiseren, älteren Vorbilds zu übernehmen?

Aber wenn man Bindungen eingehen kann, ist es befreiend, ohne Anhaftung zu lieben und sich zu verpflichten. Es bedeutet, dass wir Menschen lieben können, ohne nach ihnen oder ihrer Zustimmung süchtig zu sein; wir brauchen sie also nicht zu halten, wenn sie bei uns nicht mehr am richtigen Platz sind. Es bedeutet, dass wir uns ganz unserer Arbeit verpflichten können, ohne an ihrem Ergebnis zu hängen. Es bedeutet, dass wir uns ausdrücken und unsere Visionen und Einsichten mitteilen können; dabei wissen wir, dass wir morgen einer noch elementareren Wahrheit begegnen können und die alte als naiv oder überholt ad acta legen müssen.

Am Schluss lernen wir, sogar unsere Bindung ans Leid loszulassen. Leiden lehrt uns, uns zu öffnen, zu vertrauen und loszulassen. Aber die meisten Menschen und die Gesellschaft insgesamt meinen, dass Leiden an sich gut ist – dass es tugendhaft ist zu leiden, dass man sich am besten nicht zu gut fühlt, dass Leistung das Ergebnis von Kampf sein muss und jede Freude aus Schmerz erwächst.

Wenn wir das Leben nicht mehr bekämpfen, sondern seinem Verlauf vertrauen, brauchen wir das Leiden nicht mehr. Wenn wir uns erlauben, zu »lieben, geliebt zu werden und in unserem Leben kreativ zu sein« (Shirley Gehrke-Luthman), wenn wir also nicht mehr versuchen, uns einem Leben anzupassen, das uns nicht passt, und uns ein Leben gestatten, das uns wirklich glücklich macht, können Freiheit und Freude die normale Erfahrung unseres Lebens sein.[116]

Dieses radikale Loslassen in Freude und Leichtigkeit bereitet uns auf die Weisheit des Narren vor.

17
Der Narr

Weise Könige und Königinnen würden nicht daran denken, ohne einen Hofnarren zu regieren, der die Lebensfreude ausdrückt und sie und den Hof unterhält. Aber das ist nicht seine einzige Funktion. Hofnarren haben die Freiheit, auch solche Dinge zu sagen, für die andere gehängt würden; sie können das Ich des Herrschers verspotten, wenn er in Gefahr ist, überheblich zu werden, und sorgen ganz allgemein für Gleichgewicht im Königreich, indem sie die Regeln brechen und dadurch verbotenen Einsichten, Verhaltensweisen und Gefühlen ein Ventil bieten.

Mein Testergebnis für den Archetyp des
Narren: _____ Punkte (siehe Übersicht Anleitung
zur Auswertung im Anhang)
(hoch = 30 / niedrig = 0)
Es ist mein _____ höchstes Ergebnis.
(höchstes = 1. / niedrigstes = 12.)

William Willeford schreibt, dass Narr und König ein Paar bilden; der Narr kann den König zur Zielscheibe seines Spotts machen. Willeford bemerkt, dass die Funktion des Königs darin besteht, Ordnung zu schaffen, wodurch

Der Narr
Ziel:
Freude, Spaß, Lebendigkeit
Angst:
Unlebendigkeit
Antwort auf den Drachen / das Problem:
Mit ihm spielen, es überlisten
Aufgabe:
Dem Lebensprozess vertrauen; Freude an der Reise um ihrer selbst willen
Geschenk:
Freude, Freiheit, Befreiung

zwangsläufig bestimmte Kräfte ausgeschlossen werden. Der Narr »als Spaßvogel stellt eine institutionalisierte Verbindung« zu diesen ausgeschlossenen Kräften her und verkörpert »das Prinzip der Ganzheit … weil er den Urzustand vor der Trennung des Königreichs von dem, was es ausschließt, wiederherstellt«.[117]

Während der Herrscher das Ich repräsentiert, das der Seele einen geordneten Ausdruck verleiht, verweist der Narr auf ein Prinzip der seelischen Ganzheit, die über das Ich hinausgeht und nichts ausschließt. Der Narr existiert also vor dem Ich und macht es gleichzeitig überflüssig. Er steht am Anfang und am Ende der Reise.

Der innere Narr

Der innere Narr bzw. Schelm ist nie weit von uns entfernt. Er ist der Archetyp, der sogar dem Unschuldigen vorausgeht, und verkörpert den Aspekt des inneren Kindes, das weiß, wie man spielt, genießt und im Körper ist. Er ist die

Ursache unseres Gefühls für Vitalität und Lebendigkeit, das sich als kindliche, spontane, spielerische Kreativität ausdrückt.

Er steht auch für eine amoralische, anarchistische, respektlose Energie, die Kategorien und Grenzen sprengt. Der fügsame Gehorsam des Unschuldigen und die Verletzlichkeit des Verwaisten sind nur ein Teil des Kindseins. Kinder haben auch den Wunsch, alles auszuprobieren, nicht zuletzt das Verbotene, und wissen mit nachtwandlerischer Sicherheit, welche Lüge sie ihren Eltern auftischen müssen, um ungeschoren davonzukommen. Solche Verhaltensweisen werden im Allgemeinen nicht als böse oder schlecht angesehen. Bei Kindern nennt man sie »ungezogen«, bei Erwachsenen »verantwortungslos«. Wir haben Grund, uns um zu brave Kinder (und Erwachsene), die nie die Regeln brechen, genauso Sorgen zu machen wie um die, die ständig in Schwierigkeiten sind.

Es gibt viele Geschichten über Krishna als Kind. Er spielte seiner Mutter ständig Streiche, wobei er manchmal Mitleid mit ihr hatte. Einmal versuchte sie, ihn anzubinden, aber jedes Mal war das Seil zu kurz. Er sah, wie frustriert sie war, und ließ sich anbinden. Wir haben keine Geschichten dieser Art über Christus, aber man erinnert sich, dass er mit zwölf Jahren von seinen Eltern weglief und sie ihn im Tempel wiederfanden, wo er die Lehrer seiner Zeit belehrte.

Der Narr steht am Anfang und am Ende der Reise.

Wenn der Narr in unserem Leben dominiert, erforschen wir die Welt aus angeborener Neugierde, erschaffen wir einfach aus Freude am Erschaffen, leben wir das Leben um seiner selbst willen, ohne an morgen zu denken und uns um Konventionen, die traditionelle Moral oder die Meinung der Nachbarn zu kümmern. Von den zwölf in diesem Buch erörterten Archetypen versteht nur der Narr, »im Hier und Jetzt zu leben«.

Wenn er in unserem Leben aktiv ist, bewegt uns die Neugierde; wir möchten das Leben erforschen und mit ihm experimentieren. Wir haben wenig oder kein Interesse daran, Verantwortung zu übernehmen, zumindest nicht für andere, denn wir möchten vor allem frei sein – frei von Verpflichtungen, Verantwortlichkeiten, Terminen, Besitztümern (um die man sich, alles in allem, nur kümmern muss) und Beziehungen, die Dinge von uns verlangen könnten, die keinen Spaß machen.

Es ist eine Zeit, in der es uns nichts ausmacht, lächerlich zu erscheinen und andere zu empören; wir probieren unkonventionelle Frisuren oder Kleidungsstücke aus oder gehen eine Beziehung ein, die andere als völlig unpassend betrachten würden. Die bizarre Kleidung von Heranwachsenden gehört hierher; der Archetyp kann aber auch während der Midlife-Crisis wiederauftauchen, denn er repräsentiert die pubertäre Seite in jedem von uns, die auch während unseres Erwachsenenlebens stets vorhanden ist. Wie der Joker in einem Kartenspiel kann der Narr überall auftauchen.

In den Jahren unserer Erwachsenenverpflichtungen zeigt er sich hauptsächlich in der Freizeit; er kann aber auch unserer Arbeit und unserem Privatleben Würze geben, wenn wir ihm gestatten, sich dort zu äußern. Im Alter sorgt der Narr dafür, dass wir die Konzentration auf Leistungen, Ziele und die Veränderung der Welt aufgeben und das Leben um seiner selbst willen Tag für Tag genießen. In allen Phasen des Lebens bewahrt er uns vor Langeweile (er ist unendlich erfinderisch und unterhaltsam) und existenzieller Verzweiflung; er ist zu sehr damit beschäftigt, den

Augenblick zu genießen, um seine Energie mit der Trauer über mangelnde Ordnung oder Sinn zu vergeuden. Wenn der Narr in unserem Leben aktiv ist, haben wir mehr Leben und Kraft, obwohl wir uns auch in Schwierigkeiten bringen können. Wenn er sich zu wenig äußert, werden wir selbstgefällig, förmlich, »magersüchtig«, müde, gelangweilt und depressiv, wir unterdrücken vieles und sind nicht mehr neugierig.

Der Narr taucht oft in sehr schmerzlichen Augenblicken im Leben auf. Ein geliebter Mensch stirbt, wir verlieren einen Arbeitsplatz oder das Vertrauen in uns selbst und stellen plötzlich fest, dass wir lachen; dies ist der Narr, der uns daran erinnert, dass das Leben auch in seinen schlimmsten Augenblicken schön ist.

Narren wählen Freunde, Partner, Arbeitsplätze, Überzeugungen oder spirituelle Praktiken fast ausschließlich nach dem Lustprinzip. Was sich gut anfühlt, ist gut. Was sich schlecht anfühlt, ist schlecht. Der Narr ist begeistert vom Leben, von sinnlichem Vergnügen, von Vorstellungen, Erfahrungen und auch spiritueller Glückseligkeit. Oft ist sein Verlangen nach Erfahrungen und Abenteuern der Anstoß zur Heldenreise.

Der Narr und die moderne Welt

Der Narr ist sehr hilfreich beim Umgang mit den Absurditäten der modernen Welt und gesichtslosen, amorphen Bürokratien, in denen niemand persönliche Verantwortung übernimmt, in denen die Befolgung auch der absurdesten Regeln erwartet wird und in denen die Effektivität des Einzelnen am Papierkram scheitert.

In seiner Gestalt als Trickster genießt der Narr es, die Regeln zu brechen; außer in seiner Schattenform ist er dabei wohlmeinend und genial. Mae Wests Humor zum Beispiel war eine skandalöse Verletzung der konventionellen Geschlechtsrollen ihrer Zeit, aber eben wegen ihrer Unverschämtheit wurde sie akzeptiert und mit Ruhm und Reichtum belohnt. Narren verfügen oft über Mittel, die gesellschaftlichen Normen auf humorvolle Weise zu übertreten und so übermäßige Feindseligkeit zu vermeiden. Bette Midlers Humor verbindet die grelle Sexualität des Tricksters mit seiner Vorliebe für Streiche und ist so ein gutes Beispiel für eine moderne weibliche Trickster-Figur.

Die Politik des Narren ist anarchistisch, wie das revolutionäre Denken einer Frau wie Emma Goldman zeigt, deren politische Überzeugungen nie von dem Wunsch nach Freiheit und Vergnügen getrennt waren. Der ihr oft zugeschriebene Spruch »Wenn ich nicht tanzen kann, möchte ich mit eurer Revolution nichts zu tun haben« zeigt die Narren-Energie in der amerikanischen anarchistischen Politik, die sich von der Bostoner Tee-Party bis zu den Hippies der Sechzigerjahre verfolgen lässt.

Narr, Held und Komik

Narren bzw. Schelme haben manchmal einfach deshalb Erfolg, weil sie es nicht besser wissen. William Willeford bemerkt, dass der Held oft als Narr beginnt. In vielen Märchen haben die beiden älteren von drei Brüdern bei ihrer Suche kein Glück, weil sie konventionell und weise vorgehen, während der jüngste, der naiv und unerfahren und daher für fantasievolle neue Ideen offener ist, Erfolg hat und die Hand der Prinzessin gewinnt.[118]

Der Narr verleiht uns eine starke Regenerationskraft, die Fähigkeit, aufzustehen und es noch einmal zu versuchen. Die Figuren in Zeichentrickgeschichten zum Beispiel haben Narren-Charakter. Sie schießen sich aus Kanonen und überfahren sich mit Bulldozern. Aber nie wird in diesen Geschichten jemand wirklich verletzt.

Ohne den Narren in uns können wir das Leben nicht um seiner selbst willen genießen. Der Narr weiß, wie er mit dem Augenblick und seinem Reichtum an Freude und Erfahrung spielen und auch die negativsten Teile des Lebens um ihres Dramas willen genießen kann. Er ist der Teil von uns, der uns hoffen lässt, wenn kein Silberstreif am Horizont zu sehen ist.

> Der Narr verleiht uns eine starke Regenerationskraft, die Fähigkeit, aufzustehen und es noch einmal zu versuchen.

In unserer Gesellschaft scheinen viele diesen Teil nicht zu wollen; wir hängen sehr an Ernsthaftigkeit und einer tragischen oder (schlimmer) ironischen Weltsicht. Enid Welsford schließt ihre klassische Arbeit über den Narren mit der Bemerkung ab: »Die romantische Komödie ist ernste Literatur, weil sie ein Vorgeschmack auf die Wahrheit ist; der Narr ist weiser als der Humanist und Possenreißerei weniger frivol als die Vergöttlichung der Menschheit.«[119]

Der Narr als Spieler

Narren, göttliche und menschliche, verbinden uns mit der Spontaneität der Kindheit. Besonders in ihrer Verkleidung als Trickster brechen sie die Regeln und entwickeln das Schwindeln zur Kunst. Als Spaßvögel sind sie sehr kreativ und denken sich immer etwas Neues aus, um Langeweile zu vermeiden.

Wakdjunkaga, der Trickster-Held des Winnebago-Zyklus, überredet ein paar Enten dazu, mit geschlossenen Augen zu tanzen, während er für sie singt; er erwürgt eine nach der anderen und legt sie in eine Tasche, bis ein paar die List durchschauen und wegfliegen. Das für die Enten fatale Tun wird jedoch nicht als böse dargestellt. Wakdjunkaga setzt nur seine Schläue ein, um von ihnen das Beste zu bekommen und sich ein schönes Abendessen zu machen.[120]

Der Narr genießt den Wettstreit der geistigen Fähigkeiten auch in gefährlichen Situationen. Aufgrund seiner Freude an Streichen, Betrügereien und Tricks ist er selbst schwer hereinzulegen. Obwohl er die Manipulationen anderer häufig durchschaut und daher nicht so oft betrogen wird wie der Unschuldige, kann er hereinfallen, weil das Spielen ihm solchen Spaß macht. Oft übernimmt er den Part des Unschuldigen oder Leichtgläubigen, um einen Menschen zu überlisten, der ihn hereinlegen will; er tut zum Beispiel so, als sei er ein Neuling im Billard oder im Kartenspiel, um den Einsatz hochzutreiben und dann abzusahnen.

Auf der untersten Ebene wird das Spiel nur gespielt, weil es Spaß macht. Kinder spielen gerne, sie hassen Langeweile. Und wenn nicht genug positive, lustige Spiele verfügbar sind, spielen sie negative, etwa »Tumult«; mit nachtwandlerischer Sicherheit drücken sie bei Eltern oder Lehrern die richtigen »Knöpfe« und bringen sie zur Weißglut.

Kinder treiben von Natur aus viel Unsinn, was ihre Kreativität entwickelt. Wenn kleine Kinder in der Schule auf ihren Stühlen sitzen bleiben und mit langweiligen Büchern arbeiten müssen, brauchen wir uns nicht zu wundern, dass diese Generation nicht besonders kreativ ist. Später müssen die Firmen dann viel Geld ausgeben, damit die leitenden Angestellten lernen, zu spielen und dadurch ihre Kreativität zu entwickeln.

Auch die meisten Erwachsenen spielen einen Großteil der Zeit Spiele, womit ich nicht nur Karten, Tennis oder Kreuzworträtsel meine. Sie spielen taktische Spiele – bei der Arbeit, zu Hause, in der Gesellschaft oder politischen Organisationen. Sie spielen »Tumult«, wenn die Dinge langweilig werden, sie erzeugen Dramen und Krisen, um beschäftigt zu bleiben. Die Transaktionsanalyse, die in Büchern wie Eric Bernes *Spiele der Erwachsenen* solche Spiele katalogisiert hat, betont, dass wir nicht wir selbst sein und wirkliche Nähe zulassen können, solange wir Spiele spielen.[121] Das Gefährliche an solchen Spielen ist nicht, dass sie gespielt werden, sondern dass die Menschen von ihrem eigenen Trickster hereingelegt werden und gar nicht wissen, dass sie spielen. Dies bedeutet im Allgemeinen, dass ihr Narr verdrängt wurde und sie von seiner negativen Form besessen sind. Die Transaktionsanalyse sensibilisiert Menschen für die Spiele, die sie spielen, und macht sie ihnen bewusst, sodass sie entscheiden können, ob sie sie weiterspielen wollen oder nicht.

Wenn wir uns der Spiele, die wir spielen, bewusst werden, können wir sie zu höheren Zwecken einsetzen, als uns zu unterhalten, uns einen Vorteil zu verschaffen oder uns zu rächen. Don Juan, der große Schamane in Carlos Castanedas Initiationsromanen, bringt diesen durch einen Trick dazu, die Welt aus einer veränderten Perspektive zu sehen. Die meisten großen Lehrer haben gelernt, ihre Schüler durch einen Trick zum Lernen zu bringen. Auch die Spiele, die Menschen spielen, um in von Regeln bestimmten bürokratischen Strukturen bestimmte gute Dinge zu erledigen, sind positive Kanäle für die Energie des Narren.

Weil der Narr ein »Kulissenschieber« ist, kann er die Welt aus vielen Perspektiven sehen und nach Belieben die

Ebenen des Narren

Schatten

Sichgehenlassen, Faulheit, Unersättlichkeit, Verantwortungslosigkeit.

Aufruf

Langeweile; Wunsch, mehr Spaß im Leben zu haben.

Ebene 1

Das Leben ist ein Spiel, das man um des Spaßes willen spielt (Narr).

Ebene 2

Cleverness wird eingesetzt, um andere zu überlisten, aus Schwierigkeiten herauszukommen, Hindernisse zu umgehen, straflos die Wahrheit zu sagen (Trickster).

Ebene 3

Das Leben wird ganz im Augenblick gelebt, Tag für Tag, und um seiner selbst willen gefeiert (weiser Narr).

traditionell akzeptierte Auffassung von der Realität übernehmen oder nicht. Der Trickster hilft uns, an Probleme unkonventionell heranzugehen oder eine unübliche Weltsicht beizubehalten. Er wird daher in Zeiten massiver sozialer Veränderungen aktiviert, wenn es wichtig und gesellschaftlich enorm nützlich ist, gegen den Strom schwimmen zu können.

Der negative Narr

Wenn wir die Energie des Narren nicht zulassen, geht sie in den Untergrund und wird für die Gesellschaft und die individuelle Psyche zu einer negativen, zerstörerischen Kraft. Solange der Narr sich nicht mit unserem Ich angefreundet hat, zeigt er sich eher durch ein manipulatives, betrügerisches und selbstschädigendes Verhalten als durch Ausgelassenheit, Verspieltheit und Kreativität.

Der negative Narr kann sich in einer zügellosen, undisziplinierten Sinnlichkeit äußern, in Faulheit, Verantwortungslosigkeit, Unersättlichkeit, Lüsternheit und Trunksucht. Der Schatten-Trickster kommt zum Vorschein, wenn Menschen, die als Stützen der Gesellschaft gelten – Geschäftsleute, Geistliche, Politiker –, plötzlich beim Griff in die Kasse ertappt werden, als alkohol- oder drogensüchtig auffallen oder eine Affäre haben. Oft besteht ein fast vollständiger Bruch zwischen dem ansonsten konventionellen Leben eines Menschen und dem zwanghaften und scheinbar selbstzerstörerischen Ausbruch von Gier, Wollust und Unersättlichkeit.

Zwei klassische Spielarten des Narren – Tor und Wahnsinniger – sind frühe Bilder des Schattens. Der Schatten-Narr macht uns »töricht« und »unbewusst«. Wenn er uns in der Gewalt hat, können wir nicht über unser Tun reflektieren. Wir verstärken ein unpassendes Verhalten und sehen es nicht einmal. Wir sind einfach dumm.

Der Schatten-Narr zeigt sich auch im Wahnsinn, wenn das Ich »reißt« und das Unbewusste chaotisch ins Bewusstsein einbricht. Der Narr bringt uns dazu, einen kontinuierlichen psychischen Bezugsrahmen zu verlassen, überschwemmt uns aber dann mit zu viel unsortiertem psychischem Material. Die Aufgabe besteht darin, entweder das Ich wiederaufzubauen oder unterzugehen.

Trickster sind »Kulissenschieber« und tragen Verkleidungen. Man weiß nie, wann und wo sie auftauchen. Dieses Phänomen ist am klarsten, wenn Menschen ihr Ich stark mit dem Unschuldigen oder dem Verwaisten identifizieren und den Trickster ausschließen. Er bringt sie dann in alle möglichen Schwierigkeiten, ist aber auch vor ihnen selbst versteckt. Manchmal verkleidet er sich so gekonnt, dass niemand seine Identität vermutet. Dann wieder kann jeder sehen, wie der scheinbar Unschuldige die Schwierigkeiten schafft, die sich in seinem Leben wiederholen; nur er selbst tappt völlig im Dunkeln und sieht sich als Opfer der Umstände oder anderer Leute.

Die westliche christliche Tradition neigte dazu, Begierden und Fleischeslust mit dem Teufel zu identifizieren, und förderte so die Verdrängung. Trickster-Eigenschaften waren besonders für Frauen tabu. Die Schlange im Paradies zum Beispiel, die Eva versucht, hat Trickster-Eigenschaften (der Teufel ist ein Schatten-Trickster), genauso wie Eva selbst. Ihre tricksterähnliche Neugierde gilt als Ursache für die Vertreibung aus dem Paradies.

Der Trickster in uns missachtet Regeln – auch göttliche –, und deshalb kann man ihm durchaus den »glücklichen Fall« aus der Gnade zuschreiben. Vielleicht aus diesem Grund assoziieren einige Theoretiker (wie etwa Jung) den Trickster mit dem Erlöser. Wenn wir nicht ungehorsam sind, können wir uns nicht auf die Reise machen und daher – im religiösen oder psychologischen Sinn – auch keine Erlösung finden.

Während der gesund entwickelte Trickster uns Tipps und Hinweise zum Überleben gibt, tischt der Schatten-Trickster uns in dieser Hinsicht Lügen auf. Er sagt uns, unsere Gefühle wären zu schwer zu ertragen, wenn wir sie nicht mit Alkohol oder Drogen betäuben würden. Er meint, intime Beziehungen würden unsere Identität bedrohen, und überredet uns, die beste Beziehung abzubrechen, die wir je hatten. Er erzählt uns, dass wir ständig arbeiten müssen und nie Zeit für uns beanspruchen dürfen, wenn wir erfolgreich sein wollen. Er macht sich also auf unsere Kosten lustig.

> Jedes Mal wenn die Freude unser Leben verlässt,
> hat der Schatten-Narr uns in der Gewalt.

Er kann auch das Schaffen, was die Transaktionsanalyse ein »Script« nennt – ein Muster, das unser Leben durchdringt und ohne das man sterben zu müssen glaubt. Der Schatten-Narr kann Ihnen zum Beispiel erzählen, Sie müssten jeden Archetyp dieses Buches ausagieren; wenn Sie es nicht tun, meinen Sie, Ihr Überleben stünde auf dem Spiel.

Außer zur Selbstzerstörung kann der Schatten-Narr auch zu einem unmoralischen und / oder illegalen Verhalten raten. Er empfiehlt, eine Bank auszurauben, Geld zu unterschlagen oder mit der Frau Ihres besten Freundes zu schlafen; zur Verteidigung führt er an, es wäre zum Überleben notwendig, die angemessene Vergeltung für eine Kränkung oder die einzige Möglichkeit zur Bedürfnisbefriedigung. Außerdem, so der Trickster, wird sowieso niemand es je herausfinden!

Von einem Schatten-Trickster befreit man sich am besten, indem man mit ihm Freundschaft schließt und so nicht nur das spirituelle, sondern auch das instinktive, irdische Leben achtet. Wenn wir unseren Schatten-Narren »aushungern«, indem wir ihn ignorieren, wird er gemein und wendet sich gegen uns. Besser, wir verwöhnen ihn ein bisschen mit gutem Essen, guter Gesellschaft und angenehmen Erfahrungen, damit er gutartig wird.

Ein weiser Narr werden

Zu Beginn der Reise hat der Narr im Allgemeinen dadurch Spaß, dass er die Schwierigkeiten des Lebens leugnet oder vermeidet. Er möchte immer nur spielen und versucht, alles Schwierige zu umgehen – Lernen, Denken, Arbeiten oder verbindliche Beziehungen. Sein Umherwandern ist ziellos und beziehungslos.

Der Clown bzw. Trickster wird zum weisen Narren, wenn der Narr die Einweihung durch die Liebe erlebt. Tod und Verlust fürchtet er nicht so sehr wie Bindungen. Wenn er dem Eros begegnet, sich mit anderen zusammenschließt und sich Beziehungen, Tätigkeiten, Ideen und Gott verpflichtet, kann er sein transzendentes Selbst in der Welt ausdrücken. Auf der höchsten Ebene wird er zum weisen und heiligen Narren, der in allem Leben Freude sieht und fast durchsichtig wird. Er braucht nichts mehr zu verbergen oder zu leugnen, weil nichts Natürliches und Menschliches schlecht oder falsch ist; er *ist* einfach.

Am Anfang der Reise sind Narren undifferenziert wie kleine Kinder – lebendig, spontan, ganz sie selbst und im Augenblick. Am Ende sind sie die »heiligen Narren« vieler spiritueller Traditionen. Willeford spricht von den »heiligen Narren der christlichen Kirche«, etwa Jacopone da Todi (1230–1306), »der die Juristerei an den Nagel hängte, um ganz seiner religiösen Hingabe zu leben; bei einem Dorffest erschien er auf allen vieren, nackt bis auf einen Lendenschurz. Auf seinem Rücken trug er den Sattel eines Esels, im Mund das Zaumzeug. Bei einer anderen Gelegenheit rieb er seinen Körper mit etwas Klebrigem ein, rollte sich in bunten Federn und platzte so in eine Hochzeitsfeier hinein.«[122]

Der Zen-Buddhismus ist der Weg des heiligen Narren. Shunryu Suzuki empfiehlt in *Zen-Geist, Anfänger-Geist,* das Haus bzw. das Ich zu »verbrennen« und ganz im Augenblick zu leben: »Wenn du etwas tust, solltest du dich selbst völlig verbrennen … und keine Spur von dir hinterlassen.«[123] Wenn man das Ich »verbrennt«, handelt man nicht mehr, um sich anzupassen und anderen zu gefallen; stattdessen kann die eigene angeborene Weisheit – die eins mit dem Transzendenten ist – auftauchen und sich offenbaren. Suzuki rät: »Am wichtigsten ist, dass du dich so ausdrückst, wie du bist, ohne dich zielgerichtet und fantasievoll zu verstellen.«

Im Zen geht es also darum, im Augenblick zu leben und ohne intellektuelles Herumdeuteln, Arglist oder Vorbedacht ganz eins mit sich und dem Kosmos zu sein. Es geht darum, der zu sein, der man ist, und seinem Lebensprozess voll zu vertrauen. Dann ist der Weg voller Freude.

Humor spielt deshalb beim Prozess der Erleuchtung eine wichtige Rolle. Lex Hixon spricht in *Eins mit Gott* von einem Zen-Schüler, der die Erleuchtungserfahrung so beschreibt: »Um Mitternacht wurde ich plötzlich wach. Zunächst war mein Verstand benebelt, aber dann leuchtete plötzlich dieses Zitat in meinem Bewusstsein auf: ›Ich erkannte klar, dass Geist nichts anderes ist als Berge, Flüsse und die große weite Erde, die Sonne, der Mond und die Sterne.‹ … Wie hochbrandende Wellen stieg sofort eine gewaltige Freude in mir auf, ein wahrer Hurrikan der Freude, und ich lachte laut und wild … Es gibt hier kein Denken, überhaupt kein Denken! … Der leere Himmel teilte sich, öffnete dann seinen riesigen Mund und begann schallend zu lachen.«[124]

Zu einer solchen Offenbarung kommt es, wenn die Grenzen des Ich so durchscheinend geworden sind, dass wir zwischen uns und dem Kosmos fast keine Trennung mehr wahrnehmen. Für den tantrischen Weg ist der große Lehrer Ramakrishna ein klassischer weiser und heiliger Narr. Lex Hixon beschreibt, dass Ramakrishna sich als Kind der Göttin Kali betrachtete, der göttlichen Mutter des Universums: »Als ein Kind, das nichts wusste und nichts entschied, sprach und handelte er spontan, wenn sie durch ihn sprach und handelte. Er betrachtete sich noch nicht einmal als Guru, als Lehrer. Wenn fromme Schüler erklärten, er sei ein Avatar, eine besondere Emanation des Göttlichen, saß der halbnackte, Gewürze kauende Ramakrishna in ihrer Mitte; berauscht von der Seligkeit der göttlichen Gegenwart, wiederholte er immer wieder: ›Wenn ihr sagt, dass ich es bin, müsst ihr recht haben, aber ich weiß nichts davon.‹« (S. 49 f.)

Gegen Ende seines Lebens sah Ramakrishna um sich herum nur noch die große Mutter. Alles Leben, einschließlich seines eigenen, war die Göttin. Dieser für ihn ekstatische Zustand geht über Urteil und Dualismus hinaus und lässt die Grenzen des Ich (fast) ganz hinter sich. Sie verschwinden einfach, und alles ist eins, alles heilig.

Heilige, weise Narren verkörpern die am Ende der Reise gefundene Weisheit, durch die wir den großen kosmischen Witz begreifen: Der große Schatz, den wir während der Reise außerhalb von uns und durch die Einweihung in uns suchten, war nie »Mangelware«, war nie weit weg. Vielmehr ist er alles, was existiert. Der Narr trägt dazu bei, das Ich zu erschaffen, und hilft uns dann, es loszulassen, damit wir eins werden mit dem All und in dieser Einheit große Freude entdecken.

Dieser kosmische Blick auf das Leben ist oft von Wahnsinn schwer zu unterscheiden, denn er ist ganz anders als die Sorge des Ich um Sicherheit, Schicklichkeit und die Anpassung an die normale Realität. Eine Form des Narren war tatsächlich immer der Irre. In Jane Wagners und Lily Tomlins Buch *The Search for Signs of Intelligent Life in the Universe* erzählt die Stadtstreicherin Trudy, wie sie »die Art von Wahnsinn erlebte, von der Sokrates sprach, ein göttliches Freisein der Seele vom Joch der Gewohnheiten und Konventionen«. Trudy ist eine moderne weise Närrin, die durch den Verlust ihres konventionellen Verstands ihren Geist für den Kosmos öffnete.

Übungen

Denken Sie ein wenig darüber nach, wann, wo, wie und wie stark der Narr sich in Ihrem Leben äußert.

1. Wie sehr oder wie wenig drückt der Narr sich in Ihrem Leben aus? Hat er sich in der Vergangenheit oder in der Gegenwart mehr ausgedrückt? Meinen Sie, er würde sich eher in der Zukunft zeigen? Äußert er sich mehr bei der Arbeit, zu Hause, in der Gesellschaft von Freunden, in Träumen oder Fantasien?
2. Welche Freunde, Verwandten, Mitarbeiter und sonstigen Menschen scheinen vom Archetyp des Narren beeinflusst zu sein?
3. Möchten Sie, dass der Narr sich in Ihrem Leben irgendwie anders äußert?
4. Jeder Archetyp drückt sich auf vielerlei Weise aus; lassen Sie sich daher ein wenig Zeit, um den Narren, der sich in Ihrem Leben ausdrückt oder ausdrücken könnte, zu beschreiben oder sonst wie darzustellen. Sie können ihn zeichnen, eine Collage machen oder ein Bild von sich in einer bestimmten Kleidung oder Pose wählen. Wie würde er aussehen? Was würde er tun? In welcher Umgebung würde er sich am meisten zu Hause fühlen?

Trudy erläutert, dass »Realität« nichts anderes als eine »kollektive Ahnung« und für die, die mit ihr in Berührung sind, eine Hauptursache für Stress ist. Sie beschließt, diese Realität aufzugeben. In Bezug auf die Streiche, die sie jetzt spielt, sagt sie: »Ich hätte solche Sachen nie machen können, wenn ich in meinem *richtigen* Verstand gewesen wäre. Ich hätte mir Sorgen gemacht, dass die Leute mich für verrückt halten. Wenn ich an den Spaß denke, den ich versäumt habe, versuche ich, nicht verbittert zu sein.«[125]

Tagträume
Denken Sie an die lustigsten und erfreulichsten Augenblicke Ihres Lebens. Stellen Sie sich eine spaßige Situation nach der anderen vor. Sehen Sie sich, wie Sie über diese Ereignisse lustige Geschichten erzählen. Machen Sie zumindest so lange weiter, bis Sie laut herauslachen.

Komiker der untersten Ebene benutzen Humor, um andere herunterzumachen. Die fortgeschrittensten Komiker lassen uns die Sicht des Narren testen; sie veranlassen uns dazu, auch angesichts der schwierigsten Momente des Lebens stillvergnügt in uns hineinzulachen und uns über unser fehlbares Menschsein zu freuen. Der Narr lässt uns das Leben, den Augenblick und einander ohne Urteil, aber auch ohne Illusionen genießen. Die Art von Erleuchtung, die Trudy illustriert – die Fähigkeit, als Stadtstreicherin froh zu leben, ohne Geld, Status, ein Zuhause oder geistige Gesundheit zu brauchen –, gibt uns die völlige Freiheit und führt uns zur Unschuld zurück.

Damit ist der Kreis geschlossen, und wir sind bereit, ihn von Neuem zu durchlaufen – diesmal auf einer neuen Ebene. Weil wir gelernt haben, das Leben um seiner selbst willen zu genießen, brauchen wir nicht durch Leugnung unsere Unschuld zu schützen oder an Konventionen festzuhalten, um unsere »gesellschaftliche Stellung« zu bewahren. Wir wissen, dass wir gefahrlos vertrauen können, auch wenn schlimme Dinge geschehen, denn wir haben erlebt, wie regenerationsfähig wir sind. Wir sind nicht nur unser Körper. Unsere Seele und unser Geist werden nicht nur alles überleben, was kommt, sondern auch eine Möglichkeit finden, das Drama des Lebens zu genießen – auch wenn der weise Unschuldige weiß, dass das Leben an sich ein Geschenk ist und wir die Aufgabe haben, dieses Geschenk ganz zu akzeptieren und zu genießen. In *Pilgrim at Tinker Creek* stellt Annie Dillard sich vor, »dass der Sterbende in der Todesstunde nicht bitte, sondern danke sagt, genauso wie ein Gast seinem Gastgeber an der Tür dankt«.[126] Dieses Gefühl radikaler Dankbarkeit, das das ganze Leben feiert, fasst die Weisheit des Narren zusammen und öffnet uns für die Freude.

Teil V

Die Unterschiedlichkeit achten: Ihre Welt verändern

18
Von der Dualität zur Ganzheit: Ein Modell der Lebensphasen

Die Kenntnis der zwölf archetypischen Phasen der Heldenreise kann die Erfahrungen des Alltags adeln und ihnen einen Sinn geben. Genauso wichtig ist es jedoch, dass wir unsere Einzigartigkeit respektieren. Gruppen und Einzelpersonen durchlaufen die Phasen in unterschiedlicher Reihenfolge und auf unterschiedliche Art. Teil V untersucht daher, wie die Reise vom Lebensalter, vom Geschlecht, von der Kultur und der persönlichen Einzigartigkeit *beeinflusst* (aber nicht zwangsläufig *bestimmt*) wird.

In diesem Kapitel erörtere ich die menschliche Lebensspanne von der Kindheit zum Alter als eigenständige Reise, sodass Sie Ihre Reise von Ihren ersten Tagen bis heute nachvollziehen können. Jede Lebensphase beeinflusst die im Leben auftauchenden Archetypen. Gewöhnlich ruft sie zwei Archetypen auf den Plan, die gegensätzlich scheinen und nach einer Lösung drängen.[127] Zuerst aktivieren wir vielleicht nur den einen und schließen den anderen aus; mit dieser Strategie absolvieren wir den Abschnitt im Allgemeinen ganz gut, wenn auch nicht unbedingt auf sehr erfüllende Weise. Wir haben den Eindruck, irgendwie unvollständig zu sein. Wir fühlen uns »ganzer« und im Leben effektiver, wenn wir beide Archetypen aktivieren. Anstatt dass einer den anderen besiegt oder unterdrückt, »tanzen« sie in wechselseitigem Respekt miteinander. Anstatt sie dualistisch als Gegensätze zu sehen, geht man von einer Art Yin-Yang-Beziehung aus – man betrachtet sie als die zwei Seiten desselben Phänomens. Diese Sichtweise löst das Lebensthema des betreffenden Zeitabschnitts. Aber auch wenn der Gegensatz zur Partnerschaft wird, dominiert innerhalb der sechs Paare bei den meisten Menschen immer noch ein Archetyp.

Wenn Sie den Test im Anhang gemacht haben, sollten Sie in diesem Kapitel Ihre Ergebnisse an den entsprechenden Stellen eintragen. Dann wissen Sie, welcher Archetyp innerhalb jedes Paares bei Ihnen den Ton angibt, zumindest im Augenblick. Obwohl es ideal ist, beide Archetypen eines Paares irgendwann bewusst in sein Leben aufzunehmen, ist es auch wichtig, sich zu spezialisieren, das heißt, den einen auf Kosten des anderen zu entwickeln. So können Sie bei dem einen Archetyp eine hohe Entwicklungsstufe erreichen, was es für die Zukunft vereinfacht, ergänzend auch den anderen sehr weit zu entwickeln. Sie brauchen die harmonische Verbindung der Archetypen nicht zu forcieren. Sie geschieht zu gegebener Zeit.

Jede große chronologische Lebensphase ruft zwei Archetypen auf den Plan, die gegensätzlich scheinen und nach einer Lösung drängen.

Die Testergebnisse sagen nicht, ob ein relatives Gleichgewicht innerhalb eines Archetypenpaares auf eine unharmonische oder eine harmonische Verbindung verweist. Denken Sie darüber nach. Benutzen Sie beide Teile des Paares leicht und gut? Wenn ja, haben Sie sie harmonisch in Ihr Leben aufgenommen. Wenn beide niedrige Punktzahlen haben und / oder es Ihnen schwerfällt, einen gut zu äußern, haben Sie in diesem Bereich Ihres Lebens ein Manko. Wenn Sie jung sind, sollten Sie daran denken, dass es normal ist, wenn Paare, die mit späteren Lebensphasen assoziiert werden, bei Ihnen noch nicht besonders weit entwickelt sind.

Bevor Sie sich die sechs großen Lebensphasen ansehen – Kindheit, Adoleszenz und frühes Erwachsenenalter, Erwachsenenalter, Mitte des Lebens, Reife, Alter –, sollten Sie bedenken, dass die Archetypen nicht zwangsläufig zu dieser chronologischen Stufe Ihres Lebens *gehören*. Obwohl sie unser Wachstum und unsere Entwicklung fördern, besitzen sie eine eigenständige Existenz als psychische Entitäten. Sie können jederzeit und auf mancherlei Weise auftauchen. Sie sind die Grundlage von Kunst, Literatur und Musik und tragen mehr zu unserem Leben bei, als uns durch seine großen Abschnitte hindurchzuhelfen.

Jede Phase stellt uns vor bestimmte Entwicklungsaufgaben und ruft dadurch die mit ihnen verbundenen archetypischen Energien auf den Plan. Wir können die Lektionen jedes Archetyps jederzeit lernen. Aber wenn wir in bestimmten Lebensphasen bestimmte Aufgaben nicht lernen, fühlen wir uns nicht wohl. Zum Beispiel können wir die Fähigkeit des Narren, das Leben im Augenblick zu genießen, ohne dass Ziele uns auf einer Spur halten, jederzeit lernen. Aber wenn wir sie im Alter, wenn wir nicht mehr so zielorientiert sind wie in der Lebensmitte, nicht entwickelt haben, werden wir unglücklich sein.

Genauso können wir zu jedem Zeitpunkt unserer Entwicklung zu Gebern werden; aber wenn wir die entsprechenden Eigenschaften in der Zeit, in der wir für andere verantwortlich sind (Kinder, Angestellte, alternde Eltern), nicht erworben haben, können wir auf diese Herausforderung nicht angemessen reagieren, und unsere Schützlinge fühlen sich im Stich gelassen und seelisch »unterernährt«.

Aber es ist nie zu spät. Viele Menschen lösen ihre Kindheitsprobleme heute erst als Erwachsene oder sogar im Alter. Obwohl wir im Idealfall in der Adoleszenz eine relativ hohe Ebene des Unschuldigen und des Verwaisten erreicht haben sollten, gelingt dies in der Realität nur wenigen Menschen. Wenn ihre Kindheit sehr traumatisch war, haben sie vielleicht nicht die Hilfe bekommen, die dazu notwendig ist.

> Es ist nie zu spät, die Lektion eines Archetyps zu lernen.

Wenn wir erkennen, welche Themen unvollständig sind, hat dies einen starken Einfluss auf unser Leben, denn wir können uns dann bewusst für die fehlende archetypische Energie öffnen. Wir sehen dann auch, welche Art Hilfe wir brauchen. Menschen, deren Problematik mit dem Archetyp des Verwaisten zu tun hat, wollen vielleicht eine Therapie, in der Kindheitstraumata aufgearbeitet werden; Menschen, die Probleme mit ihrem Krieger haben, profitieren am ehesten von einem Selbstbehauptungstraining, und so weiter.

Archetypenpaare nach Lebensthemen

Sicherheit

Unschuldiger

Der Unschuldige ist der Mensch vor dem Fall, der im Paradies lebt – oder zu leben versucht. Seine Geschenke an die Welt sind Vertrauen, Optimismus und der Glaube daran, dass die Dinge sind, was sie scheinen. Auf der untersten Ebene wird die Überzeugung durch Leugnung aufrechterhalten, auf der höchsten Ebene durch Transzendenz.

Verwaister

Wie der Unschuldige möchte der Verwaiste in einer sicheren Welt leben, fühlt sich aber betrogen, verlassen, ungerecht behandelt. Auf der untersten Ebene ist er ein chronisches Opfer und ein Zyniker. Auf einer höheren Ebene erinnert er uns an unsere Verletzlichkeit und Abhängigkeit voneinander.

Identität

Suchender

Der Suchende erkundet innere und äußere Realitäten und ist bereit, Sicherheit, Gemeinschaft und Nähe um der Autonomie willen aufzugeben. Er findet seine Identität durch das, was ihn von anderen unterscheidet. Im schlimmsten Fall ist er ein Außenseiter. Im besten Fall findet er seine einzigartige Identität und Berufung.

Liebender

Der Liebende findet seine Identität durch die Entdeckung, wen und was er liebt. Auf der unteren Ebene liebt er nur ein paar Menschen, Aktivitäten oder Dinge. Auf einer höheren Ebene weitet er diese Liebe aus und genießt und respektiert die Unterschiedlichkeit allen Lebens.

Verantwortung
Krieger
Der Krieger besiegt den Bösewicht und rettet das Opfer. Krieger sind mutig und diszipliniert und verlangen viel von sich. Im schlimmsten Fall gehen sie rücksichtslos über andere hinweg. Im besten Fall setzen sie sich auf angemessene Weise durch, um die Welt zu einem besseren Ort zu machen.
Geber
Geber kümmern sich um andere, auch wenn sie deshalb Opfer bringen müssen. Sie geben, damit die Welt für andere zu einem besseren Ort wird. Im schlimmsten Fall geben sie, um zu manipulieren, und »verstümmeln« durch ihr Opfer sich und andere. Im besten Fall ist ihr Geben mitfühlend, aufrichtig und für andere hilfreich.

Authentizität
Zerstörer
Wenn der Zerstörer in einem Menschen aktiv ist, sehen wir die Auswirkungen von Tragödie und Verlust. Im besten Fall führt dieser Verlust, der eine Einweihung ist, zu einer größeren Empfänglichkeit für neue Ideen, zu Mitgefühl mit anderen und mehr Wissen um die eigene Identität und Kraft. Im schlimmsten Fall zerstört er die Persönlichkeit, und wir haben nur noch eine Ruine vor uns.
Schöpfer
Wenn der Schöpfer in einem Menschen aktiv ist, entdeckt und erschafft er ein angemessenes Selbstgefühl. Im besten Fall verwandelt diese neue Identität und führt zu einem erfüllenderen und effizienteren Leben. Im schlimmsten Fall ist sie nur ein Experiment, und der Betreffende zieht sich zurück oder geht zum Reißbrett zurück, um noch einmal von vorn anzufangen.

Macht

Magier

Magier erschaffen neue Realitäten, verwandeln alte, sind Katalysatoren für Veränderung, »benennen« und erschaffen dadurch die Realität. Im schlimmsten Fall betreiben sie Schwarzmagie. Im besten Fall entdecken sie positive Lösungen, bei denen jeder gewinnt.

Herrscher

Der Herrscher in uns begreift, dass wir für unser inneres und äußeres Leben verantwortlich sind: Der Schwarze Peter bleibt bei uns. Im schlimmsten Fall ist der Herrscher ein Depot. Im besten Fall schließt seine Ordnung alles ein und schafft unsere Ganzheit und äußere Gemeinschaft.

Freiheit

Weiser

Weise finden Freiheit, indem sie das große Ganze verstehen und fähig sind loszulassen. Auf der untersten Ebene interessieren sie sich für die gewöhnlichen, weltlichen Vergnügungen des Lebens kaum. Auf der höchsten Ebene kombinieren sie das Loslassen mit Liebe, Weisheit und Lebensfreude.

Narr

Der Narr findet Freiheit durch Unkonventionalität und die Fähigkeit, jeden Augenblick zu genießen. Er heitert uns auf und findet schlaue, innovative und lustige Möglichkeiten, intellektuelle oder materielle Hindernisse zu umgehen. Im schlimmsten Fall ist er verantwortungslos. Im besten Fall lebt er in der Freude, weil er jeden Augenblick um seiner selbst willen schätzt.

Obwohl die meisten gesunden Erwachsenen zumindest eine Hälfte jedes Paares erfolgreich entwickeln und die andere Hälfte zumindest halbwegs zum Funktionieren bringen, ist es relativ selten, dass die Paare ganz integriert werden. Die numinosen Symbole jeder Phase – das göttliche Kind, der Gott oder die Göttin, das Gelobte Land – deuten bereits an, dass die volle Integration eher Götter als normale Sterbliche charakterisiert. Es ist schon eine große Leistung, die beiden Teile eines Paares *ganz* zu entwickeln. Wenn Sie dies in allen Kategorien schaffen, sind Sie praktisch erleuchtet. Die mit jedem Paar assoziierten Tugenden verweisen jedoch eher auf gewöhnliche Sterbliche. Auch wenn ein Archetyp immer noch dominiert, funktionieren beide so gut, dass Sie den entsprechenden Lebensabschnitt erfolgreich durchlaufen.

Dominierende Archetypen im Verlauf Ihres Lebens

Geben Sie in der folgenden Übersicht die Archetypen an, die bei Ihnen im jeweiligen Lebensabschnitt aktiv waren. Kreisen Sie zum Beispiel »Verwaister« ein, wenn dieser Archetyp Ihre Kindheit beherrschte. Streichen Sie »Unschuldiger« durch, wenn er in Ihrer Kindheit wenig oder kaum vorhanden war. Schreiben Sie in die leeren Zeilen die Archetypen, die während dieser Zeit vielleicht sonst noch aktiv waren. (Wenn von Ihnen als Kind erwartet wurde, dass Sie sich um Ihre Eltern oder Geschwister kümmerten, fügen Sie »Geber« hinzu; wenn Sie außerdem ständig kämpfen mussten, um sich zu schützen, schreiben Sie noch »Krieger« dazu.) Hören Sie bei Ihrem gegenwärtigen Lebensabschnitt auf. (Das Beispiel unten illustriert die Entwicklung eines Menschen in den mittleren Jahren.) Verbinden Sie die eingekreisten Bezeichnungen, um die im Verlauf Ihres Lebens dominanten Archetypen zu erhalten.

Beispiel:

Unschuldiger	Suchender	Krieger	Zerstörer	Herrscher	Weiser
Verwaister	Liebender	Geber	Schöpfer	Magier	Narr
(Geber)	_____	(Zerstörer)	(Liebender)	_____	_____
(Krieger)	_____	_____	_____	_____	_____

Kindheit	*Adoleszenz*	*Erwachsener*	*Mitte*	*Reife*	*Alter*
Unschuldiger	Suchender	Krieger	Zerstörer	Herrscher	Weiser
Verwaister	Liebender	Geber	Schöpfer	Magier	Narr
_____	_____	_____	_____	_____	_____
_____	_____	_____	_____	_____	_____

Die Ergebnisse der einzelnen Archetypen paarweise zusammenzählen

Zählen Sie dem angegebenen Muster entsprechend Ihre Testergebnisse anhand des Heldenmythen-Tests im Anhang paarweise zusammen:

Unschuldiger	_____	+ Verwaister	_____	= _____	(Sicherheit)
Suchender	_____	+ Liebender	_____	= _____	(Identität)
Krieger	_____	+ Geber	_____	= _____	(Verantwortung)
Schöpfer	_____	+ Zerstörer	_____	= _____	(Authentizität)
Magier	_____	+ Herrscher	_____	= _____	(Macht)
Weiser	_____	+ Narr	_____	= _____	(Freiheit)

Stellen Sie nun zu den folgenden Fragen ein paar Überlegungen an:

1. Kreisen Sie Ihr höchstes Gesamtergebnis und Gesamtergebnisse von 44 oder mehr Punkten ein. Ist das entsprechende Thema jetzt in Ihrem Leben wichtig? (Wenn Sie die meisten Punkte z. B. bei dem Paar Herrscher / Magier haben, könnte es im Moment wichtig sein, Ihre Macht in der Welt zu behaupten.)

2. Kreisen Sie bei jedem Paar den Archetyp ein, der in den meisten Situationen dominiert (im Allgemeinen der Archetyp mit der höchsten Punktzahl). Haben Sie auch Zugang zu dem anderen Archetyp des Paares?
3. Stellen Sie fest, ob Sie etwa gleich hohe Punktzahlen bei beiden Archetypen eines Paares haben. Überlegen Sie, ob die Archetypen gegeneinander oder miteinander funktionieren. (Wenn Sie etwa gleich hohe Punktzahlen beim Geber und beim Krieger haben, könnten Sie deren Eigenschaften abwechselnd zeigen: Sie kämpfen oder opfern. Wenn die Archetypen zusammenarbeiten, sind Sie vielleicht ein Beispiel für den archetypischen guten Vater oder die archetypische gute Mutter, der/die das innere und äußere Kind schützen und umsorgen kann.)

Kindheit

In der Kindheit geht es hauptsächlich um Sicherheit, und unsere Aufgabe besteht darin, von der Abhängigkeit in die wechselseitige Abhängigkeit hineinzuwachsen. Dabei unterstützen uns der Unschuldige und der Verwaiste. Die erfolgreiche Auflösung dieser beiden Energien zeigt sich daran, dass wir Situationen einschätzen können und wissen, wann wir gefahrlos vertrauen können und wann nicht. Wenn der Unschuldige dominiert, neigen wir zu Optimismus; wir vertrauen anderen zu sehr und achten nicht auf potenzielle Gefahren in der Umgebung. Wenn der Verwaiste die Oberhand hat, sind wir uns der Gefahren und Bedrohungen bewusster; wir sind pessimistischer und haben weniger Vertrauen, auch wenn es gerechtfertigt wäre.

Schreiben Sie Ihr Testergebnis (siehe Übersicht Anleitung zur Auswertung im Anhang) in das vorgesehene Kästchen. Kreisen Sie dann den Archetyp ein, der in der hier beschriebenen Lebensphase am aktivsten ist, war oder sein könnte.

Unschuldiger ☐ Verwaister ☐

Wenn Ihr inneres Kind ein Unschuldiger ist, sind Sie eher heiter und übersehen potenzielle Gefahren. Menschen, die negativ sind und nicht nach dem Silberstreif am Horizont suchen, ärgern Sie. Auch wenn Ihnen Schlimmes zustößt, wissen Sie, dass alles einen Sinn hat, der sich Ihnen bald zeigen wird.

Wenn Ihr inneres Kind ein Verwaister ist, neigen Sie dazu, die Probleme des Lebens überzubetonen. Sie fühlen sich oft machtlos oder meinen, das Leben würde Sie zum Opfer machen. Sie möchten, dass andere Ihnen mehr helfen, aber auch wenn sie es tun, scheint diese Hilfe nie genug. Oder sie gewähren ständig anderen die Hilfe, die sie selbst gerne hätten, aber auch dies scheint die Flut des Leidens nicht aufhalten zu können. Wenn Sie auch den Krieger und den Geber entwickelt haben, gestehen Sie dieses Grundgefühl niemandem ein – oft noch nicht einmal sich selbst. Aber wenn Sie ehrlich mit sich sind, fühlen Sie sich vom Leben betrogen und sehen wenig Möglichkeiten, das zu bekommen, was Sie wirklich wollen. Vielleicht haben Sie es sogar aufgegeben, sich zu fragen, was Sie wollen, weil es so unerreichbar scheint. Den sonnigeren Unschuldigen-Typen gegenüber, die in einer Traumwelt verloren, aber in ihrer Selbsttäuschung glücklicher scheinen als Sie, empfinden Sie Neid und gleichzeitig Ärger.

Wenn der Unschuldige dominiert, neigen wir zu Optimismus und vertrauen anderen zu sehr. Wenn der Verwaiste die Oberhand hat, sind wir uns der Gefahren und Bedrohungen bewusster; wir sind pessimistischer und haben weniger Vertrauen, auch wenn es gerechtfertigt wäre.

Auflösung des Dualismus

Die Auflösung der Dualität wird in den Mythen durch das Bild des göttlichen Kindes ausgedrückt, das vollkommene Unschuld verkörpert, aber auch die Welt so sieht, wie sie ist; es fühlt mit anderen und ihrem Schmerz mit und hat Verständnis für sie. Das göttliche Kind taucht in vielen mythologischen Systemen auf; in unserer Kultur ist es im Weihnachtsfest am präsentesten.

Das Bild des Christuskinds integriert Aspekte des Unschuldigen und des Verwaisten. Das Baby Jesus ist unschuldig in dem Sinne, dass es völlig rein ist. Verwaist ist es insofern, als es unehelich ist, in einem Stall geboren wird und zum Opfer bestimmt ist (»Mein Gott, mein Gott, warum hast du mich verlassen?«).

Wenn wir den Schmerz und das Leid von uns und anderen sehen und trotzdem aus Hoffnung und Vertrauen einander geben, haben wir den Unschuldigen und den Verwaisten in uns zu einer harmonischen Verbindung gebracht. Dies klärt auch unsere Wahrnehmung. Auf der Heldenreise zeigt sich die Integration des Unschuldigen und des Verwaisten daran, dass die Wahrnehmung des Helden weder durch unzulässigen Optimismus noch durch unzulässigen Pessimismus verzerrt wird. Daher kann er zutreffend einschätzen, wem er vertrauen kann und wem er misstrauen muss, und dann in der Welt Umsicht zeigen. Die mit der erfolgreichen Integration dieses Paares zusammenhängende Tugend ist Unterscheidungsvermögen.

Als Kinder vertrauen wir zunächst jedem, und unsere Eltern mussten uns sagen, dass wir von Fremden keine Bonbons annehmen sollten. Weil Kinder konkret und dualistisch denken, neigen sie zudem dazu, Menschen in zwei Kategorien einzuteilen. Es gibt Helden und Bösewichter, gute Mütter und schlechte, Hexen und Feen, Freunde und Feinde. Wenn das bis zur Adoleszenz weitergeht, sehen wir zwei Arten von Frauen: Jungfrauen und Huren (oder, moderner gesagt: solche, die nur mit Partnern schlafen, die sie lieben, und solche, die »sich herumtreiben«); und wir sehen zwei Arten von Männern: die schlechten (die »Räuber« und Verführer sind) und die guten (die »Retter« sind und gute Ehemänner abgeben). Lehrer und andere Autoritäten sind entweder vollkommen gut und weise, oder sie taugen überhaupt nichts.

Der Dualismus Unschuldiger / Verwaister löst sich letztendlich erst dann auf, wenn wir nicht nur zwischen Gut und Böse unterscheiden können, sondern wenn der Dualismus in sich zusammenbricht und wir erkennen und akzeptieren, dass Gut und Böse in jedem Menschen einschließlich uns selbst zusammen vorkommen. Wir erfahren, dass die ganze Sache komplizierter ist, als wir dachten. Das Problem ist nicht so sehr, wem wir vertrauen sollen, sondern wann und unter welchen Umständen einem bestimmten Menschen vertraut werden kann. Ihr Vater wird Ihnen vielleicht aushelfen, wenn Sie Geld brauchen, aber er gibt Ihnen keine moralische Unterstützung. Sie selbst geben nicht mehr Geld aus, als Sie haben, essen aber durchaus die ganze Schokolade, die im Haus ist. Bis beide Teile integriert sind, schwanken wir zwischen ihnen hin und her. Wir sind unschuldig und vertrauen jedem, und dann sind wir zwangsläufig enttäuscht, wenn er unseren Erwartungen nicht entspricht. Wir sind verwaist und verzweifelt. Aber irgendjemand hilft uns, und sofort idealisieren wir diesen Menschen – nur um später enttäuscht zu sein. Und so weiter. Ausgeglichenere Erwartungen an das Leben, die berücksichtigen, dass alle Menschen und Erfahrungen uns Freude und Schmerz bringen werden, tragen dazu bei, den Unschuldigen und den Verwaisten zu integrieren; wir brauchen dann nicht mehr von einem Extrem ins andere zu fallen.

Solange wir diese Integration nicht vollzogen haben, wird unser inneres Kind immer unstet sein. Wir leben entweder in teilweiser Leugnung oder werden ständig enttäuscht. Das göttliche Kind akzeptiert die Vielfalt des Lebens und ist deshalb friedvoll und ausgeglichen. Wir haben immer im Leben ein Kind in uns. Aber wenn der Unschuldige und der Verwaiste integriert sind, fühlt dieses Kind sich wie ein göttliches Kind und hat keine Angst davor, die Schwierigkeiten des Lebens zu sehen und enttäuscht zu werden. Wir fühlen uns sicher, auch wenn wir schwierigen äußeren Realitäten entgegentreten müssen. Dann wird unser inneres Kind zu einer Quelle für Frieden und Gleichmut.

Adoleszenz und Anfang zwanzig

Von der Adoleszenz bis Anfang zwanzig treten der Suchende und der Liebende in den Vordergrund; sie helfen uns, unsere Identität zu finden, aber auf verschiedene Weise. Suchenden geht es um Autonomie und Unabhängigkeit; sie haben Angst vor Gemeinschaft und Nähe, weil sie meinen, ihre Identität in der Beziehung aufgeben zu müssen. Liebende dagegen finden ihre Identität, indem sie entdecken, was sie lieben. Die Auflösung dieser Dualität verleiht uns die Fähigkeit, uns in Liebe zu binden und trotzdem unsere Grenzen zu bewahren.

Schreiben Sie Ihr Testergebnis (siehe Übersicht Anleitung zur Auswertung im Anhang) in das vorgesehene Kästchen. Kreisen Sie dann den Archetyp ein, der in der hier beschriebenen Phase Ihres Lebens am aktivsten ist, war oder sein könnte.

Suchender ☐ Liebender ☐

Wenn der Suchende dominiert, finden wir unsere Identität, indem wir uns von anderen unterscheiden. Wenn der Liebende dominiert, finden wir sie durch das, was wir lieben. Im Allgemeinen sind in der Adoleszenz und im frühen Erwachsenenalter beide Archetypen aktiv. Der Suchende hilft uns, uns von unseren Eltern zu entfernen und selbstständig die Welt zu erforschen. Wir wollen nicht, dass irgendjemand uns sagt, was wir tun und denken sollen. Wir erkunden Alternativen und möchten nicht festgelegt werden. Wir erforschen auch vorläufige Identitäten, frisieren und kleiden uns exotisch. Es macht uns Spaß, die ältere Generation zu schockieren, und wir glauben, unsere Individualität auszudrücken, auch wenn wir im Wesentlichen dasselbe machen wie unsere Freunde.

In dieser Zeit sind wir sehr an Romantik, Liebe und Sex interessiert. Im frühen Erwachsenenalter werden wir zudem gedrängt, Bindungen einzugehen – uns einem Studienfach, einem Beruf, einer Karriere, einem Ehepartner zu verpflichten. Die Aktivierung des Liebenden steht jedoch oft dem Wunsch entgegen, weiterzusuchen. Oft heiraten wir oder gehen sonst eine verbindliche Beziehung ein, geraten aber dann in eine ambivalente Situation, weil wir meinen, der andere würde uns festhalten. Wir binden uns an einen Arbeitsplatz oder eine Karriere, fühlen aber eine ähnliche Ambivalenz, weil wir immer noch herauszufinden versuchen, wer wir sind. Wir fühlen uns eingeschränkt.

Wenn der Suchende dominiert, widerstehen wir der Bindung an einen Partner oder eine Arbeit und erforschen weiter Alternativen. Wir arbeiten in vielen Jobs, um sie auszuprobieren. Wir liieren uns mit vielen Partnern oder mit keinem. Wir fühlen uns dann vielleicht frei, aber auch einsam und wurzellos.

Vielleicht entscheiden wir uns eine Zeit lang für den einen Archetyp und wechseln dann zum anderen. Wir heiraten oder schlagen eine Karriere ein, und dann taucht der Suchende auf, und wir gehen. Oder wir waren unser ganzes Leben lang am Wandern und haben plötzlich den Wunsch, uns zu binden und niederzulassen. Am schlimmsten dran sind Menschen, die sich auf keine Alternative eingelassen haben. Sie haben geheiratet und eine Arbeit angenommen, aber nur, weil es erwartet wurde, nicht aus Liebe. Sie lassen alles Mögliche hinter sich, haben aber nie wirklich ihre Identität gesucht. Der Suchende und der Liebende können auch später im Leben plötzlich auftauchen, wenn man eine unauthentische Existenz aufgibt, um herauszufinden, was und wen man wirklich lieben könnte. Wie ein Heranwachsender experimentiert man dann mit dem Leben und handelt, ohne die Meinung anderer zu beachten: Man kauft einen Sportwagen, geht mit einem sehr viel jüngeren Partner eine Beziehung ein, folgt einem Guru und übernimmt exotische spirituelle Praktiken.

> Wenn der Suchende dominiert, finden wir unsere Identität, indem wir uns von anderen unterscheiden. Wenn der Liebende dominiert, finden wir sie durch das, was wir lieben.

Auflösung des Dualismus
Der Dualismus Suchender/Liebender ist dem heroischen Aufruf inhärent, seiner Seligkeit zu folgen. Das heißt, man sucht, aber im Dienst der Liebe. Auch die Schätze, die Helden finden, geben einen Hinweis auf die Auflösung des Gegensatzes. Solche Schätze – der Gral bzw. in den Mythen vom unfruchtbaren Königreich ein heiliger Fisch – symbolisieren das Erreichen von wahrer Identität und die Verbundenheit mit transzendenter Liebe. Helden machen sich oft auf die Suche, um ihre wahre Familie zu finden, das heißt den Ort, an dem sie sich zu Hause fühlen. Anfangs meinen sie, in der falschen Familie, am falschen Ort zu sein: Sie können sich dann anpassen und Liebe haben *oder* sich selbst treu sein. Der erfolgreiche Abschluss der Reise erlaubt ihnen, eine Familieneinheit zu finden oder aufzubauen, in der sie sie selbst sein *und* Liebe haben können. Die mit diesem Paar zusammenhängende Tugend ist also »Identität« – ein Gefühl für Autonomie, das sich an der realen Bindung an Menschen, eine Arbeit, einen Ort und eine Weltanschauung zeigt.

Die Auflösung der Dualität wird symbolisch auch durch das Bild des Gelobten Landes dargestellt, das für die erweiterte »wahre Familie« steht. Denken wir beispielsweise an die Geschichte vom Auszug aus Ägypten: Moses und die Hebräer mussten Ägypten aus zwei Gründen verlassen. Erstens waren sie in diesem Land Sklaven, und sie wollten frei sein. Dies ist die Motivation des Suchenden: Er will frei sein von begrenzenden Strukturen. Zweitens mussten die Hebräer sich selbst treu sein und dem Gott dienen, den sie liebten. Dies ist die Motivation des Liebenden.

In unserem Alltag ist das Gelobte Land der Ort, an dem wir frei sein – das heißt unser wahres Selbst ausdrücken – können *und* lieben und geliebt werden. Solange zwischen dem Suchenden und dem Liebenden ein innerer Konflikt besteht, können wir das Gelobte Land nicht erreichen. Die Freiheit wird sich immer hohl und die Liebe immer begrenzend anfühlen. Deshalb mussten die Israeliten vierzig Jahre in der Wüste verbringen. Erstens brauchten sie die Zeit, um die Gewohnheiten der Sklaverei abzulegen und wirklich frei zu sein. Zweitens mussten sie aufhören, andere Götter zu verehren. Sie mussten lernen, ihrer Verpflichtung zum gewählten Weg treu zu bleiben. Als sie frei sein und sich binden konnten, gelangten sie ins Gelobte Land.

Auch wir finden das Gelobte Land nur, wenn wir uns selbst treu und geliebten Dingen und Menschen verbunden sein können. Das »Gelobte Land« kann ein Ort sein, an dem man sich mit geliebten Menschen niederlässt, oder ein innerer Zustand, der einen überallhin begleitet.

> Wir finden das Gelobte Land, das für die erweiterte »wahre Familie« steht, wenn wir uns selbst treu und geliebten Dingen und Menschen verbunden sein können.

Frühes Erwachsenendasein

In den Jahren von Mitte zwanzig bis zur Lebensmitte lernen wir, stark genug zu sein, um die Herausforderungen und Verantwortlichkeiten des Lebens anzunehmen und in der Welt etwas zu bewirken. Dazu bieten der Krieger und der Geber uns die Möglichkeit. Beide sind verantwortungsbewusst, arbeiten hart und kümmern sich darum, das Königreich – das innere und äußere Kind – zu schützen. Der Krieger tut dies durch Selbstbehauptung und Kampf, der Geber durch Fürsorge und Aufopferung.

Zusammen lehren sie uns die Tugend der Verantwortlichkeit. Trotzdem wird das ganze Leben hindurch einer der beiden zwangsläufig dominieren. Wenn es der Krieger ist, handeln Sie in der Welt durch Wettbewerb, Durchsetzung und Leistung. Wenn es der Geber ist, werden Sie lieber geben, fürsorglich sein und andere fördern wollen.

Wenn Ihr Krieger zu stark führt, »gewinnen« Sie auf Kosten anderer. Wenn Ihr Geber zu stark führt, helfen Sie anderen auf Ihre eigenen Kosten. Die Tugend der Verantwortlichkeit – für andere und sich selbst – erfordert daher ein subtiles Gleichgewicht.

Der während dieses Lebensabschnitts dominierende Archetyp wird in relativ traditionellen Gesellschaften stark von den Geschlechterrollen beeinflusst. Oft spielt die Mutter die fürsorgliche Rolle des Gebers, und der Vater nimmt die beschützende Rolle des Kriegers ein.

Heute wird von den meisten von uns verlangt, beide Rollen zu spielen. Von Männern und Frauen wird zunehmend erwartet, im Berufsleben Krieger und zu Hause und im Freundeskreis Geber zu sein.

> Wenn Ihr Krieger zu stark führt, dann »gewinnen« Sie auf Kosten anderer. Wenn Ihr Geber zu stark führt, dann helfen Sie anderen auf Ihre eigenen Kosten.

Schreiben Sie Ihr Testergebnis (siehe Übersicht Anleitung zur Auswertung im Anhang) in das vorgesehene Kästchen. Kreisen Sie dann den Archetyp ein, der in der hier beschriebenen Phase Ihres Lebens am aktivsten ist, war oder sein könnte.

Krieger ☐ Geber ☐

Wir entwickeln diese Archetypen, wenn wir für andere verantwortlich sein müssen. Die besten Eltern, Lehrer, Therapeuten und Manager integrieren daher Elemente beider; sie können die individuelle Entwicklung fördern und Grenzen setzen. Wenn ein Archetyp zu stark dominiert, kommen nicht nur die uns anvertrauten Menschen zu kurz; wir fühlen uns auch einseitig. Wenn wir uns zu sehr auf den Geber konzentrieren, empfinden wir viel Liebe und Mitgefühl, können uns oder geliebte Menschen aber nicht angemessen schützen. Wir werden überrannt. Wenn wir uns zu sehr auf den Krieger konzentrieren, schützen wir unsere Grenzen und leisten sehr viel, aber das geht zulasten der menschlichen Seite unseres Lebens. Oft sind wir so hart, dass wir andere verletzen. Weil wir außerdem nicht wissen, wie wir uns selbst umsorgen sollen, malträtieren wir uns, um unsere Ziele zu erreichen; wir arbeiten so hart und unermüdlich, dass wir Herzprobleme bekommen oder die Beziehungen verlieren, die uns am liebsten sind, denn wir sind immer am Konkurrieren, Kämpfen und Leisten und scheinen Fürsorglichkeit und Nähe keinen Platz geben zu können.

Auflösung des Dualismus

Bei der Heldenreise löst sich das Dilemma, wenn der Held den Drachen nicht tötet, um einen persönlichen Gewinn zu erzielen, sondern um die Dame in Not oder ein anderes Opfer zu retten. Tatsächlich wird in unserer Gesellschaft unter Heldentum im Allgemeinen verstanden, dass man bereit ist, unter Opfern für sich selbst für andere zu kämpfen.

Die Auflösung des Gegensatzes wird im archetypischen Bild von Gottvater verdichtet, das seine gütige, fürsorgliche Seite *und* seine Macht unterstreicht, und im Bild der Muttergottheit, die alles Leben hervorbringt und nährt, es aber auch beendet. Solche Göttinnen sind Geber, aber auch enorm mächtig. Sie sind der Ursprung allen Lebens, aber auch allen Todes und aller Zerstörung. Im Alltag sorgt die harmonische Verbindung dieser beiden archetypischen Energien dafür, dass wir ideale Eltern sind – für unsere Kinder, unser inneres Kind und jeden, der unserer Obhut anvertraut ist. In der Kindheit vertrauen wir darauf, dass unsere Eltern für uns sorgen. Dann verinnerlichen wir die Elternrolle und schützen und umsorgen uns selbst so, wie sie es getan haben. Schließlich bekommen wir Zugang zu archetypischen Energien, die über die Elternrolle hinausgehen und mit deren Hilfe wir uns und andere auf andere Weise schützen und umsorgen können.

Lebensmitte

In der Lebensmitte werden der Zerstörer und der Schöpfer aktiviert. Zusammen helfen sie uns, die Identität loszulassen, die wir ein halbes Leben lang geschaffen haben (unsere Ich-Identität), und uns für ein tiefergehendes, authentischeres Selbstgefühl zu öffnen. Dabei müssen wir viel von unserer Identität loslassen und unser Leben neu erschaffen. Diese Verwandlung bzw. Wiedergeburt führt zur Tugend der Authentizität; sie erfordert, dass wir ein ursprünglicheres wahres Selbst finden und ausdrücken als die provisorische Identität, die wir durch den Suchenden und den Liebenden gewonnen haben. Mit ihrer Hilfe haben wir entdeckt, an was wir uns binden wollen; der Schöpfer und der Zerstörer zeigen, wie diese Verpflichtungen sich im Alltag äußern, das heißt auf unsere einzigartige, nicht von der Gesellschaft bestimmte Weise.

Schreiben Sie Ihr Testergebnis (siehe Übersicht Anleitung zur Auswertung im Anhang) in das vorgesehene Kästchen. Kreisen Sie dann den Archetyp ein, der in der hier beschriebenen Phase Ihres Lebens am aktivsten ist, war oder sein könnte.

Zerstörer ☐ Schöpfer ☐

Zum Beispiel können Sie früher im Leben Ihre Identität und Berufung als Lehrer entdeckt, einen geliebten Partner gefunden, geheiratet und sich niedergelassen haben. In der Lebensmitte finden Sie vielleicht einen anderen, weniger traditionellen Ausdruck Ihrer Berufung als Lehrer, etwa als Berater oder Trainer. Oder Sie finden eine andere Art des Zusammenlebens mit Ihrem Partner oder Ihrer Familie, die weniger von gesellschaftlich geprägten Vorstellungen und mehr von Ihren tatsächlichen Bedürfnissen (und natürlich denen der Menschen, mit denen Sie zu tun haben) bestimmt wird.

Vielleicht stellen Sie plötzlich fest, dass kein Faktor Ihres Lebens mehr stimmt. Vielleicht müssen Sie eine neue Berufung finden, Ihren Partner verlassen oder eine radikal veränderte Beziehung mit ihm aushandeln. Vielleicht müssen Sie Ihre Gewohnheiten und Ihren Lebensstil völlig ändern.

Der Zerstörer und der Schöpfer helfen uns, die Identität loszulassen, die wir ein halbes Leben lang geschaffen haben (unsere Ich-Identität), und uns für ein tiefergehendes, authentischeres Selbstgefühl zu öffnen.

Wenn Ihr Zerstörer dominiert, fällt es Ihnen relativ leicht, etwas aufzugeben, was Ihrem Wachstum nicht mehr nützt, aber Sie haben Probleme, eine neue Identität zu finden und zu erschaffen. Das Konfrontieren der Leere in Ihrem Leben kann Sie entmutigen. Wenn Ihr Schöpfer dominiert, sind Sie sehr gut darin, sich neue Identitäten auszudenken, wissen aber nicht, was Sie loslassen sollen, und sind von den vielen Möglichkeiten überwältigt.

Wenn etwa der Zerstörer dominiert und Sie in die Midlife-Crisis kommen, geben Sie Ihren Job, Ihre Ehe und Ihre Weltanschauung auf, Sie lassen Ihren Besitz zurück und finden sich mit fast nichts wieder. (Und das kann angebracht sein, wenn Ihr bisheriges Leben unauthentisch war und nicht zu Ihnen passte.) Wenn der Schöpfer dominiert, werden Sie nichts loslassen. Sie fügen einfach Dinge hinzu und hoffen, sich dadurch besser zu fühlen. (Auch dies kann eine Zeit lang positiv sein, wenn das, was Sie verlassen müssen, Sie immer noch stark anzieht. Sie behalten es, während Sie neue Alternativen erkunden, aber das Leben ist dann sehr kompliziert.)

Auflösung des Dualismus

Das Ergebnis einer befriedigenden Partnerschaft zwischen Zerstörer und Schöpfer ist die Fähigkeit zu »eleganter Einfachheit«, die Erschaffung eines Lebens, das alles hat, was Sie brauchen, aber nicht mehr. Sie lassen los, was nicht mehr für Sie passt, und fügen Dinge hinzu – nicht wahllos, sondern nur solche Dinge, die wirklich dem entsprechen, was Sie jetzt sind. Und Sie müssen Ihre Beziehung zu Menschen, Institutionen und Ihrer Arbeit neu definieren, damit sie für Sie erfüllender werden.

Die Integration der beiden Teile wird in den Mythen von Fruchtbarkeitsgöttern – Christus, Osiris, Inanna, Dionysos, Kore – exemplarisch dargestellt; sie starben und wurden wiedergeboren. Zu viel Zerstörer bringt uns Tod und Verlust, aber keine Auferstehung. Zu viel Schöpfer gibt uns mehr Alternativen, aber wir lassen das Unwesentliche nicht los. Es entsteht ständig etwas, ohne dass etwas stirbt.

Wir leben in einer Gesellschaft, die das Leben verehrt, aber nicht den Tod. Er wird geleugnet. Aber wenn nichts stürbe, würde das neue Leben ersticken. Es ist wie bei Familien, die viele Kinder bekommen, aber nicht die Mittel haben, für sie zu sorgen, sodass jedes schlecht ernährt und schlecht vorbereitet in die Welt hinausgeht; oder wie bei Menschen, die einen Arbeitsplatz, einen Freund, eine Weltanschauung nicht loslassen können und daher nie weiterkommen. In all diesen Fällen führt die Leugnung des Todes zu einer Art lebendigem Tod.

> Die Integration des Zerstörers und des Schöpfers wird in den Mythen von Fruchtbarkeitsgöttern exemplarisch dargestellt; sie starben und wurden wiedergeboren.

Die Weisheit der Fruchtbarkeitsreligionen besteht darin, dass sie die Bedeutung von Geburt *und* Tod verstehen und beide achten. Wenn wir ihrem Beispiel folgen, können wir diese Energien ins Gleichgewicht bringen und erneuert werden; wir lassen das los, was uns nicht mehr nutzt, damit Neues wachsen kann.

Auf der Heldenreise zeigen Zerstörer und Schöpfer sich auf der Reise in die Unterwelt, bei der der Held dem Tod begegnet und ins Land des Lebens zurückkehrt. Die Tugend der Authentizität verlangt, dass wir uns mit unserer Sterblichkeit beschäftigen, denn solange wir nicht erkennen, dass wir sterben werden, werden wir nicht den Drang verspüren, ganz der zu sein, der wir sind. Die meisten Menschen entscheiden sich, sie selbst zu sein und sich ihre wahren Bedürfnisse zu erfüllen – und nicht die von Gesellschaft, religiösen Institutionen, Familie oder

Freunden diktierten –, wenn ihnen die Erkenntnis dämmert, dass das halbe Leben vorbei ist. Es bleibt nicht mehr viel Zeit.

Reife

Die Archetypen nach der Lebensmitte helfen uns dabei, unsere Macht geltend zu machen und sie in der Welt zu äußern. Der Herrscher tut dies, indem er die Leitung übernimmt, die Ausrichtung festlegt und die Ordnung so aufrechterhält, dass alle Ressourcen des Königreichs – innere Ressourcen, Menschen, Geld, Dinge – bestmöglich eingesetzt werden. Der Magier verbindet die Vision und die Kreativität mit dem Willen, die bestehende Realität zu verändern oder etwas zu erschaffen, was nie zuvor existierte; auch er hat das Wohl des Ganzen im Sinn.

Die Tugend, die Magier und Herrscher uns lehren, ist Verwandlung – die Fähigkeit, zur Heilung bzw. Entwicklung der Welt beizutragen. Wenn Ihr Herrscher dominiert, stellen Sie Ordnung her, aber auf Kosten der Innovation. Wenn der Magier dominiert, suchen Sie das Neue auf Kosten von Harmonie und Gleichgewicht. Zu viel Herrscher führt zu Stagnation. Zu viel Magier führt zu Chaos. Aber zusammen tragen sie dazu bei, das Königreich zu erneuern.

In der Zeit der Reife machen wir unsere Macht geltend. Aber viele Menschen tun dies nicht. Anstatt Magier oder Herrscher zu werden, machen sie vollkommen dicht und geben das Leben als hoffnungslos auf. Sie warten auf die Pensionierung und dann den Tod oder leben ihr bisheriges Leben monoton weiter, was sicherlich auch nichts anderes als eine Art des Sterbens ist.

Die Tugend, die Magier und Herrscher uns lehren, ist Verwandlung – die Fähigkeit, zur Heilung bzw. Entwicklung der Welt beizutragen.

Aber wer die Verwandlung der Lebensmitte gut nutzt, aktiviert seine Macht, um ein neues Leben zu erschaffen; dabei betont er entweder die Kontrolle über das Leben (Herrscher) oder die Verwandlung (Magier). Herrscher und Magier verstehen die Synchronizität[128] und wissen, dass die äußere Welt die innere spiegelt: Wir ziehen das an, was wir sind.

Wenn Ihr Herrscher dominiert, betrachten Sie dies hauptsächlich unter dem Aspekt der Verantwortung; Sie übernehmen die Verantwortung für den Zustand Ihres Königreichs. Wenn Ihr Königreich öde und unfruchtbar ist, beginnen Sie zu handeln. Herrscher wissen, dass sie den Schwarzen Peter haben. Wenn der Magier dominiert, ist die Spiegelung von innen und außen ein Mittel zur Verwandlung. Der Magier ist weniger an offenkundiger Macht und Verantwortung als an Heilung und Verwandlung interessiert.

Schreiben Sie Ihr Testergebnis (siehe Übersicht Anleitung zur Auswertung im Anhang) in das vorgesehene Kästchen. Kreisen Sie dann den Archetyp ein, der in der hier beschriebenen Phase Ihres Lebens am aktivsten ist, war oder sein könnte.

Magier ☐ Herrscher ☐

Wenn der Herrscher zu stark dominiert, ist Ihnen sehr bewusst, dass Sie für Ihr Leben verantwortlich sind, aber Sie haben nicht die Fähigkeit, sich zu heilen oder die Welt zu verändern. Sie fühlen sich verantwortlich, können aber nichts tun. Wenn der Magier zu stark dominiert, können Sie sich und andere heilen und verändern, fühlen sich aber nicht für Ihr Tun verantwortlich und können daher (wie der Zauberlehrling) Chaos um sich herum erzeugen.

Auflösung des Dualismus

Herrscher und Magier schaffen gesunde, friedliche und gedeihende Königreiche, und zusammen können sie zur Heilung der Erde beitragen. Der Archetyp, der die Integration dieser Eigenschaften am besten verkörpert, ist der Erlöser. Denken Sie etwa an Christus, dessen Wunder seiner Macht entsprachen und der historisch als Herr und als Erlöser gesehen wurde. Denken Sie auch an die buddhistische Überlieferung, der zufolge ein Bodhisattva, ein vollkommen verwirklichtes Wesen, nicht mehr auf die Erde zurückzukommen braucht, es aber freiwillig tut, um anderen auf dem Weg zu helfen. Denken Sie auch an die Bedeutung, die das Judentum den »täglichen Handlungen« beimisst – der Verantwortung jedes Einzelnen, so zu handeln, dass die Welt erlöst wird.

Helden werden bei ihrer Rückkehr zu »Erlösern der Welt«. Nachdem sie ihre Reise unternommen haben, kehren sie ins Königreich zurück, um es zu verwandeln. Jeder von uns wird zum Erlöser der Welt, wenn er seine Macht aktiviert, um die bestehende Welt zu beeinflussen, und aus seinem innersten Wesen heraus handelt; er weiß, dass er damit einen Schneeballeffekt auslöst, der die Welt jenseits von uns beeinflusst.

> Zu viel Herrscher führt zu Stagnation. Zu viel Magier führt zu Chaos. Aber zusammen tragen sie dazu bei, das Königreich zu erneuern.

Im Alter tragen der Weise und der Narr dazu bei, dass wir die Welt nicht mehr kontrollieren oder verändern wollen und so wirklich frei werden können. Viele der oberflächlich widersprüchlichen Klischees über das Alter haben in diesen Archetypen ihren Ursprung. Einerseits werden betagte Menschen als der weise alte Mann oder die weise alte Frau dargestellt. Andererseits werden sie oft übergangen und nicht ernst genommen, weil sie als senil betrachtet werden. Dabei brauchen wir im Alter den Weisen und den Narren – genauso wie eigentlich jedes Mal, wenn wir unsere Arbeit nicht mehr unter dem Aspekt der Leistung sehen. Wir haben der Welt unser Geschenk gegeben, wir haben gedient, wir haben in unserer Familie und / oder an unserem Arbeitsplatz unseren Mann bzw. unsere Frau gestanden. Plötzlich ist es an der Zeit, dass wir lernen, frei zu werden, und das in einem Kontext, in dem wir den Tod – den physischen und den Verlust von Träumen, Illusionen und Gelegenheiten – zunehmend akzeptieren müssen.

Schreiben Sie Ihr Testergebnis (siehe Übersicht Anleitung zur Auswertung im Anhang) in das vorgesehene Kästchen. Kreisen Sie dann den Archetyp ein, der in der hier beschriebenen Phase Ihres Lebens am aktivsten ist, war oder sein könnte.

Weiser ☐ Narr ☐

Wenn der Weise dominiert, möchten Sie vor allem einen Kontext haben, der Ihrem Leben einen Sinn gibt, lösen sich aber von alltäglichen Angelegenheiten. Wenn der Narr dominiert, bleiben Sie im Augenblick und genießen ihn um seiner selbst willen, aber Sie nehmen nichts ernst und vernachlässigen die Aufgabe, »den großen Fragen« ins Auge zu sehen, besonders der, rückblickend den Sinn Ihres Lebens zu finden. Zusammen lassen die beiden Archetypen uns das Leben im Zusammenhang sehen und bejahen, sodass wir dem Übergang in den Tod mit Optimismus und Vertrauen entgegenblicken können.

Im hohen Alter erinnern wir uns weniger an das, was gestern geschah, als an das, was schon lange vorbei ist. Wir haben die Aufgabe, unser Leben zu durchdenken und seinen Sinn herauszufiltern. Wir verlieren allmählich unsere Kraft und vielleicht auch unsere Gesundheit. Unsere Freunde beginnen zu sterben. So werden wir gedrängt, Bindungen loszulassen – an Freunde, Orte, unsere Gesundheit und schließlich das Leben an sich. Diese Aufgabe erfordert, dass wir uns für die Weisheit des Weisen öffnen.

Aber im hohen Alter sind wir auch aufgefordert, einen Sinn nicht mehr darin zu finden, dass wir für andere sorgen, etwas leisten und die Welt verändern. Wir müssen lernen, das Leben um seiner selbst willen zu lieben, Tag für Tag. In dieser Zeit haben wir auch die Erlaubnis, exzentrisch, irrational und sogar ein bisschen kindisch zu sein. Vielleicht kommen wir uns tatsächlich töricht vor, wenn unser Gedächtnis versagt, unser Geist nicht mehr so klar ist und wir unserem Körper ausgeliefert sind, der uns durch seine Gebrechlichkeit und seine Schwäche in Verlegenheit bringt. Dies ist die Aufgabe des Narren – das Leben um seiner selbst willen und uns genau so zu lieben, wie wir sind.

> Der Weise findet Freiheit, indem er der Wahrheit dient; der Narr, indem er die Freude lebt. Zusammen bringen sie uns Freiheit.

Auflösung des Dualismus

Wenn der Narr zu stark dominiert, handeln wir töricht und versäumen es, die großen Fragen zu stellen, inneren Frieden zu suchen und uns aufs Sterben vorzubereiten. Wenn der Weise dominiert, sind wir zu gemessen und ernst. Wenn wir den Dualismus Weiser / Narr in eine Partnerschaft verwandeln, werden wir zu weisen Narren. Denken Sie an Krishna oder an Buddha, der solche Weisheit und Freude erreichte, dass er oft tagelang in glückseliger Ekstase versunken war. Die Erleuchtung geht über die Heldenreise hinaus. Der Heldenmythos endet mit der Rückkehr des Helden und der Verwandlung des Königreichs. Die Erleuchtung führt über das Heldentum hinaus in Transzendenz und wahre Freiheit.

In einem spiralförmigen System führt das Ende der Reise uns zur Unschuld zurück, aber auf einer höheren Ebene. Der kosmische Kreislauf geht weiter.

> Wenn wir den Dualismus Weiser / Narr in eine Partnerschaft verwandeln, werden wir zu weisen Narren.

Eine Entwicklungsspirale

Die Erkenntnis der Verwandtschaft zwischen den Archetypen des Alters und denen der Kindheit unterstreicht die Vorstellung einer spiralförmigen Entwicklung, erklärt aber auch ein anderes wichtiges Faktum. Die Beschreibung dieser vorhersagbaren Entwicklung bedeutet nicht, dass die Archetypen nicht jederzeit im Leben auftauchen können. Zum Beispiel ist jedes Mal wenn wir uns verlieben, der Archetyp des Liebenden präsent. Die spontane Verspieltheit des Unschuldigen und manchmal auch die

Ungezogenheit von Kindern verweisen auf den Narren, aber im Allgemeinen ist der Narr erst später im Leben nicht nur ein Clown, sondern ein weiser Narr – wie die Narren am klassischen Hof, die den König beraten und unterhalten sollten.

Obwohl die hier angesprochenen Themen vor allem in bestimmten Lebensphasen virulent werden, tauchen sie immer wieder auf, bis wir sie erfolgreich gelöst haben. In diesem Fall haben wir eine Reihe von Fähigkeiten, die unser Leben unterstützen. Obwohl zum Beispiel der Unschuldige und der Verwaiste mit der Kindheit assoziiert werden, bleiben sie in unserem Leben aktiv, bis wir Vertrauen und Vorsicht ins Gleichgewicht bringen können. Menschen, die ihre Unschuld dermaßen verloren haben, dass sie diese Dualität nicht lösen können, verhalten sich daher auch in den mittleren Jahren immer noch wie Verwaiste oder Opfer. Wenn sie zudem nicht gelernt haben, diszipliniert und verantwortlich zu sein (Geber / Krieger) bzw. sich selbst oder anderen gegenüber eine Verpflichtung einzugehen (Suchender / Liebender), werden sie es im Leben sehr schwer haben. Wenn sie die Lernaufgaben der ersten Lebenshälfte nicht erfolgreich gelöst haben, kommen sie oft mit der Midlife-Crisis überhaupt nicht zurecht. Die Erfahrung des Verlusts in den mittleren Jahren verstärkt zunächst das Gefühl des Verwaistseins, anstatt uns zu der Einweihung zu drängen, die uns verwandeln würde. Im Idealfall motiviert diese Erfahrung den Betreffenden, seine Probleme nicht mehr selbst lösen zu wollen, und ernsthaft Hilfe zu suchen. So kann der Unschuldige integriert werden (Vertrauen).

Wenn das zentrale Problem gelöst ist, lernen die Betreffenden die Lektionen der mit früheren Stadien verbundenen Archetypen sehr schnell, weil sie ja schon einen Teil der Arbeit geleistet haben.

Man kann also die verschiedenen Lebensaufgaben durchlaufen, ohne die vorhergehenden ganz gelöst zu haben. De facto ist dies bei fast allen von uns der Fall, denn nur ein sehr gesunder, entwickelter Mensch bringt jedes Thema in der hier angegebenen chronologischen Reihenfolge zu einem erfolgreichen Abschluss. Wenn jedoch die Anzahl der ungelösten Probleme recht groß ist, wird es schwer, ohne die Bearbeitung früherer Probleme weiterzukommen.

Obwohl es in Bezug auf die Themen und Archetypen eine Entwicklung gibt, ist keins und keiner wichtiger als die anderen. Wir können zuerst scheinbar anspruchsvollere Archetypen wie den Magier oder den Weisen entwickeln, aber immer noch von früheren behindert werden, die noch keine Möglichkeit gefunden haben, sich in unserem Leben zu zeigen. Am wichtigsten ist, dass wir den Archetyp respektieren, der in unserem Leben jetzt gerade am aktivsten ist. Wenn wir uns wie Verwaiste fühlen, müssen wir innehalten und den Schmerz ganz spüren, verlassen und machtlos zu sein, und zulassen, dass andere uns helfen. Dann nehmen wir das Geschenk dieses Archetyps an und können weitergehen.

Auch wenn es zu einem bestimmten Zeitpunkt wichtig sein kann, sich zu spezialisieren und sich fast ausschließlich auf einen Teil eines Archetypenpaares zu konzentrieren, ist unser Leben unausgewogen, wenn der andere überhaupt nicht entwickelt wird. Wenn jemand zum Beispiel den Geber extrem entwickelt hat, muss er mit dem Geben fast ganz aufhören, damit der Krieger lernt, Grenzen zu setzen. Dann ist es gesund, das eine unter Ausschluss des anderen zu tun. Aber wenn Sie Ihr Leben lang nur den Krieger und nie den Geber entwickelt haben (oder umgekehrt), grenzt dies ans Pathologische und ist zumindest in der modernen Welt eindeutig dysfunktional. Genauso ist es mit den anderen Paaren.

Aber nehmen Sie das System nicht her, um sich zu verurteilen. Das Leben jedes Menschen ist einzigartig. Versuchen Sie nicht, sich dem System anzupassen, wenn das, was in einer bestimmten Phase bei Ihnen abläuft, und das, was hier beschrieben wird, sich unterscheiden; respektieren Sie, was in Ihrem Leben geschieht, und nehmen Sie das entsprechende Geschenk an.

Trotzdem sollten Sie erkennen, dass die Heldenreise sich auf jeder Stufe durch den Prozess von These, Antithese und Synthese von der Dualität zur Einheit bewegt. Das Erreichen der höheren Ebenen der Archetypen, die mit dem Selbst verbunden sind – Herrscher, Magier, Weiser, Narr –, hängt von der erfolgreichen Integration eines vorhergehenden Archetypenpaares ab.

Die erfolgreiche Synthese von Geber und Krieger ist eine Vorbedingung für jeden großen Herrscher, der die Grenzen des Reichs schützen und jeden innerhalb dieser Grenzen umsorgen kann. Die erfolgreiche Synthese von Schöpfer und Zerstörer bildet den Unterbau für einen Magier, der andere verwandelt und führen kann.

Und die erfolgreiche Synthese von Unschuldigem und Verwaistem macht es möglich, dass der Narr zum weisen Narren wird, der in völliger Unschuld und ohne Illusionen das Leben so genießt, wie es ist. Die Synthese von Suchendem und Liebendem schließlich führt uns zur höchsten Ebene des Weisen – er kennt und respektiert sich und kann deshalb auch jeden anderen akzeptieren.

Das Ich entwickelt sich durch die dialektischen Auseinandersetzungen zwischen Unschuldigem und Verwaistem, deren Ergebnis das göttliche Kind ist, und Krieger und Geber, deren Ergebnis der archetypische Vater bzw. die archetypische Mutter ist (Gottvater bzw. Gottmutter). Psychologisch geht es um die verinnerlichte Familie. Wenn wir uns selbst gute Eltern sein können, wird auch das Kind in

Vorbereitung, Reise, Rückkehr

Die folgenden Abbildungen machen die wichtigsten Informationen dieses Kapitels noch einmal deutlich. Sie zeigen die Beziehung der sechs Paare zur Entwicklung von Ich, Seele und Selbst und den drei Phasen der Heldenreise (Vorbereitung, Reise und Rückkehr); der sechsspitzige Stern veranschaulicht am besten, wie die sechs Archetypenpaare über These und Antithese zu einer Synthese führen.

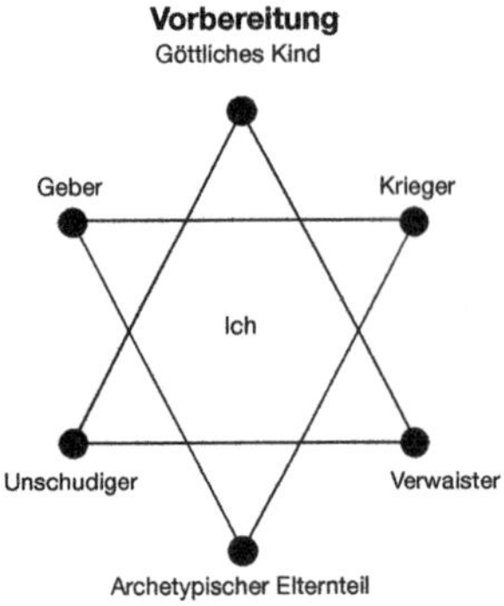

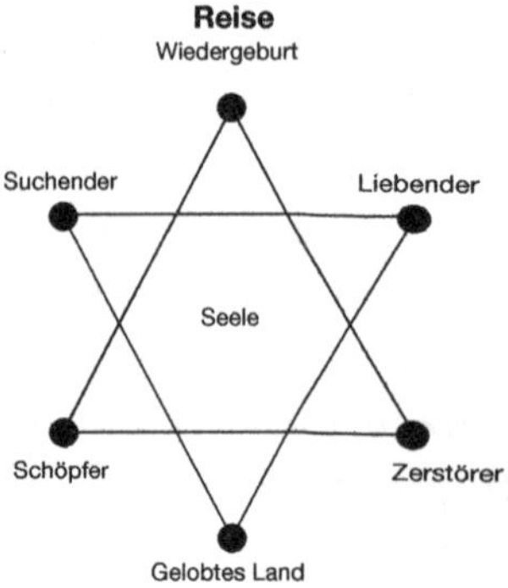

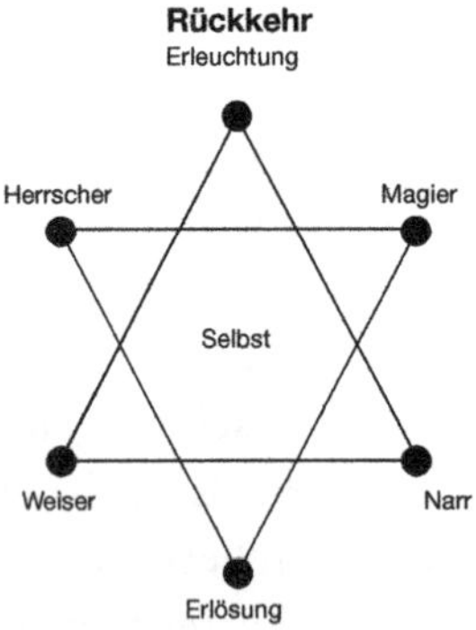

Die Archetypen der Synthese

Welche Archetypen der Synthese äußern sich in Ihrem Leben? Welche Formen nehmen sie an?

Das göttliche Kind (Sie haben weise Unschuld ohne Naivität, Leugnung oder Illusionen)?

Der archetypische Vater, die archetypische Mutter (Sie können das innere und äußere Kind nähren und schützen)?

Das Gelobte Land (Sie können Ihrem Wesen in einer Gemeinschaft treu sein)?

Wiedergeburt (Sie haben eine Verwandlung erlebt, das heißt eine alte Identität aufgegeben und eine neue zugelassen bzw. geschaffen)?

Erlösung (Sie übernehmen die Verantwortung dafür, sich und Ihr Königreich zu verwandeln)?

Erleuchtung (Sie können frei und froh im Augenblick leben, ohne an etwas zu hängen)?

uns geheilt. Auf der Reise führen wir die Gegensätze Suchender / Liebender einer Lösung zu, die durch das Bild vom Gelobten Land veranschaulicht wird; das antithetische Paar Schöpfer / Zerstörer führt zur Synthese der Wiedergeburt. Dabei können wir das Gelobte Land erst betreten und unser wahres Zuhause finden, wenn wir vorher wiedergeboren bzw. verwandelt wurden. Zur Rückkehr gehören die Gegensatzpaare Herrscher / Magier, die Erlösung bringen, und Weiser / Narr, die Erleuchtung bringen. Auch hier ermöglicht erst die Auflösung des zweiten Gegensatzpaares die volle Integration des ersten: Wir werden nur dann zu wirklichen Erlösern, wenn wir das Königreich nicht mehr um jeden Preis verwandeln *wollen*, sondern es frei tun, ohne an einem bestimmten Ergebnis zu hängen. Denn wenn wir selbst frei werden, heilen wir auch den Planeten.

Zur Selbstfindung und Verwandlung unserer Welt gehören all diese Prozesse und viele mehr. Um ganz zu werden, müssen wir uns auch mit unserem Geschlecht, unserem kulturellen Erbe und unserer persönlichen Einzigartigkeit beschäftigen – Themen, die in den folgenden Kapiteln behandelt werden.

19 Geschlechtszugehörigkeit und Lebensweg

Die geschlechtliche Identität bildet sich heraus, wenn wir noch in der Unschuld sind. Bevor wir drei sind, wissen wir alle, was es bedeutet, ein Junge oder ein Mädchen zu sein, und verhalten uns so, wie die traditionellen Botschaften über die Geschlechterrollen es uns vorgeben. Dass im Patriarchat Männer und Frauen ihre geschlechtliche Identität nur innerhalb eines hierarchischen, auf Macht beruhenden Systems finden (in dem Männer besser sind und Frauen aufgeben oder sich mehr anstrengen), verwundet beide Geschlechter zutiefst und ist eine grundlegende Erfahrung des Verwaistseins (obwohl Jungen dies zunächst nicht als Verwundung ansehen, denn ihnen wird – explizit oder subtil – beigebracht, dass sie besser sind). Aber auch nichtkulturelle Geschlechtsunterschiede beeinflussen die Gaben, die »Weiblichkeit« und »Männlichkeit« der Welt geben können.

Charakteristische Verwundungen ergeben sich zum Teil daraus, dass Männer und Frauen die Reise anders erleben. Männer und Jungen, die dem Image des Männlichen nicht entsprechen, gelten als Weichlinge und verlieren in der

Welt an Macht und Status. Für kleine Jungen ist es sehr schwierig, sich von der Beziehung zur Mutter zu lösen und Gefühle des Verletztseins zu unterdrücken, das heißt, nicht zu weinen oder nicht sensibel zu sein, wenn sie sich völlig machtlos und gekränkt fühlen.

Wenn der Vater nicht sehr präsent ist (weil er nicht vorhanden oder stark in der Außenwelt engagiert ist), möchten Jungen einem Rollenvorbild entsprechend leben, das sie gar nicht von Nahem kennen. Sie folgen dann vielleicht eher einem Macho-Image als dem Vorbild eines wirklichen, warmherzigen, liebevollen (und verletzlichen Mannes). Oft tut die ganze Familie so, als würde der Vater dem idealisierten männlichen Bild entsprechen, auch wenn dies nicht zutrifft, was für den Sohn sehr verwirrend ist.

> Dass im Patriarchat Männer und Frauen ihre geschlechtliche Identität nur innerhalb eines hierarchischen, auf Dominanz beruhenden Systems finden, verwundet beide Geschlechter zutiefst.

Die Ausbildung einer weiblichen Identität kann in einer patriarchalischen Gesellschaft eine Frau stark verwunden, wenn sie meint, das Frausein bedeute eine Einschränkung ihrer Möglichkeiten sowie Unterlegenheit. Frauen sehen überall Männer in Macht- und Autoritätspositionen, und wenn Frauen dort sind, werden sie als Pioniere oder besondere Fälle betrachtet. Offenkundig oder subtil erhalten Frauen von der Gesellschaft – und ihrer Familie – die Botschaft, dass es besser ist, ein Mann zu sein. Frauen werden ermutigt, weiblich zu sein, denn es ist unnatürlich (oder eitel), männlich zu handeln (ein Ich zu haben und gut von sich zu denken). Sie dürfen weiche Gefühle ausdrücken, lernen aber – falls sie nicht starke gegenteilige Botschaften erhalten –, Aggression, Wut und den Willen zur Macht zu unterdrücken.

Heute wird Frauen beigebracht, ergänzend zu den weiblichen ein paar stereotype männliche Eigenschaften (zum Beispiel Ehrgeiz) zu entwickeln, weil sonst ihre Möglichkeiten in der Gesellschaft begrenzt sind und sie wenig oder gar keinen Status haben (»Ich bin ›nur‹ Hausfrau«). Dies kann zum sogenannten Superfrausyndrom führen: Die Frau versucht, die perfekte Frau und der perfekte Mann zu sein – und ist am Schluss völlig ausgebrannt.

Die hauptsächlich auf die gesellschaftliche Konditionierung zurückzuführende tiefe Verwundung von Männern und Frauen wird mit den Genitalien assoziiert. Jungen fürchten den Verlust des Penis (der ihnen Macht und Status verleiht) und assoziieren diese Bedrohung mit der anhaltenden Liebe zur Mutter; Frauen sind verwundet, weil eine ähnliche kulturelle Wertschätzung der Vulva, der Vagina, des Schoßes fehlt.

Freud hatte kein Gefühl für die Numinosität und Macht, die die weiblichen Genitalien in einer Kultur haben könnten, die die Göttin verehrt. Er war natürlich ein Produkt seiner Zeit und sah daher die Geschlechtsorgane der Frau nur unter dem Aspekt ihrer Abwesenheit; Frauen waren kastrierte Männer.[129] Er sah Weiblichkeit nicht als positive Quelle von Kraft, Weisheit und Macht, sondern nur in Bezug auf das, was fehlte. Er folgerte, dass Frauen ihre Macht durch die Beziehung mit einem Mann erhalten. Eine solche Einstellung kastriert Frauen auf der psychischen Ebene und entfremdet sie ihrer weiblichen Identität. Die Verunglimpfung von Frauen verhindert zudem, dass einzelne Männer ihre innere Weiblichkeit erleben, und sorgt so für ein Ungleichgewicht in der Gesellschaft, da männliche Werte die weiblichen beherrschen.

Ursache der Verwundung junger Mädchen ist die Verinnerlichung von Empfehlungen, ihr Bedürfnis nach Autonomie und Selbstbehauptung zu unterdrücken, und der Mangel an geeigneten Rollenvorbildern. Zwar ist die Mutter im Allgemeinen präsenter als der Vater; aber wenn sie sich unterlegen oder eingeschränkt fühlt und/oder ihre Rolle von anderen (insbesondere dem Vater) heruntergespielt wird, möchte das junge Mädchen wahrscheinlich nicht wie sie sein. Es kann aber auch nicht wie der Vater sein.

Wenn dem Mädchen in der Schule und in den Medien immer nur die Gedanken und Taten von Männern – großen, bösen und auch durchaus gewöhnlichen – präsentiert werden, während Macht bei Frauen als unnormal, bedrohlich oder destruktiv hingestellt wird (Stichwort Hexe), werden seine Ambitionen entweder verkümmern, oder es wird sich besonders anstrengen und meinen, es müsste perfekt sein, um Erfolg zu haben.

Die Reisen von Männern und Frauen sind nach ihrer Motivation und ihren psychischen und spirituellen Problemen oft unterschiedlich. Das typisch männliche Muster – das hier als das klassische heroische Muster vorgestellt wurde – beginnt mit Arroganz oder Hybris und verlangt die Opferung des Ich, denn der Schatz der wahren Identität kann nur durch Demut gewonnen werden. Das weibliche Muster beginnt gemeinhin mit Demut und Unterwerfung; das Problem ist nicht zu viel Stolz bzw. Ich, sondern zu wenig. Ohne genug Ich und Selbstvertrauen kann eine Frau sich nicht selbst finden und der Welt ihr Geschenk geben.

Ursache der Verwundung junger Mädchen ist zum Teil die Verinnerlichung von Empfehlungen, ihr Bedürfnis nach Autonomie und Selbstbehauptung zu unterdrücken.

Konditionierung der Geschlechterrollen

1. Welche Botschaften haben Sie als Kind über ein Ihrem Geschlecht angemessenes Verhalten gelernt? Welche Botschaften gab Ihr Vater? Ihre Mutter? Andere Verwandte? Schule, Medien, religiöse Institutionen, Gleichaltrige?
2. Welche dieser Botschaften haben Ihnen geholfen bzw. Sie gefördert?
3. Welche haben Sie eingeschränkt?

Frauen neigen dazu, Beziehungen über- und ihren eigenen Wert in ihnen unterzubewerten. Männer neigen dazu, sich und ihre Leistungen über- und ihre Abhängigkeit von anderen unterzubewerten. Frauen unterschätzen sich selbst, Männer unterschätzen Beziehungen. Dieser Unterschied beeinflusst, welche Archetypen in der Adoleszenz und im Erwachsenenleben dominieren.

Aber nicht alle Geschlechtsunterschiede ergeben sich aus dieser Verwundung. Es gibt typisch weibliche und typisch männliche Versionen jeden Archetyps, weshalb das hier behandelte Thema ziemlich komplex ist; nicht nur die Reihenfolge der Archetypen ist verschieden, auch ihre Manifestation. Männlichkeit und Weiblichkeit werden von den Archetypen und einem komplizierten Gewebe von gesellschaftlicher Konditionierung und genetischen Einflüssen bestimmt; sie haben außerdem mit einem grundlegenden Energiemuster und der Art zu tun, wie wir Sinn bilden.

> Das typisch männliche Muster beginnt mit Arroganz und Hybris und verlangt die Opferung des Ich, denn der Schatz der wahren Identität kann nur durch Demut gewonnen werden.

Geschlechtsspezifische Unterschiede im Verlauf der Reise

Viele Männer und Frauen passen sich heute den für ihr Geschlecht bislang typischen Rollenvorstellungen nicht an. Trotzdem beeinflusst das Geschlecht unsere Grundhaltung im Leben sehr stark.

Die geschlechtsbedingten Unterschiede in der Abfolge der Phasen zentrieren sich um vier Archetypen. Frauen werden traditionellerweise auf die Geber-, Männer auf die Krieger-Rolle vorbereitet. Die weibliche Fürsorge und das männliche Kämpfen können befriedigend sein, wenn sie tiefen, instinktiven Wurzeln entstammen, die auf die alte Arbeitsaufteilung in den Gesellschaften der Jäger und Sammler zurückgehen. Der Suchende wird mit männlicher, der Liebende mit weiblicher *Energie* assoziiert. Typisch »männlich« ist es, Identität und Wahrheit durch Trennung zu finden; typisch »weiblich«, sie durch Identifikation und Verbundenheit zu finden. Obwohl beide Geschlechter Zugang zum »Männlichen« und »Weiblichen« in sich haben, herrschen die »männlichen« Energien eher bei Männern und die »weiblichen« eher bei Frauen vor – zumindest von der Kindheit bis zur Lebensmitte, dann wird Androgynität zum vorherrschenden Thema.[130]

Die männlichen Präferenzen zeigen den Einfluss des Kriegers und des Suchenden, die weiblichen den des Gebers und des Liebenden. Wenn – was heutzutage nicht unbedingt der Fall ist – Frauen einem einigermaßen traditionellen weiblichen Weg folgen, dominiert bei ihnen zunächst der Geber und der Liebende; bei Männern dominieren traditionellerweise der Krieger und der Suchende. Frauen haben die verbindenden, fürsorglichen Archetypen vorgezogen, Männer die trennenden, unabhängigen, und diese Präferenzen sind von der Gesellschaft sehr verstärkt (aber nicht absolut bestimmt) worden.

Frauen suchen daher zunächst ihre Identität durch Beziehungen und legen großen Wert auf die Fürsorge für andere. Wie Carol Gilligan in *Die andere Stimme* gezeigt hat, besteht also die Aufgabe für Frauen darin, Grenzen zu setzen und sich um sich genauso zu kümmern wie um andere. Frauen haben nämlich zunächst oft deshalb Probleme, weil sie sich nicht richtig durchsetzen und ihre Bedürfnisse nicht von denen der anderen unterscheiden; am Schluss sind sie Märtyrer, die voller Angst und beziehungsabhängig sind. (Manchmal wird dies inkorrekt als »Beziehungssucht« diagnostiziert, obwohl es in Wirklichkeit eine ziemlich übliche Existenzweise von Frauen in dieser Gesellschaft ist, solange sie keine eigene Identität entwickelt haben.)

> Wenn Frauen den Suchenden und den Krieger als Verbündete der zunächst dominierenden Archetypen des Liebenden und des Gebers entwickeln, haben sie unabhängig von ihren Beziehungen ein Gefühl für ihre Identität und können ihre eigenen Bedürfnisse in das Netzwerk fürsorglicher Beziehungen integrieren.

Wenn Frauen schließlich den Suchenden und den Krieger als Verbündete der zunächst dominierenden Archetypen des Liebenden und des Gebers entwickeln, haben sie unabhängig von ihren Beziehungen ein Gefühl für ihre Identität und können ihre eigenen Bedürfnisse in das Netzwerk fürsorglicher Beziehungen integrieren. Sie legen immer noch Wert auf Verbundenheit und Beziehungen, finden aber positive Möglichkeiten, ihre eigenen Bedürfnisse durchzusetzen, anstatt ihre Autonomie um der Beziehung willen aufzugeben.

Bei Männern dagegen dominieren zunächst der Suchende und der Krieger; sie schätzen daher von früh an Unabhängigkeit, Härte und Leistungsfähigkeit. Probleme haben sie im Bereich der Beziehungen; sie können keine Nähe herstellen, und es mangelt ihnen an Einfühlungsvermögen, sodass sie sich anderen entfremden. Obwohl sie sich ihr Bedürfnis nach anderen nicht eingestehen, wissen sie, dass sie ihre Liebe und Anteilnahme nicht angemessen zeigen; im tiefsten Inneren haben sie Angst, dass sie verlassen werden, weil es ihnen an Tiefe fehlt und sie ihre Liebe nicht zeigen können. Sie kompensieren dies dadurch, dass sie härter arbeiten – sie hoffen, zumindest um ihrer Leistungen willen geliebt zu werden. Aber oft wissen sie gar nicht, was sie fühlen oder im Gefühlsbereich wollen. Im schlimmsten Fall geht es ihnen auch in der Sexualität nur um Eroberung; Beziehungen werden dann als Möglichkeit gesehen, die eigene Macht über andere zu demonstrieren. All dies sorgt dafür, dass Männer sich innerlich immer leerer fühlen (falls sie sich nicht auf die Reise machen).

Solche Geschlechtsunterschiede führen auch in gleichgeschlechtlichen Beziehungen zu Unzufriedenheit. Während Frauen oft das Gefühl haben, in der Welt der Verbundenheit gefangen zu sein, fühlen Männer sich oft völlig von ihr abgeschnitten. Häufig haben beide Schwierigkeiten in ihrer Beziehung, weil sie unterschiedliche Dinge erwarten. Die Beziehungen von Frauen können symbiotisch werden, wobei die Grenzen verloren gehen. Die Beziehungen von Männern können zu einem Wettbewerb um Macht und Dominanz entarten.

In der Reife entwickeln Männer oft den Liebenden und den Geber als Verbündete des Suchenden und des Kriegers, und dann werden Fürsorge und Nähe ihnen wichtig. Sie wollen dann vielleicht Kinder oder andere Schützlinge belehren und ihr Wissen auf eine Weise weitergeben, die andere fördert. Sie wollen auf eine Weise handeln, die für andere und sie selbst gut ist. Aber auch wenn Männer und Frauen sich ähnlicher werden, weil sie zumindest ansatzweise die mit dem anderen Geschlecht assoziierten Eigenschaften und Tugenden entwickeln, bleibt die Zielsetzung im Allgemeinen unterschiedlich. Für Männer etwa sind Leistung und Autonomie immer noch erwünschte Ergebnisse des Entwicklungsprozesses, auch wenn sie Anteilnahme und Mitgefühl für wichtig halten. Frauen sehen eher ein Leben in wechselseitiger Abhängigkeit als erwünschtes Ergebnis, auch wenn sie Autonomie als notwendige Vorbedingung für ein verantwortliches interdependentes Zusammenleben betrachten.

> In der Reife entwickeln Männer oft den Liebenden und den Geber als Verbündete des Suchenden und des Kriegers, und dann werden Fürsorge und Nähe ihnen wichtig.

Carol Gilligan sagt, Männer würden eher in »Leitern« denken, wobei das Ziel darin besteht, an die Spitze der Leiter zu gelangen (denken Sie an den Drang des Suchenden nach oben). Frauen dagegen denken eher in »Netzen« wechselseitiger Abhängigkeit. Ziel ist das Wohl der Gemeinschaft bzw. aller Wesen, die sich in diesem Netz aufhalten (denken Sie an die Ausrichtung des Liebenden auf Verbundenheit). Männer haben Schwierigkeiten mit der Nähe, weil sie fürchten, von diesem Netz »geschluckt« zu werden. Frauen haben Schwierigkeiten mit der Selbstbehauptung, weil sie die Isolation an der Spitze der Leiter fürchten. Frauen verwandeln sich dann, wenn sie sich um ihr Wohl und Weiterkommen kümmern und ihrer Angst vor Einsamkeit ins Auge sehen. Männer verwandeln sich, wenn sie ihre Angst vor dem »Verschlucktwerden« vergessen und echte Nähe riskieren. Frauen müssen sich also für den Suchenden öffnen, Männer für den Liebenden.[131]

Geschlecht und Ich, Seele und Selbst

Männer und Frauen haben auch eine unterschiedliche Beziehung zu den drei Aspekten der Psyche: Ich, Seele und Selbst. Männer haben im Allgemeinen so viel Ich, dass es die Seele vertreibt; sie müssen das für die Manifestation der Seele notwendige Gleichgewicht finden. Frauen haben anfangs mehr mit ihrer Seele zu tun, aber ihr Ich nicht genug entwickelt, um sich produktiv in der Welt auszudrücken.

Frauen fällt das Eindringen in die Mysterien oft leichter, denn sie setzen ihm weniger Widerstand entgegen; der Liebende zieht sie nicht nur wegen der gesellschaftlichen Konditionierung (oder einer angeborenen Vorliebe) an, sondern auch weil der Sexismus bereits einen Großteil der Arbeit des Zerstörers geleistet hat. Frauen müssen oft zu den Ich-Archetypen zurückgehen und ihre Ich-Stärke aufbauen, bevor sie ihr wahres Selbst und ihre Gaben in der Welt manifestieren können. Wenn sie es nicht tun, finden sie vielleicht ihre wahre Seele, können aber die auf der Reise gewonnene Weisheit nicht zurückbringen, auf dass sie der Welt nutzt.

Ob Männer ihre Reise erfolgreich abschließen, hängt von ihrer Bereitschaft ab, ihren Stolz und ihr Geltungsbedürfnis (die natürlich ebenfalls gesellschaftlich konditioniert sind) aufzugeben; möglicherweise bleiben sie sehr lange in der Suchenden-Phase (es geht ihnen ums Weiterkommen), bevor der Zerstörer zum Zuge kommt. Dies ist – wenn nicht vorher eine Katastrophe passiert (der Tod eines Kindes, ein Herzinfarkt, eine sonstige große Niederlage) – erst in der Lebensmitte der Fall. Konditionierung und gesellschaftlicher Druck halten Männer jedoch oft davon ab, die Bedeutung dieser Ereignisse zu hinterfragen; sie sehen sich gedrängt, einfach stoisch durchzuhalten. Die traditionellen Methoden zur Seelenentwicklung unterstreichen die Bändigung bzw. Zerstörung des Ich. Solche Methoden entstammen meines Erachtens dem Bedürfnis, ein zu dominantes Ich zu unterwerfen; bei Männern und Frauen, die keine ausreichende Ich-Stärke haben, können sie sich extrem auswirken.

> In der Lebensmitte zeigen Männer und Frauen in ihrem äußeren Leben oft Muster, die vorher mit dem anderen Geschlecht identifiziert wurden.

Die Reise aber fordert Männer und Frauen zum Gleichgewicht auf. Weder Arroganz noch Unterwürfigkeit sind gefragt. Zudem sollten meine Verallgemeinerungen nicht absolut genommen werden. Manche Frauen neigen zu Hybris, und manche Männer unterschätzen ihre Gaben. Manche Frauen sind von Natur aus Kriegerinnen und Suchende, und manche Männer trotz der gesellschaftlichen Konditionierung Geber und Liebende. Für beide geht es darum, auf der Reise ihre Art des Mann- bzw. Frauseins zu finden und schließlich eine positive Androgynität zu realisieren, die sie nicht zu Neutra macht, sondern die Gaben beider Geschlechter integriert.

In der modernen Welt Lösungen finden

Aufgrund der Veränderung der Geschlechtsrollen in der heutigen Welt ist die Abfolge der Archetypen während der sechs großen Lebensphasen sehr kompliziert und von

Mensch zu Mensch verschieden. Die Männern und Frauen zugedachten Rollen sind weniger starr als früher, und den Menschen sind die Auswirkungen der gesellschaftlichen Konditionierung bewusster. Bei vielen Frauen dominiert der Suchende, denn sie fühlen sich der Gesellschaft und vielen Männern in ihr entfremdet. Die Gesellschaft tendiert dazu, Autonomie und Wettbewerb über- und Fürsorge und Beziehungen unterzubewerten; sie verstärkt, dass Frauen sich als Suchende und Kriegerinnen verhalten, egal, ob diese Archetypen sich organisch aus ihrem Innersten entwickeln oder nicht.

Frauen erhalten gemischte Botschaften; ihnen wird gesagt, sie müssten sich wie Männer verhalten, wenn sie Erfolg haben wollen. Wenn sie es dann tun, gelten sie als unweiblich oder unnatürlich. Das Rezept für beruflichen Erfolg steht also dem für persönlichen Erfolg diametral entgegen. Oft lassen Frauen den Krieger in ihrem Berufs-, den Geber bzw. den Liebenden in ihrem Privat- und den Suchenden in ihrem Innenleben dominieren – wenn sie nämlich versuchen, klarzusehen und herauszufinden, wer sie sind.

Es besteht für Frauen auch ein relativ strenges Verbot, die Macht des Herrschers nach außen hin in Anspruch zu nehmen – falls diese nicht stark durch die Geber-Liebenden-Linse verwässert bzw. gefiltert wurde. Dieses Verbot zeigt sich an der sehr kleinen Zahl von Frauen, die in Spitzenpositionen aufsteigen, und in der Angst vor diesen »bedrohlichen« Frauen.

Auch für Männer sind die Dinge kompliziert. Sie werden stark gedrängt, ausschließlich Krieger, Suchende und (nicht androgyne) Herrscher zu sein. Diese drei Begriffe definieren Männlichkeit und Erfolg in der Gesellschaft. Der angesprochene Druck arbeitet der psychischen Ganzheit entgegen und hält sie von echter Nähe fern. Viele

Männer haben daher das Gefühl, nicht weiterzukommen. Manche nehmen, wie die Frauen, eine Trennung vor und sind Krieger im Beruf, Geber zu Hause und Suchende in ihrem Inneren oder in ihrer Freizeit.

Ihre Geschlechtsentwicklung

1. Was bedeutet es für Sie – wenn Sie die Rollenkonditionierung außer Acht lassen –, den Kontakt zu Ihrer innersten Weiblichkeit herzustellen? Ihrer innersten Männlichkeit?
2. Wie wurde Ihre Entwicklung durch Ihr Geschlecht beeinflusst?

Männer werden auch durch die gemischten Botschaften von Frauen verwirrt, die angeblich sensible, verletzliche Partner wollen, die Nähe zulassen können; aber wenn Männer dann so sind, werfen Frauen ihnen oft vor, sie seien unmännlich. Wenn Männer dagegen »männlich« handeln, sind sie oft von ihren Gefühlen abgeschnitten und isoliert.

Bei all diesen Schwierigkeiten ist heute die Chance für seelische Gesundheit und Ganzheit größer als früher; die Beziehung zwischen den Geschlechtern (und zwischen Angehörigen desselben Geschlechts) ist intensiver und erfüllender, denn wir haben so viel gemeinsam, dass wir uns verstehen können. Aber das verlangt sehr viel von uns. In früheren Generationen waren vor allem die Männer die Träger der männlichen Energie in der Gesellschaft. Frauen waren Träger der weiblichen Energie. Beide waren ohne den anderen unvollständig. Männer und Frauen, die mehr konnten, litten sehr. Andere meinten, es wäre normal, sich wie ein halber Mensch zu fühlen.[132]

Archetypen und Geschlechtszugehörigkeit

Die übliche Reise von Frauen

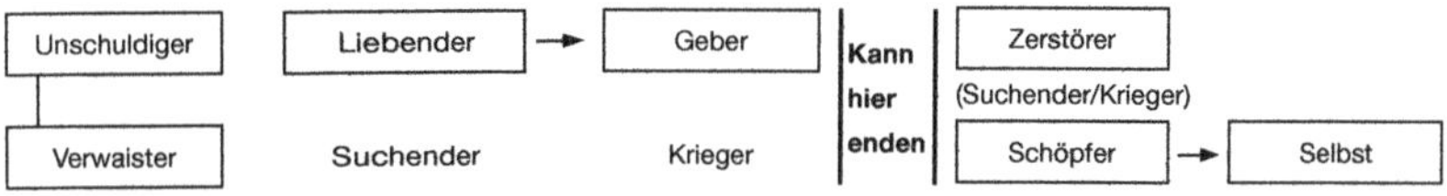

Die übliche Reise von Männern

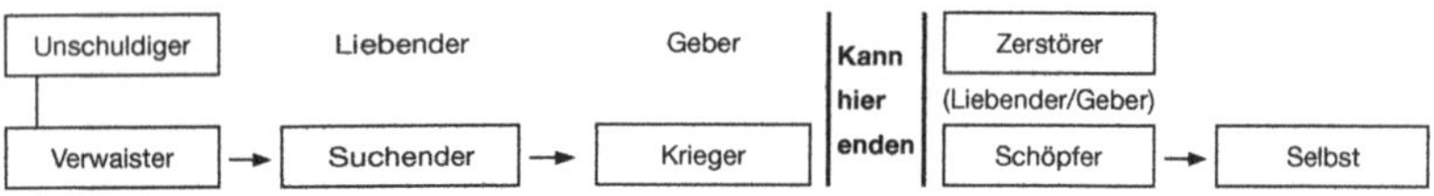

Häufiges Muster bei nichttraditionellen Männern und Frauen

Ihre Reise

(Tragen Sie den bisherigen Verlauf Ihrer Reise ein.)

Bestandsaufnahme zur Androgynität

1. Welche androgynen Verhaltensweisen, Charakterzüge, Gefühle oder Energien zeigen oder erleben Sie zurzeit?
2. Wie androgyn sind Sie?

Falsche Androgynität: Supermann/Superfrau

Die von den Medien verbreiteten Supermann- und Superfrau-Klischees zeigen keine Androgynität. Das Versprechen, alles haben zu können, führt oft dazu, dass wir nichts Authentisches sind. Joanna Russ beschreibt die Superfrau parodistisch als Verbindung von Kirk Douglas, der perfekten Mutter und dem Playboydummchen.[133] Der Versuch, diesem neuen Maßstab weiblicher Vollkommenheit zu entsprechen, ist ein Rezept zum Zusammenbruch. Aber oft veranlasst gerade der Zusammenbruch Frauen dazu, Integration und Ganzheit zu suchen – und eine authentischere Möglichkeit, ihrer Weiblichkeit treu *und* in der Welt erfolgreich zu sein. Moderne Frauen möchten nicht auf die traditionellen Rollen beschränkt sein, und sie wollen auch keine Männer sein.

Ähnlich versuchen jetzt viele Männer, den Geber mit dem Krieger zu verbinden – oft weil sie ihren Kindern gute Väter und ihren Partnerinnen gute Gefährten sein wollen. Im Beruf sind sie immer noch Krieger, aber im Privatleben versuchen sie, fürsorglich und liebevoll zu sein und Nähe zuzulassen. Ihre Vorbilder für Fürsorge und tiefe Gefühle sind vor allem Frauen. Sie wollen nicht stoisch und von ihren Gefühlen abgeschnitten sein, aber sie wollen auch Männer, keine Frauen sein.

Der Versuch, Superfrau bzw. Supermann zu sein, kann uns verschleißen oder uns zwingen, uns unser Leben anzusehen. Lyn – die Karrierefrau, genießerische Vegetarierköchin, Feministin, New-Age-Suchende und Mutter hyperaktiver Zwillinge in Jane Wagners *The Search for Signs of Intelligent Life in the Universe* – denkt zunächst, sie und ihr Mann könnten »alles haben«. Aber als ihre Ehe mit einem scheinbar perfekten New-Age-Mann scheitert, hat sie die Weisheit, ihr Leben infrage zu stellen. Während er weiter nach der Superfrau sucht, beginnt sie, alles zu verkaufen – loszulassen und sich selbst zu finden. Sie behält nur zwei Dinge: die erste Ausgabe der Zeitschrift *Frau* und ein T-Shirt mit der Aufschrift »Rettet die Wale«, das ihr Mann bei ihrer ersten Begegnung trug. Das sagt sehr viel aus. Sie gibt ihren Traum von einer befreiten, freien und androgynen Welt nicht auf, aber sie sucht nicht mehr nach der extravaganten Komplexität, sondern beschränkt sich auf Wesentliches. Sie will und wird die (durch die feministischen Ideale verkörperte) starke Frau und den umweltbewussten sensiblen Mann (»Rettet die Wale«) in sich kennenlernen. Ihre Aufgabe besteht jetzt darin, einen angemessenen Ausdruck für diese innere Realität zu finden.[134]

Eine authentischere geschlechtliche Identität finden

Ein Schritt in dieser Richtung ist das Auffinden des weiblichen Wegs zu Autonomie und Leistung bzw. des männliches Wegs zu Nähe und Verbundenheit. Das Ergebnis ist eine Ebene wahrer Androgynität. Die Geburt des wahren Selbst entsteht immer aus einer Hochzeit des Mannes und der Frau in uns.

Die Androgynität erfordert, dass wir herausfinden, was Mann- und Frausein abgesehen von den gesellschaftlichen Vorschriften für uns bedeuten; wir müssen dem Mann bzw. der Frau in uns begegnen und herausfinden, was sie von uns verlangen. So, wie die Gesellschaft Männlichkeit und Weiblichkeit definiert, schließen sie sich gegenseitig aus. Sie beweisen Ihr Mannsein zum Teil dadurch, dass Sie keine weiblichen Dinge tun. Sie beweisen Ihr Frausein zum Teil dadurch, dass Sie weibliche Methoden männlichen vorziehen. Beide Definitionen schließen Ganzheit aus.

Männer und Frauen müssen heute über die ihnen vorgeschriebenen Rollen hinausgehen, um ein tieferes, authentischeres Gefühl für ihr Mann- bzw. Frausein zu entwickeln. Insbesondere die Assoziation des Gebens mit Frauen und des Kämpfens mit Männern scheint weniger auf einer echten geschlechtlichen Identität als auf einer alten Rollenverteilung zu beruhen, die vielleicht bis auf die Gesellschaft der Jäger und Sammler zurückgeht.

> Das wahre Selbst entsteht immer aus der Hochzeit des Mannes und der Frau in uns.

Wie Mark Gerzon in *A Choice of Heroes: The Changing Face of American Manhood* sagt, müssen Männer im Atomzeitalter von der Identifikation mit dem Krieger wegkommen und auf einer angemesseneren Ebene herausfinden, was es bedeutet, ein Mann zu sein. Sonst droht ihnen eine Krise, denn ihre »männlichen« Eigenschaften sind für die Gesellschaft nicht mehr nützlich. Männer sollten sich also nicht nur als Krieger definieren und auch nicht dadurch, dass sie Dinge tun, die Frauen nicht tun können.[135]

Ähnlich ruft Judith Duerk in *A Circle of Stones: Woman's Journey to Herself* Frauen dazu auf, über Fürsorge und Opfer hinauszugehen und eine angeborene Weiblichkeit zu finden, die für sie (wie vor ihr Anne Wilson-Schaef in *Weibliche Wirklichkeit*) die Fähigkeit ist, dem Lebensprozess zu vertrauen. Ob Frauen der Tradition folgen und sich als Geber definieren oder mit Männern auf der Überholspur sind, das Problem ist letztendlich dasselbe: Frauen haben gelernt, ihre Gefühlsbedürfnisse zu ignorieren.[136]

Für Frauen geht es darum, wie sie in traditionell männliche Rollen hineinschlüpfen können, ohne wie Männer zu werden, und wie sie weibliche Werte bewahren können, ohne für andere zu leben. Solange Frauen sich dadurch definieren, dass sie für andere etwas tun und auf die Bedürfnisse der äußeren Welt reagieren, werden sie nie *ihren* Rhythmus finden, *ihre* Weisheit oder *ihren* ureigensten Beitrag finden können. Dazu müssen sie ihr Tempo drosseln, Pausen machen, sich darauf einstimmen, ihren Rhythmus, ihre Lebensweise zu finden.

Gerzon sagt, dass Männer nie ein Gefühl echter Verbundenheit haben werden, solange sie ihre Beziehung zu anderen unter dem Aspekt von Konkurrenz und Überlegenheit definieren, und also immer einsam sein werden. Für ihn ist die »auftauchende Männlichkeit« nicht unbedingt ein Gegensatz zur Weiblichkeit. Er sieht in beiden neue Möglichkeiten, Mensch zu sein. Andere Autoren, wie etwa Robert Bly, suchen nach einer Definition des Männlichen, die patriarchalische Stereotypen hinter sich lässt.[137]

Die Auseinandersetzung mit der Geschlechtszugehörigkeit geschieht schichtweise. Auf der ersten, äußeren Schicht, die von der Gesellschaft am stärksten bestimmt wird, identifizieren die meisten von uns Weiblichkeit mit Fürsorge und Männlichkeit mit Kämpfen. Irgendwann jedoch haben Männer und Frauen das Gefühl, von diesen Rollen besessen und versklavt zu sein. Sie sind bereit weiterzugehen. Oft identifizieren sie sich dann weniger mit ihrem Geschlecht als damit, ganz Mensch zu sein. Dies öffnet sie für »die andere Seite des Lebens«. Zuerst fühlt es sich wirklich aufregend an, Verhaltensmöglichkeiten zu erkunden, die vorher mit dem anderen Geschlecht assoziiert wurden. Männer finden die Entdeckung befreiend, dass sie fürsorglich und sensibel sein können, und Frauen finden die Entdeckung befreiend, dass sie hart sein und Dinge nur für sich selber tun können.

Aber nach einer Weile kommt eine neue Unzufriedenheit zum Vorschein, ein Verlangen, auf einer tieferen Ebene etwas über die eigene Identität zu erfahren. An diesem Punkt fangen Männer im Allgemeinen an zu suchen. Sie beurteilen, was ist, und streben nach Besserem. Frauen fangen an zu lieben. Sie sind rezeptiv und bejahen und feiern das Leben so, wie es ist. Manche Männer und Frauen versuchen heute, sich mit einer noch ursprünglicheren Ebene zu verbinden, die Robert Bly als »der wilde Mann« und die »wilde« bzw. »natürliche Frau« bezeichnet.

Um diese Ebene zu erreichen, müssen wir zuerst den Schmerz der mangelnden Verbundenheit zu unserer physischen und kollektiven Mutter, unserem physischen und kollektiven Vater verarbeiten. Wir können uns zum Beispiel verwaist fühlen, weil weder unser Vater noch unsere Mutter, noch die moderne Gesellschaft überhaupt uns angemessene Rollenvorbilder zur Verfügung stellten.

Die Urwunde ist die Entfremdung von der weiblichen bzw. männlichen Quelle in uns.

Aber so schwer diese Verwundungen auch sind, die Urwunde ist die Entfremdung von der weiblichen bzw. männlichen Quelle in uns. Wenn wir uns mit ihr verbinden – der Mann mit dem archetypischen Mann, die Frau mit der archetypischen Frau –, wird der Schmerz über unsere unzulänglichen Eltern geringer oder geht ganz weg. Dann können wir uns für die gegengeschlechtliche Energie öffnen – die Anima beim Mann und den Animus bei der Frau – und so auf eine Weise androgyn werden, die uns nicht Kraft nimmt, sondern gibt.

Der Schlüssel zu einer authentischen Weiblichkeit bzw. Männlichkeit ist für viele die numinose, spirituelle Bedeutung unserer primären und sekundären Geschlechtsmerkmale. Die ersten feministischen Bücher, etwa Anne Rushs *Getting Clear*, schlugen Meditationsübungen für Frauen vor, durch die sie lernen sollten, ihre Brüste und ihre Genitalien genauso zu lieben wie den Rest ihres Körpers.[138]

In *Der verwundete Mann* beschreibt John Rowan den gehörnten Gott, den Gefährten der Göttin, als Vorbild für eine Männlichkeit ohne Machismo; er ist Jäger, aber auch sanft, ein Gott und daher heilig, aber auch ein sexuelles Wesen. Er ist der Prototyp für die Götter, die sterben und wiedergeboren werden und deren Opfer immer im Dienst des Lebens steht.[139]

Ähnlich finden manche Frauen im Archetyp der Göttin ein Bild vollkommener Weiblichkeit; sie ist spirituell und sexuell, ihre Genitalien, ihr Schoß und ihre Brüste sind Objekte heiliger Verehrung, und sie vereint den Liebenden und den Herrscher. Wenn Frauen das Weibliche als Quelle der Kraft und nicht der Unterwerfung verinnerlichen, können sie das Männliche in den Männern ihrer Umgebung und in sich selbst aufrichtig achten. Die Erfahrung der Göttin in sich lässt sie auch den Gott in sich anders erleben.

Es gibt eine klassische Geschichte über den Gott Krishna, der mit allen Mädchen eines Dorfes tanzt; obwohl er mit jeder tanzt, sind seine maskuline Präsenz und seine Liebe zum Weiblichen so stark, dass jede Frau sich ganz geliebt fühlt, so als habe sie ihn für sich allein gehabt. Solange Frauen die Göttin in sich nicht ehren, können sie das Männliche nicht als derart liebevoll erleben. Es äußert sich dann oft als urteilende Stimme, die ihnen sagt, dass sie nicht gut genug sind.

Und solange Männer sich nicht für das ursprünglich Männliche in sich öffnen, das mit Dominanz und Unterwerfung nichts mehr zu tun hat, erleben sie das Weibliche in sich und außerhalb von sich als gefährlich – zumindest für ihre Illusion von Überlegenheit. Für sie muss das Weibliche immer versklavt, immer unter Kontrolle bleiben. Weil sie dadurch, dass sie keinen Zugang zum Weiblichen haben, genauso gefangen sind, versuchen sie, die Frauen außerhalb von sich zu kontrollieren, damit sie ihnen die weibliche Fürsorge geben, die ihre Seele und ihr Herz verlangen, die aber ihr Verstand nicht schätzt. Wenn sie ihre ursprüngliche Energie erleben, können sie sich auch für die weibliche nährende Quelle in sich öffnen und brauchen Frauen nicht mehr zu beherrschen, denn sie sind nicht mehr von ihnen abhängig. Sie sind dann frei, eine Frau zu lieben oder allein zu sein, denn sie wissen, dass die Göttin in ihnen sie auf jeden Fall nährt.

In *Body Metaphors: Releasing the God-Feminine in Us All* korrigiert Genia Pauli-Haddon die stereotype Meinung, Frauen wären Yin und rezeptiv (wie die Vagina zeigt), Männer Yang und aktiv (wie der Penis zeigt). Sie meint, Männer und Frauen hätten gleichzeitig Yin- und Yang-Energie. Die männliche Yang-Energie ist zielstrebig und aggressiv und wird mit dem Penis assoziiert. Die männliche Yin-Energie, die mit den Hoden assoziiert wird, verleiht die Tugend beruhigender Beständigkeit. Die Vagina ist Yin und rezeptiv, während Klitoris und Uterus die weibliche Yang-Energie demonstrieren. Das Ganze wird noch dadurch kompliziert, dass jeder das Potenzial für die männliche und für die weibliche Version von Yin und Yang besitzt.[140]

Echte Androgynität

Die Entwicklung der Androgynität erlaubt uns, unser Sosein in der Welt vielfältiger und freier auszudrücken. Anfangs wird Androgynität oft als irgendwie neutraler Zustand definiert – die Bekleidung und die Frisuren beider Geschlechter sind gleich, was in der Adoleszenz durchaus gesund ist. Aber bei echter Androgynität geht es nicht darum, bestimmte typisch männliche oder weibliche Aufgaben erfolgreich zu absolvieren (etwa die engagierte Betreuung von Kindern mit einer Karriere zu verbinden), obwohl dies zu echter Androgynität beiträgt.

Echte Androgynität vollzieht sich in Schichten. Auf der äußersten, am meisten von der Gesellschaft definierten Schicht geht es darum, den Geber und den Krieger zu integrieren (nicht einfach zusammenzukleistern). Auf der nächsten Schicht müssen der Suchende und der Liebende integriert werden. Auf der innersten Schicht verbinden sich die männliche und die weibliche Urenergie. Die Herausbildung unserer ursprünglichen Identität als Mann oder Frau und das Erreichen der Androgynität sind also Teil unserer Einweihung in die Seele. Auch Geber und Krieger können sich befriedigend anfühlen, wenn ihr Handeln instinktiven Wurzeln entspringt und mit Schutz und Hege der Spezies zu tun hat. Krieger schützen die Grenzen, und Geber fördern die Entwicklung des Stamms. Wenn die Ich-Entwicklung erfolgreich abgeschlossen wurde, haben wir beides gelernt.

Vor der Einweihung in die Seele ist es sehr schwierig, den Krieger und den Geber zu integrieren. Wir kleistern sie fast immer nur zusammen. Nach der Einweihung, wenn das Selbst die archetypische Energie aufnimmt, geschieht die Integration organischer. Das bedeutet jedoch nicht, dass wir durch frühere Versuche unsere Energie vergeudet haben, denn auch das formale Ausführen der Gesten eines Archetyps lädt diesen ein, in unser Leben zu treten: Wenn wir wollen, dass der Krieger-Archetyp uns besucht, müssen wir uns Ziele setzen, kämpfen, bei Widrigkeiten Mut zeigen und die Herausforderungen des Lebens annehmen; wenn wir wollen, dass der Geber uns besucht, müssen wir Mitgefühl und Fürsorglichkeit zeigen.

Der Herrscher, der den Abschluss des alchemistischen Transformationsprozesses anzeigt, entsteht aus der symbolischen Vereinigung des Männlichen mit dem Weiblichen. Er repräsentiert das wahre Selbst, das als androgyner Monarch gesehen wird. Alle mit dem Selbst zusammenhängenden Archetypen sind androgyn. Magier und Narren drücken dies durch ihre Fähigkeit aus, das Geschlecht zu ändern oder zwischen den Geschlechtern hin- und herzupendeln. Beide Archetypen setzen ihre erotische Energie aktiv ein – der erste zur Verwandlung, der zweite zur Ekstase und Freude. Dies bedeutet, dass wir den Mann und die Frau in uns aktivieren müssen, aber so getrennt voneinander, dass die Energie zwischen ihnen hin- und herfließen kann wie bei Wechselstrom.

Vom Weisen heißt es oft, er sei asexuell. Tatsächlich sehen Männer und Frauen mit zunehmendem Alter, wenn die sekundären Geschlechtsmerkmale nicht mehr so auffällig sind, immer ähnlicher aus. Die Weisheit des Weisen hat ihren Ursprung zum Teil in einer Integration des Männlichen und des Weiblichen, bei der es keine Trennung gibt.

Aber ältere Männer und Frauen stört oft, dass unsere Gesellschaft so wenig positive Bilder für das Alter bietet. Die Situation ist für Frauen schlimmer. Solange sie von der Gesellschaft nur in ihrem Bezug auf Mann und Kinder definiert werden, bekommen sie die Botschaft, dass sie im

Alter keine gesellschaftliche Nützlichkeit mehr haben. Andere Kulturen – die chinesische zum Beispiel – verehren die Alten wegen ihrer Weisheit und Erfahrung. In der westlichen Kultur hilft Frauen das Bild der weisen Frau, vor den Aufgaben des Alters Achtung zu haben.

Echte Androgynität sehen wir bei Menschen, die ihre Wahrheit leben; auf dieser Ebene sind wir sowohl auf unsere einzigartige Weise wir selbst als auch mit allen Menschen verbunden. Das Selbst, das wir äußern, grenzt nichts mehr aus (ich bin dies, nicht das), sondern ist ein komplexes, oft widersprüchliches Set von Möglichkeiten, das uns ganz angemessen ist. Es bedeutet nicht, dass wir alles tun müssen. Es bedeutet vor allem nicht, dass wir die traditionellen Rollen von Mann und Frau zusammenkleistern und ganz ausfüllen müssen. Es bedeutet, dass wir das tun, was zu uns passt, und dem treu sind, was wir auf der innersten Ebene sind; so können wir uns durch die männliche oder durch die weibliche Polarität ausdrücken, denn jede entspricht dem, was wir sind.

Selbstporträt

Geben Sie sich – durch eine Zeichnung, ein Foto, eine Collage, ein Symbol – auf eine Weise wieder, die Ihre Ganzheit und Androgynität spiegelt und den Mann und die Frau in Ihnen zum Ausdruck bringt.

Am Schluss lernen wir, dass Männlichkeit und Weiblichkeit Teil eines Kontinuums, nicht eine Entweder-oder-Entscheidung sind; innerhalb dieses Kontinuums treffen Menschen unterschiedliche Entscheidungen und bringen die gegensätzliche Energie auf ihre einzigartige Weise ins Gleichgewicht.

In einer androgynen Gesellschaft können wir wir selbst sein und mit der physisch manifestierten Welt im Einklang leben. Das folgende Kapitel erörtert daher die Bedeutung der stärkeren Gewichtung des Weiblichen und die Entwicklung einer androgyneren Gesellschaft.

20
Geschlecht, Mannigfaltigkeit und die Veränderung der Kultur

Sehr oft herrschte die Meinung, die Heldenreise sei nur einigen wenigen Menschen vorbehalten. Heldentum galt als männliche, nicht als weibliche Angelegenheit. Frauen kamen nur als zu rettende Dame in Not vor, als Belohnung für die Reise, als Helferin auf dem Weg oder in der Schurkenrolle (siehe die böse Hexe); sie waren nicht Helden aus eigenem Recht. In der europäischen und amerikanischen Kultur ist der Held zudem weiß. Dunkelhäutige Männer spielen nur die Rolle des treuen Gehilfen (denken Sie an Huckleberry Finn und Jim), des Feindes (wie bei Cowboys und Indianern) oder des Opfers, das gerettet werden muss, weil es nicht für sich selbst sorgen kann. Wenn wir alle unsere Reise in Angriff nehmen und unser Geschenk geben sollen, müssen wir die vielen Variationen der Reise achten, die sich aus unserer Unterschiedlichkeit ergeben. Wir müssen auch erkennen, dass unsere individuelle Reise in einem historischen Kontext stattfindet und von der kollektiven Reise unseres Geschlechts, unserer Familie, unserer Gemeinschaft, unseres Landes und der Menschheit allgemein beeinflusst wird. Wenn wir diesen Rahmen nicht berücksichtigen, geht Wichtiges verloren. Wir fühlen uns dann möglicherweise auf der Reise einsam, obwohl wir in Wirklichkeit alle auf Reisen sind. Wir beeinflussen die Welt, in der wir leben, und werden von ihr beeinflusst.

Am Ende der Reise kehrt der Held mit einem heiligen Gegenstand bzw. einer neuen lebengebenden Wahrheit ins Königreich zurück, die zu seiner Verwandlung beiträgt. Wenn nur ein paar von uns ihre Reise unternehmen und ihre Gabe finden (oder wenn nur die Gaben bestimmter Menschen von der Gesellschaft akzeptiert werden), wird das Königreich nur teilweise erneuert. Weite Bereiche bleiben öde und unfruchtbar, weil nicht nur eine Art von Menschen zu den neuen Wahrheiten Zugang hat, die wir brauchen.

> Wenn wir alle unsere Reise in Angriff nehmen und unser Geschenk geben sollen, müssen wir die vielen Variationen der Reise achten, die sich aus unserer Unterschiedlichkeit ergeben.

Der weiße, männliche Held zum Beispiel hat uns großen Fortschritt gebracht, uns aber nicht gelehrt, in Harmonie mit der Erde zu leben. Es gibt jedoch Traditionen – etwa die der amerikanischen Indianer –, in denen die ökologische Weisheit sehr weit entwickelt ist. Aber während das Ozonloch größer wird und saurer Regen auf Felder und Städte niedergeht, ignoriert die dominante amerikanische Kultur die Weisheit der Indianer. Es ist auch ziemlich offensichtlich, dass Frauen von Natur aus weniger gewalttätig sind als Männer; trotzdem suchen in einer Welt, in der das überragende Thema ein dauerhafter Friede ist, Männer bei Männern, nicht bei Frauen, Lösungen für dieses Problem.

Archetyp, Geschlecht und gesellschaftliche Veränderung

Geschlechtsidentität und Androgynität sind nicht nur individuelle, sondern auch gesellschaftliche und politische Themen. Wir leben in einer patriarchalischen Kultur und leiden daher alle unter der Abwertung des Weiblichen, die verhindert, dass Frauen sich auf die Reise machen und der Gesellschaft ihr Geschenk geben. Es ist kein Wunder, dass wir viele große Probleme der Welt nicht lösen können, wenn wir uns überwiegend auf ein einziges Geschlecht und seine Methoden verlassen.

Jung glaubte, dass die Wiederbelebung des Weiblichen die Welt retten würde, und viele andere Autoren haben aus verschiedenen Blickwinkeln geäußert, dass wir uns vom Patriarchat zu einer androgynen Phase der Gesellschaft bewegen. Riane Eisler etwa meint in *Von der Herrschaft zur Partnerschaft,* dass die alten gynozentrischen (um Frauen zentrierten) Gesellschaften nach einem Partnerschaftsmodell funktionierten. Sie hatten keine Herrscher-Diener-Verhaltensmuster, keine Kriege und keine Klassenstrukturen, gediehen weltweit und erfanden vom Feuer über Ackerbau und Sprache viele grundlegende Dinge für die Menschheit.[141]

Die patriarchalische Kultur schuf laut Riane Eisler ein soziales Modell, das auf Beherrschung beruhte und Konkurrenz, Krieg, Sexismus, Rassismus und Klassenstrukturen mit sich brachte. Die Autorin sieht in diesen Kulturen nichts Positives, aber ich möchte hinzufügen, dass sie uns wahrscheinlich auch die Entwicklung des Ich und ein Gefühl für unsere individuelle Identität bescherte.

> Wenn wir ein verändertes Königreich wollen, müssen wir anerkennen, dass alle Völker das Potenzial zu Heldentum und Weisheit besitzen.

Die frühen gynozentrischen Gesellschaften waren fürsorglich, erfinderisch und friedlich, konnten sich aber nicht gegen eindringende patriarchalische Gruppen verteidigen; deshalb wurden sie versklavt und entmachtet. Die patriarchalischen Gesellschaften waren stark und kriegerisch, schufen aber im Inneren und im Äußeren Konflikte. Es gab ständig Machtkämpfe, weshalb die Menschen nicht einfach entspannen und liebevoll und fürsorglich miteinander umgehen konnten.[142] Die um Frauen zentrierten Gesellschaften hatten die Tugenden des Unschuldigen, des Gebers und des Liebenden, die patriarchalischen Gesellschaften die des Verwaisten, des Kriegers und des Suchenden.

Das Patriarchat hat uns vieles gegeben, war aber dabei, uns an den Rand des Verderbens zu bringen. (Vielleicht kann das gegenwärtige Wiedererstarken weiblicher Qualitäten da noch etwas retten.) Nicht nur dass die Welt aufgrund der Überbetonung von Krieger-Werten von einem Atomkrieg bedroht ist. Das Argument der Konkurrenzfähigkeit wird auch angeführt, um die Umweltverschmutzung zu rechtfertigen. Wenn der Profit sinkt, werden ökologische Belange oft vergessen. Grund für das alles ist die Überbetonung des Ich, die Männer und Frauen von ihrer Seele, dem Eros und der Lebenskraft abschneidet. Statt die richtigen Fragen zu stellen, benutzen wir die Energie des Suchenden, um zwanghaft zu leisten und den Zerstörer zu hofieren.

Tatsächlich kann man wohl ohne Übertreibung sagen, dass in diesem Jahrhundert überwiegend der Zerstörer am Werk war. Dies begann mit den großen Weltkriegen und setzte sich mit den Kriegen in Korea, Vietnam und Irak fort. In vielen Teilen der Welt zeigt er sich an Hungersnöten, Armut und Obdachlosigkeit. Und er wird deutlich am massiven Zerfall der traditionellen Sitten, was in den revolutionären Sechzigerjahren einen Höhepunkt erreichte. Die Drogenkrise und der damit zusammenhängende Niedergang des Familienlebens gehören ebenfalls zur Einweihung durch den Zerstörer.

Wir leiden auch an der Abwesenheit des Geber-Archetyps. In früheren Epochen der patriarchalischen Geschichte wurde das männliche Kämpfen durch die Geber-Rolle der Frau ausgeglichen. Frauen leisteten den überwiegenden Anteil an Fürsorge in der Gesellschaft, aber diese Arbeit wurde nicht geschätzt oder belohnt – was ein Grund für die Frauenbefreiungsbewegung war. Viele Frauen haben aufgehört, rund um die Uhr für andere zu sorgen, aber die Männer haben die entstehende Lücke nicht gefüllt. Also kam es zu einer Krise. Wer kümmert sich um die Kinder? Wer um die Alten? Wer sorgt für ein gemütliches Heim? Wer schafft Gemeinschaft und sagt den Menschen, dass sie wichtig sind?

Im Augenblick sind wir eine Welt von Suchenden, die zwischen allen Stühlen sitzen, denn wir bewegen uns von einem Zeitalter in ein anderes. Verschiedene Theoretiker haben dies verschieden ausgedrückt, aber meist heißt es, dass wir uns vom Industrie- ins Informationszeitalter bewegt haben. Viele haben hoffnungsvoll das »neue Zeitalter« des Überflusses, des Friedens, der Liebe und des Wohlstands heraufziehen sehen. Wie bei allen großen kulturellen Übergängen fühlt der Boden unter den Füßen sich unsicher an.

Manche Menschen reagieren darauf, indem sie an alten, anachronistischen Werten festhalten. Sie möchten zu früheren Beziehungsmustern zwischen den Geschlechtern oder zwischen Eltern und Kindern zurückkehren. Andere setzen auf Zynismus und sind nur an Geld interessiert.

> Wir sind eine Welt von Suchenden, die zwischen allen Stühlen sitzen.

Aber die meisten Menschen wissen irgendwie, dass wir vor der großen Herausforderung stehen, unsere Gesellschaft umzugestalten. Die meisten müssen bei sich selbst anfangen; sie müssen akzeptieren, dass die alte Welt tot und die neue ohne unsere Mitwirkung vielleicht nicht lebenswert sein wird. Deshalb müssen wir bewusst zu einem Teil der Verwandlung werden.

Dies setzt voraus, dass die Menschen überall auf der Welt ihre Seelenreise unternehmen. Die Frauenbefreiungsbewegung, die Bürgerrechtsbewegung, die New-Age-Bewegung und die Befreiungskämpfe in Osteuropa, Südafrika und Lateinamerika sind Teil der massiven Bewegung, sich auf die Suche zu machen. Hier zeigt sich die positive Seite des Suchenden; seine Schattenseite wird daran deutlich, dass Kampf, Leistung und Selbstverbesserung überbetont werden, oft auf Kosten der Umwelt und der Energie des Einzelnen. Der Zerstörer vernichtet täglich, was wir für dauerhaft hielten. Das Wissen wächst mit unglaublicher Geschwindigkeit. Die Technologie entwickelt sich sehr schnell. Die Sitten sind stark im Wandel begriffen, und wir wissen nicht, was die Umweltschäden für das Leben auf der Erde bedeuten. Auch der Fall der Berliner Mauer zeigt, dass der Zerstörer am Werk ist. Wir leben nicht mehr in der Welt, die wir kannten. Die alte Welt ist tot, und wir sind dabei, die neue zu erschaffen. Das Ergebnis kann Verwüstung sein, wenn wir uns nicht für den Liebenden öffnen – festlegen, was wir wirklich schätzen, und herausfinden, wer wir sind. Wir müssen entscheiden, welche Werte aus Vergangenheit und Gegenwart wir behalten wollen. Wir müssen – als Einzelne und als Gesellschaft – festlegen, was wir tun oder erschaffen möchten, welche Welt unser Herz zum Schwingen bringt.

Die drohende Vernichtung durch einen Atomunfall, durch Krieg, Umweltkatastrophen oder einen ökonomischen Kollaps hat alle Kulturen dazu motiviert, von der Krieger-Suchenden-Einstellung abzurücken und Eigenschaften des Gebers und des Liebenden zu integrieren. Durch den Liebenden erleben wir die tiefe Verbundenheit zwischen den Menschen; er lehrt uns, dass die Mauern zwischen den Menschen fallen können.

Wir müssen also als Gesellschaft die Kraft der Archetypen aufnehmen, die abgewertet und mit der Reise von Frauen assoziiert wurden, aber wir dürfen nicht an diesem Punkt stehen bleiben. Wenn wir Krieger und Geber, Suchenden und Liebenden ins Gleichgewicht bringen, erreichen wir eine neue Androgynität und tragen zur Erschaffung einer Welt bei, in der Frieden, Harmonie *und* Mannigfaltigkeit möglich sind. Solange wir nur von der Ich-Ebene aus agieren, können wir diese Herausforderung unmöglich bestehen. Aber wenn wir unsere Seele bejahen und zu uns selbst stehen, lösen wir die Probleme global.

> Der Archetyp des Zerstörers lehrt uns, dass wir
> »uns lieben oder sterben müssen«.
> (W. H. Auden)

Der Archetyp des Schöpfers zeigt, wie die neue Welt aussehen könnte. Künstler, Schriftsteller und Futuristen liefern dazu die entsprechenden Visionen.

Der Archetyp des Herrschers hat sich noch nicht manifestiert, denn global gesehen hat erst an einigen wenigen Orten wirklich eine Erneuerung stattgefunden. Aber jeder Einzelne von uns trägt zur Veränderung bei, wenn er sich seine ideale Welt ausdenkt und dann entsprechend handelt. Es genügt auch, wenn wir die Verantwortung für das übernehmen, was ist, und aufhören, anderen die Schuld zu geben. Verwandelnd ist auch, wenn Frauen *und* Männer die Weiblichkeit und die mit ihr zusammenhängenden

Werte und Archetypen bewahren und die Gaben der verschiedenen Kulturen schätzen, anstatt von der eigenen Überlegenheit auszugehen.

Als Gemeinschaft verwandeln wir die Welt durch unser politisches Handeln. Es reicht nicht aus, dass wir nur unserer eigenen Seligkeit folgen, wenn so viele Menschen durch Armut, Unwissenheit, Vorurteile oder Tyrannei ihrer Kraft beraubt wurden. Wenn wir meinen, dass zur Lösung der globalen Probleme all unsere Gaben erforderlich sind, ist es immer sinnvoll, politische Aktionen zu unterstützen, die allen Menschen Bildung, Arbeit und darüber hinaus Freiheit und Glück zugänglich machen.

Es reicht nicht aus, dass wir nur unserer eigenen Seligkeit folgen, wenn so viele Menschen durch Armut, Unwissenheit, Vorurteile oder Tyrannei ihrer Kraft beraubt wurden.

Kultur und Archetyp

Bestimmte gesellschaftliche Gruppen lassen sich mit bestimmten Archetypen assoziieren. Jede unterdrückte Gruppe zum Beispiel – wozu auch Frauen, Angehörige rassischer Minderheiten, Homosexuelle, Arme, Behinderte gehören – ist von der Gesellschaft zu Verwaisten gemacht worden. Wenn die Betreffenden aufgrund des Drucks ihrer Umgebung ihre Benachteiligung leugnen, dominiert der Unschuldige. Wenn diese Gruppen beginnen, ihre Rechte geltend zu machen, wird die Macht weißer Männer reduziert, und sie fühlen sich ihrerseits verwaist.

Gesellschaften sind dynamischer als Einzelpersonen und enthalten alle zwölf Archetypen in einem ständig sich ändernden Muster. Zudem sind heute alle großen Kulturen der Welt im Wesentlichen noch patriarchalisch, was bedeutet, dass der Archetyp des Kriegers in ihnen sehr stark ist.

Archetypen, die sich heute in der Gesellschaft äußern

1. Meine Aussagen beziehen sich auf die Welt in dem Augenblick, in dem ich dieses Buch schreibe.
   Welcher Archetyp bzw. welche Archetypen sind national und international *jetzt* aktiv? (Ziehen Sie Berichte in den Medien und andere Informationen heran, die Sie über die Welt erhalten.)
2. Sie beeinflussen den Lauf der Geschichte durch die Art, in der Sie Ihr Leben leben; was könnten Sie tun, um zu Gesundheit und Erfolg der Gemeinschaft beizutragen? Wozu sind Sie bereit?

Alle zwölf Archetypen sind in jeder Kultur vorhanden, wenn auch in jeweils anderer, einzigartiger Zusammensetzung; in manchen Kulturen sind Archetypen sehr weit entwickelt, auf die in anderen kein besonderer Wert gelegt wird. Ein Blick auf die verschiedenen Kulturen und das, was zurzeit in ihnen geschieht, ist aufschlussreich und zugleich beunruhigend. Die am meisten auf die Seele eingestimmten Kulturen zum Beispiel – die Indianer und andere Eingeborenenkulturen (wie die australischen Aborigines) und die schwarze amerikanische Gettokultur – sind am meisten in Gefahr, zerstört zu werden. Die Unterdrückung der »Seelenkulturen« spiegelt die gegenwärtige Unterdrückung der Seele in der Welt wider. In dem Maß, wie Umweltfaktoren diese Kulturen zu Verwaisten machen, läuft die Welt Gefahr, ihren Reichtum und ihre Weisheit zu verlieren.

Die Einzigartigkeit der verschiedenen Länder wird klarer, wenn wir die Archetypen erkennen, die in ihrem spirituellen Erbe dominieren. Das Christentum zum Beispiel, die Religion, die in den europäisch geprägten Kulturen dominiert, hat mit seinem »Erlöser der Welt« eine Religion entwickelt, in der Herrscher und Magier bestimmend sind. Im Alltag liegt die Betonung auf den materiellen, quantitativen Werten des Herrschers; der Magier wird ausschließlich dem göttlichen Bereich zugeschrieben. Magie, die nicht mit Christi Hilfe unternommen wird – dessen Werke als Wunder, nicht als Magie bezeichnet werden –, gilt als böse, als Hexenwerk und Teufelsanbetung.[143] Das Bild des Magiers flößt daher oft Angst ein, außer wenn die Wunder technologischer Art sind.

Im schlimmsten Fall hat der – mit dem Krieger kombinierte – Archetyp des Herrschers zu der Einstellung geführt, man könne sein Schicksal erzwingen. Im besten Fall ist das Ergebnis echtes Interesse am Wohl der ganzen Welt (ein Beispiel dazu ist etwa der Marshallplan). In der westlichen Kultur ist außerdem der Suchende aktiv, weshalb die Freiheit des Einzelnen höher bewertet wird als der Zusammenhalt der Gruppe oder die Fürsorge für andere.

Die östlichen Kulturen (in denen oft auch der Herrscher stark ist) betonen trotz des westlichen Einflusses Seele und Geist und streben nach dem Nicht-Anhaften des Weisen. Sie sind vom Buddhismus geprägt, dessen Ziel die Erleuchtung ist. Es sind auch Krieger-Kulturen, aber der Krieger steht nicht im Dienst des Einzelnen, sondern in dem der Gruppe. Wie ein japanischer Geschäftsmann sagte: »Jeder Nagel, der vorsteht, wird eingehämmert.« Die westlichen Kulturen haben die Tugenden des Individualismus entwickelt, die östlichen die der Gruppensolidarität.

In den afrikanischen und indianischen Kulturen genießen Magier und Narr eine höhere Wertschätzung als in den europäischen und in den östlichen Kulturen; dies zeigt sich unter anderem an der Mythologie, die oft den Trickster bzw. den Schamanen in den Vordergrund stellt. Vom Narren lernen wir Freude und die Fähigkeit, im Augenblick zu leben. Der Magier vermittelt uns ein starkes Gefühl für die Verbundenheit von Mensch und Natur und so einen Respekt für das ökologische Gleichgewicht, der den Suchenden-Kulturen im Allgemeinen fehlt.

Alle großen Kulturen haben einen bestimmten Aspekt des menschlichen Potenzials entwickelt. Zusammen ermöglichen sie die Ganzheit der menschlichen Kultur und ein Verständnis der Welt, in der wir leben.[144]

Kulturelle Traditionen respektieren

Unser Lebensmythos wird von dem unserer Familie und unserem ethnischen Erbe beeinflusst; obwohl wir von diesen Traditionen nicht festgelegt werden wollen – schließlich wollen wir wir selbst sein –, ist die Erkenntnis wichtig, dass wir in einer bestimmten kulturellen Tradition existieren und dass wir die Verantwortung für ihre Stärken und Schwächen übernehmen.

In jeder Familie werden positive und negative Eigenschaften von Generation zu Generation weitergegeben. Wir wissen zum Beispiel, dass bei Kindern, die zu Hause misshandelt wurden, die Wahrscheinlichkeit größer ist, dass sie als Erwachsene ihre eigenen Kinder misshandeln. Kinder mit alkohol- oder drogensüchtigen Eltern werden eher süchtig als Kinder mit in dieser Hinsicht gesunden Eltern. Kinder, die von ihren Eltern gut behandelt werden, behandeln auch ihre eigenen Kinder gut.

Wir alle haben die Verantwortung, nur die besten Traditionen unserer Familie weiterzugeben, nicht die schädlichen. Jeder, der aus einer misshandelnden Familie kommt und seine eigenen Kinder nicht misshandelt, hat eine Heldentat vollbracht – er hat eine Kette des Leidens unterbrochen, die viele Generationen zurückreichen kann. Er gibt eine neue, positivere Tradition weiter. Viele von uns tun dies auf weniger spektakuläre Weise: Sie versuchen einfach, ein bisschen freundlicher, ein bisschen weiser, ein bisschen effektiver zu sein als ihre Eltern. Nicht alle von uns haben Erfolg, aber wenn wir ihn haben, haben wir dazu beigetragen, die Welt zu einem besseren Ort zu machen.

Jeder von uns ist auch Teil umfassenderer Traditionen und trägt Verantwortung in ihnen. Wir sind Teil einer Geschlechtsgruppe, einer Religionsgemeinschaft, eines Landes, eines Volkes. Unsere Aufgabe besteht zumindest in unserem eigenen Leben darin, das zu bewahren, was das Beste an unserem Geschlecht und unserem ethnischen oder sonstigen Erbe ist, und das zu ändern, was nicht so gut erscheint.

Dazu müssen wir uns auf die Reise machen und anders werden. So verwandeln wir nicht nur unser eigenes Leben, sondern leisten einen – wenn auch noch so kleinen – Beitrag zur Verwandlung von Gruppen, zu der wir gehören. Nehmen wir zum Beispiel die Religion. Vielleicht kommen Sie aus einem streng katholischen Elternhaus, haben dieses Erbe aber aufgegeben, weil Sie mit vielen Überzeugungen nicht übereinstimmen. Sie glauben zum Beispiel nicht, dass Buddhisten und Hindus in die Hölle kommen, wenn sie Jesus nicht als persönlichen Retter akzeptieren. Vielleicht meinen Sie, Sie würden sich dadurch außerhalb der Gruppe stellen.

Aber in Wirklichkeit sind Sie genauso ein Teil der christlichen Tradition wie strenge Katholiken. Sie können dieser Tradition angehören und viele Dinge glauben. Egal, ob Sie sich noch für einen Christen halten oder nicht, die Veränderung Ihrer Theologie verändert die Theologie der Gemeinschaft. Wenn Sie das erkennen, können Sie auch das respektieren und lieben, was Ihnen in Ihrer Tradition wertvoll erscheint.

Ihr kulturelles Erbe

1. Welches familiäre, ethnische, politische oder religiöse Erbe achten Sie so, dass Sie es in Ihrem Leben fortsetzen und an die nächste Generation weitergeben möchten?
2. Was würden Sie ändern? Was möchten Sie anders machen?

Dasselbe gilt für Judentum, Buddhismus und Hinduismus, für Atheismus, Sozialismus und Kapitalismus. Es gilt für unsere Zugehörigkeit zur deutschen, russischen oder türkischen Tradition, zur Tradition unserer Gegend oder unseres Arbeitsplatzes. Es gilt für Heterosexuelle, Bisexuelle und Homosexuelle. Es gilt für Männer und Frauen.

Wenn wir uns auf die Reise machen und bei unserer Rückkehr das mitteilen, was wir gelernt haben, verwandeln wir mehr als unser eigenes Leben. Wir finden andere Menschen, die uns ähnlich sind und ähnliche Wahrheiten gefunden haben. Einsam sind wir nur, wenn wir uns anpassen oder verstecken und unser Wissen nicht mit anderen teilen. Wenn wir den Mut haben, wir selbst zu sein, finden wir andere Menschen, die uns gleichen. Dann können wir gemeinsam beginnen, neue Welten zu erschaffen.

Wenn wir klug sind, lernen wir von anderen Traditionen und den Reisen anderer Menschen, statt wertvolle Zeit damit zu verschwenden, auf unserer Überlegenheit zu beharren oder uns über ihre Weltsicht zu ärgern. Gerade heute droht aufgrund der mangelnden Wertschätzung fremder kultureller Traditionen die Vernichtung wichtiger menschlicher Einsichten. Anne Wilson-Schaef zum Beispiel schreibt in *Weibliche Wirklichkeit* über das, was sie die »Gesellschaft des weißen Mannes« nennt; diese legt sehr viel Wert auf die Uhrzeit, auf Pünktlichkeit. Je weniger eine Gruppe diese (und andere) Werte anerkennt, desto mehr wird sie von der herrschenden Kultur bestraft.[145]

Die Autorin meint, Frauen wären eher als Männer im Fluss der Zeit, was seine Ursache vielleicht im traditionellen Aufgabenbereich der Frau hat: Jede arbeitende Mutter, der ein Zweijähriges am Bein hängt, die aber meint, um Punkt sechs müsste sie ihrer Familie das Abendessen auf den Tisch stellen, wird völlig gestresst sein, wenn sie nicht lernt, zuerst auf die gefühlsmäßigen Bedürfnisse ihres Kindes einzugehen und dann erst auf seine Fütterung.

Anne Wilson-Schaef glaubt, dass in Amerika die Indianer die abweichendste Einstellung zu der Zeit haben und von den weißen, männlichen Autoritäten am meisten bestraft werden. Wenn das Büro für indianische Angelegenheiten mit einem indianischen Volk an einem bestimmten Tag zu einer bestimmten Uhrzeit ein Treffen anberaumt, werden die Weißen »pünktlich« da sein. Die Indianer jedoch kommen vielleicht mehrere Tage »zu spät«. In ihrer Zeitvorstellung jedoch waren sie »rechtzeitig«. Sie haben tagelang gebetet und getanzt und darauf gewartet, dass die Zeit reif ist. Und als es sich richtig anfühlte, das Treffen abzuhalten, haben sie sich gezeigt – rechtzeitig nicht im Hinblick auf die Uhr, sondern auf die Stimmigkeit des Geschehens.

Heute besteht die große Gefahr darin, dass die dominante Kultur einer Gesellschaft von ihrer Überlegenheit so überzeugt und in Bezug auf die Wirkung ihrer Einstellung so blind ist, dass die von fremden Kulturen oder Subkulturen entwickelten Stärken aussterben und verloren gehen (genauso wie bestimmte Tier- und Pflanzenarten). Dies vollzieht sich nicht direkt, sondern indirekt. Die Strafen für Abweichungen von der dominanten Kultur (nicht ernst genommen werden; als unterlegen, naiv, dumm, entwicklungsbedürftig betrachtet werden; unfähig erscheinen, sich ohne Anpassung an die herrschenden Werte seinen Lebensunterhalt zu verdienen) sind so groß, dass die Menschen ihnen nicht widerstehen können. In den USA zum Beispiel wird es belohnt, dem weißen, männlichen, europäischen Ideal entsprechend zu leben (egal, ob man Frau, Schwarzer oder Indianer ist), während das Ausagieren anderer Traditionen systematisch – und sehr subtil – bestraft wird. Der Vorgang verläuft weitgehend unbewusst. Niemand will die Leistungen und Werte ganzer Kulturen auslöschen; aber die dominante Kultur ist von ihrer Überlegenheit so überzeugt, dass es ihr gar nicht auffällt, dass sie es tut.

Wir können die Angehörigen sterbender Kulturen nicht bitten, sie zu bewahren, denn wenn sie es tun, werden sie bestraft. Menschen müssen sich entscheiden können. Wir alle verlieren, wenn wir keine Möglichkeit finden, die Tradition von Kulturen zu bewahren, die zurzeit zerstört werden.

Ein Schritt in diese Richtung wäre, wenn jeder von uns die Werte schätzt und bewahrt, die ihm in fremden Traditionen und in seiner eigenen entsprechen. Zwischen den

Ländern fallen die Mauern, also ist es unsinnig, Menschen in Reservaten, Gettos oder speziellen Schulen und Bereichen zu lassen. Das war die Ordnung einer anderen Zeit. Es war die Zeit, in der nur Italiener Spaghetti aßen, nur Asiaten Reis. Genauso wie unser Gaumen sich freut, Nudeln, Reis, Joghurt, Kartoffeln, Curry und viele andere Nahrungsmittel aus vielen Kulturen zu genießen, können wir das Beste aus jeder Tradition bewahren.

Ich bin keine amerikanische Indianerin, aber ich bemühe mich, die »richtige Zeit« zu finden, auch wenn ich in einer auf die Uhr fixierten Gesellschaft diesem Wert nicht immer treu sein kann. Ich lerne vom Gefühl der Indianer für das ökologische Gleichgewicht und bin offen dafür, jene Mutter Erde mehr zu lieben und zu schätzen, ohne die ich nicht existieren könnte. Ich bin keine Schwarze, aber ich kann mich bewusst bemühen, von den geselligen, spielerischen, improvisierenden und seelenvollen Elementen der schwarzen Kultur zu lernen, und ich tue dies zu meinem eigenen Nutzen. Ich bewahre dadurch Elemente der schwarzen Kultur, die für mich Elementen meiner eigenen Kultur überlegen sind.

Ich bin eine Karrierefrau, und in vieler Hinsicht gleicht mein Leben dem vieler Männer, aber ich schätze die alte weibliche Weisheit und versuche, meinem Rhythmus als Frau zu folgen – auch wenn ich dadurch unkonventionell erscheine. Wenn morgen die Tugenden des weißen Mannes gefährdet wären, würde ich versuchen, sie zu bewahren; aber auch ohne diese Gefährdung halte ich an vielen dieser Werte fest.

Um in einer Welt, die durch die Explosion des Wissens und die Medien klein geworden ist, vom Büfett des kulturellen Reichtums zu profitieren, müssen wir die Illusion aufgeben, dass einer dem anderen überlegen ist. Modernes Heldentum erfordert, dass wir die Mannigfaltigkeit respektieren, denn jeder Mensch und jede Kultur trägt ein notwendiges, wichtiges Stück zum Puzzle bei, und kein Mensch, keine Kultur hat alle Stücke. Wir brauchen einander. Natur, Gott, das Universum haben keinen Fehler gemacht, als sie einige von uns dunkelhäutig und andere weiß erschufen, einige als Mann und andere als Frau. Das Ziel besteht darin, dass keine Gruppe sich für überlegen hält und den Rest nach ihren Vorstellungen formt.

Es ist auch wichtig, dass wir uns fremde Kulturelemente nicht als Imperialisten zu eigen machen, sondern mit Respekt. In den Zehn Geboten heißt es, wir sollten Vater und Mutter ehren, und in vielen Eingeborenenkulturen ist es Tradition, die Vorfahren zu ehren. In gewisser Weise sind alle Kulturen unsere Vorfahren, denn sie alle haben die kulturellen Reichtümer zusammengetragen, die wir kennen. Wenn wir als Individuen und als Kollektiv freundlich und respektvoll vorgehen, bewegen wir uns auf eine Welt zu, in der niemand wegen seiner Rasse, seines Geschlechts oder seines kulturellen Erbes missachtet oder benachteiligt wird.

Wenn wir uns auf die Reise machen, unser Potenzial voll verwirklichen und demütig voneinander lernen, werden wir die großen Probleme unserer Zeit lösen können. Vor genau dieser heroischen Herausforderung steht die Menschheit heute. Die alte Ordnung ist tot. Wir erleben Veränderung, um einander wirklich lieben und schätzen zu können. Dies beginnt damit, dass wir das Beste von dem bewahren, was früher war, und die vielen Traditionen sich gegenseitig befruchten lassen; so kann ihre gemeinsame Energie etwas noch Größeres hervorbringen.

Archetypen, Kultur und Ganzheit

Es gibt eine Ganzheit, die über die Androgynität hinausgeht und für die wir keine adäquate Bezeichnung haben. Der nächste Begriff, den ich finden kann, ist Kosmopolitismus oder Weltbürgertum. Aber man kann es nicht erreichen, wenn man vor der eigenen Kultur flieht – genauso wenig, wie man androgyn werden kann, wenn man sein eigenes Geschlecht ablehnt. Das Weltbürgertum, von dem ich spreche, erfordert die Fähigkeit, ganz in der eigenen Kultur zu sein, ihre Stärken zu schätzen und die Verantwortung für ihre Schwächen zu übernehmen. Es bedeutet, wirklich zu akzeptieren, dass wir Teil einer bestimmten Tradition sind, egal, ob wir sie billigen oder nicht. Es ist am besten, wenn wir mit dieser Tradition Frieden schließen, und wenn wir Teile von ihr nicht billigen, sollten wir sie ändern, indem wir *unser* Leben ändern.

Wenn wir bereit sind, Teil unserer eigenen Kultur zu sein, können wir wirklich von fremden Kulturen lernen. Dazu dürfen wir nicht meinen, unsere Kultur wäre einer anderen über- oder unterlegen. Sie bestimmt sehr stark, wer wir sind, aber das macht sie nicht besser oder schlechter. Wenn wir diese Haltung einnehmen, können wir in unserer Seele einen Platz für den Teil von uns machen, der die Weisheit anderer Kulturen kennt. Ein weißer Mann europäischer Abstammung kann zum Beispiel feststellen, dass er Männer und Frauen unterschiedlicher Herkunft in sich hat. Ein Mann erzählte mir von dem japanischen Gärtner, den er in sich hat und der ihm Weisheit und Frieden vermittelt. Ein anderer sagte, er habe einen Schwarzen in sich, der ihn lehrt, zu entspannen und das Leben zu genießen. Wieder ein anderer sprach von der alten Indianerin, die ihm zeigt, wie er sich mit der Erde verbinden kann.

Ähnlich kann eine schwarze amerikanische Frau einen weißen europäischen Mann in sich haben, der ihr beibringt, wie sie in der Welt des weißen Mannes Erfolg haben kann, eine chinesische Frau, die sie ermutigt, zu meditieren und sich für ihre innere Weisheit zu öffnen und einen indianischen Medizinmann, der ihr sagt, wie sie sich und andere heilen kann.

Wichtig ist die Erkenntnis, dass die archetypischen Gestalten in unserem Kopf nicht realen Menschen entsprechen. Wir können von ihnen lernen, mehr Ganzheit zu erreichen, sollten aber nicht davon ausgehen, dass der Schwarze (oder Weiße) in unserem Kopf für die schwarzen (oder weißen) Menschen typisch ist, die wir kennen. Dies gilt auch für jede andere Gruppe. Wenn die Gestalten in unserem Kopf nur Stereotype sind, geben sie uns keine Kraft. Wenn sie Archetypen sind, geben sie uns Kraft und belehren uns, aber wir dürfen auf ihrer Grundlage nicht verallgemeinern.

Fremde Kulturen

1. Welche Eigenschaften, Traditionen oder Denk- und Handlungsweisen bewundern Sie in fremden kulturellen, familiären oder religiösen Traditionen?
2. Welche davon möchten Sie vielleicht in Ihr Leben integrieren?

Frauen ärgern sich oft über die Männer in ihrer Umgebung, weil sie einen patriarchalischen Mann in ihrem Kopf haben, der ihnen sagt, dass sie unzulänglich sind. In solchen Fällen ist es immer wichtig, einen Augenblick innezuhalten und zu sehen, ob die Männer um einen herum wirklich so denken und handeln oder ob »frau« projiziert. Ähnlich haben Männer oft Angst vor Frauen, weil ihre innere Frau sie zum Eros verlockt. Wenn sie diese innere Anima-Gestalt auf eine Frau projizieren, erscheint diese sehr mächtig – und dadurch sowohl attraktiv als auch bedrohlich. Es ist wichtig, dass »mann« sich von dieser Projektion befreit und überprüft, wie die Frauen um ihn herum wirklich sind.

Ähnlich können auch die Bilder, die Deutsche von Zigeunern haben, die Erfahrung bestimmen, die sie mit ihnen haben; dies geschieht, wenn sie das innere archetypische Bild nicht von dem realen Menschen trennen, mit dem sie es zu tun haben; Entsprechendes gilt für Ost- und Westdeutsche, Weiße und Schwarze.

Stereotype begrenzen. Archetypen geben Kraft und Weisheit. Wir müssen über begrenzende Stereotype hinausgehen, um die kraftgebenden Archetypen zu erfahren, die hinter ihnen stehen.

Die mit bestimmten Ländern, Völkern und geografischen Sphären assoziierten Archetypen tragen alle zu mehr Ganzheit und Komplexität bei, beschreiben aber nicht einzelne Menschen in dieser Kultur. Wenn wir das Gleichgewicht wahren können, profitieren wir von der Mannigfaltigkeit der archetypischen kulturellen Traditionen und registrieren die individuellen Fähigkeiten von Menschen in diesen Kulturen.

Wir erleben Ganzheit, wenn wir die Illusion aufgeben, dass irgendjemand über- oder unterlegen ist, und wenn wir ganz wir selbst, aber offen dafür sind, die Weisheit anderer zu verinnerlichen. Wir dürfen uns auch nicht von anderen Menschen verwirren lassen, die meinen, sie wären uns über- oder unterlegen, denn solche Vorstellungen führen immer zu einem unauthentischen Leben.

Damit Sie begreifen, wie die Archetypen in Ihrem Leben funktionieren, müssen Sie Ihren Kontext verstehen – Ihre Lebensphase, Ihr Geschlecht, Ihre familiäre und kulturelle Tradition, nationale oder internationale Ereignisse und den unmittelbaren Kontext Ihres Zuhauses, Ihres Arbeitsplatzes, Ihrer Gemeinschaft. In die unten stehende Abbildung können Sie eintragen, welche archetypischen Energien zurzeit in Ihrer Psyche und in Ihrem kulturellen Umfeld sind.

> Wir erleben Ganzheit, wenn wir die Illusion aufgeben, dass irgendjemand über- oder unterlegen ist.

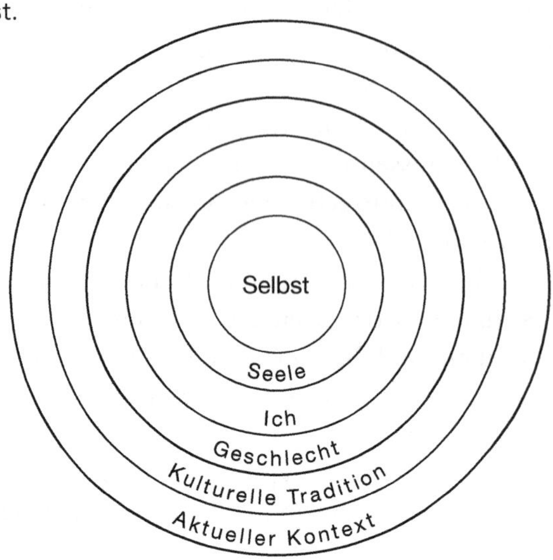

Schreiben Sie in jeden Ring, welcher Archetyp in dem jeweils angegebenen Bereich am aktivsten ist.

Archetypische Eigenschaften von Kulturen

Anhand der folgenden Übersicht können Sie die archetypischen Eigenschaften Ihres kulturellen Erbes erkennen. Denken Sie daran, dass dies Vereinfachungen sind und die meisten Kulturen aus einer Mischung dieser Eigenschaften bestehen. Für viele Kulturen – und Familien – lässt sich, genauso wie für Einzelpersonen, je ein Archetyp aus den Kategorien Ich, Seele und Selbst identifizieren. Vielleicht stellen Sie auch fest, dass Ihr kulturelles Erbe eine männliche oder weibliche Färbung hat.

Unschuldiger

Autoritäten, die geachtet werden und verantwortlich dafür sind, andere zu schützen und zu umsorgen. Die Betonung liegt auf der Befolgung von Regeln und Traditionen; nicht das individuelle, sondern das Wohl der Gruppe zählt. Vom Einzelnen wird erwartet, dass er sich anpasst und die Dinge so macht, wie es sich gehört. Im schlimmsten Fall werden Abweichung oder Regelbruch hart bestraft. Im besten Fall werden Abweichler als hilfsbedürftig angesehen, und die Autoritäten versuchen geduldig, ein korrekteres Verhalten zu bewirken.

Verwaister

Sehr auf Gleichgewicht bedacht. Menschen schließen sich gegen Unterdrückung zusammen oder helfen sich in harten Zeiten, bei Krankheit, Armut oder anderem Leid. Menschen fühlen sich sehr schwach. Im besten Fall haben sie das Gefühl, Opfer zu sein, helfen aber einander. Im schlimmsten Fall quälen sie sich gegenseitig.

Krieger

Fordernde, disziplinierte, hart arbeitende stoische Kulturen, die das Konkurrieren stark betonen. Im besten Fall schließen die Menschen sich zusammen, um gegen andere zu kämpfen. Im schlimmsten Fall bricht alles in einem großen Gemetzel zusammen.

Geber
Von jedem wird erwartet, dass er selbstlos gibt, ohne an sein eigenes Wohl zu denken. Im besten Fall funktioniert dies, und für jeden wird gut gesorgt. Im schlimmsten Fall gibt jeder, und niemand bekommt, was er will, weil niemand um das bittet, was er will – es würde egoistisch erscheinen! In Kulturen, die das schädigende Verhalten einzelner zulassen, kann es auch sein, dass niemand sich die Wahrheit über seine Situation eingesteht.
Suchender
Sehr ins Einzelne gehend, individualistisch. Niemand übernimmt viel Verantwortung für den anderen, aber jeder hat ein Recht auf »Leben, Freiheit und Glück«. Im besten Fall finden die Menschen sich selbst. Im schlimmsten Fall sind alle sehr einsam und auf sich gestellt.
Zerstörer
Die Gesellschaft schließt sich zusammen, um gemeinsam etwas oder jemanden zu zerstören. Menschen werden motiviert zusammenzuhalten, weil sie glauben, dass etwas wegmuss. Im besten Fall sind dies Aufständische, die sich gegen das Böse zusammenschließen. Im schlimmsten Fall gibt es kein positives Ventil für die Wut, und sie wendet sich nach innen. Die Menschen zerstören sich selbst durch Gewalt, Alkohol, Drogen.
Liebender
Stark auf Gleichgewicht bedachte, leidenschaftliche, intensive Kulturen, die den künstlerischen Ausdruck, persönliche Beziehungen und ein gutes Leben schätzen. Viel Drama, Intensität, Beschäftigung mit der Lebensqualität. Im besten Fall fühlen die Menschen sich gut und haben innige Beziehungen, und das Leben ist herrlich. Im schlimmsten Fall wird der Friede durch Eifersucht, Gezänk oder Klatsch erschüttert oder durch unterdrückte, nicht eingestandene Konflikte unterminiert.

Schöpfer
Sehr visionäre, innovative Kulturen, in denen es hauptsächlich um das geht, was man miteinander aufbauen kann (etwa utopische Experimente). Im besten Fall wird die Vision realisiert. Im schlimmsten Fall wird die Trostlosigkeit der Gegenwart mit der großen Vision entschuldigt, die irgendwann in der fernen Zukunft verwirklicht werden soll.

Herrscher
Die Betonung liegt darauf, andere zu regieren und zu führen und durch sein gesamtes Tun ein gutes Beispiel zu geben. Oft legen diese Kulturen viel Wert auf den Erwerb von materiellem Reichtum, der als Zeichen des Verdienstes gilt. Im besten Fall ist dies die höchste und verantwortlichste Form von »Adel verpflichtet«: Die Habenden helfen den Habenichtsen wohlwollend und staatsmännisch. Im schlimmsten Fall ist die Kultur blasiert, snobistisch und imperialistisch.

Magier
Die Betonung liegt darauf, sich und anderen Kraft zu geben, und auf der wechselseitigen Beziehung zwischen den Menschen und zwischen Mensch und Natur. Im besten Fall beruht das verwandelnde Tun auf gegenseitiger Verbundenheit und Demut. Im schlimmsten Fall ist es manipuliert, unausgewogen und vom Ich motiviert; oder es wird wirkungslos, weil abweichende Visionen nicht angemessen behandelt werden oder nicht erkannt wird, dass die Bedürfnisse sich im Laufe der Zeit ändern.

Weiser
Geschätzt werden eine hohe Gesinnung und eine auf mehr Weisheit und Fachkenntnis beruhende Autorität. Kaum Bedürfnis nach Innovation, da der Schwerpunkt auf den ewigen Wahrheiten liegt. Im besten Fall sind dies kultivierte, aufbauende Kulturen, die den Menschen

helfen, weise zu werden. Im schlimmsten Fall sind sie manieriert, lebensfern und veränderungsfeindlich und stellen individuelle Initiativen als lächerlich hin.

Narr

Kulturen, bei denen die Betonung auf der Erfahrung, dem Lebendigsein um seiner selbst willen liegt. Leistung und materieller Gewinn motivieren sie kaum, wohl aber Freude, Spiel und die Erfüllung im Augenblick selbst. Aufgaben werden erledigt, weil sie Spaß machen könnten. Im besten Fall verkörpern solche Kulturen die höchste Ebene der Existenz: die Ekstase des Lebens ohne Sicherheit oder Leistung. Im schlimmsten Fall sind sie arm, neigen zu Drogengebrauch, und nichts wird erledigt.

Weiblich

Auf Gleichgewicht ausgerichtete, rezeptive Kulturen, die viel Wert darauf legen, miteinander und mit der Natur im Einklang zu leben. Im besten Fall sind dies kraftgebende, fürsorgliche, harmonische Kulturen, die zahlreiche Verhaltensweisen zulassen. Im schlimmsten Fall werden Konflikte unterdrückt, und die Konformität wird durch Klatsch und ein Netzwerk von Scham und drohender Ausschließung verstärkt.

Männlich

Hierarchisch, konkurrierend, aggressiv; die Betonung liegt auf Leistung und Macht. Im besten Fall lehren diese Kulturen Mut, Disziplin und die Aufrechterhaltung hoher Maßstäbe im Interesse des Gemeinwohls. Im schlimmsten Fall sind sie gefühllos, ausbeuterisch, imperialistisch und destruktiv für die Erde.

21 Erkennen Sie Ihren Lebensmythos

Das Auffinden der großen Geschichte, die Ihr Leben formt, ist eine heilige Aufgabe. Wenn Sie Ihre Geschichte kennen, wissen Sie, wer Sie sind. Diese Aufgabe sollte nicht leichtgenommen werden, aber auch nicht ungebührlich schwer. (Mit einer guten Portion des Narren ist man tatsächlich sehr viel kreativer!) Wenn Sie Ihre große Geschichte kennen, werden Sie sich weniger kleinmachen und sich weniger von Unwichtigem ablenken lassen; sie werden sich weniger von anderen manipulieren oder sich einreden lassen, dass Sie weniger sind, als Sie sein könnten. Meist fühlen wir uns im Leben so, als würden wir ohne Landkarte reisen. Wir wissen, dass wir uns bewegen, haben aber kein wirkliches Gefühl dafür, wo wir waren, wo wir sind oder wohin wir gehen. Das in diesem Buch vorgestellte Modell gibt Ihnen so etwas wie eine allgemeine Landkarte für die Reise an die Hand, aber es ist eine allgemeine Karte, nicht eine, die auf Ihr individuelles Leben zugeschnitten ist. Ihre große Geschichte wird wahrscheinlich ein oder zwei dominante Archetypen und viele verschiedene archetypische Elemente aufweisen, aber die Art der Zusammensetzung ist einzigartig und gehört nur Ihnen.

Jean Houston betont in *The Search for the Beloved,* wie wichtig es ist, dass jeder seine eigene große Geschichte schreibt, um bewusst an der neuen Geschichte teilzunehmen, die in unserer Zeit Gestalt anzunehmen beginnt. Ihr Buch enthält dazu sehr wertvolle Übungen; die Autorin meint auch, es wäre wichtig, die Geschichte als Mythos abzufassen. Sie schlägt vor, zuerst eine ganz normale Autobiografie zu schreiben und diese dann in eine mythische Sprache zu übersetzen. Dazu ein Beispiel:

Ich wurde in eine durchschnittliche Familie hineingeboren. Meine Mutter war Lehrerin, und mein Vater arbeitete als Schaffner bei der Eisenbahn. Ich war das jüngste Kind, und niemand kümmerte sich besonders um mich. Meine Mutter arbeitete den ganzen Tag außer Haus, und mein Vater war manchmal tagelang weg.

Dieselbe Geschichte nimmt, als Mythos erzählt, die folgende Gestalt an:

Es war einmal ein ganz besonderes Kind, das mit einer Verheißung und einem inneren Licht geboren wurde; dieses Licht war so hell, dass es alle anderen blendete, und sie wagten nicht, es anzusehen. Auch die Mutter des Kindes, die wusste, wie die Dinge funktionieren, und sein Vater, der Karawanen in ferne Reiche begleitete, konnten es nicht sehen.[146]

> Wenn Sie Ihre große Geschichte erkennen, finden Sie Ihre Besonderheit und können die Bedeutung Ihres Lebens besser verstehen. Niemand außer Ihnen kann diese Geschichte erzählen, denn Sie sind der Einzige, der weiß, was Sie hier tun oder lernen sollen.

Sie müssen jedoch nicht unbedingt auf diese Weise schreiben, um Ihre persönliche große Geschichte zu finden. Manche Menschen schreiben ihre Geschichte am besten auf gewöhnlichere Weise, andere erzählen sie lieber Freunden, wieder andere malen oder zeichnen sie oder setzen sie sogar in Bewegung, Tanz oder Theater um. Manchmal ist die Form, die Sie verlockt, genauso wichtig wie der Inhalt, denn Sie zeigen sich in beiden.

Ihre Lebensgeschichte / Ihr Lebensmythos (I)

1. Geben Sie Ihre Lebensgeschichte als normale Erzählung wieder. Vielleicht wollen Sie dabei die Einsichten benutzen, die Sie durch die Übungen in den vorangegangenen Kapiteln gewonnen haben. Denken Sie zum Beispiel an die in verschiedenen Lebensabschnitten aktiven Archetypen, an den Einfluss Ihres Geschlechts und Ihrer Kultur, an das Gleichgewicht zwischen dem, was Sie sein sollten, dem, was Sie sein wollen, und der tiefsten Wahrheit über den Sinn Ihres Lebens.
2. Schreiben Sie die Geschichte Ihrer Heldenreise dann in einer mythischen Sprache. (Oder drücken Sie Ihre Geschichte in mythischen und heroischen Bildern durch Kunst, Tanz, Theater oder Musik aus.)

Finden Sie Ihren dominanten Mythos

Sie erkennen Ihren dominanten Mythos am besten, wenn Sie Ihre Lebensgeschichte so aufrichtig wie möglich aufschreiben oder auf andere Weise ausdrücken und dann die ihr zugrunde liegende Handlungsstruktur aufspüren. Vergleichen Sie dazu das Grundmuster Ihrer Autobiografie auch mit der Übersicht »Archetypen und ihre Geschichte«.

Vielleicht sehen Sie, dass Ihre Geschichte nur aus Herzeleid, Enttäuschungen oder Benachteiligung besteht. Dann sollte Ihnen klar sein, dass der Mythos, der Ihr Leben

Archetypen und ihre Geschichte

Unschuldiger

Paradies verloren, Vertrauen bewahrt; Paradies wiedergewonnen.

Verwaister

Paradies verloren, daher Verzweiflung und Entfremdung; hofft nicht mehr auf das Paradies; arbeitet mit anderen zusammen, um in der bestehenden Welt bessere Zustände zu schaffen.

Krieger

Macht sich auf die Reise; tritt Drachen entgegen und tötet sie; rettet Opfer.

Geber

Bringt Opfer und tut, was andere verlangen; fühlt sich »verstümmelt« oder manipuliert andere; lebt so, dass es ihn selbst und die Gemeinschaft bereichert.

Suchender

Fühlt sich in der Gemeinschaft als Fremder, weil er meint, sich anpassen zu müssen; macht sich allein auf die Reise; findet den Schatz der Autonomie und Berufung; findet seine wahre Familie, sein wahres Zuhause.

Zerstörer

Erlebt Verlust und Schmerz; verliert Illusionen und unechte Verhaltensmuster; schaut dem Tod ins Auge und lernt, aus ihm einen Verbündeten zu machen.

Liebender

Sehnt sich nach Liebe; findet Liebe; von der Liebe getrennt; stirbt (in der Tragödie) oder wird (in der Komödie) mit geliebten Menschen vereint.

Schöpfer

Entdeckt sein wahres Selbst; erforscht Möglichkeiten, ein Leben zu erschaffen, in dem dieses Selbst sich leicht äußern kann.

Herrscher
Ist verwundet, und das Königreich ist öde und unfruchtbar; übernimmt die Verantwortung für das Königreich und seine Verwundung; Fruchtbarkeit, Harmonie und Frieden werden im Königreich wiederhergestellt.
Magier
Überwindet schwächende Krankheit; heilt und verwandelt sich selbst, lernt dadurch, andere zu heilen und zu verwandeln; erlebt die destruktiven Auswirkungen von Hochmut oder Unsicherheit; lernt, seinen Willen auf den Kosmos einzustimmen.
Weiser
Sucht Wahrheit dadurch, dass er sein Selbst verliert; erkennt seine Subjektivität; bejaht sie; erfährt transzendente Wahrheit.
Narr
Lebt für das Vergnügen, aber ohne im Selbst, in der Gemeinschaft oder im Kosmos verwurzelt zu sein; lernt, Menschen, der Natur, dem Universum gegenüber Verpflichtungen einzugehen; kann dem Lebensprozess vertrauen und in Harmonie mit dem Universum leben; findet Freude.

formt, eine Variante des Verwaisten-Schemas ist. Wenn Sie die Überwindung von Herausforderungen oder gewonnene (oder verlorene) Schlachten beschreiben, wird das Krieger-Thema variiert. Wenn Sie feststellen, dass Sie ständig für andere Opfer bringen, agieren Sie das Geber-Schema aus. Wenn die Suche nach Liebe, Wahrheit oder Antworten im Vordergrund steht, sind Sie in einer Version des Suchenden-Drehbuchs – und so weiter. (Wahrscheinlich werden Sie feststellen, dass Ihre Geschichte Elemente verschiedener Archetypen kombiniert.)

Wenn Sie Ihren Lebensmythos nicht kennen, besteht die Gefahr, dass Sie sich ständig am Maßstab einer Reise messen, die nicht die Ihre ist. Ein Mensch etwa, dessen eigentlicher Mythos der des Liebenden ist, wird sich ständig dafür entschuldigen, dass er keine großen Taten vollbringt, denn die meisten Menschen in unserer Kultur messen sich am Mythos von Krieger und Herrscher. Ein Mensch jedoch, dessen Leben tatsächlich vom Mythos des Herrschers bestimmt wird, fühlt sich vielleicht unzulänglich, weil er nicht einfach im Augenblick leben, das heißt ein Narr sein kann.

Die Menschen sind oft sehr erleichtert, wenn sie ihre Geschichte geschrieben und den ihr Leben gestaltenden Mythos gefunden haben, denn sie sehen, dass das, was sie getan haben, genau richtig für sie war. Aber nicht jeder empfindet es so. Wenn manchen Menschen klar wird, welches Schema sie ausleben, erkennen sie plötzlich, dass diese Geschichte und der entsprechende Archetyp sie einschränken, dass sie von ihnen besessen sind. Dann ist es hilfreich, den Mythos als »Drehbuch« zu betrachten.

Erkennen Sie Ihr Drehbuch

Jeder von uns lebt nach einem Drehbuch, das in der Kindheit als Reaktion auf die Äußerungen anderer über unsere Fähigkeiten und Möglichkeiten entstand. Die Transaktionsanalyse, der diese Vorstellungen entstammen, meint, wir hätten auch ein »Gegendrehbuch« – das Ergebnis unserer unbewussten Rebellion gegen diesen Drehbuchentwurf. Es ist ein Augenblick der Befreiung, wenn wir unser »Script« erkennen und sehen, ob es positive Ergebnisse bringt.[147]

Drehbücher werden sehr stark von äußeren Einflüssen

bestimmt, denn sie haben mit unserer kindlichen Anpassung an die Außenwelt zu tun. Wenn etwa die Eltern uns Gewehre und Zinnsoldaten mitbrachten, werden wir uns wahrscheinlich mit dem Krieger identifizieren; wenn sie uns Puppen mitbrachten und meinten, wir würden später einmal eine großartige Mutter abgeben, werden wir uns wahrscheinlich mit dem Geber identifizieren.

Das Drehbuch ist oft eine Kompensation für eine frühe Verletzung. Wir versuchen, für unser Leben ein Schema zu finden, das uns Sicherheit gibt und uns für Schmerz weniger empfänglich macht. Wie wir gesehen haben, geht die Verwundung oft auf die negativen oder einschränkenden Botschaften zurück, die wir über uns oder unsere Möglichkeiten erhalten haben. Solche Botschaften können sich auf unser Geschlecht, unsere Volkszugehörigkeit, unsere Größe, unser Aussehen, unser Temperament oder irgendetwas anderes beziehen. Solange wir das Script unbewusst und wörtlich ausagieren, wird die Verletzung tiefer, denn es beeinträchtigt die Ganzheit. Wir haben Angst, dass wir nicht überleben, wenn wir uns nicht diesem Drehbuch entsprechend verhalten.

Wenn das Drehbuch jedoch als Mythos oder Metapher verstanden wird, enthält es auch die Möglichkeit zur Heilung der Verletzung. Dann können wir weitergehen und unsere wahre Geschichte ausdrücken. Die Vorstellung, dass Drehbücher einen Archetyp in Szene setzen, lässt uns unser Drehbuch nicht mehr bekämpfen, sondern anerkennen und auf eine höhere Ebene heben.

Oft ist die Vorstellung hilfreich, dass man sich seine Eltern, sein Geschlecht und seine allgemeinen Lebensumstände ausgesucht hat, weil man etwas geben oder lernen sollte oder wollte. Mit dieser Einstellung übernehmen wir die Verantwortung dafür, das Drehbuch gewählt zu haben, das wir in unserer Kindheit brauchten.

Ihr Drehbuch

1. Wer sollten Sie sein?
2. Wie begrenzt dieses Drehbuch Ihr Leben?
3. Was könnte das Geschenk bzw. die Lektion Ihres Drehbuches sein?

Ein zunächst einschränkend oder sogar destruktiv erscheinendes Drehbuch wird verwandelt, wenn wir die in ihm enthaltenen Archetypen sehen. Oft verlangt die Verwandlung die Fähigkeit, Drehbücher metaphorisch zu interpretieren, nicht wörtlich. Eine Frau mit einem Aschenputtel-Script zum Beispiel ist zunächst vielleicht unfähig, für sich selbst zu handeln, weil sie darauf wartet, dass ihr Prinz kommt. Wenn sie ihr Drehbuch erkennt, kann sie die in ihm verschlüsselte metaphorische Weisheit suchen. Das Script sagt nämlich, was sie tun muss: Ihr eigener Animus muss kommen und sie retten. Ihr Animus wird ihr sagen, wie sie in der Welt bestehen und für sich selbst sorgen kann.

Wenn Sie meinen, Ihre Geschichte würde Sie begrenzen, sollten Sie überlegen, was sie sonst noch bedeuten könnte. Die Frau mit dem Aschenputtel-Schema etwa könnte ihre Geschichte so uminterpretieren, dass sie nicht mehr auf den äußeren Prinzen wartet, sondern den inneren Prinzen integriert und ihren eigenen Palast findet. Wenn sie diesem neuen Wissen entsprechend handelt, wird ihre Verletzung allmählich geheilt, und sie kann eine neue Geschichte schreiben, die ihr mehr Kraft gibt.

Wenn Sie meinen, Ihre Geschichte würde Sie begrenzen, sollten Sie überlegen, was sie sonst noch bedeuten könnte.

Ihre Lebensgeschichte (II)

1. Welche Äußerung, die irgendjemand irgendwann einmal über Sie gemacht hat, hat Ihnen am meisten Kraft gegeben?
2. Wer und was hat Sie am meisten beflügelt? Ist Ihr Leben durch diesen Menschen, diese Idee, diese Erfahrung verändert worden?
3. Was macht Sie wirklich froh und zufrieden? Worin sind Sie gut? Was tun Sie wirklich gerne?
4. Schreiben Sie Ihre Lebensgeschichte in Form eines Nachrufs, der die wesentliche Wahrheit Ihres Lebens enthält. Schreiben Sie auf, was Sie sagen würden, wenn Sie Ihr Potenzial in jedem Bereich Ihres Lebens verwirklicht hätten – im persönlichen, im spirituellen und im beruflichen. Was würden Sie sagen, wenn Sie Ihr Leben voll leben und auf Ihrem Totenbett nichts bedauern würden?
5. Welche Archetypen waren in Ihrem Leben aktiv? Welche Archetypen müssten in Ihrem Leben aktiv sein, damit Sie Ihr Potenzial ganz verwirklichen?

Viele Menschen stellen fest, dass bei ihnen zwei große Geschichten gleichzeitig aktiv sind: ein Drehbuch und ein Mythos, der tiefer geht und ihnen mehr Kraft gibt. Dies war auch bei der Frau der Fall, die sich mit Aschenputtel identifizierte. Auf der einen Ebene wartete sie auf ihren Prinzen, auf der anderen hatte sie sich mit Malen beschäftigt, und als sie ihre Seelenreise unternahm, gingen ihre Malereien mehr in die Tiefe und hatten eine verwandelnde Wirkung auf andere. Sie besaß das Potenzial zum Magier, konnte es aber nicht verwirklichen, solange sie das Männliche nur außerhalb von sich selbst suchte. Als sie diesen Bann brach, konnte sie ihre weibliche Seite benutzen, um gut zu malen, und ihre männliche, um ihre Arbeit zu verkaufen. Dieses Muster wiederholt sich oft, wenn Menschen ihren tieferen Mythos finden. Das Drehbuch hielt sie irgendwie beschäftigt, schien sie aber oft zu lähmen. In Wirklichkeit war es so etwas wie eine Ausbildung, die es ihnen ermöglichte, den darunterliegenden Mythos zu leben.

Obwohl es ideal wäre, den eigenen Mythos ein für alle Mal zu kennen, ist dies eher unwahrscheinlich, denn unser Verständnis vom Leben und seiner Geschichte entwickelt sich und wird im Allgemeinen von dem beeinflusst, was für uns jeweils wichtig ist. Wie der Herrscher, der zu lange an der befreienden »neuen Wahrheit« festhält und dadurch zum bösen Tyrannen wird, müssen wir unsere Geschichte anhand der aktuellen Realität immer wieder neu betrachten. Es ist daher weise, den eigenen Mythos oft auf den neuesten Stand zu bringen, damit er weiter nützlich und dem Leben förderlich ist.

Eine neue Geschichte finden: Ein dialektischer Prozess

David Feinstein und Stanley Krippner skizzieren in ihrem Buch *Persönliche Mythologie,* wie Sie herausfinden können, ob Ihr gegenwärtiger Mythos Sie begrenzt, und wie Sie ihn gegebenenfalls so entwickeln können, dass er zu einer befreienden Kraft wird.

Bei Feinstein und Krippner geschieht dies in fünf Stufen. Auf Stufe eins erkennen wir, dass der uns bestimmende Mythos kein Verbündeter mehr ist, sondern uns begrenzt; wir spüren bewusst den Schmerz, an einem Mythos festzuhalten, der nicht mehr für uns passt. Auf Stufe zwei beschäftigen wir uns mit den Ursachen des mythischen Konflikts. »Noch bevor Sie die Unzulänglichkeiten eines alten Mythos bewusst entdecken, bringt Ihre Psyche einen Gegenmythos hervor, der seine Begrenzungen kompensiert.« Wie Träume haben diese Gegenmythen eine Wunscherfüllungsqualität, sind aber von den Erfordernissen der realen Welt oft weit entfernt. Die Autoren geben eine Reihe von Übungen, mit deren Hilfe der begrenzende und der neu auftauchende Mythos herauskristallisiert werden können. Auf der dritten Stufe entwirft man eine »verbindende mythische Vision« – die Synthese von These (der alte Mythos) und Antithese (der Gegenmythos). Der Gegenmythos konkurriert mit dem noch dominierenden Mythos um die Beherrschung der Wahrnehmung und die Lenkung des Verhaltens. Diese dialektische Auseinandersetzung gleicht einer »natürlichen Auslese« in der Psyche, einem »Überleben des Elements, das am besten angepasst ist«. Auf der vierten Stufe bewegt man sich »von der Vision zur Verpflichtung«, und auf der fünften wird der neue Mythos in den Alltag verwoben.

Was Feinstein und Krippner hier beschreiben, ist auch ein Nebenprodukt der Heldenreise. Die Ich-Entwicklung verlangt, dass wir das unser Leben formende Drehbuch entwickeln und ausagieren. Aber wenn wir die Einweihung erleben, verliert diese Geschichte ihren Wert. Sie ist einfach nicht mehr angemessen, um uns in dem neuen Bereich, den wir betreten haben, den Weg zu weisen. Lange Zeit ringen die beiden Geschichten miteinander, bis es zu einer Lösung kommt, die wir vielleicht bewusst noch gar nicht sehen; wir fühlen nur eine Leere da, wo vorher Kampf war. Oft entdecken wir die Lösung, wenn wir unser Tun beobachten. Erst später verpflichten wir uns bewusst, diese neue Geschichte in unserem Leben zu manifestieren. Dann bekommt unser Leben eine mythische Qualität.[148]

Eine neue Geschichte finden

1. Sehen Sie sich die Mythen oder Geschichten an, die Sie geschrieben haben, und prüfen Sie, ob sie Ihr Leben fördern oder beeinträchtigen.
2. Wenn Sie Teile dieser Mythen oder Geschichten ändern wollen – tun Sie es! Erarbeiten Sie einen Gegenmythos; denken Sie dabei daran, dass der Schlüssel dazu sich in Ihren Fantasien findet.
3. Wie könnten Sie das Beste dieser beiden Mythen oder Geschichten zusammenbringen und in Ihr Leben integrieren?

Das Reich des Mythos betreten

Wir müssen diese mythische Qualität unseres Lebens von einem übersteigerten Selbstwertgefühl unterscheiden. Auch bei Letzterem sind wir von Archetypen besessen, aber anders als bei einem Drehbuch wissen wir davon. Unser Leben bekommt etwas Großartiges, das letztendlich nicht gut für uns ist. Wir sind – in positiver oder negativer Form oder in beiden – von den Archetypen besessen. Im Extremfall kommt es zu Wahnvorstellungen: Man meint, man wäre der fleischgewordene Jesus Christus.

Aber es geht darum, wirklich *seine eigene* Geschichte zu leben. Dann sind wir zufrieden und haben das Gefühl, dass unser Leben einen Sinn hat. Es zeugt nicht von Selbstüberschätzung, wenn Jesus Christus sich wie Jesus Christus fühlt oder wenn ich mich wie ich fühle; es ist auch keine Selbstüberschätzung, wenn Sie einem Archetyp erlauben, sich *durch* Sie auszudrücken, solange Sie wissen, dass Sie nicht der Archetyp *sind.*

Wenn Sie meinen, Sie wären grandios, besser als andere oder im Gegenteil wertlos, unbedeutend oder böse, liegt irgendeine Übersteigerung vor. Sie sind von den positiven oder negativen Formen eines Archetyps besessen. Wenn wir unsere eigene große Geschichte leben, kann dies irgendwie aufregend sein, aber es hat immer etwas Selbstverständliches. Wir sind einfach wir selbst, deshalb fühlt es sich aufrichtig an.

Oft findet man seine wahre Geschichte oder seine wahre Arbeit nicht, weil man fürchtet, sie sei zu groß oder zu klein. Was wäre, wenn ich etwas Großes zu leisten hätte? Vielleicht bin ich ihm nicht gewachsen. Was wäre, wenn meine Arbeit darin bestände, Fußböden zu schrubben? Ich will mehr Erfolg in der Welt. Solche Ängste blockieren uns oft. Aber wir können nicht glücklich sein, wenn wir nicht unsere tiefe, große Geschichte leben. Kein Leben, egal, wie erfolgreich und aufregend es sein mag, wird Sie glücklich machen, wenn es nicht wirklich Ihr Leben ist. Und kein Leben wird Sie unglücklich machen, wenn es wirklich zu Ihnen gehört. Im Alltag leben wir unsere Geschichte, wenn wir »unserer Begeisterung folgen« und nicht nur einfach das tun, was von uns erwartet wird oder oberflächlichen Erfolg verspricht.

Ursprünglich möchten wir unsere einzigartige Lebensaufgabe erkennen, weil wir unsere Individualität behaupten wollen. Aber wenn wir uns auf die Reise machen, erfahren wir, dass wir nicht allein unterwegs sind. Unsere Reise ist immer mit der von Freunden, Familienmitgliedern, Mitarbeitern, Zeitgenossen, Geschlechtsgenossen, Angehörigen der gleichen Kultur verwoben. Jeder Schritt, den wir in Richtung auf mehr Authentizität tun, hat eine Auswirkung auf andere, genauso wie ihre Schritte uns beeinflussen.

Wir können nicht glücklich sein, wenn wir nicht unsere tiefe, große Geschichte leben.

Wir können dem derzeit grassierenden Wahn erliegen, nicht wichtig zu sein, oder täglich unser Leben gestalten und dadurch unsere Welt verändern. Dieses Wissen und die mit ihm einhergehende Verantwortung sind das Vermächtnis all der Helden, die uns vorausgegangen sind. Die Zukunft, der wir entgegensehen, kann ein Albtraum oder ein Wunder sein. Wir haben die Wahl.

Danksagungen

Dieses Buch ist das Ergebnis zwanzigjähriger Forschungen, die an der Universität begannen, als das Thema der Heldenreise meine Aufmerksamkeit auf sich zog; meine Begeisterung führte zunächst zu einer Doktorarbeit über Narren und Helden in der zeitgenössischen Literatur (1970).

Wie bei jeder Arbeit, die das Ergebnis zwanzigjähriger Studien ist, kann ich unmöglich all die Bücher, Theorien und Menschen nennen, die sie beeinflusst oder unterstützt haben. Trotzdem sind einige so wichtig, dass sie nicht vergessen werden dürfen.

An der Universität war Joseph Campbells *Der Held in tausend Gestalten* für mich »Aufruf«, diese Arbeit in Angriff zu nehmen. Meinen Professoren am Institut für Anglistik an der Rice-Universität, insbesondere Monroe Spears, William Piper und David Minter, danke ich dafür, dass sie mich nicht nur über Literatur, sondern auch über die Seele so viel lehrten. Auch meine Mitarbeit bei den Studienprogrammen für Frauen an den Universitäten von Colorado und Maryland, meine Zusammenarbeit mit Anne Wilson Schaef (Intensivseminare für berufstätige Frauen), Donna Shavlik und Judy Touchton (Amt für Frauen beim Erziehungsrat der Vereinigten Staaten) und Katherine Pope (Herausgabe des Buches *Who Am I This Time? Female Portraits in American and British Literature* und gemeinsame Abfassung von *The Female Hero in British and American Literature*) waren mir sehr nützlich.

Beim Entwerfen und Schreiben dieses Buches profitierte ich zudem von meiner Weiterbildung am Midway-Zentrum für kreative Imagination bei der Psychiatric Institute Foundation in Washington, D. C., und der Ausbildung in Tiefenpsychologie am Wainwright House in Rye, New York.

Am Midway-Zentrum nahm ich an David Oldfields einjährigem Kurs für kreative Mythologie teil und arbeitete per Selbsterfahrung mit archetypischem und mythischem Material. Auch die dort vorgestellten Theorien über die Seele und ihre Entwicklung sind in meine Arbeit eingegangen.

Später hatte ich die Gelegenheit, den Kurs am Midway-Zentrum zu geben, wodurch ich die hier präsentierten Theorien und Übungen mit Fachleuten testen konnte; für diese Chance bin ich dem Midway-Zentrum und David Oldfield sehr dankbar. Den Einfluss dieser außergewöhnlichen Gruppe auf mich und diese Arbeit kann ich nicht hoch genug ansetzen. Die Teilnehmer ermutigten mich hinsichtlich der Bedeutung meiner Arbeit, probierten die Theorien in ihrer Arbeit und in ihrem Leben aus, lasen die Entwürfe zu den Kapiteln und teilten mir großzügig ihre Einsichten und Erfahrungen mit.

Zwei Jahre lang machte ich Kurse am Wainwright House, um meine Kenntnis der Jung'schen Psychologie zu vertiefen. Ich danke besonders Franklin Valas (Direktor des Wainwright House) und Don Kalshed und Sidney McKinsey (Leiter bzw. Koordinator des Programms für Tiefenpsychologie) für die Möglichkeit zu dieser bereichernden Erfahrung; sie wurde mir genau dann zuteil, als ich sie brauchte.

Am meisten möchte ich meinen Kollegen von »Meristem« – einer gemeinnützigen Organisation, die Training für Persönlichkeitsentwicklung und berufliche Weiterbildung anbietet – danken, besonders Sharon V. Seivert, Koautorin von *Heroes at Work: Workbook*, die mit mir zusammen das Projekt »Helden bei der Arbeit« entwarf. Da es sich mit vielen der in diesem Buch beschriebenen Archetypen beschäftigt und sie auf Organisationen anwendet, haben die beiden Projekte sich wechselseitig stark befruchtet; der Einfluss unserer gemeinsamen Arbeit auf mein Denken ist im ganzen Buch spürbar, besonders in Teil II, III und IV, wo die einzelnen Archetypen beschrieben werden. Zehn der hier erörterten Archetypen waren bereits Teil von *Heroes at Work: Workbook* und Fassung D des Tests (von »Meristem« 1988 privat publiziert).

Auch das Team, das mit mir den Heldenmythen-Test in seinen verschiedenen Fassungen erarbeitete, hat mein Verständnis der Archetypen sehr verbessert. Fassung D (mit zehn Archetypen) wurde unter anderem von Sharon V. Seivert und Mary Leonard entwickelt; Beth O'Brien und Barbara Murry boten technische Unterstützung, Francis Parks, Polly Armstrong, David Oldfield und John Johnson fachmännischen Rat. Zu der Gruppe, die Fassung E (mit zwölf Archetypen) erarbeitete, gehörten Hugh Marr, Mary Leonard und Sharon V. Seivert. Ich möchte vor allem Hugh Marr danken, der die Validitäts- und die Reliabilitäts-Untersuchung durchführte und die Entwicklung der Fragen vorantrieb.

Ich möchte auch den Teilnehmern an Mary Leonards Seminar an der Universität von Maryland danken, die mir Rückmeldungen und Ratschläge zum Test gaben; der Sandy Spring Friends School dafür, dass sie die für das Testen von Fassung D erforderlichen Räume zur Verfügung stellte; dem Mt. Vermont Center dafür, dass es die Örtlichkeit zur Verfügung stellte, um Fassung E zu testen. Ich möchte auch auf die Bedeutung der noch in Arbeit befindlichen Dissertation von Hugh Marr hinweisen, die den Test weiter untersucht und entwickelt.

Während der Abfassung dieses Buches konzipierte ich mit Laurie Lippin Seminare zum Thema »Typ und Archetyp«; sie verbinden die Myers-Briggs-Typen-Theorie[149] mit dem in diesem Buch entwickelten System. Aufgrund dieser Zusammenarbeit konnte ich die Archetypen noch klarer sehen und verstehen, wie Typ und Archetyp gemeinsam dazu beitragen, die Psyche eines Menschen zu erhellen.

Ich bin sehr froh, dass Thomas Grady bei Harper, San Francisco, mein Herausgeber ist. Ich schätze seine Ermutigung und seine Hinweise, seine sorgfältigen Überlegungen zu Format und Layout des Buches und seine geschickte editorische Hand. Naomi Luck half, eine unverdaulich lange Arbeit auf lesbare Proportionen zurückzustutzen. Ein besonderes Dankeschön gilt Sandra Letellier, die zahllose Entwürfe mit derselben sorgfältigen Professionalität tippte, mit der sie ihre gesamte Arbeit erledigt. Ich danke auch David Merkowitz, Joan Herren und Alice Abrash, die das Manuskript lasen und kommentierten.

Meinem Mann, David Merkowitz, und meinen Kindern Jeff, Steve und Shanna möchte ich für ihre Liebe, ihre Unterstützung und ihre Ermutigung danken. Ein Dankeschön auch an Cozi, die Selbsthilfegruppe, die mein emotionales und spirituelles Wachstum viele Jahre lang maßgeblich beeinflusste; an meine Kollegen bei Meristem; an meinen Analytiker Dr. Francis Parks; und an meine Eltern John und Thelma Pearson, deren Liebe und Vertrauen meinem Leben eine feste Grundlage gaben.

Schließlich möchte ich den Lesern von *Der Held in uns* danken. Die Reaktionen der Öffentlichkeit auf das Buch haben mich sehr gefreut, und durch die Geschichten, die

Leser mir über seinen Einfluss auf ihr Leben berichteten, wurde ich stark inspiriert. Ich hatte die Leser gebeten, nicht von mir zu verlangen, später einmal das Geschriebene zu verteidigen, sondern mich zu fragen, was ich seitdem gelernt habe. Viele haben genau das getan, und es hat mein Denken geklärt, bei Vorträgen oder Seminaren Einzelnen oder Gruppen zu antworten. Das vorliegende Buch geht noch einmal ausführlicher auf die Frage ein.

Anhang

Der Heldenmythen-Test (Fassung E)

Der Test[150] soll Menschen helfen, sich und andere besser zu verstehen, indem er die in ihrem Leben aktiven Archetypen identifiziert. Wenn Sie die Fragen beantworten, erhalten Sie eine Punktzahl, die angibt, wie stark die zwölf in diesem Buch beschriebenen Archetypen bei Ihnen ausgeprägt sind. Alle zwölf Archetypen sind wertvoll, und jeder hat eine spezielle Gabe. Jeder leistet einen wichtigen Beitrag zu Ihrem Leben. Keiner ist besser oder schlechter, und deshalb gibt es auch keine richtigen oder falschen Antworten.

Der Test

Datum: ____________________
Name: ____________________
Alter: ____________________
Beruf: ____________________
Geschlecht: ________________
Nationalität: _______________

Anleitung

A.
Geben Sie neben jeder Aussage an, inwieweit sie jeweils auf Sie zutrifft:
1 = beschreibt mich *fast nie*
2 = beschreibt mich *selten*
3 = beschreibt mich *manchmal*
4 = beschreibt mich *oft*
5 = beschreibt mich *fast immer*

B.
Arbeiten Sie in Ihrem Rhythmus; die erste Reaktion gibt oft die besten Hinweise.

C.
Lassen Sie keine Aussage aus, denn dies macht Ihre Ergebnisse ungültig. Beurteilen Sie, so gut Sie können, und gehen Sie dann weiter.

___ 1. Ich sammle Informationen, ohne zu urteilen.
___ 2. Die vielen Veränderungen in meinem Leben machen mich richtungslos.
___ 3. Wenn ich mich selbst heile, kann ich zur Heilung anderer beitragen.
___ 4. Ich habe andere im Stich gelassen.
___ 5. Ich fühle mich in Sicherheit.
___ 6. Ich vergesse meine Angst und tue, was getan werden muss.
___ 7. Die Bedürfnisse anderer sind mir wichtiger als meine eigenen.
___ 8. Ich versuche, überall ich selbst zu sein.

___ 9. Wenn das Leben langweilig wird, sorge ich für Durcheinander.
___ 10. Es befriedigt mich, für andere zu sorgen.
___ 11. Andere halten mich für lustig.
___ 12. Ich empfinde mich als sexuelles Wesen.
___ 13. Ich glaube, dass die Menschen sich eigentlich nicht verletzen wollen.
___ 14. Als Kind wurde ich vernachlässigt oder schlecht behandelt.
___ 15. Geben macht mich glücklicher als Nehmen.
___ 16. Ich stimme mit der Aussage überein: »Besser, man hat geliebt und verloren als nie geliebt.«
___ 17. Ich gehe dem Leben mit offenen Armen entgegen.
___ 18. Ich sehe die Dinge im richtigen Verhältnis, denn ich betrachte sie von Weitem.
___ 19. Ich bin dabei, mein Leben zu erschaffen.
___ 20. Ich glaube, dass es viele gute Möglichkeiten gibt, eine Sache zu betrachten.
___ 21. Ich bin nicht mehr der Mensch, für den ich mich hielt.
___ 22. Das Leben bietet nur Kummer und Schmerz.
___ 23. Spirituelle Hilfe begründet meine Effektivität.
___ 24. Ich finde es leichter, für andere etwas zu tun als für mich selbst.
___ 25. Ich finde Erfüllung durch Beziehungen.
___ 26. Die Menschen erwarten von mir, dass ich ihnen sage, wo es langgeht.
___ 27. Ich habe Angst vor Autoritäten.
___ 28. Ich nehme Regeln nicht besonders ernst.
___ 29. Ich stelle gern Kontakt zwischen Menschen her.
___ 30. Ich fühle mich alleingelassen.
___ 31. Manchmal schaffe ich sehr viel, ohne das Gefühl zu haben, mich anzustrengen.

___ 32. Ich habe Führungsqualitäten.
___ 33. Ich suche nach Möglichkeiten, mich zu verbessern.
___ 34. Ich kann mich darauf verlassen, dass andere sich um mich kümmern.
___ 35. Ich übernehme gern die Leitung.
___ 36. Ich versuche, die Wahrheiten hinter den Illusionen zu finden.
___ 37. Wenn ich meine Gedanken ändere, ändert sich mein Leben.
___ 38. Ich mache Ressourcen nutzbar, menschliche oder materielle.
___ 39. Ich bin bereit, persönliche Risiken auf mich zu nehmen, um meine Überzeugungen zu verteidigen.
___ 40. Ich kann nicht die Hände in den Schoß legen und ein Unrecht hinnehmen; ich muss etwas dagegen unternehmen.
___ 41. Ich strebe nach Objektivität.
___ 42. Meine Anwesenheit ist oft ein Katalysator für Veränderung.
___ 43. Es macht mir Spaß, Leute zum Lachen zu bringen.
___ 44. Ich erreiche meine Ziele durch Disziplin.
___ 45. Im Allgemeinen liebe ich die Menschen.
___ 46. Ich kann die Fähigkeiten von Menschen gut mit den zu erledigenden Aufgaben in Übereinstimmung bringen.
___ 47. Für mich ist es sehr wichtig, meine Unabhängigkeit zu behalten.
___ 48. Ich glaube, dass alles auf der Welt miteinander verbunden ist.
___ 49. Die Welt ist ein sicherer Ort.

___ 50. Menschen, denen ich vertraut habe, haben mich verlassen.
___ 51. Ich fühle mich ruhelos.
___ 52. Ich lasse Dinge los, die nicht mehr für mich passen.
___ 53. Ich heitere gern Menschen auf, die zu ernst sind.
___ 54. Ein bisschen Chaos ist gut für die Seele.
___ 55. Es hat mich zu einem besseren Menschen gemacht, dass ich für andere Opfer gebracht habe.
___ 56. Ich bin gelassen.
___ 57. Ich biete beleidigenden Menschen die Stirn.
___ 58. Ich verwandle gern Situationen.
___ 59. Der Schlüssel zum Erfolg in allen Bereichen des Lebens ist Disziplin.
___ 60. Ich habe leicht Inspirationen.
___ 61. Ich entspreche nicht den Erwartungen, die ich an mich habe.
___ 62. Ich habe das Gefühl, dass mich irgendwo eine bessere Welt erwartet.
___ 63. Ich gehe davon aus, dass die Menschen, denen ich begegne, vertrauenswürdig sind.
___ 64. Ich versuche, meine Träume zu realisieren.
___ 65. Ich weiß, dass meine Bedürfnisse befriedigt werden.
___ 66. Ich habe das Gefühl, etwas zu zerbrechen.
___ 67. Ich versuche, Situationen mit dem Wohl aller im Sinn zu managen.
___ 68. Es fällt mir schwer, Nein zu sagen.
___ 69. Ich habe sehr viel mehr Ideen als Zeit, sie zu realisieren.
___ 70. Ich suche nach besseren Möglichkeiten.

___ 71. Wichtige Menschen in meinem Leben haben mich im Stich gelassen.

___ 72. Für mich ist das Suchen genauso wichtig wie das Finden.

Anleitung zur Auswertung

In den folgenden Tabellen finden Sie unter der Bezeichnung der Archetypen jeweils sechs Zahlen, die den Aussagen im Test entsprechen. Tragen Sie Ihre von 1 bis 5 bezifferten Beurteilungen neben der entsprechenden Ziffer ein. Wenn Sie zum Beispiel bei Aussage 17 »fast immer« (5) geschrieben haben, schreiben Sie in den Freiraum neben der 17 eine 5. Zählen Sie dann Ihre Punkte in der jeweiligen Kategorie zusammen. Ihr Gesamtergebnis für jeden Archetyp wird zwischen 6 und 30 Punkten liegen.

Vielleicht wollen Sie jetzt auch Ihre Ergebnisse in das Kreisdiagramm eintragen, um einen visuellen Eindruck von Ihrem ganz persönlichen Muster zu bekommen.

Unschuldiger	**Verwaister**	**Krieger**	**Geber**	**Suchender**	**Zerstörer**
5	14	6	7	33	2
13	22	39	10	47	4
34	27	40	15	51	21
49	30	44	24	62	52
63	50	57	55	70	61
65	71	59	68	72	66
Gesamt					

Liebender	Schöpfer	Magier	Herrscher	Weiser	Narr
12	8	3	26	1	9
16	19	23	32	18	11
17	31	37	35	20	28
25	60	42	38	36	43
29	64	48	46	41	53
45	69	58	67	56	54
Gesamt					

Die Testergebnisse verstehen

Denken Sie daran, dass kein Archetyp besser oder schlechter als ein anderer ist; jeder hat seine Charakteristika, sein Geschenk und seine Lektion. Sehen Sie sich an, wo Sie die meisten Punkte haben. Diese Archetypen werden in Ihrem Leben wahrscheinlich sehr aktiv sein. Schauen Sie sich dann Ihre niedrigsten Ergebnisse an (besonders die unter 15). Diese Archetypen unterdrücken oder ignorieren Sie zurzeit. Bei weniger als fünfzehn Punkten haben Sie eine Aversion gegen den Archetyp, weil Sie ihn in der Vergangenheit zu stark betont und jetzt so etwas wie eine Allergie gegen ihn entwickelt haben oder weil Sie ihn nicht billigen und ihm deshalb nicht erlauben, sich in Ihrem Leben zu äußern. Im ersten Fall wollen Sie sich von diesem Archetyp vielleicht bewusst fernhalten; im zweiten fallen die derart abgelehnten Archetypen vielleicht durch Schatteneigenschaften auf, die andere deutlicher sehen als Sie selbst. Wenn Sie sich diese geleugneten Teile von sich bewusst zu eigen machen, haben Sie mehr Reaktionsmöglichkeiten und sind vor unbeabsichtigten Durchbrüchen der weniger positiven Eigenschaften des Archetyps sicherer. Wenn er sich voll äußern darf, werden sich wahrscheinlich auch seine positiven Seiten zeigen, und Ihr Leben bekommt mehr Schwung und Abwechslung.

Tragen Sie Ihre Ergebnisse auch in die vorgesehenen Kästchen zu Beginn jedes Kapitels über die Archetypen ein. Denken Sie beim Lesen an Ihre Punktzahl, und fragen Sie sich, ob das, was Sie lesen, zu dem passt, was Sie über sich und den Archetyp wissen. Auch in den Anfangs- und Schlusskapiteln können Sie Ihre Testergebnisse zu verschiedenen Stellen eintragen. Zum Beispiel werden Sie in der Einführung zu Teil I aufgefordert, Ihre Ergebnisse so in die Abbildungen einzutragen, dass Sie sofort die relative Gewichtung der mit Ich, Seele und Selbst assoziierten Archetypen sehen.

Kein Test weiß mehr als Sie. Wenn Sie meinen, dass der Archetyp in Ihrem Leben wichtiger oder unwichtiger ist, als Ihre Punktzahl angibt – ändern Sie sie entsprechend!

Anmerkungen

Einführung

1 James Hillman meint, dass Pathologisches einschließlich geistiger und seelischer Krankheiten immer ein Aufruf der Götter ist. Weitere Informationen dazu in *Re-Visioning Psychology*, New York 1975, S. 57–112, einem klassischen nachjungschen Text zur Psychologie der Archetypen. Ich habe das Konzept weiter gefasst und halte nicht nur Pathologisches, sondern Probleme aller Art für Aufrufe der Götter.

2 Siehe Joseph Campbell, *Der Held in tausend Gestalten*, Frankfurt 1978, und Carol S. Pearson und Katherine Pope, *The Female Hero in American and British Literature*, New York 1981. Campbells Phasen sind ähnlich: Aufbruch, Einweihung, Rückkehr.

3 Diese Betrachtungsweise wurde zuerst von Sharon V. Seivert in unserem gemeinsamen Arbeitsbuch *Heroes at Work* (Meristem) formuliert.

Wie dieses Buch zu benutzen ist

4 Anne Wilson-Schaef, *Im Zeitalter der Sucht*, München 1991.

5 Carol S. Pearson, *Der Held in uns*, Knaur-Tb. 4239.

Teil I

6 Mit diesen Begriffen nicht vertraute Leser können Sigmund Freud konsultieren, *Das Ich und das Es*, Frankfurt 1992, oder Theodore Lidz, *Das menschliche Leben. Die Entwicklung der Persönlichkeit im Lebenszyklus*, Frankfurt 1974.

7 Manchmal, etwa bei einer geistigen oder seelischen Krankheit, werden wir ohne angemessene Ich-Vorbereitung auf die Seelenreise ins Unbewusste geschickt. Dann ist es zu gefährlich, die Reise allein zu unternehmen; wir sollten einen erfahrenen Fachmann als Führer auf dem Weg dabeihaben.

8 Zur weiteren Diskussion der Seele und der Unterscheidung zwischen Seele und Geist siehe James Hillman, *Re-Visioning Psychology* und *Archetypal Psychology: A Brief Account*, Dallas 1985.

9 Jean M. Auel, *Ayla und der Clan des Bären*, Frankfurt 1981.

10 Esther Harding, *Women's Mysteries: Ancient and Modern*, New York 1971, S. 1.

11 Titus Burckhardt, *Alchemy: Science of the Cosmos, Science of the Soul,* Worcester 1987, S. 11–33.

12 June Singer schreibt in *The Unholy Bible: A Psychological Interpretation of William Blake,* New York 1970, S. 231: »Die Ehe symbolisiert die Verbindung von zwei getrennten und unterschiedlichen Wesen; ihr Hauptziel besteht darin, ein drittes zu empfangen und hervorzubringen, das ebenfalls ein Individuum ist, aber aus den Charakteristika des ersten und zweiten besteht, aus denen es entstanden ist. Die Hochzeit von Mann und Frau und die Geburt von Kindern agiert das Urdrama der Sphären aus, das sich zuerst in den kosmogonischen Mythen alter und primitiver Völker zeigt. In diesen Mythen gab es immer ein großes ›Alles‹ oder ›Chaos‹ oder ›Nichts‹, das eins war, bis es durch einen Wunsch oder einen Gedanken zu einem Bruch kam. Dann gab es zwei: Himmel und Erde, Licht und Finsternis, Mann und Frau, einen aktiven Gott als Hauptdarsteller und seinen Widersacher – unzählige Versionen der Dualität.«

13 June Singer, *Nur Frau – Nur Mann? Wir sind auf beides angelegt,* München 1981.

14 In *Insearch: Psychology and Religion,* New York 1967, beschreibt James Hillman die aus der Spannung zwischen dem alten König und dem göttlichen Kind sich ergebende Erneuerung: »Die Stimme des alten Königs … und die Stimme des noch ungeborenen Selbst, die durch das göttliche Kind spricht, haben beide recht. Aus diesem Konflikt kann sich eine neue seelische Sichtweise entwickeln, die wir auch als neue Moral bezeichnen können … Die innere Notwendigkeit, die den alten König zwingt, seine Ansichten zu ändern, spricht zuerst mit der zarten Stimme des individuellen Bewusstseins.«

15 In den Mythen vom Fischerkönig heißt es, dass das Königreich öde und unfruchtbar wird, weil der Herrscher verletzt ist. Ein jüngerer Held muss den Herrscher heilen und das Königreich erneuern. In den verschiedenen Versionen dieses Mythos hat die Verletzung des Fischerkönigs unterschiedliche Ursachen, die aber oft mit der Sexualität des Königs zu tun haben. (Der König ist im Allgemeinen in der Leistengegend oder am Oberschenkel verwundet.)

16 Edward F. Edinger beschreibt in *Ego and Archetype*, New York 1973, S. 228, Christus als Symbol für das Selbst und das Blut Christi als »Leben der Seele«. Wenn wir bei der Kommunion das Blut Christi trinken, bedeutet dies also, dass wir die Seele aufnehmen. Edinger stellt auch eine Verbindung zwischen Christus und Dionysos her; er betrachtet beide als Mythen über das Selbst.

17 Parker Palmer, *The Promise of Paradox: A Celebration of Contradictions in the Christian Life,* Notre Dame 1980, S. 15–44.

18 Burckhardt, *Alchemy* (siehe Anm. 11), S. 155.

19 Siehe Edinger, *Ego and Archetype* (siehe Anm. 16), S. 231 f. Edinger betont den androgynen Aspekt des Selbst; er meint, die patriarchalischen Theologen hätten die androgyne Natur Christi versteckt.

20 John Matthews und Marian Grey, *The Grail Seeker's Companion: A Guide to the Grail Quest in the Aquarian Age,* Wellingborough 1986, S. 19.

21 Beachten Sie, dass Jakob auch am Oberschenkel verletzt ist; diese Wunde hat mit dem Bruch seiner Beziehung zu Vater und Bruder zu tun (er täuscht seinen Vater, um das Geburtsrecht des Bruders zu bekommen). Aber er erhält die Wunde beim Kampf mit einem Engel. Sie verweist also sowohl auf eine verletzte Beziehungsfähigkeit als auch auf eine Offenheit, die die Verbindung zum Numinosen erlaubt.

22 Marion Zimmer-Bradley, *Die Nebel von Avalon,* Frankfurt 1983.

23 Emma Jung und Marie-Louise von Franz, *Die Gralslegende in psychologischer Sicht,* Olten und Freiburg [4]1987.

24 Shunryu Suzuki, *Zen-Geist, Anfänger-Geist. Unterweisungen in Zen-Meditation,* Küsnacht [5]1990.

25 Arthur Deikman meint in *Therapie und Erleuchtung. Die Erweiterung des menschlichen Bewusstseins,* Reinbek 1985, dass das beobachtende Selbst kein Teil der von unseren Gedanken und unserer sinnlichen Wahrnehmung geformten objektiven Welt sei, weil es keine Grenzen habe; alles andere habe welche. Das Alltagsbewusstsein, so Deikman, enthält also ein transzendentes Element, das wir selten bemerken, weil es die Grundlage unserer Erfahrung ist. Das Wort »transzendent« sei gerechtfertigt, denn wenn das subjektive Bewusstsein – das beobachtende Selbst – selbst nicht beobachtet werden könne, sondern immer von den Inhalten des Bewusstseins getrennt sei, gehöre es wahrscheinlich einer anderen Kategorie an als alles andere. Sein völlig anderes Wesen zeige sich, wenn wir erkennen, dass das beobachtende Selbst merkmallos ist; es wird von der Welt genauso wenig beeinflusst wie ein Spiegel von den Bildern, die er widergibt.

26 Barbara Walker assoziiert in *Die weise Alte. Kulturgeschichte, Symbolik, Archetypen,* München 1986, den kühlen Blick des leidenschaftslosen Beobachters mit der weisen alten Frau, die in der riesenäugigen syrischen Göttin Mari personifiziert sei, die die Seelen der Männer suchen könnte. Barbara Walker bemerkt auch, dass die Weisheit in vielen Traditionen als weiblich betrachtet wird: in Indien als Shakti, in der gnostischen Tradition als Sophia, in den

jüdischen Schriften als die Shekina. Im griechischen Pantheon verkörperte Metis (bzw. Medusa), »Weisheit«, die wahre Mutter der Athene, den göttlichen Geist.

27 C. G. Jung, »On the Psychology of the Trickster Figure«, in: Paul Radin, *The Trickster: A Study in American Indian Mythology,* New York 1987, S. 200.

28 Radin, *The Trickster* (siehe Anm. 27).

29 Radin fasst in *The Trickster* (siehe Anm. 27) die Hauptcharakteristika des Mythos wie folgt zusammen: »Die überwältigende Mehrheit aller sogenannten Trickster-Mythen in Nordamerika berichten von der Erschaffung oder zumindest der Verwandlung der Welt und haben einen Helden, der immer umherwandert, immer hungrig ist, der nicht von den normalen Vorstellungen von Gut und Böse geleitet wird, der entweder den Leuten Streiche spielt oder Streiche mit sich spielen lässt und der sehr sexuell ist. Fast immer hat er bestimmte göttliche Charakteristika.«

30 Hillman, *Re-Visioning Psychology* (siehe Anm. 1), S. 35, 51.

31 Hal Stone, *Embracing Our Selves: The Voice Dialogue Method,* San Rafael 1989.

Teil II

32 William Irwin Thompson, *Der Fall in die Zeit. Mythologie, Sexualität und der Ursprung der Kultur,* Reinbek 1987.

33 June Singer, *Nur Frau – Nur Mann? Wir sind auf beides angelegt,* München 1981.

34 Riane Eisler, *Von der Herrschaft zur Partnerschaft. Weibliches und männliches Prinzip in der Geschichte,* München 1989.

35 Tara Singh, *A Course in Miracles,* Los Angeles 1986; Gerald G. Jampolsky, *Lieben heißt die Angst verlieren,* CH-Thalwil 1987; Hugh Prather, *Spiele spielen, die verwandeln. Ein Wachstumspfad der Fantasie,* Wessobrunn 1988.

36 Marion Woodman, *Heilung und Erfüllung durch die Große Mutter. Eine psychologische Studie über den Zwang zur Perfektion und andere Suchtprobleme als Folgen ungelebter Weiblichkeit,* CH-Interlaken 1987.

37 Albert Camus, *Der Mensch in der Revolte. Essays,* Reinbek 1990.

38 Madonna Kolbenschlag, *Lost in the Land of Oz: The Search for Identity and Community in American Life,* San Francisco 1989, S. 9, 42, 186.

39 James Hillman, »Betrayal«, in: *Loose Ends: Primary Papers in Archetypal Psychology,* Dallas 1975, S. 63–81.

40 Ebenda (siehe Anm. 39).

41 Jean Houston, *The Search for the Beloved: Journeys in Sacred Psychology*, New York 1987, S. 104–121.

42 Eigentlich hat die Verwundung mit vier in diesem Buch erörterten Archetypen zu tun: 1. Mit der Verwundung des Unschuldigen wird der Verwaiste in uns wach, und der Prozess der Ich-Entwicklung beginnt. 2. Die Verwundung des ausgebildeten, reifen Ich durch den Archetyp des Zerstörers und der daraus folgende Verlust fester Vorstellungen erschüttert unsere Illusionen und lässt uns unsere Identität auf der Ebene der Seele entdecken. Dadurch wird die ganze sorgfältig entwickelte Identitätsstruktur umgebildet und neu aufgebaut; das Ich gestattet dem Selbst, sich ganz auszudrücken. 3. Der Liebende wird vom Pfeil Cupidos verwundet, wenn die schwer erkämpfte Autonomie von der Liebe zu etwas oder jemandem weggeschwemmt wird. Danach kann man nicht mehr für sich allein handeln. 4. Wir entdecken die Verwundung des Herrschers in uns und wie die Heilung seiner Wunde auch das Königreich wiederherstellt und verwandelt.

43 Eisler, *Von der Herrschaft zur Partnerschaft* (siehe Anm. 34).

44 Wie Riane Eisler (ebenda) (siehe Anm. 43) beschreibt, gab es einmal weltweit gynozentrische, das heißt um Frauen zentrierte und Göttinnen verehrende Kulturen; sie waren friedlich und extrem erfinderisch. Sie entdeckten das Feuer, erfanden die Kunst, den Ackerbau, das Rad, die Sprache, das geschriebene Wort und viele andere grundlegende Dinge. Sie hatten alles, was man wünschen konnte, außer Kriegern Ihre friedlichen, aufbauenden Gesellschaften wurden von sehr viel primitiveren, weniger erfindungsreichen patriarchalischen Völkern zerstört, die weniger zivilisiert, aber stark und skrupellos waren und der Welt zunächst eine regressive Periode bescherten.

45 Wie Krieger Entscheidungen treffen, hängt unter anderem vom psychologischen Typ ab. »Denktypen« stützen sich auf einen analytischen Prozess und versuchen, objektiv gerecht zu sein. »Fühltypen« gehen subjektiv vor, versuchen, freundlich und ihren Werten treu zu sein und das größtmögliche Wohl aller Beteiligten zu berücksichtigen. Einige sehr weit entwickelte Krieger können die Fühl- mit der Denkmethode verbinden und menschliche Faktoren mit den abstrakteren Prinzipien der Gerechtigkeit ins Gleichgewicht bringen.

46 Chögyam Trungpa, *Das Buch vom meditativen Leben. Die Shambala-Lehren vom Pfad des Kriegers zur Selbstverwirklichung im täglichen Leben*, München 1990.

47 Je nach psychologischem Typ schätzen und beachten Geber die Bedürfnisse und Wünsche anderer auf vielerlei Weise. »Fühltypen«, besonders intuitive, setzen ihr hoch entwickeltes Mitgefühl ein, um

zu wissen, was andere brauchen und wollen. »Denktypen« setzen ihre Gabe zu genauer Beobachtung und Überlegung ein, um die Bedürfnisse ihrer Schützlinge zu erkennen. In jedem Fall stellen Geber die Hilfe für andere über die Kritik an ihnen.

48 Die zweite Art des Gebens wird von Theoretikern wie Carol Ochs mit einem patriarchalischen, die erste mit einem gynozentrischen (um Frauen zentrierten) Bewusstsein in Verbindung gebracht (Carol Ochs, *Behind the Sex of God: Toward a New Consciousness – Transcending Matriarchy and Patriarchy,* Boston 1977).

Teil III

49 Mario A. Jacoby, *Longing for Paradise: Psychological Perspectives on an Archetype,* Boston 1980, S. 207.

50 L. Frank Baum, *Der Zauberer von Oz,* Hamburg 1987.

51 Pearl Mindell, für das professionelle Weiterbildungsprogramm in Tiefenpsychologie abgegebene Arbeit, Wainwright House, Rye, New York, September 1989.

52 Nur drei Ritter sind rein genug, um den Gral zu finden – Galahad, Parzifal und Bors. Sie reisen mit dem Gral nach Sarras, der heiligen Stadt im Osten, wo sie in die Mysterien des Grals eingeweiht werden. Galahad stirbt. Parzifal kehrt zum Gralsschloss zurück und wird zu seinem neuen König; Bors reist nach Camelot, um von den Wundern der Suche zu berichten. (Siehe John Matthews, *Der Gralsweg,* München 1989.)

53 Brian Cleeve, »Die Bedürfnisse der Welt«, in: Matthews, *Der Gralsweg* (siehe Anm. 51).

54 Ebenda (siehe Anm. 1).

55 Hillman, *Re-Visioning Psychology* (siehe Anm. 1), S. 55–112.

56 Adrienne Rich, »Fantasia for Elvira Shatayev«, in: *The Dream of a Common Language: Poems 1974–1977,* New York 1978, S. 4–6.

57 Sowohl der Verwaiste als auch der Zerstörer kämpfen mit dieser existenziellen Krise. Der Verwaiste fühlt sich verlassen und stellt die Existenz eines kosmischen Vaters bzw. einer kosmischen Mutter, der/die für ihn sorgt, infrage. Wenn der Zerstörer zuschlägt, fühlen wir uns erwachsener und sehen Gott weniger in der Elternrolle. Die existenzielle Krise betrifft die Sinnlosigkeit, denn wir wollen immer noch, dass das Universum einen rationalen Sinn ergibt.

58 Annie Dillard, *Holy the Firm,* New York 1977, S. 76.

59 John Sanford, *Evil: The Shadow Side of Reality,* New York 1988, S. 10.

60 Sylvia Brinton Perera, *Der Weg zur Göttin der Tiefe. Die Erlösung der dunklen Schwester. Eine Initiation für Frauen,* CH-Interlaken 1985.

61 Joseph Conrad, *Herz der Finsternis,* Frankfurt 1985; Virginia Woolf, *Die Fahrt zum Leuchtturm,* Frankfurt 1991.

62 Robert Johnson, *Ekstase. Eine Psychologie der Lebenslust,* München 1991.

63 Hillman, *Re-Visioning Psychology* (siehe Anm. 1).

64 Campbell, *Der Held in tausend Gestalten* (siehe Anm. 2).

65 Shirley Gehrke-Luthman, *Energy and Personal Power,* San Rafael 1982, S. 85.

66 William Shakespeare, *Ein Sommernachtstraum ... Viel Lärm um nichts u. a.,* Zürich 1979; Jane Austen, *Stolz und Vorurteil,* Frankfurt [11]1992.

67 Edward Hoffman, *The Way of Splendor. Jewish Mysticism and Modern Psychology,* Boston 1981.

68 Matthew Fox, *Vision vom kosmischen Christus. Aufbruch ins dritte Jahrtausend,* Stuttgart 1991.

69 Starhawk, *Mit Hexenmacht die Welt verändern,* Freiburg 1991.

70 Irene Claremont de Castillejo, *Die Töchter der Penelope. Elemente des Weiblichen,* Freiburg 1986.

71 Pygmalion, eine Gestalt aus der griechischen Mythologie, war ein Bildhauer, der sich – aus Abneigung gegen das weibliche Geschlecht – zur Ehelosigkeit entschlossen hatte, sich aber dann in eine von ihm gefertigte idealisierte Frauenstatue verliebte. Die Göttin Aphrodite hauchte dem Bildnis auf Pygmalions Flehen hin Leben ein, wonach beide sich vermählten. Diese Geschichte blieb bis ins 20. Jahrhundert ein beliebtes Thema in Musik und Literatur, zum Beispiel für George Bernard Shaw, in dessen Komödie *Pygmalion* (1913) ein reicher Lord ein armes Blumenmädchen zur Lady erzieht. Unter einem Pygmalion-Effekt versteht man in der Psychologie auch die unwissentlich ausgeübte Beeinflussung des (Leistungs-)Verhaltens von Schülern durch (Leistungs-)Erwartungen bzw. Vorurteile des Lehrers in Richtung auf das erwartete Ergebnis. (Vgl. Werner D. Fröhlich, *dtv-Wörterbuch zur Psychologie,* München [15]1987.)

72 James Hillman, *The Myth of Analysis,* Evanston/Ill. 1972.

73 Claremont de Castillejo, *Die Töchter der Penelope* (siehe Anm. 70).

74 Houston, *The Search for the Beloved* (siehe Anm. 41).

75 Lex Hixon, *Eins mit Gott. Mystik jenseits von Religion und Zeit,* Knaur-Tb. 4252, S. 161 f.

76 Ntozake Shange, *Schwarze Schwestern,* Reinbek 1984.

77 Palmer, *The Promise of Paradox,* S. 37 ff.

78 Gehrke-Luthman, *Energy and Personal Power* (siehe Anm. 65), S. 63.
79 Prather, *Spiele spielen, die verwandeln* (siehe Anm. 35).
80 Hillman, *Re-Visioning Psychology* (siehe Anm. 1), S. 44.
81 Gehrke-Luthman, *Energy and Personal Power* (siehe Anm. 65).
82 James Lovelock, *Das Gaia-Prinzip. Die Biografie unseres Planeten,* Zürich, München 1991.
83 Houston, *The Search for the Beloved* (siehe Anm. 41).
84 C. G. Jung beschreibt mit dem Begriff Synchronizität »ein sinnvolles zeitliches Zusammentreffen von zwei Ereignissen oder eines inneren mit einem äußeren, ohne dass diese kausal voneinander abhängig wären«. Sehr bedeutsam bei dieser »besonderen Art von Gleichzeitigkeit der Ereignisse ist ihre sinnvolle oder ›sinngemäße Koinzidenz‹«. Jung unterscheidet drei Kategorien von Koinzidenzen: das sinnvolle Zusammentreffen eines psychischen Zustandes mit einem objektiven äußeren Ereignis; das sinnvolle Zusammentreffen einer psychischen Erfahrung in Gestalt eines archetypischen Traums im Zusammenhang mit räumlich entfernten Ereignissen; das sinnvolle Zusammentreffen eines psychischen Zustandes mit zukünftigen Ereignissen, zum Beispiel prophetische oder Wahrträume. (Vgl. Helmut Hark [Hg.], *Lexikon Jungscher Grundbegriffe. Mit Originaltexten von C. G. Jung,* Olten und Freiburg 1988, S. 164 ff.)
85 James Joyce, *Ein Porträt des Künstlers als junger Mann,* Frankfurt 1976; Alice Walker, *Die Farbe Lila,* Reinbek 1984.
86 William Butler Yeats, *Werke in 6 Bänden,* Frankfurt 1977.

Teil IV

87 Synchronizität: siehe Anm. 84.
88 Tom Robbins, *Sissy – Schicksalsjahre einer Tramperin*, Reinbek 1988.
89 William Shakespeare, *König Lear / Macbeth* ..., Zürich 1979.
90 Synchronizität: siehe Anm. 84.
91 Für die meisten Menschen ist der Magier heute nicht jemand, der Wunder wirkt, sondern ein Betrüger, der Geschicklichkeit benutzt, um andere zu täuschen. Diese Täuschungen können unterhaltsam sein, sind aber keine wirkliche Magie. Viele, wenn nicht die meisten Menschen in unserer Gesellschaft glauben nicht an Magie oder Wunder. Das Nichtglauben an Wunder ist tatsächlich eine wichtige Stufe der Ich-Entwicklung. Als Kinder denken wir magisch; wir nehmen etwa an, dass wir ein Ereignis, das wir uns gewünscht haben, auch bewirkt haben. Das Erwachsenwerden beinhaltet, dass

wir Aberglauben aufgeben und die Überzeugung loslassen, dass Probleme wie durch Zauberei verschwinden oder wir gerettet werden.

Es ist wichtig, dass wir auf magisches Denken verzichten, solange wir nicht unsere Reise unternommen, die mit ihr verbundene Seeleneinweihung erlebt und die Verantwortung dafür übernommen haben, dass wir der Herrscher unseres Lebens sind. Weil Magie genauso leicht zum Guten wie zum Bösen benutzt werden kann, ist es am besten, wenn wir uns mit ihren bewussten Manifestationen erst beschäftigen, wenn wir das Ich aufgebaut haben und in Kontakt mit unserer Seele sind. Unsere Seele ist der Teil von uns, der mit dem Höchsten im Universum in Kontakt ist und uns sagt, wie wir mit ihm mitfließen können. Der verantwortungsbewusste Einsatz von Magie erfordert Integrität – wir müssen mit unseren Werten leben und unserem Seelenziel treu sein. Sonst können wir Schaden anrichten. Deshalb ist der Magier der Archetyp des Selbst – in seiner positiven Form zeigt er sich nur bei Menschen, die tiefer gegangen und gewachsen sind, die ihr Ich ausgeweitet haben, um die Seele einzulassen.

92 Was man heute gemeinhin als Hexen bezeichnet, waren Angehörige des Wicca-Glaubens, die die in der Natur und anderen Menschen immanente Göttin verehrten. Die negative Assoziation, die die meisten von uns bei dem Begriff *Hexe* haben, ist eine Folge der Diskriminierung ortsansässiger Religionen durch die christliche Kirche, die Natur, Fleischliches, Sexualität und Frauen mit dem Bösen gleichsetzte. Das Bild des christlichen Teufels zum Beispiel ist sehr stark vom Naturgott Pan geprägt, der ebenfalls Hörner und einen Pferdefuß hatte. Pan war jedoch nicht böse. Als halb menschliches, halb tierisches Wesen stand er für die Verbindung zwischen Mensch und Natur. Joseph Campbell hat darauf aufmerksam gemacht, dass die Götter eines Volkes in der nächsten Religion zur Verkörperung des Bösen werden. Angesichts einer starken patriarchalischen Autorität wurde jede Macht bei Frauen mit dieser verbotenen Natur, mit der Macht der Göttin assoziiert. Deshalb ist die magische Macht von Frauen in den Untergrund gegangen. Es gibt – außer der guten Fee oder komischen Charakteren wie dem dienstbaren Geist in der Fernsehserie »Bezaubernde Jeannie« – kaum positive Bilder für weibliche Magier. Im Allgemeinen gelten sie als Schwarzmagier (Starhawk, *Mit Hexenmacht die Welt verändern* [siehe Anm. 69]).

93 Claremont de Castillejo, *Die Töchter der Penelope* (siehe Anm. 70).

94 Walker, *Die Farbe Lila* (siehe Anm. 85).

95 Pygmalion-Effekt: siehe Anm. 71.

96 Synchronizität: siehe Anm. 84.

97 Serge King, »The Way of the Adventurer«, in: Shirley Nicholson, *Shamanism: An Expanded View of Reality,* Wheaton 1987, S. 193.

98 Natürlich kann es uns auch schwerfallen, den Krieger in uns zu wecken. Manchmal ist es nicht an der Zeit, ein Magier zu sein, egal, wie sehr wir es wünschen. Wir müssen uns einfach selbst behaupten oder für unsere Werte kämpfen.

99 Michael Harner lehrt in *Der Weg des Schamanen,* CH-Interlaken 1983, und in seinen Seminaren, wie man durch rhythmisches Trommeln in einem bestimmten Tempo einen veränderten Bewusstseinszustand erreichen kann. Das Trommeln ändert die Gehirnwellenfrequenz und erlaubt dem Bewusstsein, in andere Räume einzudringen.

Don Juan, der schamanistische Lehrer in den Büchern von Carlos Castaneda, hilft diesem, durch Drogen einen veränderten Bewusstseinszustand zu erreichen. Er bekennt später, dass die Drogen eigentlich gar nicht notwendig waren. Sie sollten nur Castanedas Aufmerksamkeit wecken. In den Sechziger- und Siebzigerjahren wurden weithin Drogen benutzt, um andere Bewusstseinsebenen zu erreichen, bis klar wurde, dass solche Methoden für die meisten Menschen zu gefährlich sind. Die Abhängigkeit von Drogen ist heutzutage ein zu brisantes Problem, als dass ihr Gebrauch verharmlost werden sollte. (Siehe zum Beispiel Carlos Castaneda, *Eine andere Wirklichkeit. Neue Gespräche mit Don Juan,* Frankfurt [15]1988.)

100 Dies ist auch eine gute Methode bei Sorgen. Wenn eine Sorge im Geist auftaucht, stellen Sie sich vor, wie das gefürchtete Ereignis eintritt und Sie eine konstruktive Möglichkeit finden, mit ihm umzugehen. Dies macht es von einer potenziellen Katastrophe zu einem von vielen möglichen Geschehnissen im Leben, mit denen man umgehen kann. Man kann dies bei so einfachen Sorgen machen wie der, dass einem bei einem Flug das Gepäck abhandenkommt (»Ich werde eine Tasche mit an Bord nehmen, dann bin ich nicht völlig aufgeschmissen«), oder auch für den Fall, dass man Krebs bekommen würde (»Ich habe meine Krankenversicherung und werde alle schulmedizinischen und alternativen Heilmethoden ausprobieren. Vielleicht wird mein Horizont erweitert«).

101 Gehrke-Luthman, *Energy and Personal Power* (siehe Anm. 65).

102 Es ist wichtig, bei dieser Vorstellung nicht sentimental zu werden oder Entscheidung und Schuld zu verwechseln. Wenn ich zum Beispiel – um ein sehr extremes Beispiel zu benutzen – in einem Konzentrationslager wäre und annähme, dass ich das auf irgendeiner Ebene gewählt habe, würde das weder meinen enormen Schmerz

lindern, noch würde es bedeuten, dass es meine Schuld ist, noch dass ich es aus einem masochistischen Leidensbedürfnis heraus gewählt habe. Aber wenn ich es als eine Gelegenheit sehe, die ich gewählt habe, um zu wachsen, kann ich überlegen, welche Art Wachstum gemeint ist.

Es könnte etwa die Chance sein, meine Bindung an Glück und Bequemlichkeit aufzugeben (wie Buddha sagte, müssen wir unsere Begierden hinter uns lassen). Ich könnte mich zur Einweihung durch den Zerstörer entschieden haben, um mehr spirituelle Tiefe zu erreichen. Es könnte die Gelegenheit sein, meinen Mut zu testen und auch angesichts von Bedrohungen und Härten meinen Werten und Überzeugungen treu zu bleiben. Oder ich könnte im Zusammensein mit anderen Lagerinsassen Liebe und Fürsorge erleben und voll Stolz wissen, dass ich nicht wie meine Peiniger werde, egal, was mir geschieht. Ich habe meine Seele behalten. Oder ich lerne etwas über Macht und Ohnmacht.

Wenn man anderen Menschen sagt, sie hätten das Dasein in einem Konzentrationslager oder andere schmerzliche Erfahrungen frei gewählt, fühlt sich das für sie wie ein Angriff an – so, als hätten sie etwas Ungesundes gewählt. Wenn man ihnen sagte, dass sie ihre Realität erschaffen haben, wäre das ein grausames, herzloses »Entnennen«.

Es ist daher am besten, dass Magier komplex denken und nie davon ausgehen, dass ein »Benennen«, das für den einen Menschen gut ist, auch für den anderen gut ist.

103 Dieses Beispiel stammt aus der von Anne Wilson-Schaef entwickelten Prozessarbeit (siehe Anne Wilson-Schaef, *Weibliche Wirklichkeit,* Wildberg 1985, und *Im Zeitalter der Sucht,* Hamburg 1989).

104 Unter Katharsis versteht man in diesem Zusammenhang ein Sichbefreien von unterdrückten Emotionen oder von Spannungen in Form einer Abreaktion.

105 Viele Heiler spezialisieren sich nur auf einen Bereich. Unsere Ärzte heilen den Körper und haben bis vor Kurzem eine Heilung auf anderen Ebenen bestritten (außer bei psychosomatischen Krankheiten). Die Psychologen konzentrieren sich auf das Gefühlsleben und helfen uns, uns von den Auswirkungen emotionaler Traumata zu befreien und unsere Gefühle auf gesunde Weise zu äußern. Berater und Erzieher lehren Menschen, »gesund« zu denken, ihren Verstand zu entwickeln und in vielen Fällen zu heilen; Schamanen und andere spirituelle Lehrer möchten auf der spirituellen Ebene eine Heilung bewirken.

Diese Spezialisierung ist bis zu einem bestimmten Grad sinnvoll; sie wird schädlich, wenn sie extrem ist, Dinge ausschließt und eine

Heilmethode so betont, dass Einseitigkeit die Folge ist. Wir alle kennen Ärzte, die keinen Kontakt zu ihren Gefühlen und ihrer Seele haben und noch nicht einmal für ihren eigenen Körper gut sorgen. Andererseits ist auch der Körper von Menschen, die sich auf die spirituelle Heilung konzentrieren, oft nicht in Form, weil sie ihn vernachlässigen. Die wirkungsvollsten Heiler beziehen oft alle vier Elemente ein. Sie überweisen die Patienten an kompetentere Kollegen, oder ihre eigene Ganzheit hat Auswirkungen auf den Patienten. In der Praxis müssen wir unsere Heilung oft von verschiedenen Menschen bewirken lassen: Wir finden einen Heiler, der in einem Bereich unserer Verwundung arbeitet, und einen anderen für einen anderen Bereich.

106 Siehe zum Beispiel Sun Bear, *Der Pfad der Macht,* München 1989.

107 Siehe Shirley Nicholson (Hg.), *Shamanism: An Expanded View of Reality* (siehe Anm. 97); Harner, *Der Weg des Schamanen* (siehe Anm. 99).

108 Starhawk, *Mit Hexenmacht die Welt verändern* (siehe Anm. 69).

109 Ursula Le Guin, *Der Magier der Erdsee,* München 1986.

110 Synchronizität: siehe Anm. 84.

111 Lee Knefelkamp, »Faculty and Student Development in the 80s: Renewing the Community of Scholars«, in: *Integrating Adult Development Theory with Higher Education Practice,* Current Ideas in Higher Education, Nr. 5, American Association for Higher Education, 1980, S. 13–25. Siehe auch William Perry junior, *Forms of Intellectual and Ethical Development in the College Years: A Scheme,* New York 1970.

112 Idries Shaw, *Die Sufis,* Köln 1986.

113 John Heider, *Tao der Führung. Laotses Tao Te King für eine neue Zeit,* Basel [2]1990.

114 Ken Keyes, *Das Handbuch zum höheren Bewusstsein,* München 1990.

115 Gerald May, *Der sanfte Weg. Ein Meditationshandbuch,* Salzhausen 1980.

116 Gehrke-Luthman, *Energy and Personal Power* (siehe Anm. 65), S. 62.

117 William Willeford, *The Fool and His Scepter: A Study in Clowns and Jesters and Their Audience,* Evanston/Ill. 1969, S. 155.

118 Ebenda (siehe Anm. 117.)

119 Enid Welsford, *The Fool: His Social and Literary History*, Garden City 1961, S. 326f.

120 Siehe Radin, *The Trickster* (siehe Anm. 27).

121 Eric Berne, *Spiele der Erwachsenen. Psychologie der menschlichen Beziehungen,* Reinbek 1991.

122 Willeford, *The Fool and His Scepter* (siehe Anm. 117).
123 Suzuki, *Zen-Geist, Anfänger-Geist* (siehe Anm. 24).
124 Hixon, *Eins mit Gott* (siehe Anm. 75), S. 162 f.
125 Jane Wagner, *The Search for Signs of Intelligent Life in the Universe,* New York 1985, S. 18.
126 Annie Dillard, *Pilgrim at Tinker Creek,* New York 1974, S. 278.

Teil V

127 Das diesem ähnlichste Entwicklungsmodell, das ich gefunden habe, ist das von Erikson, obwohl er sich – wie die meisten Theoretiker – mehr auf die Entwicklung in der Kindheit als im Erwachsenenalter konzentriert. (Siehe Erik Erikson, *Der vollständige Lebenszyklus,* Frankfurt 1988.)

Ich weiß, dass ich bei der Entwicklung meines Modells von Erikson und natürlich meiner Beschäftigung mit Jung beeinflusst wurde; seine Theorien bilden den Rahmen für die Vorstellung einer archetypischen Entwicklung im Verlauf des Lebens.

Eriksons erste vier Phasen konzentrieren sich auf die Kindheit, die Jahre, die in meinem Modell von der Dualität Unschuldiger / Verwaister abgedeckt werden. Eriksons Phasen erhellen die Dialektik Unschuldiger / Verwaister / göttliches Kind. Er beobachtete, dass es im Säuglingsalter hauptsächlich um den Konflikt zwischen Vertrauen und Misstrauen geht. Die positive Auflösung dieses Dilemmas (das mit der Beziehung des Kindes zur Mutter zu tun hat) führt zur Tugend der Hoffnung.

In der frühen Kindheit (2 bis 3 Jahre) steht Autonomie gegen Scham und Zweifel. Die Auflösung dieses Dilemmas (das in der Beziehung zum Vater bearbeitet wird) entwickelt den Willen. Im Spielalter (3 bis 5 Jahre) besteht eine Spannung zwischen Initiative und Schuld. Die sich ergebende Kraft, die im Kontext der Familie gewonnen wird, ist Zielstrebigkeit. Im Schulalter schließlich (6 bis 12 Jahre) geht es um den Konflikt zwischen Fleiß und Minderwertigkeitsgefühlen; bei einer positiven Auflösung, die sich in der Gemeinschaft und in der Schule vollzieht, ergibt sich Kompetenz. Vielleicht weil ich so viele Menschen kenne, die das Grundproblem des Säuglings – Vertrauen versus Misstrauen – nicht gelöst haben, durchzieht dieses Dilemma bei meinem Modell die gesamten Kindheitsjahre bis ins frühe Erwachsenenalter, falls nicht jemand eine wirklich ideale Kindheit hatte. Eriksons Phasen 2 bis 4 lösen die Dualität Unschuldiger / Verwaister allmählich auf; Selbstständigkeit und Selbstwertgefühl nehmen zu, sodass wir von unserer Umgebung nicht mehr so abhängig sind und nicht mehr mit ihr verschmolzen zu sein brauchen. Die Abhängigkeit von Mutter und Vater (bzw. sie ersetzenden Personen) weitet sich auf die Familieneinheit, die Schule, die Gemeinschaft und den gesellschaftlichen Gesamtrahmen aus.

Eriksons Phasen 2 bis 4 zeigen auch den Beitrag des Kriegers zur kindlichen Entwicklung. Die Überwindung von Scham, Zweifel, Schuld, Minderwertigkeitsgefühlen und die Entwicklung von Selbstständigkeit, Initiative, Fleiß, Willen, Zielstrebigkeit und Kompetenz sind Aspekte der Ich-Bildung, die der Archetyp des Kriegers unterstützt.

Eriksons letzte vier Phasen betreffen unsere Entwicklung nach den Kindheitsjahren. In der Adoleszenz (12 bis 18 Jahre) geht es um Identität oder Identitätsverwirrung (Ergebnis: Treue zu sich selbst) und im frühen Erwachsenenalter (19 bis 35 Jahre) um Nähe oder Isolierung (Tugend: Liebe). Die erste Phase entspricht dem Suchenden, die zweite dem Liebenden.

Im mittleren Erwachsenenalter (35 bis 65 Jahre) steht Generativität gegen Stagnation (Tugend: Fürsorge). Dies entspricht Geber, Herrscher und Magier, da wir nicht nur unsere Realitäten erschaffen, sondern uns auch entscheiden, für das von uns Geschaffene zu sorgen. Im späten Erwachsenenalter schließlich heißt die Aufgabe Integration oder Verzweiflung (Tugend: Weisheit). Man kommt mit seinem Leben zurecht, indem man ihm einen Sinn gibt (Weiser). Die Überwindung der Verzweiflung beinhaltet auch das Offensein für Freude (Narr).

128 Synchronizität: siehe Anm. 84.

129 Sigmund Freud meinte, dass Jungen und Mädchen die Vereinigung mit dem gegengeschlechtlichen Elternteil wünschen und deshalb Angst vor Strafe haben. Jungen haben Angst vor Kastration; Mädchen sind bestrafte, kastrierte Jungen. Er beobachtete, dass Mädchen das Gefühl haben, dass ihnen etwas fehlt; sie empfinden einen »Penisneid« und suchen eine Ersatzerfüllung dadurch, dass sie ihre Identität durch die Beziehung zu jemandem mit Penis finden. Andere, wie etwa Karen Horney, haben vorgebracht, Männer empfänden einen »Vaginaneid«, was eine zumindest genauso starke psychologische Motivation ist, die die Herabsetzung von Frauen durch Männer erklären kann (siehe zum Beispiel Karen Horney, *Analytische Technik,* Frankfurt 1990). Vielleicht bedeutet dies, dass wir auf das neidisch sind, was wir nicht haben, bis wir entdecken, dass zwar unsere Körper verschieden sind, beide Geschlechter psychologisch aber zur ganzen Palette der menschlichen Gefühle und Verhaltensweisen Zugang haben (das heißt dem »Männlichen« und dem »Weiblichen«, Animus und Anima, in uns).

130 Zurzeit wird dieses Muster sehr infrage gestellt, da Männer und Frauen ermutigt werden, zu konkurrieren und aggressiv zu sein, um ihre Ziele zu erreichen. Dies kann dazu führen, dass bei vielen Frauen zunächst die »männliche« Energie dominiert. In diesem Fall kommt es bei der Frau oft Anfang oder Mitte dreißig zu einer Krise, weil sie das Bedürfnis verspürt, »weiblich« zu sein. Sie wünscht sich ein Kind oder möchte mehr zu Hause sein, um sich um vorhandene Kinder zu kümmern. Oder sie sehnt sich nach Romantik.

131 Siehe Carol Gilligan, *Die andere Stimme, Lebenskonflikte und Moral der Frau,* München 1988, wo sich eine nützliche und erhellende Diskussion der unterschiedlichen moralischen Entwicklung von Männern und Frauen findet, die mein Modell stark beeinflusst hat.

132 Die übliche Beziehung kann in der heutigen Welt leicht als abhängig oder sogar süchtig diagnostiziert werden. Die Aufgabe für uns alle besteht heute darin, im Erwachsenenalter ein bestimmtes androgynes Potenzial zu entwickeln – erfolgreich traditionell »männliche« bzw. »weibliche« Aufgaben zu erledigen. Anderenfalls gerät der Organismus in Spannung, denn die traditionellen Rollen scheinen in der modernen Welt sehr einschränkend. Die Entwicklung einer angemessenen Androgynität, bei der wir nicht in eine pubertäre geschlechtliche Gleichmacherei verfallen, setzt eine große psychische Anstrengung voraus. Ein wahres Mann- oder Frausein, das uns im Äußeren nicht begrenzt, trägt sicher dazu bei, dass wir und die Spezies uns entwickeln, ist aber nicht einfach zu bewerkstelligen.

Das Herausfinden der wahren geschlechtlichen Identität setzt nicht voraus, dass wir das andere Geschlecht vorziehen. Sie können homosexuell oder lesbisch sein – in jedem Fall geht es darum, Ihre einzigartige Männlichkeit, Weiblichkeit oder eine Mischung von beiden auszudrücken. Es ist auch egal, ob Sie heterosexuell oder bisexuell sind. Ungeachtet Ihrer geschlechtlichen Orientierung ist die Liebe zum eigenen Geschlecht ein genauso wichtiger Bestandteil der Reise wie die Liebe zum anderen Geschlecht.

133 Joanna Russ, *The Female Man,* New York 1975, S. 119.

134 Wagner, *The Search for Signs of Intelligent Life in the Universe* (siehe Anm. 125), S. 18. Dieses Ein-Frau-Stück ist ein besonders beißender gesellschaftlicher Kommentar der Generation, die in den Siebzigerjahren das Erwachsenenalter erreichte und jetzt ihre Midlife-Crisis erlebt. Es ist ein interessantes Stück für alle, die von den massiven Veränderungen der Siebzigerjahre – Feminismus, New-Age-Bewegung – beeinflusst wurden.

135 Mark Gerzon, *A Choice of Heroes: The Changing Face of American Manhood,* Boston 1984.

136 Judith Duerk, *A Circle of Stones. Woman's Journey to Herself,* San Diego 1989; Wilson-Schaef, *Weibliche Wirklichkeit* (siehe Anm. 103).

137 Siehe zum Beispiel Robert Bly, *Die dunklen Seiten des menschlichen Wesens,* Knaur-Tb. 77036.

138 Anne K. Rush, *Getting Clear,* New York 1973.

139 John Rowan, *Der verwundete Mann. Durch eine männliche Spiritualität zur Versöhnung mit dem Feminismus,* München 1988. Im beschriebenen Abschnitt zitiert Rowan ausführlich Starhawk, *Der Hexenkult als Ur-Religion der Großen Göttin,* Freiburg 1987, weshalb die geäußerten Ideen seine genauso sind wie ihre.

140 Jede Erfahrung echter Sexualität verbindet das erotische, sexuelle Element des Lebens mit der spirituellen Dimension der Seele. Während die Erfahrung der Transzendenz – das Zurücklassen des Selbst – oft mit Himmelsgöttern und -göttinnen assoziiert wird, wird die Entdeckung des Gotts oder der Göttin in uns, die uns mit dem instinktiven, sexuellen Leben verbindet, mit erdhaften, heidnischen, primitiven Göttern und Göttinnen assoziiert. Irgendwo auf diesem Kontinuum ist die eigene geschlechtliche Identität angesiedelt. Obwohl besonders in den organisierten Religionen starke kulturelle Verbote gegen die instinktive Erotik der männlichen und weiblichen Sexualität bestehen, sprengt die Erfahrung der Verbundenheit mit dem wahren männlichen oder weiblichen Wesen diese Kategorien, und Fleisch und Geist werden als eins erlebt. (Siehe Genia Pauli-Haddon, *Body Metaphors: Releasing the God-Feminine in Us All,* New York 1988.)

141 Eisler, *Von der Herrschaft zur Partnerschaft* (siehe Anm. 34).

142 Es gibt jetzt viele gute Bücher, die den Wechsel von Göttinnen verehrenden Gesellschaften zum Patriarchat beschreiben. Zu den frühen Arbeiten gehören Merlin Stone, *Als Gott eine Frau war. Die Geschichte der Ur-Religionen unserer Kulturen,* München 1989; Carol Ochs, *Behind the Sex of God* (siehe Anm. 48), William Irwin Thompson, *Der Fall in die Zeit* (siehe Anm. 32). Neuere Bücher über die Beziehung von Geschlecht und Kultur sind etwa Marija Gimbuta, *The Language of the Goddess,* San Francisco 1989; Elinor W. Gadons, *The Once and Future Goddess,* San Francisco 1989; John Rowan, *Der verwundete Mann* (siehe Anm. 139).

143 Im Christentum wurden Hexen – bzw. Verehrer der Göttin – mit Verehrern des Teufels in einen Topf geworfen, obwohl die Anhänger des Wicca-Kults nichts mit dem Bösen zu tun hatten. Sie praktizierten eine Fruchtbarkeitsreligion, die wie indianische und afrikanische Religionen die Magie stark betonte.

144 Man kann die Rolle einer Spiritualität erforschen, bei der Göttinnen im Mittelpunkt stehen; man kann die Weisheit vieler Traditionen respektieren; man kann die vielen Schichten der Lehren Christi untersuchen. Wenn Sie um sich schauen, werden Sie viele Christen finden, die diese Überzeugungen teilen – auch viele Geistliche.

145 Wilson-Schaef, *Weibliche Wirklichkeit* (siehe Anm. 103).

146 Houston, *The Search for the Beloved* (siehe Anm. 41), S. 112.

147 Ich bin sowohl der Transaktionstherapeutin Marcia Rosen für ihre Einführung in die Vorstellungen der Transaktionsanalyse als auch Eric Bernes Büchern (*Spiele der Erwachsenen* [siehe Anm. 121] und *Was sagen Sie, nachdem Sie »Guten Tag« gesagt haben,* Frankfurt [7]1992) zu Dank verpflichtet.

148 David Feinstein und Stanley Krippner, *Persönliche Mythologie. Die psychologische Entwicklung des Selbst,* Basel 1988.

Danksagungen

149 Ein in den USA sehr gebräuchlicher Persönlichkeitstest.

Anhang

150 Fassung E des Heldenmythen-Tests (Heroic Myth Index [HMI], ©1990 by Carol S. Pearson) wurde von Carol S. Pearson, Sharon V. Seivert, Mary Leonard und Hugh Marr entwickelt (Hugh Marr führte die Validitäts- und die Paralleltest-Reliabilitätsprüfung durch). Die erste deutsche Fassung des HMI wurde als Selbsthilfetest mit 36 Fragen in *Der Held in uns* (Knaur-Tb. 4239) veröffentlicht. Fassung D mit zehn Archetypen und sechzig Fragen war für das Meristem-Projekt »Heroes at Work« bestimmt, das (mit technischer Unterstützung durch Beth O'Brien und Barbara Murray) von dem Team Pearson, Seivert, Leonard durchgeführt wurde. Bitte benutzen Sie den Test nur mit Erlaubnis der Autorin, wenn Sie ihn für etwas anderes verwenden als zur Selbsteinschätzung.